Reise-Taschenbuch

provence

Muriel Brunswig

Senkrechtstarter

Mensch und Natur – in der Provence leben sie eine harmonische Beziehung. Der Mensch greift zwar an vielen Stellen immer wieder in die Natur ein, doch verlässt er den Ort, erobert die Natur sich ihren Platz zurück. Wie hier in Roussillon, wo Menschen vor allem Anfang des 20. Jh. Ocker abbauten und sich heute wieder Pflanzen, vor allem stattliche Kiefern, in den einstigen Steinbrüchen angesiedelt haben. Die alten Dörfer der Region passen gut ins Bild. Sie wirken in Farbe und Form wie aus Hügeln herausgewachsen, wie ein Teil der Landschaft.

Überflieger

Nyons
Schwarze Oliven

Das Pompeji der Provence
Vaison-la-Romaine

Ein Opernabend mit Kaiser Augustus
Orange

Mont Ventoux
Ein Berg, der mordet

Viva la Feria!
Nîmes

Ziemlich berechnend, diese Römer
Pont du Gard

Trüffel schnuppern
Carpentras

Stadt aus Stein

Avignon
Alles Theater

L'Isle sur la Sorgue
Jagd nach Altertümchen

Roussillon
Alles Ocker hier!

St-Rémy-de-Provence
Wo Vincent van Gogh zur Ruhe kam

Arles
Stadt der Stiere und der Kunst

Rauf auf den Salzberg!
Aigues-Mortes
Flamingos überall

Plage de l'Espiguette
Dünen, so weit das Auge reicht

Les Stes-Maries-de-la-Mer
Pilgerfahrt zu den drei Marien und der schwarzen Sara

Venedig lässt grüßen
Martigues

La Côte Bleue
Die kleine Schwester der Côte d'Azur

Die Provence — Traumregion im Süden Frankreichs mit großartiger Natur, überraschend vielseitiger Kultur und der beste Ort zum Runterkommen!

Sisteron

Willkommen in der Provence!

Wo die Welten von Mittelmeer und Alpen zusammentreffen

Forcalquier

Ein Markt zum Verlieben

Apt

Lila Duftwolken

Valensole

Napoleon war nicht willkommen

Castellane

Riez

Römische Zeugen

Gorges du Verdon

Mit Eseln wandern

Cucuron

Tiefenblick und Höhenrausch

Im Land des Lichts

Paris in der Provence

Aix-en-Provence

Vom Aschenputtel zum Glamour Girl

Marseille

Nobles Seebad

Calanques

Cassis

La Ciotat

Weiße Felsen, türkisblaues Meer und Buchten – eine schöner als die nächste!

Miami-Beach-like

Querfeldein

Fundstücke — zwischen Weinbergen und idyllischem Dorfleben, römischen Ruinenstätten und modernen Kunstmuseen. In der Sehnsuchtsregion Provence zwischen Mittelmeer und Alpen gibt es unendlich viel zu entdecken.

Römische Superlative

Man könnte meinen, Rom sei nur ein Vorort der Provence gewesen. Denn hier finden sich ein paar der wichtigsten Bauten des gallorömischen Reiches: den Pont du Gard, eine der am besten erhaltenen antiken Wasserstraßen, die größte römische Arena (Nîmes), das am besten erhaltene römische Theater der Welt (Orange) und die größte freistehende Arena (Arles). Die Provence kleckert eben nicht mit ihren antiken Ruinen. Sie klotzt!

Die Farbe Blau

Doch, die Provence hat auch eine Küste! Sie ist deutlich weniger überlaufen als die östlich angrenzende Côte d'Azur, kein bisschen schick, dafür aber umso vielseitiger. Suchen Sie Dünen? Die gibt es in der Camargue. Steilküste und türkisfarben leuchtendes Wasser? Gibt es in den Calanques. Und an der Côte Bleue – der ›Blauen Küste‹ bei Marseille – finden Sie versteckte Buchten zwischen Pinienwäldern.

Pilgerziel für Aussteiger

Seit Peter Mayle mit seinem preisgekrönten Buch »Mein Jahr in der Provence« den Luberon zum Touristenmagnet machte, ist die Provence zu einem Wallfahrtsziel für alle geworden, die das berühmte Savoir-Vivre des Midi suchen. Den meisten reicht es, hier Ferien zu machen. Doch nicht wenige tun es dem britischen Autor gleich. Sie bleiben einfach und steigen aus. Wer kann es ihnen verdenken?

Den Sonnenaufgang auf dem Mont Ventoux erleben. Kein Auto weit und breit. Nur Wanderer und ein paar Gämsen. Es ist still und ganz langsam erhebt sich der leuchtende Ball am Horizont. Die Magie des Moments einsaugen und dann wochenlang davon zehren.

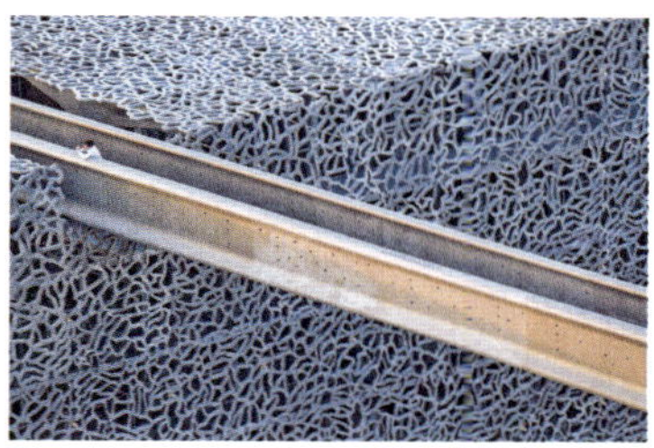

Kunst modern

Mit der Provence verbindet man vor allem lauschige Dorfplätze, Pétanque spielende Männer und ein Glas kühlen Rosé zum Sonnenuntergang, während die Zikaden zirpen. Dabei kann die Provence auch vollkommen anders! LUMA in Arles, MuCEM in Marseille, Carré d'Art in Nîmes – das sind nur ein paar der ultramodernen Kunstmuseen und -zentren, die sich in der Provence finden und die durch ihre Ausstellungen jeden Fan moderner Kunst begeistern.

Wanderungen mit Esel
Das gängigste Verkehrsmittel sind sie nicht mehr in der Provence. Wandern kann man dennoch ganz wunderbar in ihrer Begleitung. Die Grautiere weisen den Weg und gehören zur Provence wie Rosé, Pastis und Pétanque.

»Le temps sacré de l'apéro« – die heilige Zeit des Aperitif: Dieser hat sich alles unterzuordnen.

Die Wochenmärkte

Sie sind der Inbegriff des provenzalischen Flairs. Über ganze Dörfer und manchmal sogar Städte verteilen sie sich, bieten alles, was das Herz begehrt und meist noch ein wenig mehr. Es duftet nach Kräutern, Melonen und Grillhähnchen, und das Auge hat seine Freude an den ausladenden, bunten Ständen der Obst- und Gemüsehändler. Außerdem gibt es wunderbare Oliven und Öle, Honig, Salami und Käse – oft aus eigener Produktion und fast immer mit kleinen Tellerchen zum Probieren. Ein Marktbesuch im Midi gehört zu den sinnlichsten Erlebnissen, die man während einer Provence-Reise haben kann.

La Bartavelle
La Bartavelle

Inhalt

Vor Ort

Die nördliche Provence 14

Das Leben in der Provence spielt sich auf den Straßen ab. Hier trifft man sich regelmäßig zum gemeinsamen Kaffeetrinken oder zum Apéro.

Von Orange bis Avignon 42

Nîmes und Umgebung 74

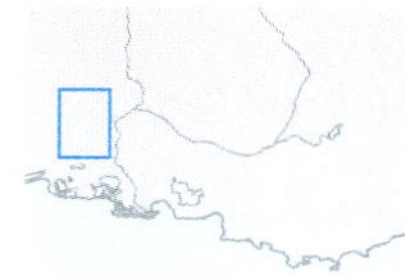

Das westliche Rhônedelta 96

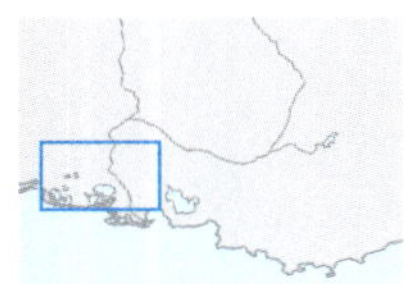

Rund um den Luberon 132

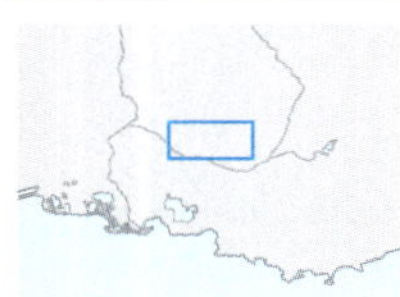

Aix-en-Provence und Umgebung 158

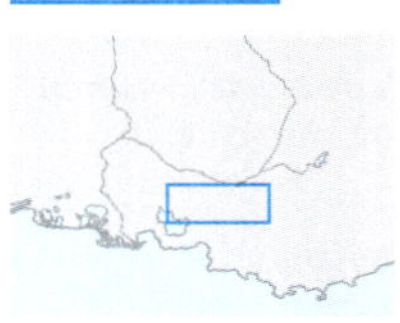

Marseille und Umgebung 180

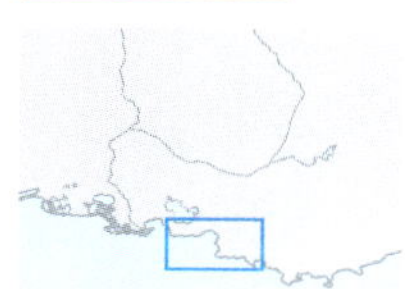

Haute-Provence 218

Das Kleingedruckte

Das Magazin

Vor

Ort

Der alte Hafen von Marseille ist nicht nur eine traumhafte Kulisse, sondern auch Lieblingstreffpunkt der Marseillais und Badeparadies für Kinder.

Die nördliche Provence

Lavendelfelder und malerische Städtchen — Der Norden der Provence braucht sich nicht zu verstecken. Die Region ist ideal für alle, die die Provence einmal abseits der Massen erleben möchten.

Eintauchen

Seite 17

Grignan

In Grignan steht nicht nur eines der schönsten Schlösser Frankreichs. Hier genießt man auch vom Dach einer Kirche einen herrlichen Blick auf den Mont Ventoux, das Rhônetal und die nahen Berge der Drôme.

Seite 24

Badeparadies Toulourenc

Der kleine Fluss östlich von Vaison-la-Romaine lockt im Sommer mit herrlichen Badestellen – meist gut versteckt, aber einfach zu erreichen. Hier kann man sich nicht nur wunderbar erfrischen, sondern ganze Tage verbringen.

Côtes du Ventoux: In vino Veritas!

Seite 25

Dentelles de Montmirail

Wie geklöppelte Spitze sehen die Gipfel des Bergmassivs der Dentelles de Montmirail aus. Wer sie aus der Nähe betrachten möchte, geht hier am besten wandern oder leiht sich ein E-Bike.

Seite 28

Le 156

Die gemütlichste Bar à Vin weit und breit liegt in einem Miniort weit ab vom Schuss – und zwar in Caromb. Serviert werden beste Weine, dazu Köstlichkeiten zu Essen. Die gute Stimmung gibt es gratis dazu.

Seite 29

Mont Ventoux

Der Fast-Zweitausender wirkt wie ein Magnet. Ihn bei Sonnenunter- oder -aufgang zu erleben ist pure Magie. Die aber muss man sich erkämpfen – am besten zu Fuß!

Seite 32

Marktgewühl in Carpentras

Der Freitagsmarkt von Carpentras gehört zu den größten der Region: Er bietet, was das Herz begehrt – im Winter auch Trüffel.

Seite 34

Trendsetter

Das Maison Jouvaud in Carpentras bietet nicht nur die beste Schokolade weit und breit, sondern hat im Café auch noch einen kleinen Concept-Store eröffnet. Hier kauft man bei Kaffee und Kuchen Tassen, Taschen und Teller.

Seite 40

Heilpflanzenlehrpfad

Die Destillerie Aroma-Plantes in Sault hat Lehrpfade über die hauseigenen Felder angelegt, wo man viel über Heilpflanzen lernen kann, vor allem über Lavendel.

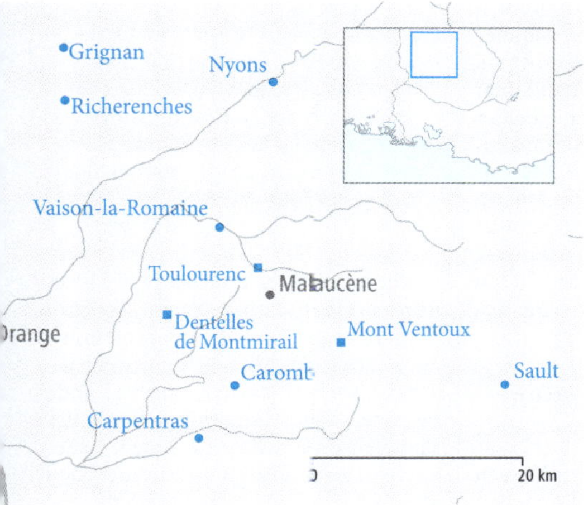

In Nyons gibt es die köstlichsten Oliven des Landes.

Die nördliche Provence ist das Land des Trüffelhandels. Zwischen November und März finden die wichtigsten und größten Märkte Frankreichs in Richerenches und Carpentras statt.

Einstieg von Norden

Wer die Autoroute du Soleil gen Süden fährt, ist immer in Sichtweite zur Rhône, diesem großen und mächtigen Strom. Mit jedem Kilometer, den man sich von Lyon entfernt, werden die Pflanzen mediterraner und das Licht verändert sich, wird wärmer, schöner und sehr viel leuchtender. Irgendwann, so ungefähr auf Höhe von Montélimar tauchen dann die ersten Lavendelfelder rechts und links der Straße auf und rufen bei Neulingen genauso wie bei alten Hasen Verzückungsschreie hervor. Denn spätestens jetzt ist klar: Man ist in der Provence angekommen, dieser verheißungsvollen Region im Süden Frankreichs, die bei so vielen eine tiefe Sehnsucht weckt.

Dorfleben – ursprünglich und südfranzösisch

Die meisten Urlauber lassen den Norden der Provence links liegen und ziehen es vor, gleich weiter zu fahren, z. B. in den Luberon oder in die Camargue. Dagegen ist eigentlich nichts zu sagen. Höchstens vielleicht, dass es dorthin eben alle zieht. Warum bleiben Sie also nicht erst einmal hier, in der südlichen Drôme oder in der nördlichen Vaucluse? Hier ist es genauso schön wie im Luberon. Versprochen! Ein paar Touristen gibt es natürlich auch. Doch das alltägliche provenzalische Dorfleben ist davon nur am Rande betroffen. Alte Männer schieben unter Platanen eine metallene Kugel, malerische üppige Märkte bestimmen den Wochenrhythmus in den Städten, und Lavendelfelder, Rotwein und Olivenmühlen gibt es hier natürlich auch. Die Region zwischen Nyons und Carpentras, zwischen Rhône und Sault ist der schönste Einstieg in die Provence, den man haben kann.

ORIENTIERUNG **O**

Internet: www.dromeprovencale.fr, Ortsbeschreibungen, Restaurantadressen, Veranstaltungskalender und jede Menge Bilder. www.ventouxprovence.fr, Informationen rund um den Mont Ventoux, Carpentras und die gesamte nördliche Vaucluse, auch auf Deutsch.
Verkehr: Vom TGV-Bahnhof Orange fahren Regionalzüge und Busse in die Umgebung. www.sradda.com für Busse in der Drôme; https://zou.maregionsud.fr für den ganzen Süden; www.transbus.org/reseaux/84.html speziell für Vaucluse.

Grignan

F/G 1

Wenn Sie bei Pierrelatte die Autobahn verlassen und dann den Schildern Richtung Nyons und Grignan folgen, führt die Straße durch Lavendelfelder und Weinreben. Schöner kann die Provence Sie gar nicht willkommen heißen. Nach knapp 20 km geht es dann um eine Kurve und plötzlich liegt vor Ihnen Grignan. Ein kleines Dorf mit verwinkelten Gassen, lauschigen Plätzen und kleinen Cafés auf einem Hügel. Drumherum sind Lavendelfelder und ganz oben am höchsten Punkt steht ein Schloss – eins der schönsten in Frankreich!

Nicht original, aber echt

Nicht nur die Architektur des **Château de Grignan** ist beeindruckend, auch die Einrichtung stammt, wenn sie auch nicht die ursprüngliche ist, aus dem 17. Jh. Es wirkt, als sei das Schloss erst eben verlassen worden. Dabei steht es seit der Französischen Revolution leer.

Über die Ursprünge des Schlosses weiß man wenig – außer, dass es von einer Familie namens Grignan gebaut wurde. Im 13. Jh. dann übernahmen es die Adhémars, ein Adelsgeschlecht, das durch Mord, Intrigen und geschickte Verheiratungen an die Macht kam. Sie bauten es aus und erweiterten es mehrmals, zuletzt im 17. Jh. Bekannt ist das Schloss aber nicht nur wegen seiner Schönheit (und aufgrund der Tatsache, dass man das Kirchendach des Dorfes kurzerhand zur Schlossterrasse umgebaut hat – mit einem unzweifelhaft großartigen Blick auf den Mont Ventoux und das Rhônetal), sondern vor allem wegen der Schwiegermutter eines der letzten mächtigen Adhémars, Madame de Sévigné, Marquise am Pariser Hof. Denn

Wer das Glück hat, zur Lavendelblüte in der Region zu sein, erlebt einen Duft- und Farbenrausch, wie hier in Grignan.

sie beschrieb in vielen Briefen an ihre Tochter, die auf Schloss Grignan lebte, sehr bildhaft und anschaulich das Leben bei Hof. Und da Madame kein Kind von Traurigkeit war und dem Vulgären nicht ganz abgeneigt, enthielten ihre Briefe jede Menge pikante Anekdoten. Der Briefwechsel zwischen der Marquise und ihrer Tochter ging in die französische Literaturgeschichte ein und zeichnet wie wohl kaum ein zweiter ein sehr lebendiges Bild des französischen Hofs dieser Zeit. Natürlich sind die Briefe längst nicht mehr im Schloss. Da das Schloss jedoch durch die Briefe so bekannt wurde, hat man es heute zu einem kleinen Kulturzentrum umgebaut, in dem vor allem Literatur-, seltener andere Kulturveranstaltungen stattfinden.

Château de Grignan, T 04 75 91 83 65, www.chateaux-ladrome.fr, Mi–Mo 10–12.30, 14–18, im Juli, Aug. tgl 10–18 Uhr, 8 €

Schlafen

Von Lavendelfeldern umgeben

Domaine Le Bois des Dames: Was für ein herrlicher Ort! Zehn Zimmer, individuell eingerichtet, ein großer Garten mit Pool, lauschigen Ecken und Pétanque-Platz, dazu ein schattiger Innenhof, in dem Frühstück und ab und zu auch Abendessen angeboten werden. Die Gastgeber sind liebenswerte Leute und verleihen Fahrräder, damit man so die Gegend erkunden kann.

Chantemerle-lès-Grignan, 1510 Route de Clansayes, T 04 75 98 56 05, www.leboisdesdames.com, € bis €€

Essen

Nobel

Le Clair de la Plume: Ein Luxus-Hotel mit Luxus-Michelin-Stern-Restaurant und einem zauberhaften, aber natürlich auch luxuriösen Salon. Hier werden Tee und köstliches Gebäck in einem Wintergarten oder dem wunderschönen Garten serviert (Patisserie und ein heißes Getränk 10,90 €), und wer mehr davon möchte, kann ins Bistro oder ins Sterne-Restaurant essen gehen (€€€).

2 Place du Mail, T 04 75 91 81 30, www.clairplume.com

Romantisch

La Poeme de Grignan: Ein winziger Raum mit nur 22 Sitzplätzen, draußen eine kleine Terrasse für max. 8 Personen, das Essen aber hat es in sich! Köstlichkeiten aus der Region, mittags wird gekocht, was der Markt hergibt, abends wird groß aufgetischt. Sehr gute südfranzösische Küche mit einem Hauch von Fusion.

Rue St-Luis, T 04 75 91 10 90, www.poemedegrignan.com, Do–Mo mittags, €€€. Reservierung dringend empfohlen

Einkaufen

Direkt aus der Destillerie

L'Essentiel de Lavande: Zugegeben, es ist schon ein Stückchen (18 km) von Grignan, aber wer motorisiert ist, sollte den Weg auf sich nehmen und Odile Tassi besuchen. Die außergewöhnliche Lavendel-Destillateurin hat sich in La Bégude-de-Mazenc eine wohlduftende Existenz aufgebaut. In ihrem kleinen Laden verkauft sie ihre eigenen Lavendel-Produkte: Kosmetik, Öle, Duftwässerchen, Tee, aber auch Lavendelhonig u. Ä. Sie gehört zu den wenigen Bio-Lavendel-Anbauerinnen der Region und bietet auch Führungen oder Segway-Touren durch die Felder sowie auf Anfrage Lavendel-Massagen an.

270 Allée de Fontchaude, 26160 La Bégude-de-Mazenc, T 06 62 86 64 12, https://essentiel-de-lavande.com, Sept.–Juni Besichtigung mit Destillation nach Vereinbarung ab 4 Pers., Juli, Aug. Besichtigung mit Destillation tgl. 11 u. 16 Uhr, 3,90 €, kurze Besichtigung ohne Destillation 14 u. 15 Uhr kostenlos, Brunch nach Voranmeldung Juli, Aug. Sa, So 30 €

Infos

- **Office de Tourisme du Pays de Grignan:** Place du Jeu de Ballon, T 04 75 46 56 75, www.dromeprovencale.fr.

Richerenches

F/G 1

Das recht hübsche Richerenches ist im Winter der wichtigste Ort von ganz Frankreich. Zumindest für Trüffelliebhaber und -spekulanten (s. auch S. 271).

Trüffel, Trüffel überall

Denn hier findet zwischen Mitte November und Mitte März jeden Freitag der größte Trüffelmarkt des Landes statt. Kein Wunder, dreht sich in Richerenches alles um den Trüffel. Es gibt ein kleines Trüffelmuseum (im Office de Tourisme, kostenlos!), den wichtigen Markt im Winter, einen Trüffelorden, die Confrérie du Diamant Noir et de la Gastronomie Tuber Malanosporum.

Jeden dritten Sonntag im Januar wird in der Kirche sogar ein Trüffelgottesdienst abgehalten. Bei diesem wird Trüffel statt Geld in den Opferstock gegeben, der dann gesegnet wird. Eine Trüffelprozession findet statt, bei der die Mitglieder des Trüffelordens in all ihrem Habit durch Richerenches ziehen. Trüffel ist in diesem kleinen Ort eine ernstzunehmende Sache. Und wenn Sie Trüffel auch so lieben, sollten Sie hierher kommen!

Infos

- **Office de Tourisme:** Commanderie Templière, T 04 90 28 05 34, www.richerenches.fr.

Nyons

H 1

Kennen Sie die kleinen schwarzen Oliven, die man im Süden Frankreichs häufig auf den Märkten findet? Genau hier, rund um Nyons werden sie angebaut. Sie gelten als die köstlichsten der Region und schenken der Stadt ihren guten Ruf. Madame Chirac, einst First Lady von Frankreich, kaufte nur hier das köstliche Öl, das aus den Tanche-Oliven hergestellt wird, und zwar in der Moulin à l'huile der Familie Dozol-Autrand. Sie liegt direkt an der 800 Jahre alten Bogenbrücke **Pont Romain.** Der glasklare Fluss Eygues unter der Brücke fließt am Städtchen vorbei und lädt im Sommer zum Bad ein.

Die **Altstadt** von Nyons könnte malerischer kaum sein. Mittelalterliche Gassen ziehen sich den Berg hinauf. Wer nicht gerade an einem Donnerstag oder während der Hochsaison hier ist, findet die Stadt verträumt, vielleicht sogar ein wenig verschlafen. Hübsche kleine Galerien, ein paar Cafés, die vor allem in den Arkaden rund um den Grand Place gut besucht sind und natürlich eine Handvoll kleiner sympathischer Geschäfte. Donnerstags aber, im Sommer auch sonntags, erwacht die kleine Stadt, ist voller Menschen, die durch die Gassen ziehen und das tun, was die Provenzalen im Allgemeinen und Touristen in den Ferien im Besonderen gerne machen: einen Markt besuchen. Hier gibt es neben Gemüse, Tischdecken und getrockneter Salami vor allem eines: Oliven!

Oliven-Wissen

Wem das Oliven-Angebot der Stadt noch nicht reicht, sollte die Kooperative mit dem angeschlossenen Oliven-Museum **Vignolis** besuchen. Hier gibt es viel Sehenswertes zur Olivenölproduktion und einen riesigen Shop. Im Eingangsbereich kann man Olivenöl verkosten und von

B

DIE BARONNIES

Nyons ist die Hauptstadt der Baronnies. Der Name des kleinen Landstrichs nördlich und östlich des Mont Ventoux erinnert an den Baron de Montaubun, der im 12. Jh. hier Großgrundbesitzer war. Die Region ist heute aber vor allem für ihre vielen Wildkräuter und Aromapflanzen bekannt. 2015 wurde der Parc naturel régional Baronnies Provençales eingerichtet, der die natürlichen und von Menschen geschaffenen Lebensräume schützen soll. Darunter natürlich vor allem deren Pflanzenvielfalt. Weitere Infos und Tourenvorschläge: www.baronnies-tourisme.com.

Mitte Juni bis Mitte September werden geführte Wanderungen mit Olivenbauern durch die Haine der Region angeboten.

Espace Vignolis, Place Olivier de Serres, T 04 75 26 95 00, www.vignolis.fr, April–Sept. Mo–Sa 9.30–12.30, 14–19, So 10–12.30, 14.30–18.30, Okt.–März Mo–Sa 9.30–12.15, 14–18.30, So 10–12.30, 14.30–18 Uhr, Eintritt Museum frei, für Wanderungen Anmeldung erforderlich

Schlafen, Essen

Südfranzösisches Flair

Une autre Maison: Ein kleines Haus aus dem 19. Jh. mit zehn individuell eingerichteten Zimmern und einem kleinen Garten mit Pool, in dem man den Zikaden lauschen kann. Dazu gehört ein wunderbares, vom Michelin ausgezeichnetes Restaurant mit frischer Marktküche, ein kleines Hammam (ein orientalisches Dampfbad) und dann noch herzliche Gastgeber.

45 Av. Henri Rochier, T 04 75 26 43 09, www.uneautremaison.com, DZ ab 85 €, Mittagsmenü 20 €, abends ab 45 €

Essen

Farbenfrohe Vielfalt

D'un Goût à l'Autre: Winzig klein mit nur wenigen Tischen drinnen und draußen liegt dieses Restaurant mitten in der Hauptgasse. Im Sommer sitzt man so inmitten der Straßenmusiker, die einen angenehmen Hintergrundsound bieten. Auch die Speisekarte ist klein, dafür ist sie originell und voller unerwarteter Köstlichkeiten. So kann man z. B. Tintenfisch mit Rotkohl-Mousse finden oder Taube mit Tonkabohne. Das Ganze wirkt absolut nicht aufgesetzt, der Chefkoch serviert persönlich und freut sich über jeden, dem es schmeckt.

21 Rue des Déportés, T 04 75 26 62 27, www.dungoutalautre.fr, Reservierung notwendig, € bis €€

Einkaufen

Der große Wochenmarkt findet ganzjährig donnerstags morgens, im Sommer auch Sonntagmorgen statt.

Madames Wahl

Moulin à l'huile Dozol: Hier werden nicht nur das hauseigene Olivenöl verkauft, sondern auch andere Produkte wie z. B. die köstlichen Essige von La Para (www.lapara.fr), die in Nyons hergestellt werden.

Promenade de la Digue, Pont Romain, T 04 75 26 02 52, www.moulindozol.com

Bewegen

Für Gipfelstürmer

Wer Lust hat, auf die Montagne des Vaux zu wandern, findet hier (leider nur auf Französisch) eine wunderbare Wegbeschreibung für eine 19 km lange Rundwanderung mit weiterführenden Links: www.eskapad.info/randonnees-journees/la-montagne-de-vaux. Kürzer ist die Stre-

Lieblingsort

Baden und Picknicken vor herrlicher Kulisse

Es gibt nichts Schöneres, als sich im Sommer in die Fluten eines kühlen Flusses zu stürzen, sich ein wenig in den Stromschnellen treiben zu lassen, um sich danach auf heißem Kies auszuruhen. Der ideale Ort hierfür liegt unter dem **Pont Romain** in **Nyons** (H 1). Aber selbst wenn es mal nicht so heiß ist, dass man sich abkühlen möchte: Hier unten ist es zu jeder Jahreszeit schön, der ideale Picknickplatz, zumal die Kulisse traumhaft ist.

cke nur auf den Gipfel und auf gleichem Weg zurück (10 km).

Räder ausleihen

Le Coin du Vélo: Das Départemente Drôme hat ein sehr gut ausgebautes Mountainbike-(franz. VTT-)-Netz. Tourenvorschläge: www.dromeprovencale.fr/loisir/circuits-vtt-au-depart-de-nyons. Verleih: Mountainbike/Tag 30 €, E-Bike 50 €.

52 Av. Henri Rochier, T 04 75 28 40 68, https://lecoinduvelo.fr

Feiern

- **L'Alicoque de l'huile nouvelle:** Anfang Feb. Das erste Fest des Jahres feiert den Abschluss der Olivenernte. Auf der Place des Arcades werden lange Tische aufgebaut, auf denen sich Croutons, geröstete, mit Knoblauch gewürzte Brotscheiben, und die ersten Olivenölpressungen zum Gratis-Verkosten finden.

Infos

- **Office de Tourisme:** Place de la Libération, T 04 75 26 10 35, www.nyons.com.
- **Im Internet:** www.ladrometourisme.com. Auf der Seite gibt es jede Menge Infos und Ideen für Rundtouren, Radtouren, Wanderungen etc. sowie einen Veranstaltungskalender.

Vaison-la-Romaine

G2

Vaison-la-Romaine ist eine richtig nette kleine Stadt, bei der es schwerfällt, sich zu entscheiden, welchen Teil man am liebsten mag: Die neuere lebendige Siedlung mit dem großen, Platanen bewachsenen Platz, um den herum kleine Bistros und Cafés liegen, oder doch die herrlich lebendige und bis heute bewohnte mittelalterliche Oberstadt oben auf dem Felsen mit den malerischen Gassen, den Galerien und den Cafés. Vielleicht ist es aber auch weder der eine noch der andere Teil, sondern die alten Römer sind es, die Sie herlocken. Dann werden Sie vor allem die Ausgrabungsflächen inmitten der Stadt begeistern, denn das ist die größte archäologische Stätte Frankreichs überhaupt, die öffentlich zugänglich ist.

Reicher als Pompeji

1920 wurde Vasio Vocontiorum erst ausgegraben, und was man fand, war eine kleine Sensation. Denn die Stadt war einst eine der reichsten der Provinz Gallia Narbonensis, abzulesen an der Größe und luxuriösen Ausstattung der Wohnhäuser: Wandmalereien, Mosaiken, Bäder.

Die **Ausgrabungen** umfassen das Quartier de Puymin und das Quartier de la Villasse. Zu sehen sind die Reste der Stadtanlage mit Theater und Thermen, dem Palast des Statthalters, Villen, aber auch Mietshäusern, Hängenden Gärten, Wasserleitungen und Kanälen. Sogar eine Basilika findet sich hier, doch diente diese ganz anders als zu christlicher Zeit als Markt- und Gerichtshalle. Wer mehr sehen möchte, geht ins **Musée Archéologique Théo-Desplans,** wo die in Vaison gefundenen Kunst- und Alltagsgegenstände ausgestellt werden.

6 Cours Taulignan, www.vaison-la-romaine.com, Nov.–Feb. tgl. 10–12, 14–17, März, Okt. 10–12.30, 14–17.30, April, Mai 9.30–18, Juni–Sept. 9.30–18.30 Uhr, Kombiticket mit Ausgrabung, Museum und Kathedrale 9 €

Ein Kreuzgang zum Niederknien

Östlich des Quartier de la Villasse steht eine der schönsten und wichtigsten romanischen Kirchen der Provence, die **Cathédrale-Notre-Dame-de-Nazareth.** Sie wurde im 12. Jh. auf einem Vorgängerbau aus dem 11. Jh. errichtet, der wiederum auf einem römischen Bau steht. Wenn Sie die Kirche mal umrunden, werden Sie an manchen Stellen ganz unten noch Säulensockel sehen. Die Säulen im Inneren hingegen hat man zum Teil ganz gelassen. Der Kathedrale angegliedert ist ein ehemaliges Kloster, dessen Kreuzgang absolut sehenswert ist. Auch hier findet man römische Säulenreste. Eine Inschrift an der Kirchennordwand empfiehlt in lateinischen Versen, den Kreuzgang von Norden – laut mittelalterlicher Vorstellung Sitz des Bösen – nach Süden zu durchschreiten, in Richtung Kirche, den ›Weg des Heils‹ zu gehen.

Juni–Sept., Ticket s.o., Ausgrabungen/Museum

Schlafen

Verträumt

Les tilleuls d'Elisée: Ein altes Bauernhaus, bewachsen mit lila Glyzinien, fünf hübsche, hell gehaltene Zimmer, ein riesiger Garten mit Olivenbäumen. Der Ort in Fußnähe zum Zentrum und den Ausgrabungsstätten wirkt fast schon verwunschen. Genau richtig um sich zu erholen.

1 Av. Jules Mazen, T 04 90 35 63 04, www.vaisonchambres.info, € bis €€

Design im Weinberg

Le jour et la Nuit: Moderne Zimmer, riesige Glasfronten, ein großer Pool: All das in einem alten Weingut etwas außerhalb des Städtchens inmitten von Weinstöcken. Wer Sonne sucht, findet sie am Pool, wer Schatten braucht, findet ihn im schönen Innenhof. Tolles Frühstück, herzlicher Empfang.

1205 Chemin des ruches, T 06 80 48 66 47, www.journuitvaison.fr, €€

Kaum ein Platz ist ohne Brunnen und kaum ein Brunnen ohne Wasserspeier in Vaison-la-Romaine.

Essen

Lecker und marktfrisch

LUM – la table: Das LUM ist drei in einem: Ein sehr gutes Restaurant, ein Weinkeller sowie eine kleine Épicerie, wo all die Dinge verkauft werden, die man am Abend als *amuse gueule* bekommt, z. B. frische Tapenade. Dazu ein sympathischer Service, alles bestens!

55 Rue Trogue Pompée, T 04 90 28 79 10, Webseite bei Facebook, Mittagsmenü €€

Alles Bio

O'Natur'Elles: Das kleine, sympathische Restaurant hat nur mittags geöffnet und bietet gutes Bio-Food, auch vegetarisch. Die Speisekarte ändert sich von Tag zu Tag, die Teller sind voll beladen mit Salat und Gemüse in vielen Farben.

36 Place Montfort, T 04 90 65 81 67, Webseite bei Facebook, Di–Sa 12–14 Uhr, €

Wie Zuhause

Thé Chez Toi: Ein gemütlicher Raum, eine winzige Terrasse mit Blick und ein sehr überschaubares Angebot: Tee, Kaffee, Smoothies, dazu gutes Frühstück und zum Mittagessen Salat und/oder Quiche und natürlich Kuchen. Das Ganze in einem so privaten Ambiente und mit so freundlichen Gastgebern, dass man sich wie zuhause fühlt und am liebsten bleiben möchte. Zum Glück gibt es zwei kleine Studios zu mieten, sodass man das auf Wunsch auch tun kann ....

6 Place du Poids, T 09 81 06 69 51, Webseite bei Facebook, €

Einkaufen

Wochenmarkt

Der Markt in Vaison-la-Romaine ist weit über die Stadtgrenzen hinaus bekannt. Vor allem dienstags verbreitet er sich über die ganze Stadt und lockt Einheimische wie Touristen gleichermaßen an. Machen Sie es wie die Provenzalen: Kommen Sie früh! Donnerstags und samstags findet ein kleinerer Markt statt.

Ein außergewöhnlicher Laden

Lou Canesteou: Das Käsegeschäft von Josiane Deal wurde aufgrund der riesigen Käseauswahl (darunter 70 verschiedene Ziegenkäse) mehrfach ausgezeichnet, auch als Produzentin.

10 Rue Raspali, www.loucanesteou.com, Mo 8–12.30. Di–Sa 8–13, 14.30–19 Uhr

Feiern

- **Vaison Danses:** Ende Juni–Ende Juli. Bei dem Tanzfestival sind alle Arten von Tanz vertreten. Infos auf www.facebook.com/FestivalVaisonDanses.
- **Les Rencontres Gourmandes:** Ende Okt./Anfang Nov. Für Freunde guten Essens. In einem großen Zelt, oder bei gutem Wetter auch draußen, tischen Köche auf. Man kann von Stand zu Stand gehen, sich durchfuttern, und wer will, kann auch noch einen Kochkurs oder einen anderen Workshop belegen.

Infos

- **Office de Tourisme:** Place du Chanoine-Sautel, direkt bei den römischen Ruinen, T 04 90 36 02 11, www.vaison-ventoux-tourisme.com.
- **Bus:** Nach Vaison kommt man gut mit dem Bus von Orange oder Avignon, www.cars-lieutaud.fr.

In der Umgebung

Kaltes Flussbad an heißen Tagen

Glasklares Wasser, Sandbänke aus Kies, Wind in den Blättern der Bäume, die Schatten spenden: Zwischen Vaison-la-Romaine und dem Mont Ventoux gibt es jede Menge schöner Badestellen entlang dem Flüsschen **Toulourenc.** Die nächste liegt bereits ca. 10 km östlich von Vaison hinter Pont Vieux. Schauen Sie, dass Sie etwa 7 km hinter dem Abzweig von der D938 auf der rechten Seite einer kleinen Straße folgen (Beschilderung: Restaurant Le Délice). Fahren Sie sie bis ganz zum Ende durch, kommen Sie nicht nur an weitere schöne Badestellen, sondern auch zu der zauberhaften kleinen **Chapelle Notre-Dame-des-Anges.** Von hier können Sie je nach Wasserstand auch durch das Flussbett eine kleine Wanderung machen, bei der Sie an einigen anderen gut zum Baden geeigneten Stellen vorbeikommen.

Eine andere sehr schöne Badestelle mit tollen Sandbänken ist da, wo der

Toulourenc in die Ouvèze mündet direkt an der Grenze zwischen Drome und Vaucluse (Nähe Camping les trois rivières).

Les Dentelles de Montmirail G 2–3

Wie spitze Zähne ragen die kleinen Gipfel des rund 15 km langen Gebirgszugs nach oben. Und deshalb hat man sie auch »Dentelles« genannt Zähnchen bzw. (geklöppelte) ›Spitzen‹. Die Dentelles de Montmirail sind ein Paradies für alle, die gerne wandern, klettern oder Radfahren. Aber auch die weniger Sportlichen mögen es hier ausgesprochen gerne, denn am Westhang des ›bewundernswerten Berges‹ (lat. *Mons Mirabilis*) liegen die zauberhaften und weit über die regionalen Grenzen hinaus bekannten Weindörfer Séguret, Sablet, Gigondas, Vacqueyras und Beaumes-de-Venise. Es lohnt sich also, länger hierzubleiben, von Weinort zu Weinort zu laufen/fahren/reisen und ganz wie Gott in Frankreich zu leben und den Rebensaft zu genießen.

Steile Weinlage

Von allen Orten rund um die Dentelles ist **Séguret** (G 2) der malerischste. Er schmiegt sich oberhalb der Weinberge an den Berg und ist von pflasterbesteinten Gassen durchzogen. Wer hier durchstreift, ist immer im Schatten, so hoch sind die alten Häuser. Es gibt eine sehenswerte Dorfkirche mit einem eisernen Glockenturm, ein paar kleine Galerien und Geschäfte mit lokalen Spezialitäten, sonst ist es eher ruhig. Das Idyll hat seinen Preis: Sie müssen es sich erlaufen. Denn Autos sind hier oben verboten!

Coup de cœur

Jean David war einer der ersten in der Region, der seinen Wein biologisch produzierte. Und das mit Leidenschaft und ganz viel Herzblut. Unterhalb von Séguret hat er die Weinberge seiner Eltern geerbt und die **Domaine Jean David** inzwischen an seinen Schwiegersohn weitergegeben – ein echter Familienbetrieb also. Hier werden hochdotierte Rotweine hergestellt, aber auch die einfacheren Côte du Rhône Village Séguret, dazu noch ein paar Flaschen Rosé und Weißwein. Der Anbau funktioniert vor allem von Hand und unter streng ökologischen Richtlinien, das Ergebnis ist wunderbar. Verkauf und Verkostung ab Hof.

Séguret, Quartier le Jas, T 04 90 46 95 02, www.domaine-jean-david.com

Dorf auf dem Sandhügel

Auch **Sablet** (G 2) braucht sich nicht zu verstecken. Es ist ein charmantes kleines Dorf mit einer Kirche aus dem 15. Jh. Der Name Sablet stammt vom lateinischen Sabuletum (*sablum*=Sand) – das Dorf steht auf einem Sandsteinhügel. So schön das ist, es kann aufgrund seiner Lage nicht ganz so malerisch sein wie Séguret. Rund ums Dorf gibt es eine Handvoll Weingüter und Weinhändler, die versuchen, die lokalen Produkte an den Touristen zu bringen.

Weinbekannt

Weine aus **Gigondas** (G 3) gelten als fast so gut wie die aus dem nahen Châteauneuf-du-Pape. So steht das unglaublich malerische Dorf, das von Gassen durchzogen ist, ganz im Zeichen des Weins. Rund um den kleinen Dorfplatz findet sich ein Restaurant neben dem anderen. Man sitzt herrlich im Schatten der großen Bäume, genießt das Licht und das Savoirvivre des Midi. Eine hübsche Kirche, die Église Ste-Catherine-d'Alexandrine aus dem 11. Jh. kann besichtigt werden. Gi-

Das Weindorf Gigondas liegt am Fuß der Dentelles de Montmirail.

gondas ist ein super Ausgangspunkt für Wanderungen in die Dentelles. Dazu fährt (oder läuft) man vom Dorfplatz in Gigondas Richtung Berg zur malerischen, im Tal gelegenen romanischen **Chapelle Sts-Cosme-et-St-Damien.** Von hier aus führen Wege zum **Col du Cayron** (396 m), dem von steilen Felsen flankierten Pass zwischen Gigondas und Lafare.

Noch im Schatten

Natürlich ist auch **Vacqueyras** (📍 G 3), das direkt südlich von Gigondas liegt, ein beliebtes Winzerdorf, dessen Weine jedoch nicht ganz so bekannt sind wie die von Gigondas oder die aus Châteauneuf-du-Pape. Kenner handeln die Weine jedoch als Geheimtipp, da sie nicht weniger gut, aber noch deutlich günstiger sind als die der beiden bekannteren AOC-Herkunft.

Von der Südspitze auf die Ostseite

Ganz im Süden der Dentelles liegt das hübsche Dörfchen **Beaumes-de-Venise** (📍 G 3). Im Gegensatz zu den meisten anderen Dörfern wird hier kein kräftiger Rotwein oder ein süffiger Rosé gekeltert, sondern ein feiner Süßwein aus der Muskatellertraube.

Zwei-Kapellen-Runde

Wer Lust hat, kann von Beaumes aus zu der 1,5 km entfernten Wallfahrtskirche **Notre-Dame-d'Aubune** wandern. Schräg gegenüber vom Rathaus führt der Chemin du Pasquier in die Weinberge. Am letzten Haus vor den Reben mündet der Chemin du Pasquier in den Chemin de Notre Dame d'Aubune, dem man links bis zur Kirche folgt. Wer noch höher hinaus will, der folgt dem Wegweiser gen Osten zur **Chapelle Ste-Hilaire,** die einsam auf dem Hügel steht. Sie stammt aus dem 6. Jh. und entstand auf römischen Ruinen. In der Nähe sind die Reste von frühchristlichen Felsengräbern zu entdecken. Über den Chemin Durban und den Chemin des Gonnets (oder auch den Chemin Urbain) geht es zurück nach Beaumes-de-Venise.

6 km, etwa ein halber Tag inkl. Besichtigung der zwei Kapellen, reine Laufzeit 2–3 Std., Wasser mitnehmen!

Panoramafahrt

Von Beaumes-de-Venise aus führt die kleine, aber herrliche **Route de Lafare** (D90) mitten hinein in die Dentelles de Montmirail. Vorbei an Weingütern geht die kleine Straße bergauf. Erst vereinzelt sieht man linkerhand aufstehende Felsnadeln, doch irgendwann ist links die beeindruckende Felsenspitze des Minigebirges zu sehen. Was für eine herrliche Panoramafahrt! Vorbei an dem Miniort Suzette hat man fast die höchste Stelle passiert, danach geht es bergab bis nach Malaucène, wo die D90 in die D938 mündet.

Stadtgefühl

Im Vergleich zu den Dörfern der Dentelles fühlt sich **Malaucène** (H 2) fast ein bisschen wie Stadt an. Wie von der Außenwelt abgeschnitten wirkt der mittelalterliche Stadtkern, umzingelt von einer breiten Platanenallee. Malaucène liegt am Fuß des Mont Ventoux. Wer der D974 Richtung Berg folgt, stößt auf die Quelle des Groseau. Sie versorgte zu Römerzeiten Vasio (Vaison-la-Romaine) über eine Wasserleitung mit Trinkwasser. Heute steht neben der Quelle die Kapelle Notre-Dame-du-Groseau, und der Ort ist ein beliebter Picknickplatz.

Adlerhorst

Etwas nördlich von Malaucène liegt **Le Crestet,** quasi direkt gegenüber von Séguret auf der Westseite. Genau wie dieses liegt das Dörfchen auch direkt am Hang, weit oben und man darf mit dem Auto nicht in den Ort fahren, was es für Fußgänger ruhig und angenehm macht. Die mittelalterliche Burg von Le Crestet ist in Privatbesitz und nicht zu besichtigen.

Schlafen

Im Park

Domaine des Tilleuls: Ein großer Hof am Fuße des Mont Ventoux, drumherum ein Park mit alten Bäumen, darin ein Schwimmbad. Wem das nicht reicht, kann sich an herrlichen, großen Zimmern, allesamt mit Antiquitäten eingerichtet, freuen oder auch eine kleine Lodge mieten, so eine Art schickes Mobilhome mit Mini-Küche (nur wochenweise).

Malaucène, Route du Mont Ventoux, T 04 90 65 22 31, www.hotel-domainedestilleuls.com, €€

Schlafen, Essen

Ferienhaus auf dem Ziegenhof

Le Gîte de la Colline: Ein kleines Ferienhaus mit zwei Zimmern, Terrasse mit super Blick, und das mitten auf einem Ziegenhof. Wer will, kann zuschauen, wie die Ziegen gemolken werden, und sich den Käse fürs Abendessen gleich vor Ort kaufen.

Le Barroux, Chemin des Ambrosis, T 04 90 65 26 65, www.gitedelacolline.fr, € (nur über ein Wochenende oder für eine ganze Woche buchbar)

Ganz in Blau

La Bastide Bleue: Ein 200 Jahre altes Haus aus Stein, mit blauen Türen und Fenstern, ein herrlicher Hof mit schattigen Bäumen, Bougainvillea in Rosa, ein großer Pool mit Fernsicht, ein leckeres Restaurant im provenzalischen Stil und schöne Zimmer, zum Teil mit Natursteinwänden. Das Hotel wird familiär geführt, die Gastgeber kümmern sich freundlich sowohl um den Hotel- als auch den Restaurantgast.

Séguret, Route de Sablet, T 04 90 46 83 43, www.bastidebleue.com, DZ €€, Menü €

Im Landhausstil

Les Florets: Vielleicht ein klein wenig kitschig, aber es passt perfekt hierher! Hübsches Hotel oberhalb von Gigondas, ganz nahe bei den Bergspitzen. Les Florets ist ein kleines, familiengeführtes Hotel mit eigenem Weingut und einem guten, wenn auch recht teuren Restaurant (€€ bis €€€).

84190 Gigondas, Route des Florêts, T 04 90 65 85 01, www.hotel-lesflorets.com, DZ €€, außerhalb der Saison sehr variable Öffnungszeiten, besser vorher anrufen

Vintage und Wein

Domaine de la Tourade: Virginie und Fredéric Haut sind genau die Richtigen für Sie, wenn Sie Jimi Hendrix mögen, alte Autos, Hippies, Wein und eine schöne Landschaft! Denn dann können Sie mit Frédéric und seinem alten VW-Bus zum Picknick in die Weinberge mit Blick auf die Dentelles fahren – er zeigt Ihnen das Gut, lässt Sie Weine probieren. Außerdem können Sie den VW-Bus für ein Wochenende mieten, Stellplatz mit Pool ist inklusive!

Gigondas, Domaine de la Tourade, T 04 90 70 91 09, www.tourade-gigondas.fr, nur mit Reservierung, €€

Essen

Mit Fernsicht

Le Mesclun: Sie oder das Wetter entscheiden, ob Sie in dem alten Gebäude aus dem 16. Jh. oder auf dieser wunderbaren Terrasse mit Fernsicht speisen. Doch ganz gleich wofür Sie sich entscheiden: Christophe Bonzi, Chefkoch des Mesclun serviert Ihnen einen Roman in vier Kapiteln, die aufeinander aufbauen. Raffinierte Küche, die tief in der Provence verwurzelt ist.

Séguret, 208 Rue des Poternes, T 04 90 46 93 43, www.lemesclun.com, Do, Fr, Sa, Mo 12.15–13.30, 19.15–20.30 Uhr, So und Di nur mittags, Aug. Do–Di mittags und abends, mittwochs ganzjährig geschl., €€

Hausgemacht

Auberge Saint-Roch: Fast direkt im Zentrum liegt die Auberge Saint-Roch, alteingesessen und sehr beliebt. Die Speisekarte ist klassisch französisch, die Produkte kommen aus der Region und wechseln je nach Saison. Es gibt Steinpilz-Quiche und Entenbrust im Herbst und Spargel und Stubenküken im Frühjahr. Dazu wird natürlich Wein aus der Region angeboten.

Beaumes-de-Venise, 9 Route de Caromb, T 04 90 65 98 21, https://aubergesaintroch.eatbu.com, Sa–Mi 12.15–13.30, 19.15–20.45, Fr auch 19.15–20.45 Uhr, € bis €€

Besonders

Le 156 – Bar à vin: Hier gibt es hervorragende Weine, Kleinigkeiten zum Essen, wie Steak Frites, Fromage Chaud oder köstliche Pasta, alles selbstgekocht von Madame persönlich. Die kleine Bar wirkt wie selbst gebaut: Sperrholzplatten an den Wänden, Weinkisten als Regale, die Küche ist direkt am Gastraum und halboffen –Wohnzimmeratmosphäre, die dem Gast sofort das Gefühl gibt, daheim zu sein.

Caromb, 156 Le Cours de la République, T 06 03 52 28 24, https://le-156-restaurant-caromb.eatbu.com, Di–Sa 12–14, tgl. 18–23 Uhr, € bis €€

Einkaufen

Wein

Le Caveau du Gigondas: Mitten in Gigondas verkauft Le Caveau du Gigondas, die Weine der Appellation Gigondas. Man wird super beraten, kann probieren und erfährt sehr viel über die Weine der Region.

Gigondas, Place Gabrielle Andéol, T 04 90 65 82 29, www.gigondas-vin.com, tgl. 10–12.30, 14–18 Uhr

Ziegenkäse

Leroy-Berger: Der Ziegenkäsehof von Bernard Leroy und Christine Berger, bei Barroux, liegt herrlich. Hier kann man direkt ab Hof köstlichen Käse kaufen und auch übernachten.

Le Barroux, Chemin des Ambrosis, T 04 90 65 26 65, www.gitedelacolline.fr

Bewegen

Die Dentelles de Montmirail sind perfekt zum Wandern und Radfahren. Wanderwege beginnen in Gigondas (ausgeschildert) und auch an der Kirche Notre-Dame-d'Aubune (s. S. 26).

Weinkunde beim Wandern

Parcours du Vignoble de Vacqueyras: Der Wanderweg (8 km) erschließt die unterschiedlichen Weinbergtypen und erklärt Details auf einem guten Dutzend Infotafeln. Start ist am Place de la Pousterle im Zentrum von Vacqueyras.

www.provenceguide.com, Stichwort ›vignoble de Vacqueyras‹

Mit dem Fahrrad in die Berge

L'Étape du Ventoux: Die Fahrradvermietung hat außer in Malaucène auch Geschäfte in Beaumes-de-Venise und Bedoin, sodass man sein Leihrad auch dort wieder abgeben kann. Es werden auch E-Bikes angeboten.

Beaumes-de-Venise: 70 Av. Raspail, T 04 90 35 07 13, Mo–Sa 9–19 Uhr; Bédoin: 340 Rue Barral des Baux, T 04 90 62 72 91, Mo–Sa 9–19 Uhr; Malaucène: 10 Av. de Verdun, T 04 90 65 68 28, Di–Sa 9–13, 14–19 Uhr, Fahrrad ab 45 €/Tag

Wandern und Baden im See

Lac du Paty: Südlich von Malaucène, ungefährt auf Höhe Le Barroux (an der D938 zwischen Malaucène und Beaumes-de-Venise) liegt der kleine, lauschige und schöne Stausee. Es ist ein friedlicher Ort mit Picknicktischen, einem kleinen Kiosk und jeder Menge Bademöglichkeiten. Und hier starten ein paar markierte Wanderwege, die zu Streifzügen in die Umgebung einladen.

Infos

- **Office de Tourisme Gigondas:** Rue du Portail, T 04 90 65 85 46, www.ventouxprovence.fr.
- **Office de Tourisme Beaumes-de-Venise:** Place du Marché, T 04 90 62 94 39, Webseite bei Facebook
- **Office de Tourisme Malaucène:** Place de la Mairie, T 04 90 65 22 59, www.ventouxprovence.fr/reportages/office-de-tourisme/malaucene-tourisme.html

Mont Ventoux

H–J 2–3

Voller Legenden ist er, bei klarem Himmel unübersehbar, fast gleich, von wo aus in der Provence man schaut und der höchste Berg der Provence. Oben ist er schneeweiß, auch im Sommer, denn hier wächst nichts mehr. Es gibt nur noch Kalkstein. Le Géant de Provence – der Gigant der Provence wird er genannt. Nicht nur, weil er fast alleine steht und so aussieht, als wäre er noch viel viel höher, als ›nur‹ 1909 m, sondern auch, weil er immer wieder Todesopfer fordert. Früher geschah das vor allem im Winter, wenn die Wege reine Eisflächen sind und unvorsichtige Wanderer den Weg nach oben erzwingen wollen, heute sind es vor allem Radfahrer, die der Berg fordert. Man spricht von rund zehn Opfern pro Jahr, die an Dehydrierung und Überanstrengung sterben (s. Zugabe S. 41).

Man kann auf den Spuren von Petrarca den Mont Ventoux besteigen, auch wenn man nicht, wie ebendieser, zwei Diener und Träger dabei hat. Die Tour startet in Malaucène und ist 36 km lang (Pläne hierfür gibt es im Office de Tourisme in Malaucène). Die meisten Wanderer schenken sich jedoch die ersten 1419 Höhenmeter und starten am **Chalet Reynard** an der D 974, der Gipfelstraße, die von Bédoin über den Gipfel nach Malaucène führt. Das Chalet, wichtiger Streckenpunkt für Radler, die den Berg bezwingen möchten, steht an der Kreuzung zur D164, die nach Sault führt (s. auch Tour S. 30).

Fernblick 2.0

Weniger Ambitionierte können natürlich auch mit dem Auto nach oben fahren. Allerdings nur zwischen Ostern und Allerheiligen. Denn im Winter sind die

TOUR
Gipfelabenteuer zwischen Abendrot und Morgenlicht

Eine Nacht auf dem Mont Ventoux

Infos

Start/Ziel: Chalet Reynard (J 2/3)

Länge: 9 km einfach

Buchung: über das Office de Tourisme in Bédoin oder über http://randonnee-vaucluse.org/randos-a-themes

Hinweis: Die Wanderung ist nur im Sommer möglich und kann auch auf eigene Faust durchgeführt werden. Start oberhalb des Parkplatzes am Chalet Reynard (gelbe Wegweiser).

Neun Kilometer, eine nette kleine Gruppe, ein netter Wanderführer namens Stephane, auf dem Rücken der Rucksack mit Vesper, Schlafsack und Isomatte. Niemand sieht übersportlich aus – klar, die wirklich Sportlichen starten ihre Tour nicht hier oben, am **Chalet Reynard,** sondern machen es dem Erstbesteiger Petrarca nach, der in Malaucène startete. Aber wir glauben, es reicht, die letzten 500 Höhenmeter zu überwinden. Wir wollen uns nichts beweisen, wir wollen den Sonnenunter- und -aufgang erleben. Und die Einsamkeit der Nacht. Denn tagsüber ist hier die Hölle los: Radfahrer, Autofahrer, sogar Wohnmobile schaffen es hier hoch. Und so starten wir erst, wenn die meisten schon wieder weg sind.

Am Anfang ganz locker

Um 18 Uhr ist es noch taghell. Wir laufen los – anfangs auf einer kleinen Schotterstraße. Immer wieder können wir die Spitze der Gipfelstation des Ventoux sehen, aber wirklich näher kommt sie nicht. Es geht kaum bergauf, und so beschleicht mich doch ein wenig die Sorge: Wann geht es endlich bergauf? Bei Kilometer 6 ist es dann soweit. Eine kleine Steinhütte, **Jas du Pélerins,** am Rand weist den Weg – ein Schild tut es auch. 400 Höhenmeter haben wir nun auf knapp 3 km verteilt vor uns. Gott sei Dank ist es schon so spät. Denn spätestens hier oben, wo es keine Bäume mehr gibt, die Schatten spenden, braucht man die späte Stunde. Über Geröll und Steine geht es, der Weg ist nicht mehr richtig fest, zum Glück habe ich gute Schuhe. Aber daran denke

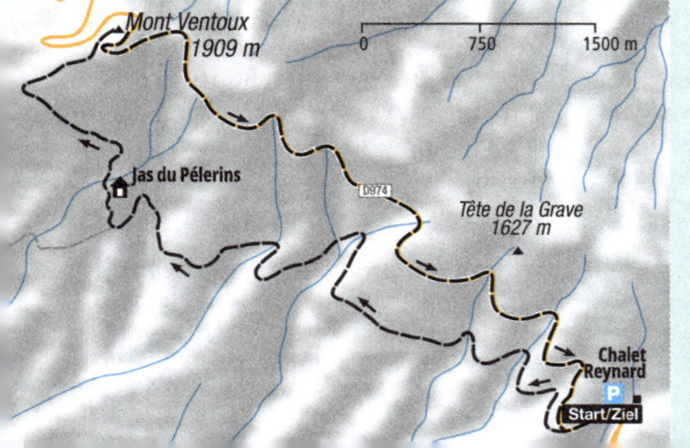

ich kaum. Ich kämpfe mit brennenden Muskeln und hochrotem Kopf. Plötzlich bleibt Stephane stehen und macht uns ein Zeichen, still zu sein. Und dann, wie aus dem Nichts erscheinen die Gämsen. Sie klettern anmutig am Steilhang im Licht der bald untergehenden Sonne. Ein magischer Moment. Er gibt mir Kraft für das letzte Stück. Und dann sind wir da, auf dem Gipfel des **Mont Ventoux.** Glück durchströmt mich, ich habe es tatsächlich geschafft!

Wer den Aufstieg zum Gipfel des Mont Ventoux geschafft hat, darf sich über die herrliche Bergkulisse freuen.

Einschlafen im Westen …

Rasch wird das Lager aufgebaut und dann setzen wir uns auf die Westseite, schauen den leuchtend roten Abendhimmel an und sehen die Sonne langsam versinken. Was für ein Anblick. Er entschädigt für alle Mühe, für die brennenden Beine, den auch eine Stunde nach Ankunft noch immer hochroten Kopf und das harte Lager. Gemeinsam trinken wir Rotwein aus Plastikbechern, aber ich habe wenig Lust auf Geselligkeit. Ich lege mich in meinen Schlafsack und sehe über mir Abermilliarden Sterne. So bin ich weggedöst. Als Stephane mich weckt, sammele ich meine Sachen zusammen, schnalle mir den Rucksack auf. Stephane will uns zu einer anderen Stelle bringen, die für den Sonnenaufgang besser geeignet ist. Also los.

… und Aufstehen im Osten

Am Horizont ist bereits der erste Streifen Licht zu sehen und es dauert keine halbe Stunde, da haben wir den anderen Platz erreicht. Ich krieche wieder in meinen Schlafsack und warte. Ganz langsam wird der Himmel hell. Zartrosa, dann hellblau und plötzlich ist sie da – mit all ihrer Kraft und Wucht strahlt die Sonne uns an. Bevor es zu warm wird, packen wir unsere Sachen und laufen nun zurück zum Chalet Reynard. Die Straße entlang dieses Mal. Es ist noch viel zu früh für Autos – nur einzelne Radfahrer begegnen uns bereits. Hochrot im Gesicht. Zurück geht es viel, viel schneller und dann ist alles vorbei. Was bleibt ist das Glücksgefühl im Bauch und ein ziemlich heftiger Muskelkater.

W

DAS WANDERN IST DES DICHTERS LUST

Der nachweislich erste Wanderer, der den Berg bezwang, war der italienische Dichter Francesco Petrarca (François Pétrarque), der im Jahr 1336 (!) einen Essay verfasste »Die Besteigung des Mont Ventoux«. Vollkommen absurd schien es seiner Umwelt, einen Berg besteigen zu wollen, nur des Besteigens wegen und ohne Notwendigkeit. Doch Petrarca war von Kind an fasziniert von diesem Berg, den er vom Fenster seines Zimmers in Carpentras aus sah. Diese Besteigung war die Geburtsstunde eines Hobbys, das nun, 700 Jahre später zu einem der beliebtesten Zeitvertreibe der Menschen gehört: das Wandern.

Passstraßen gesperrt: Zu gefährlich. Doch die Fahrt lohnt sich – zumindest bei klarer Sicht. Denn von hier oben hat man den großartigsten Ausblick in der ganzen Provence: Im Osten sieht man die Alpen, im Süden das Mittelmeer, im Norden die Drôme und die Ausläufer des Massif Central und im Westen – das erzählt man zumindest – kann man an ganz klaren Tagen bis zu den Pyrenäen sehen. Aber auch wenn nicht: Der Ausblick ist gigantisch, so wie der ganze Berg. Nur eines sollte man nicht. Hier hochkommen, wenn der Berg verhüllt ist, denn dann sieht man nichts. Gar nichts. Nichts vom Berg und nichts drumherum. Und die Kurven sind dann einfach nur unangenehm.

Infos

- **Im Internet:** Bei www.ventouxprovence.fr findet man Ideen und Vorschläge für Wanderungen und Radtouren, Erlebnisberichte und alle wichtigen Informationen rund um den Berg.
- **Hinweis:** Auf dem Gipfel herrschen manchmal Windgeschwindigkeiten von bis zu 200 km/h! Kleine Kinder und kleine Hunde müssen dann unbedingt festgehalten werden. Außerdem kann es hier oben eiskalt sein, wenn es unten bereits frühlingshaft warm ist. Rechnen Sie ganzjährig mit einem Temperaturunterschied von mind. 10 °C weniger hier oben!

Carpentras

G3

Carpentras ist eine lebendige Kleinstadt mit wunderschönem Stadtkern und einem sehr lebendigen Markt unter Platanen. Mit seinen knapp 29 000 Einwohnern ist es gar nicht so groß, wirkt aber wie eine richtige Stadt: Mit beeindruckendem Eingangstor, einer großen Kathedrale und riesigen Parkanlagen rundherum. Wirklich wundern tut dies jedoch nicht. Immerhin war Carpentras die Hauptstadt der päpstlichen Grafschaft Comtat Venaissin vom Anfang des 14. Jh. bis 1791. Das prägte den Charakter.

Ein Muss für Trüffel-Fans

Der Markt von Carpentras wird im Winter zum Schauplatz spannender Versteigerungen: Denn hier wird Woche für Woche am Freitagmorgen der Trüffelpreis von ganz Frankreich für die Folgewoche festgelegt. Dann reisen die ›Bocuses‹ des Landes an, aus Paris, dem Périgord und der Côte d'Azur, um den frischesten und besten Trüffel des Landes zu kaufen. En gros versteht sich. Aber selbst der Otto-Normal-Marktgänger kann das Spektakel miterleben – mit Abstand natürlich und auf dem Marché en Détail vor dem Fremdenverkehrsamt.

Im Sommer nimmt man den herrlichen Markt ohne Trüffel mit. Muss man. Es ist der größte Markt weit und breit. Und wenn man dann schon mal in Carpentras ist, sollte man es auf keinen Fall verpassen, sich auch die restliche Stadt anzuschauen.

Stadtspaziergang

Was von der Stadtmauer blieb

Am besten, Sie beginnen Ihren Rundgang an der **Porte d'Orange ❶**. Sie heißt nicht etwa wegen ihrer Farbe so, sondern weil das Tor in Richtung Orange liegt. Der monumentale Bau ist der einzige Teil der Stadtmauer, die noch unter Papst Innozenz IV. errichtet wurde. Wo die Mauer verlief, findet sich heute der Boulevard-Ring, der die Stadt umspannt.

Gotteshäuser

Geradeaus und dann links. Kurz vor dem Rathaus geht es rechts in die Passage Boyer, eine elegante Einkaufspassage von 1848, die durch ein Glasdach geschützt ist. Direkt dahinter ist die **Synagoge von Carpentras ❷** (15, Place Maurice Charretier, T 04 90 63 39 97, https://synagoguedecarpentras.fr, Mo, Mi, Fr 10.30, Mo–Do 14.30, 16, Fr 14.30 Uhr, geschl. während der jüdischen Feiertage). Auch wenn Sie sich überhaupt nicht für Gotteshäuser interessieren, diese Synagoge sollten Sie sich anschauen! Sie ist wirklich einmalig schön. Zudem ist es die älteste noch aktive Synagoge Frankreichs. Die Grundmauern wurden 1343 gelegt, auch wenn das heutige Erscheinungsbild aus dem 18. Jh. stammt: Rokoko wohin man schaut, in Hellblau, Türkis mit viel Rot und Gold. Papst Clemens persönlich bot Juden aus ganz Frankreich Schutz in Carpentras – gegen eine saftige Zahlung natürlich – und ließ sie an dieser Stelle die Synagoge errichten. Drumherum ein jüdisches Viertel. Der älteste **jüdische Friedhof** Frankreichs, liegt außerhalb von Carpentras an der Straße nach Caromb.

Von der Synagoge sind es nur ein paar Schritte zur **Cathédrale St-Siffrein ❸**. Das Südportal der Kirche ist die Porte Juive, das jüdische Tor, durch das einst Juden die Kirche betraten, wenn sie sich taufen lassen wollten. Der Gang ging unter einer von Ratten angefressenen Weltkugel hindurch – Sinnbild des Ketzertums und Warnung an die Konvertierten. Da dieses Tor jedoch häufig geschlossen ist, müssen Sie durch das Haupttor im Westen. Die Kirche ist ein bisschen düster, aber haben sich Ihre Augen erst einmal an die Dunkelheit gewöhnt, sehen Sie links in der Kapelle neben dem Chor die Reliquie der Heiligen Trense. Die Heilige Helena soll sie für das Pferd von Kaiser Konstantin aus einem Nagel vom Kreuz Christi hergestellt haben.

Für Bibliophile

Direkt gegenüber dem Fremdenverkehrsamt fällt ein großes, herrschaftliches

KRIPPEN – SANTONS

In und um Carpentras arbeiten viele Hersteller(innen) von Figuren für Weihnachtskrippen. Eine davon ist Béatrice Marguerat. Sie hat ein kleines Atelier bei Le Beaucet, etwas außerhalb von Carpentras. Auf Voranmeldung kann man sie in ihrem Atelier besuchen und nicht nur die kleinen, naiven Krippenfiguren kaufen, sondern auch andere Töpferwaren. T 04 90 61 57 81. Jedes Jahr im Dezember findet in Carpentras der große Markt für Krippenfiguren statt (s. S. 36).

Carpentras

Ansehen
❶ Porte d'Orange
❷ Synagoge
❸ Cathédrale St-Siffrein
❹ Hôtel-Dieu / Bibliothèque Inguimbertine

Schlafen
1 Le Comtadin
2 Bastide Sainte Agnès

Essen
1 La Maison Jouvaud
2 Chez Serge
3 Drôle d'oiseaux cave à manger

Einkaufen
1 Flohmarkt

helles Gebäude auf: Das ehemalige **Hôtel Dieu** ist auch bekannt als **Bibliothèque Inguimbertine** ❹, ein ehemaliges Krankenhaus, das im 18. Jh.von Monseigneur d'Inguimbert, einem Bischof und Wohltäter von Carpentras, gestiftet wurde. Heute ist hier die einzige Museumsbibliothek Frankreichs untergebracht.

180 Place Aristide Briand, T 04 90 63 04 92, https://inguimbertine.carpentras.fr, Di–Fr 12–18, Sa 14–18, So 9–12 Uhr

Schlafen

Gigantisches Frühstück

1 **Le Comtadin:** Das Best-Western Hotel liegt sehr zentral. Die freundlichen Besitzer, ein deutsch-französisches Paar, haben super Tipps, und servieren ein Frühstück, wie man es selten in Frankreich findet: frisch, lecker und mit so vie Auswahl, dass man stundenlang essen möchte. Die Zimmer sind eher klein und funktional.

65 Bd. Albin Durand, T 04 90 67 75 00, www.le-comtadin.com, €€

Etwas außerhalb

2 **Bastide Sainte Agnès:** In dem alten provenzalischen Landhaus werden die Gäste werden aufs herzlichste empfangen und in einem der fünf geschmackvoll eingerichteten Zimmer oder in einer der beiden einfachen Gîtes untergebracht. Im Garten ist ein Pool.

4 km nordöstlich von Carpentras, 1043 Chemin de la Fourtrouse, Route de Caromb, T 04 90 46 47 86, www.sainte-agnes.com, € bis €€

Essen

Schoko-Concept

1 **La Maison Jouvaud:** Selbst wenn da nicht die überdimensionalen Schokoladentafeln wären, die kandierten Früchte, die Körbe voller Meringen und der köstliche Kuchen: Es wäre immer noch ein Erlebnis herzukommen. Denn wie nebenbei werden auch Geschirr, Deko, Taschen u. Ä. verkauft. Der *café au lait* ist köstlich, mittags gibt es zur Quiche einen Teller Suppe, sonst speist man eher süß bis sehr süß.

40 Rue de l'Évêché, T 04 63 15 38, www.patisserie-jouvaud.com, Di–Do 9–19 Uhr, Mo 10.30–19, Fr–So 8–19 Uhr, €

Familiär

2 **Chez Serge:** Der Rahmen ist modern, die Gäste kennen sich – man speist unter Freunden, und das gut. Und weil Serge nicht einfach nur ein normales Restaurant haben möchte, organisiert er auch Wein- und Trüffelabende.

90 Rue Cottier, T 04 90 63 21 24, https://chez-serge.com, Nov.–Sept. 12–13.30, 19.30–21.15 Uhr, Sommer bis 14 und 22 Uhr, €€, Trüffelmenu €€€

Bar mit Musik

3 Drôle d'oiseaux cave à manger: Was für eine nette Bar! Man bekommt guten Wein, Bier, *café,* dazu kleine, feine Speisen und abends gibt es häufig Livemusik. Im Sommer draußen vor der Tür unter Bäumen, im Winter im Gastraum.

Pl. du marché aux oiseaux, T 04 90 34 31 39, Webseite bei Facebook, Mi–So 12–0 Uhr, €

Einkaufen

Carpentras ist das Erdbeerzentrum der Region. Wenn Sie also zur rechten Zeit hier sind: Zuschlagen!

1 Großer Flohmarkt: So10–18 Uhr unterhalb der Allée des Platanes auf dem Parkplatz *(marché de puces – brocante).*

Feiern

- **Les Papillons:** im Juli und August. Bei dem Kunstfestival hängen vom Glasdach der Passage Boyer bunte Regenschirme, überall in Carpentras werden an Schnüren Bilder über die Straßen gespannt und es gibt Ausstellungen! Das ganze Programm unter http://yadelart.org.
- **Marché aux Santons:** im Dez. in der Chapelle du Collège. Nach Carpentras kommen die bedeutendsten *Santoniers* der Provence, um ihre Krippenfiguren zu verkaufen (s. auch S. 288).

Infos

- **Office de Tourisme:** Place du 25 Août 1944, T 04 90 63 00 78, www.ventouxprovence.fr. In der Adventszeit bis Ende Januar ist im Office de Tourisme eine riesige Weihnachtskrippe aufgebaut – die größte der Provence – voller Szenen aus der Provence mit wunderbaren kleinen *Santons.* Es gibt auch eine Boutique mit Spezialitäten der Region.

Umgebung von Carpentras

Frühere Hauptstadt

Bevor Carpentras zur Hauptstadt des Comtat Venaissin wurde, war **Pernes-les-Fontaines** die Hauptstadt. Es ist ein malerisches Städtchen mit pastellfarbenen Häusern in den Mauern einer trutzigen Festung am Fuße des Mont Vaucluse. Die Stadttore: riesig groß und beeindruckend, die Plätze im Städtchen, das heute immerhin noch 10 500 Einwohner hat: pittoresk und fast immer mit Brunnen. Insgesamt soll es 40 dieser Brunnen geben, was Pernes auch den Beinamen ›Les Fontaines‹ eingetragen hat.

Politik an die Wand gepinselt

Zwei Rundgänge führen den Spaziergänger zu den Sehenswürdigkeiten der Stadt, darunter die **Tour Ferrande.** In dem Turm sind gotische, um 1285 gemalte **Fresken** zu sehen, eine historische Besonderheit. Denn sie zeigen neben den obligatorischen religiösen Darstellungen den höchst politischen Kampf von Karl von Anjou gegen die letzten Staufer Manfred und Konradin um Sizilien und Unteritalien. Ähnlich wie der Teppich von Bayeux in der Normandie, der die Eroberung Englands durch den Normannenherzog Wilhelm (Guillaume) im 11. Jh. zum Thema hat, zeigen die Fresken auch Kampfszenen und kommentieren das historische Geschehen. Die Fresken in der Tour Ferrande sind nicht öffentlich zugänglich, aber man kann sie im Rahmen einer Stadtführung ansehen (Anmeldung über das Office de Tourisme erforderlich).

Hoch oben auf dem Fels

Venasque ist ein malerischer Ort. Er rühmt sich, zu den 150 schönsten Dörfern Frankreichs zu gehören. Und ganz sicher ist das auch so. Aber es braucht keine Superlative, um Venasque zu mögen. Die ehemalige Papstfestung liegt hoch oben auf einem Felsensporn und war lange Zeit ausschließlich für Reiter und Fußgänger zugänglich. Fremde waren unerwünscht. Das ist heute natürlich anders! Venasque ist auf Gäste eingestellt, ohne dabei übermäßig touristisch zu wirken. Es gibt in den schmalen Gassen, die von hohen Häusern gesäumt sind, ein paar kleine Gästehäuser, ein hübsches Café, mehrere Galerien, vor allem aber lohnt sich der Besuch der romanischen Kirche mit ihrem achteckigen Turm und dem Baptisterium – ob es sich dabei um eine Taufkapelle aus dem 7. Jh. oder um eine vier Jahrhunderte später entstandene Grabkapelle handelt, ist unklar.

TOUR
Nostalgische Schluchtenfahrt mit maximal 16 PS

Mit dem 2 CV durch die Gorges de la Nesque

Infos

Start/Ziel: Saumane-de-Vaucluse (H 4)

Länge: 112 km

Autoverleih: 2CV en Provence, Saumane-de-Vaucluse, www.2cv-provence-location.fr. Franck und Florence geben eine kurze Einführung und machen Tourenvorschläge (Preis auf Anfrage).

Was für ein herrlich französisches Gefühl! Das Dach des alten 2CV ist offen, die Baskenmütze sitzt auf dem Kopf, der Picknickkorb steht auf dem Rücksitz.

Von **Saumane-de-Vaucluse**, wo Sie Ihren 2CV ausleihen, geht es gen Norden, vorbei an **Mazan** nach **Villes-sur-Auzon**, einem kleinen, malerischen Ort. Hier zweigt die D942 in die **Gorges de la Nesque** ab. Die Straße ist eng und es geht immer wieder bergauf, durch kleine Tunnels, die in die Felsen gehauen wurden, links die Steilwand, rechts: der tiefe Abgrund, ganz unten: ein kleiner Fluss.

Zum Glück gibt es Haltebuchten an besonders schönen Aussichtspunkten. Je höher die Straße sich windet, desto tiefer kann man blicken. Kurz nach dem dritten Tunnel ist rechts ein **Parkplatz mit Fernsicht.** Hier liegt einem die ganze Schlucht zu Füßen – und dahinter: der Mont Ventoux mit seinem weißen Dach.

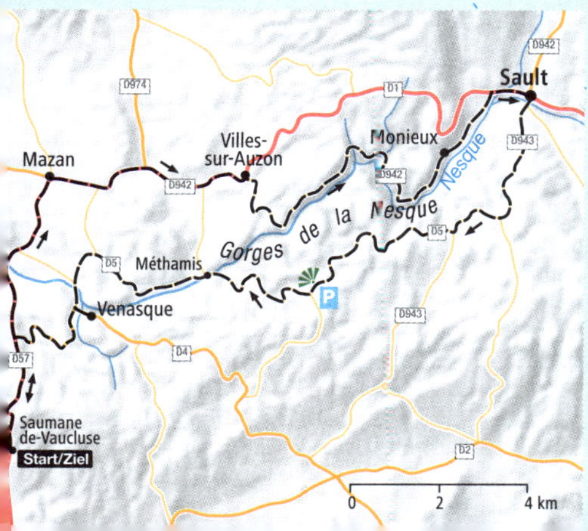

Der erste Ort nach der Schlucht ist **Monieux,** und kurz danach erscheinen am Horizont die ersten Lavendelfelder, dahinter, wie eine Trutzburg, **Sault**. Spätestens jetzt ist es Zeit für ein Picknick. Zurück wählt man die Strecke über **Méthamis** und **Venasque**, denn so ist man immer in der Nähe der Nesque. Von der Straße hat man immer wieder hübsche Blicke auf den Fluss.

Kirche: tgl. 9.30–18 Uhr; **Baptisterium:** Mi–So 10.30–13, 14–18.15 Uhr, im Sommer und über Weihnachten länger, 3 €

Schlafen, Essen

Weit weit weg

Metafort: Ultraschickes Design-Maison d'hôte an einer der schönstmöglichen Stellen der Provence: In einen Felsen gehauen mit Pool direkt oberhalb der Gorge de la Nesque. Es gibt nur fünf Zimmer, eines davon unter freiem Sternenhimmel. Wer hier Gast ist, bekommt auf Vorbestellung auch ein Abendessen.

Méthamis, 31 Montée du vieil hôpital, T 04 90 34 46 84, www.metafort-provence.com, €€€

Bei Winzerinnen

Domaine de Camarette: Auf diesem herrlichen Bio-Weingut kann man nicht nur köstliche Weine probieren, man kann auch leckere provenzalische Küche genießen – und selbst zubereiten lernen. Es gibt ein kleines Gîte sowie zwei nette Gästezimmer, sodass man alles unter einem Dach hat.

Pernes-les-Fontaines, 439 Chemin des Brunettes, T 04 90 61 60 78, www.domaine-camarette.com, €. Das Restaurant konzentriert sich auf kleine Gruppen (ca. 20 Pers). Wer individuell kommen möchte, findet Samstags mittags und abends feste Menüs (Reservierung!).

Essen

Unter freiem Himmel

Plein Air: Wie der Name schon sagt, sitzt man hier unter freiem Himmel auf einfachen Stühlen unter Bäumen. Plein Air ist mehr ein Kiosk als ein Restaurant, aber die Qualität der Speisen (bio und aus eigenem Anbau oder von benachbarten Bauern) ist auf bestem Resto-Niveau! Es gibt Burger, Pizza, Hummus und Falafel.

Venasque, 2847 Route de Gordes, T 09 82 12 59 78, Webseite bei Facebook, Mi–Sa 11.30–15, Fr, Sa auch 19.30–22 Uhr, nur bei Sonnenschein, ab und zu Livekonzerte, €

Panorama

Le petit Chose: Wunderbares kleines Café mit ein paar Snacks, frischen Säften mit angeschlossenem Laden (Épicerie), wo Köstlichkeiten aus der Region angeboten werden. Das beste aber ist der Blick – von innen durch die Glaswand oder von der Terrasse ins Land. Weit und schön.

Venasque, 26 Place de la Fontaine, T 04 90 66 66 07, www.restaurantlepetitchose.com, Mai–Okt. Do–Di 9.30–20.30 Uhr, Mi 9.30–16 Uhr

Einkaufen

Marché: Samstagmorgen ist Wochenmarkt in Pernes-les-Fontaines.

Infos

- **Venasque:** Office de Tourisme, Grand Rue, T 04 90 66 11 66, www.ventouxprovence.fr.
- **Pernes:** Office de Tourisme, Place Gabriel Moutte, T 04 90 61 31 04, www.perneslesfontaines.fr.

Sault

J3

Es ist das Lavendelparadies auf Erden! Lilafarbene Felder, im Hintergrund ein kleines Dorf, das oben auf einem Hügel liegt. Man hat Sault (sprich: Soo) das Gütesiegel ›Station Verte‹ verliehen, das nur Orte erhalten, die in einer besonders schönen, grünen Umgebung liegen. So wie Sault eben. Es liegt aber nicht nur besonders schön, es liegt auch besonders praktisch: Nicht allzuweit

TOUR
Durch die Berge der Vaucluse

Rundwanderung um Saumane-de-Vaucluse

Infos

Start/Ziel: Saumane-de-Vaucluse (H 4)

Länge: 7 km

Einkehren: Bistrot de Saumane, T 06 87 35 54 69

Am besten, Sie machen die angenehme, 7 km lange Wanderung am Morgen und lassen das Auto am Ortseingang von **Saumane-de-Vaucluse** stehen. Dann packen Sie sich ausreichend Wasser ein und schon geht es los! Im Schatten der Stadtmauer des hübschen Ortes geht es erst mal ins **Bistrot de Saumane.** Ja, richtig gelesen. Da reservieren Sie für mittags. Schließlich wollen Sie sich belohnen nach der Tour und nirgendwo geht das besser als auf der Terrasse mit Blick ins Tal!

Die Strecke ist schön, führt durch schattige Wälder sanft bergauf und bergab. Vorbei am Rathaus folgen Sie der Straße nach unten. Eine kleine Gasse führt durch eine enge Häuserschlucht bis zum Ende des Dorfes. Hier beginnt der **Chemin de la Tapy,** der nun zwischen Felsen und Bäumen allmählich nach oben führt. Bei der ersten Gabelung geht es links, rechts kommen Sie auf dem Rückweg wieder raus. Nun heißt es sanft bergauf durch malerische Haine marschieren, bis rund 2 km hinter Saumane die **Domaine de Font Rugne** zu sehen ist. Den kleinen Weg rechts hinter der Domaine nehmen Sie. Nach ungefähr 700 m geht es rechts, kurz vor dem Chemin Les Pesades ab, beschildert »Abri sous roche«. Die kleine Schutzhütte *(abri)* lassen Sie links liegen und folgen dem Weg, der Sie automatisch wieder zurück zum Chemin de la Tapy bringt. Hier geht es links zurück ins Dorf und zum verheißungsvollen *déjeuner*. Das haben Sie sich verdient – und das Glas guten Rotwein dazu!

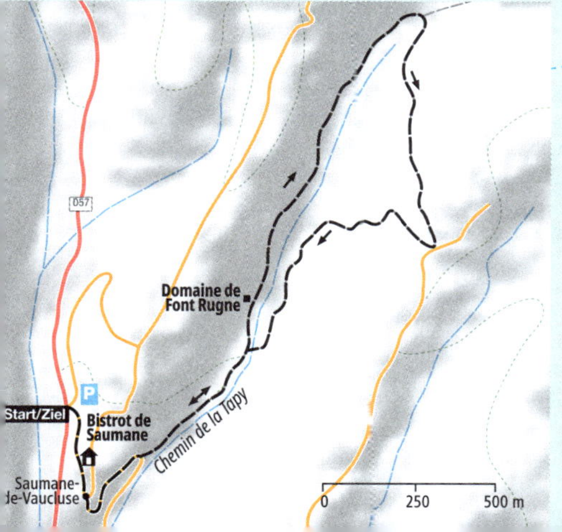

entfernt vom Mont Ventoux, um die Ecke vom Plateau d'Albion, ein paar Kilometer weiter ist **Montbrun-les-Bains,** eins der schönsten Dörfer der Drôme, und in nur 30 Minuten ist man in Banon (s. S. 227); auf der Strecke liegen weitere Lavendelfelder!

Überhaupt: Lavendel ...

Sault lebt davon. Überall in der Provence gibt es natürlich welchen, aber hier ist die Dichte an Lavendelverkaufsstätten und Destillerien doch auffallend hoch. Die interessanteste Destillerie ist **Aroma Plantes,** die nicht nur Lavendel destillieren, sondern auch andere Pflanzen der Umgebung. Sie stellen seit Jahrzehnten ätherische Bio-Öle her; bei Führungen durch den Betrieb und die Felder werden der Destillierprozess und die dazu verwendeten Pflanzen genau erklärt.

Destillerie Aroma Plantes: www.distillerie-aromaplantes.com, tgl. 10–18 Uhr, im Sommer bis 19 Uhr, mit Laden und Café

Rundgang im Städtchen

Nicht weniger schön als der Blick von Weitem auf das Dorf inmitten der Lavendelfelder ist das Dorf selbst. Durch malerische Sträßchen kann man einem Rundgang folgen »*Une heure sur le pas du loup*« – eine Stunde auf den Spuren des Wolfes – und so das Zentrum von Sault kennenlernen, das Schloss, die Eingangstore und die Ringmauern und die romanische, dreischiffige Kirche Notre-Dame-de-la-Tour (Pläne im Office de Tourisme).

Schlafen, Essen

Klein und fein

Hôtel d'Albion: Das kleine Zwei-Sterne- Hotel am Ortseingang von Sault hat nur elf Zimmer. Die sind klein, zweckmäßig, sauber und angenehm. Es gibt ein leckeres Frühstück, die Gastgeber sind superfreundlich und geben auch gerne Tipps für Touren in die Umgebung. Wer will, kann auch gleich zum Essen bleiben, denn es wird Halbpension angeboten. Alles in allem ist es ein typisch französisches kleines Hotel mit Charme.

Av. de l'Oratoire, T 04 90 64 06 22, www.hotelalbion.com, €

Essen

Gute Weinauswahl

Le Provencal: Man sitzt jetzt nicht super schön, aber das Essen ist lecker und verhältnismäßig günstig! Man merkt, man ist außerhalb der Touristenzentren. Serviert werden Klassiker wie gebackener Ziegenkäse mit Tapenade, Ente oder Kaninchen, dazu wird hervorragender Wein aus Châteauneuf-du-Pape und den anderen Anbaugebieten der Region serviert.

Rue Porte des Aires, T 04 90 64 09 09, Webseite bei Facebook, €

Einkaufen

Köstliches Nougat

André Boyer: Der Traditionsbetrieb stellt seit 1887 weiches Nougat her und verkauft es zusammen mit anderen süßen Köstlichkeiten in seiner nostalgisch-historischen Boutique.

Place de l'Europe, www.nougat-boyer.fr, tgl. 8–19 Uhr

Infos

- **Office de Tourisme:** Av. de la Promenade, T 04 90 64 01 21, www.ventoux-sud.com.
- **Bus:** Sault erreicht man am einfachsten über Apt mit dem Bus Nr. 16 der Busgesellschaft Sudest Mobilités (www.sudest-mobilites.fr).

Zugabe »Sport ist Mord«

Radsport am Mont Ventoux

Zehn Todesopfer jährlich fordert der Mont Ventoux. Sie sterben an Dehydrierung und Überanstrengung. Dennoch zieht es Jahr für Jahr Zigtausende Rennradler auf seinen Gipfel. Denn der Berg ist ein Mythos, genährt durch die Bilder der Tour de France, bei der *Le Géant de Provence* jedes Jahr aufs Neue bezwungen wird. Zwar gibt es Etappen, die ähnlich schwierig sind, doch was den Mont Ventoux noch um einiges schwieriger macht, ist der kräftige Wind, der »Ventoux«, der den Radsportlern das Leben zur Hölle macht. Einem, dem britische Radprofi Tom Simpson, kostet diese Hölle das Leben. Er starb 1967 während der großen Tour an Überanstrengung, Selbstüberschätzung, Dehydrierung und Herzversagen, vor allem aber wohl an Amphetaminen. ■

Von Orange bis Avignon

Jede Menge Theater — das bieten die beiden Städte. Und dazwischen: Die Côtes du Rhône mit dem weltberühmten Weindorf Châteauneuf-du-Pape, wo einst die Päpste ihren Sommersitz hatten.

Eintauchen

Sur le Pont d'Avignon …

Seite 45

Antikes Theater in Orange

»Das ist die schönste Mauer meines Königreichs« soll Ludwig XIV. gerufen haben, als er die Bühnenwand des Théâtre Antique zum ersten Mal erblickte.

Seite 52

Per Rad von Orange nach Châteauneuf

Die Radtour durch Weinberge und Ebenen ist mit Motor keine Tor-Tour, sondern vielmehr ein Erlebnis für Gaumen und Herz. Beide erfreuen sich am köstlichen Wein, dem Herz tut außerdem die Bewegung gut.

Seite 54

Château Cabrières

Auch wenn es Château Cabrières noch nicht so lange gibt: Klar ist, dass die Päpste wegen eines Weines wie dem auf diesem Weingut gekelterten nach Châteauneuf-du-Pape zogen und dafür sogar ihren Palast in Avignon verließen.

Seite 54

Avignon 

Wer fürs Theater lebt, wird Avignon lieben – und zwar nicht nur wegen der hohen Theaterdichte. Die ganze Stadt ist eine einzige Bühne für Straßenmusik und -theater.

Seite 55

Palais des Papes

Mit 600 000 Besuchern jährlich gehört der Papstpalast in Avignon zu den zehn meistbesuchten Orten Frankreichs – zu Recht. Dies ist eines der beeindruckendsten mittelalterlichen Gebäude des Landes und der größte gotische Bau weltweit!

Seite 62

Île de la Barthelasse

Die Rhôneinsel in Avignon ist so groß, dass man hier Wandertouren unternehmen kann.

Seite 62

Collection Lambert

Eine riesige Bronzeskulptur im Innenhof, Bilder so groß wie Hauswände in den Räumen, bunte Farben und viel Experiment allerorten: Zu sehen in der Collection Lambert in Avignon.

Seite 66

Halles d'Avignon – Paradies für Gourmets

Ganz gleich, ob Sie Obst, Gemüse, Fisch oder Fleisch möchten: In den Halles d'Avignon an der Place Pie mitten im Zentrum der Stadt finden Sie alles in bester Qualität – und ein Showkochen gibt es samstags gratis dazu.

Eine Weinprobe ist in dieser Gegend ein Muss – bloß nicht zu tief ins Fass schauen …

Die Rhône, seit jeher Lebensader und Hauptverkehrsweg von den Alpen ans Mittelmeer, können Sie mit dem Rad oder vom Schiff aus erkunden. Oder einfach nur vom Ufer aus bewundern.

Immer der Rhône nach

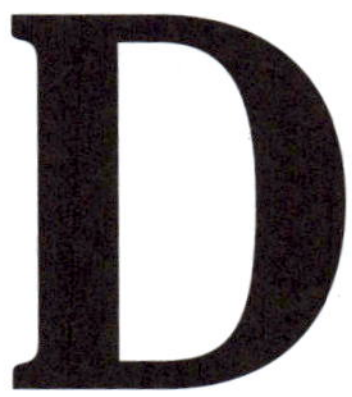

Die Stadt Orange ist für viele Reisende auf ihrem Weg in die Provence das Einfallstor in den Süden und die erste Station ihrer Reise. Nicht nur, weil es die erste größere Stadt der Provence ist, sondern auch, weil es hier einen TGV-Bahnhof gibt. Und tatsächlich: Orange bietet sich bestens für einen Zwischenstopp an. Denn in dieser kleinen, etwas verschlafenen Stadt steht ein großartiges Theater. Vollkommen unerwartet und riesig!

Von Orange ins Land der Päpste

Entlang der Rhône geht es dann weiter in den Süden, durch liebliche, sanfte Landschaften, vorbei an ausgedehnten Weinbergen und einem weltberühmten Weindorf bis nach Avignon, der drittgrößten Stadt der Provence und Hauptstadt der Côtes du Rhône. Die Stadt zieht jeden in ihren Bann. Hier kann man sich tagelang, wenn nicht gar wochenlang aufhalten. So viel gibt es zu entdecken! Architektur- und Kunstfans kommen aus dem Staunen nicht mehr raus, Feinschmecker schweben im Gourmethimmel und Theaterfreaks und Kulturliebhaber finden hier im Süden Frankreichs ganz klar ihr Paradies.

ORIENTIERUNG

O

Internet: www.avignon-et-provence.com, www.orange-tourisme.fr und www.chateauneuf.com. Die Seiten der Fremdenverkehrsämter geben einen guten Überblick über Sehenswürdigkeiten, Unterkünfte und Veranstaltungen.

Verkehr: Sowohl Orange als auch Avignon haben einen TGV-Bahnhof. Von dort kommt man gut mit kleinen Zügen und Busse weiter. Wer mit dem Auto anreist, sollte sein Auto lieber außerhalb von Avignon parkieren, das es im Stadtzentrum teuer und schwierig ist (Parkplatztipps s. S. 70).

Sur le pont …

Avignon ist das Gegenteil von Orange! Quietschlebendig, bunt und niemals ruhig. Dabei hat es eine spannende Geschichte, ist Kirchenstadt und Handelsstadt in einem. Klar hat die Lage an der Rhône hierzu beigetragen. Aber auch sonst liegt Avignon mittendrin und ist ideal für Ausflüge in die Umgebung. Viele gute Gründe also, länger hier zu bleiben.

Orange

F3

Es ist schon etwas verwirrend. Da sind im Stadtwappen der Stadt Orange Apfelsinen zu sehen und dennoch hat der Name Orange nichts mit den leckeren Früchten zu tun, sondern – wen wundert's? – mit den Römern. Denn aus dem römischen Arausio, das sie hier vor 2000 Jahren gründeten, wurde Orange und als dann 1530 die dortige Grafschaft an das deutsche Haus von Nassau-Dillenburg fiel, ernannte sich der Graf Wilhelm kurzerhand zum Prinz Wilhelm I. von Orange, woraus das Haus Oranien entstand. Also ist die kleine verschlafene Stadt (knapp 30 000 Einw.) tatsächlich Namengeber für das niederländische Königshaus.

Orange ist in Frankreich vor allem wegen des großartigen Theaters bekannt, aber nicht nur: Seit 1995 die Ultrarechten an die Macht kamen, gerät die Stadt immer wieder in die Schlagzeilen. Der Bürgermeister, Jacques Bompard, hatte einst den Front National mitgegründet (der sich heute Rassemblement National nennt) und führt heute einen Kampf gegen Unordnung und Entfranzösisierung. Erfolgreich, wie manche sagen: Das Müllproblem wurde gelöst, die Schulden abgebaut, die touristischen Attraktionen restauriert und so die kleine Stadt auch für Besucher wieder sehr viel sehenswerter gemacht. Auf der anderen Seite aber weigerte sich der Stadtrat 2015 Flüchtlinge aufzunehmen, verweigerte dem ›Restaurant du Cœur‹, also den französischen Tafeln, die Zuschüsse und verbot die Hissung jeglicher Fahnen, z. B. bei Hochzeiten, es sei denn, es ist die Trikolore. In Orange fühlen sich vor allem Nationalisten wohl und hier ist ganz

Vor allem im Sommer kann man ganz schön ins Schwitzen kommen, wenn man die vielen Stufen des Theaters in Orange erklimmt. Gut, dass die Vorstellungen erst abends stattfinden.

klar: »Big brother is watching you«. Keine andere Stadt hat so eine flächendeckende Videoüberwachung wie Orange. Das kann man mögen – oder eben auch nicht.

Was für ein Theater!

Einmal im Jahr erwacht Orange zum Leben und zwar im Sommer während der Chorégies. Es ist das älteste Festival Frankreichs (1869) – und wahrscheinlich auch das spektakulärste! Denn es findet – aller guten Superlative sind drei – in dem **Römischen Theater** ❶ statt, das als das am besten erhaltende gilt. 36 m hoch ist alleine die Bühnenwand! 103 m breit und mitten in einen Hügel gebaut, die Colline St-Eutrope, sind die Sitzplätze. Knapp 7000 Menschen finden heute im Halbrund des **Théâtre Antique** Platz (zu römischen Zeiten sollen es bis zu 10 000 gewesen sein) und wenn dann Opernstars wie Placido Domingo während des Festivals unterhalb der Statue von Kaiser Augustus, der oben in die Bühnenwand eingebaut ist, ihre Arien schmettern, zittert die ganze Stadt! Natürlich sollte man das Theater (das 1981 zum UNESCO-Welterbe erklärt wurde und im Mittelalter als Festung genutzt wurde) nicht nur während der Chorégies oder anderen Konzerten besuchen: Jeder, der sich für (römische) Baukunst begeistert, muss einfach rein! Das kann man ganz einfach ohne alles, oder mit Audioguide. Der ist gar nicht so schlecht, denn er erzählt nicht nur auf Deutsch auf ansprechende Art und Weise etwas zur Geschichte, sondern führt auch visuell durchs Halbrund.

Rue Madeleine Roch/Place des Frères Mounet, www.theatre-antique.com, Nov.–Feb. 9.30–16.30, März, Okt. 9.30–17.30, April, Mai und Sept. 9–18, Juni–Aug. 9–19 Uhr; im August spannende Nachtführungen, Kombiticket mit Musée d'Art et d'Histoire 10 €, ohne Audioguide nur 1 Std. vor Schließung 9 €

Auf den Berg!

Wenn Sie sowieso schon beim Theater sind – machen Sie sich wenigstens kurz

Orange

Ansehen

❶ Römisches Theater (Théâtre Antique)
❷ Colline St-Eutrope
❸ Hôtel de Ville
❹ Cathédrale Notre-Dame
❺ Arc de Triomphe

Schlafen

1 L'Herbier d'Orange
2 Le Mas Julien

Essen

1 L'Atelier des Burger
2 Les Saveurs du Marché
3 La table du verger

Bewegen

1 Sport Aventure

noch auf, um die **Colline St-Eutrope** ❷ zu besteigen, den Hügel, in den das Theater hineingebaut wurde. Denn von hier oben hat man einen großartigen Blick: auf die Region samt Mont Ventoux, aber auch auf die hübsche Altstadt, die zu den Füßen des Hügels liegt. Der schnellste Weg nach oben führt über die Rue Pourtoules, direkt hinter dem Theater.

Markttreiben in der Altstadt

Das Theater im Rücken steht man an der **Place des Frères Mounet,** die von Cafés umgeben ist. Direkt dahinter erstreckt sich die **Altstadt.** Wer gerade aus dem Norden kommt, findet hier den ersten Hauch Süden. Viele Häuche, wenn man Donnerstag vormittag die Stadt erkundet. Denn dann ist Markt und die Place de la République voller Menschen und in den Cafés werden *café* und das ein oder andere Glas Wein getrunken. Schön ist der Bummel auch über die **Place Georges Clemenceau** mit einem tiefer gelegten Brunnen und dem hübschen Rathaus, **Hôtel de Ville** ❸, mit seinem typisch provenzalischen Glockenturm. Eine einst romanische (dann aber zig mal veränderte und umgebaute) Kirche, die **Cathédrale Notre-Dame** ❹ befindet sich direkt ums Eck.

Römer-Triumph über die Kelten

Wie groß Orange einst gewesen sein muss, erkennt man daran, wie weit der sogenannte **Arc de Triomphe** ❺ vom Theater entfernt ist: nämlich fast einen Kilometer. Da kann die heutige Altstadt nicht mehr mithalten. Tatsächlich hatte das römische Arausio fast 90 000 Einwohner. Die Reliefs auf dem vermeintlichen ›Trimphbogen‹, der richtiger ›Stadtgründungsbogen‹ heißen sollte, stecken voller Szenen der römischen Mythologie und Historie, erzählen aber auch die Vorgeschichte der Stadtgründung: 105 v. Chr. griffen keltisch-germanische Kimbern und Teutonen römische Legionäre an und besiegten sie! Die schockierten Römer rächten sich einige Jahre später bei Aix und schlugen die Kelten vernichtend. Hier an der Rhône gründeten sie 35 v. Chr. Arausio. Fast schon surreal erhebt sich der Bogen, der vermutlich 10–20 n. Chr. entstand, quasi direkt auf der Straße, umgeben nur von ein wenig Grün.

Schlafen

Mittendrin

1 **L'Herbier d'Orange:** Das kleine, höchst sympathische Hotel liegt mitten in der Altstadt an einem kleinen, lauschigen Platz nahe dem Theater. Die Zimmer sind modern und freundlich, die Gastgeber genauso. In einem Frühstücksraum, umgeben von Natursteinen lässt es sich gemütlich essen und dann von dort aus Orange erkunden.

8 Place aux Herbes, T 04 90 34 09 23, www.lherbierdorange.com, €

Etwas draußen

2 Le Mas Julien: So ein schönes Maison d'hôte! Südlich von Orange wohnt man auf einem richtig kleinen Landsitz. Es gibt einen herrlichen Garten mit Platanen, ein erfrischendes Schwimmbad, vier individuell eingerichtete Zimmer und ein kleines Studio. Überall findet man lauschige Picknickplätze und man darf sogar eine Küche nutzen.

704 Chemin de St-Jean, ca. 7 km südlich von Orange, T 04 90 34 99 49, www.mas-julien.com, €€

Essen

American Way of Orange

1 L'Atelier des Burger: Richtig lecker! Hier gibt es hausgemachte Burger mit ungewöhnlichen Zutaten: Blauschimmelkäse-mit-Birnen-Burger oder Hähnchenbrust-mit-Champignons-Burger.

9 Place des Frères Mounet, T 07 89 31 25 29, Di–Sa 11.45–14.30, 19–22 Uhr, €

Marktfrisch

2 Les Saveurs du Marché: Ein Restaurant im Bistro-Style. Kleine, feine Speisekarte mit allem, was der provenzalische Markt so hergibt: frischer Fisch, frisches Gemüse, Fleisch und hausgemachte Terrinen. Man sitzt fast direkt am alten Theater – auf einer kleinen Terrasse oder im angenehmen Inneren.

24 Place Silvain, T 04 90 69 56 89, www.facebook.com/lessaveursdumarche, Di–Sa 12–13.30, 19–21 Uhr, € bis €€

Bio vom Land

3 La table du verger: Nur ein bisschen außerhalb und dennoch ganz weit weg! Dieses durch und durch provenzalische Restaurant ist in einem alten Mas untergebracht, das auch Zimmer vermietet. Die sind hübsch, doch noch besser ist es, Sie kommen zum Essen hierher. Es gibt hauseigenes Biobrot, Ravioli mit Ziegenkäse, Ente oder Fisch – kaum Vegetarisches.

Mas des Aigras, Chemin des Aigras, T 05 90 34 81 01, www.masdesaigras.com, 12.15–13.30 und 19.15–21 Uhr, nicht tgl., je nach Jahreszeit unterschiedliche Öffnungszeiten (Webseite konsultieren), €€

Einkaufen

Markt mit dem Flair des Südens

Am Donnerstag vormittag findet in den Gassen der Altstadt ein riesiger, bunter und lebendiger Markt statt, auf dem man alles kaufen kann, was der Midi so hergibt: frisches Gemüse, Ziegenkäse, Melonen, Olivenöl und natürlich Wein.

Bewegen

Radtouren

Von Orange aus kann man mehrere Radtouren unternehmen. Im Fremdenverkehrsamt liegen Flyer zu den Touren aus, man findet sie aber auch online: www.provence-a-velo.fr. Touren, die vom Fremdenverkehrsamt ausgehen, sind beschildert.

Fahrräder ausleihen

1 Sport Aventure – Nature Bike Provence: Die Agentur bietet auch geführte Radtouren zu bestimmten Themen an.

1 Rue de la République, T 04 90 34 75 08, www.nature-bike-provence.com

Feiern

- **Chorégies:** im Juli, seltener im August. Das Opernfestival ist der einzige Termin, der in Orange zählt! Infos: www.choregies.fr. Weitere Termine im Theater, u. a. Nachtführungen (Aug. Di, Do), auf der Homepage www.theatre-antique.com.

Infos

- **Office du Tourisme:** Cours Aristide Briand, T 04 90 34 70 88, www.orange-tourisme.fr und www.ville-orange.fr. Einige der Radtouren von www.provence-a-velo.fr starten hier (Hinweisschilder!).
- **Bahn:** Der Bahnhof von Orange befindet sich im Osten der Altstadt. Es gibt tägliche TGV-Verbindungen nach Paris und Mulhouse (mit Umstieg nach Deutschland).
- **Bus:** In die nähere Umgebung von Orange, z. B. nach Châteauneuf-du-Pape oder Carpentras, nimmt man den Bus. Busbahnhof: Cours Pourtoules, T 04 90 34 15 59.
- **Mietwagen:** Filiale von Avis am Bahnhof Orange, T 04 90 29 73 42, www.avis.fr.

Rund um Orange

E/F2/3

Straßennostalgie

Im **Musée Mémoire Nationale 7** (F 3) trifft der Besucher auf ganz viel Nostalgie. Die Rue Nationale 7 ist die Route 66 der Franzosen. Und wie das so ist bei legendären Straßen: Sie wurden durch moderne Pendants ersetzt, in diesem Fall durch die Autoroute du Soleil, die A7, die quasi parallel zur N7 von Paris an die Côte d'Azur führt. Zwar wird die N7 bis heute befahren, doch das legendäre Reisegefühl von früher gibt es natürlich nicht mehr. Das lebt nur noch in den alten Chansons – allen voran bei Charles Trenet 1959 und natürlich hier im Museum.

Piolenc, 3405 Av. de Provence, Webseite bei Facebook, Mi–So 14–19 Uhr, 5 €

Burg über der Autobahn

Wer über die A7 in den Süden rollt, sieht kurz vor Orange linkerhand eine beeindruckende Burgruine auf einem Felsen, die **Forteresse de Mornas** (E/F 2). Sie thront hier seit der Antike und bewacht die Rhône. Wäre nicht die Autobahn direkt daneben, wäre sogar das Dörfchen nett zu besuchen, doch so rauschen täglich Zigtausende Autos vorbei, die den Spaß ein wenig verderben. Zur Burg sollte man dennoch, besonders im Sommer und an Feiertagen, wenn bei Führungen Ritter und Edeldamen aus dem Alltag des 13. Jh. erzählen – eine herrliche Zeitreise!

Mornas, www.forteresse-mornas.fr, sehr unregelmäßige Öffnungszeiten, ab Ostern geöffnet, Juli, Aug. tgl. stdl., 11–17 Uhr, sonst nur Sa, So 9 €

Insektisches Vergnügen

Jean Henri Fabre – kennen Sie den? Nun, wenn Sie Insekten lieben, dann sollten Sie ihn kennen. Denn er ist einer der bekanntesten Insekten- und Pflanzenforscher der Welt. Er lebte ab 1879 bis zu seinem Tod 1915 in **Sérignan-du-Comtat** (F 2), nur

BRÜDER IM WEINE

Die Franzosen und Ihre Liebe zum Wein … das ist schon ein ganz besonderes Verhältnis. Und nirgendwo spürt man das lebendiger als hier, in der Côtes du Rhône! Das führt so weit, dass es gar eine eigene Weinbruderschaft gibt, die ›Commanderie des Côtes du Rhône‹! Sie hat ihren Sitz in Suze-la-Rousse, nördlich von Orange, in der einzigen reinen Weinuniversität Frankreichs. Ihr Anliegen: Die Förderung und Qualitätswahrung der Weine der Côtes du Rhone sowie der internationale Austausch mit Winzern in der ganzen Welt. Denn eines hat man sich auf die Fahne geschrieben: Der Wein hat eine völkerverbindende Kraft, die alle Grenzen überwindet (www.commanderiecotesdurhone.fr).

Die Weine aus Châteauneuf-du-Pape gehören zu den besten der Welt; die Weinstöcke sind zum Teil uralt.

wenige Kilometer nördlich von Orange. Es ist eine Freude, sich ein Mas (Haus) und den **Harmas** anzuschauen. Das Labor, untergebracht in dem alten Haus ist original erhalten und auch das Arbeitszimmer, wo man Fossilien, Mineralien, Muscheln und Schmetterlinge sehen kann. Noch schöner aber ist der Garten: Eine Komposition aus dem 19. Jh., mit Wasserecken, Blumen und Kräuterbeeten. Selbst wer keine Insekten mag, wird daran Freude haben!

Wer von Insekten und Pflanzen gar nicht genug bekommen kann, kann gegenüber des Harmas ins **Naturoptère** gehen, einer Mischung aus botanischem und Lehrgarten mit Ausstellung von Insekten und Pflanzen.

Harmas: Sérignan-du-Comtat, 445 Route d'Orange, T 04 90 30 57 62, www.harmasjeanhenrifabre.fr, Sept., Okt. Mo, Di, Do, Fr 10–17, Sa, So 14.30–18, April–Aug. Mo, Di, Do, Fr 10–18, Sa, So 14.30–18, Nov.–März nur Mo, Di, Do, Fr 10–17 Uhr, 7 €; **Naturoptère:** Chemin du Grés, T 04 90 30 33 20, www.naturoptere.fr, tgl. Sept.–Juni Mo–Sa 9.30–18 Uhr, 10 €, Kombiticket mit Eintritt für Harmas 12 €

Châteauneuf-du-Pape

F3

Warum heißt Châteauneuf-du-Pape wohl Châteauneuf-du-Pape – also: ›Neues Schloss des Papstes‹? Richtig! Weil Johannes XXII., der zweite der sieben in Avignon residierenden Päpste sich hier im 14. Jh. eine Sommerresidenz errichten ließ. Und das ganz sicher nicht, weil es hier so schön war. Der Wein zog ihn hierher (das sagt die Legende. Doch die strategisch wichtige Lage oberhalb der Rhône dürfte mindestens genauso ausschlaggebend gewesen sein)! Sein Nachfolger, Benedikt XII. erkannte das und baute die Residenz in einen kleinen Palast um. So wurde aus dem kleinen Örtchen Châteauneuf-du-Pape ein Papstsitz.

Das Château ist heute in großen Teilen verfallen. Geblieben ist der Name des Ortes, vor allem aber der Name des Weines. Denn Châteauneuf-du-Pape ist nicht nur ein kleiner Ort in der Provence, es ist auch der Name einer ganzen Weinregion, und zwar *der* Weinregion der Provence schlechthin. Denn der Châteauneuf-du-Pape ist in aller Munde, von Weinliebhabern auf der ganzen Welt. Er gilt als der Mercedes unter den Weinen dieser Region und kann sich sowohl vom Preis als auch von der Qualität locker mit guten Bordeaux-Weinen messen.

Der Ort an sich ist klein und besteht aus nicht allzu vielen Häusern, die rund um eine Burg liegen. Außerhalb der Saison wohnen hier gerade mal 2000 Menschen. Die meisten dieser Häuser beherbergen kleine Weinhandlungen. Eine Cave liegt an der anderen und überall heißt es überall »Degustation«. Aber aufpassen! Nicht alle Weinverkostungen sind auch umsonst!

Alles über Wein

Wer sich näher mit dem Wein, dem Anbau und den unterschiedlichen Sorten beschäftigen will, findet unterhalb des Dorfes ein kleines Museum, das **Musée du Vin Brotte,** wo man auch Wein probieren und kaufen kann.

Av. St-Pierre de Luxembourg, www.museeduvinbrotte.com, Jan.–Ostern, Mitte Okt.–Dez. tgl. 9–10.45, 14–16.45, Ostern–Mai, Mitte Sept.–Mitte Okt. 9–11.45, 14–17.45, Juni–Mitte Sept. 9–17.45 Uhr, Besuch u Weinprobe 6–9 € ab 18 J.

Schlafen, Essen

Von Reben umgeben

Logis Hôtel la Sommellerie: Ein herrliches Natursteinhaus, dazu ein großer Garten, in der Mitte ein Pool. Und das inmitten der Reben, und dennoch ganz in der Nähe von Châteauneuf-du-Pape. Aber das ist noch nicht alles: Hier wohnt man nicht nur schön, hier isst man auch wirklich gut und ist dabei ganz privat. Das Hotel hat nur 16 Zimmer, das Restaurant ist für alle offen.

2268 Route Roquemaure (4 km westlich von Châteauneuf-du-Pape), T 09 70 35 60 29, www.hotel-charme-vaucluse.com, €€

Mit Superblick

Le Verger des Papes: Auf einer Terrasse mit Blick über die ganze Ebene speist man leckeres provenzalisches Essen. Es gibt zum Beispiel Lammkarree mit provenzalischem Gemüse, oder Stierfilet aus der Camargue, dazu gibt es die passenden Weine – natürlich Châteauneuf-du-Pape, besser geht schon, aber nicht oft.

4 Rue du Château, T 04 90 83 50 40, www.vergerdespapes.com, €€

COSTE DU RHÔNE ODER CÔTE DU RHÔNE?

Im 17. Jh. bezeichnete der Name Coste du Rhône einen Verwaltungsbezirk der Vogtei von Uzès (s. S. 94), der für seine Weine berühmt war. 1650 erfolgte ein Erlass zum Schutz von Herkunft und Qualität der Weine unter dem Namen der Vogtei. Erst im 19. Jh. wurde daraus Côtes du Rhône, und der Name bezeichnet nun nicht mehr nur die Weinorte der westlichen, sondern auch die des östlichen Rhône-Ufers.

TOUR
Eine hübsche Runde durch die Weinberge

Von Orange nach Châteauneuf-du-Pape mit dem Rad

Infos

Start/Ziel: Orange (F3)

Länge: ca. 30 km

Radverleih: Orange (s. S. 48)

Weingüter: www.nalys.com, www.chateaumontredon.com

Wegbeschreibung: www.provence-a-velo.fr Stichwort ›De la pierre antique d'Orange aux galets de Châteauneuf-du-Pape‹

Hinweis: Picknick mitnehmen! Die Tour ist vor allem am Freitag toll, wenn in Châteauneuf-du-Pape und in Courthézon Markttag ist.

Eine Radtour hatte ich mir vorgenommen. Also rauf auf den Sattel und gleich früh morgens los – schließlich ist in Courthézon Markt!

Von der Stadt aufs Land

Der Einstieg in die Route ist einfach zu finden. Raus aus **Orange** Richtung Vaison-la-Romaine, unter den Bahnschienen durch und dann gleich rechts in den **Chemin de Nogaret.** Sofort bin ich draußen aus der Stadt. Auf kleinen Straßen geht es vorbei an Feldern ohne nennenswerte Steigungen, aber durch eine malerische Landschaft.

Heute Markttag? Fürs Picknick einkaufen!

Vorbei an kleinen Weilern erreiche ich ganz fix **Courthézon.** Was für beeindruckende Stadtmauern! Rad abgestellt, angeschlossen, Tasche geholt und auf den Markt gegangen. Wein kaufe ich keinen – den soll es später direkt beim Winzer geben. Aber frisches Baguette, ein Stück köstlichen Käse und natürlich ein paar Oliven.

Hier gibt's den passenden Wein

So ausgestattet radele ich weiter. Es geht ein Stück auf dem ›Ancien chemin d'Avignon‹ Richtung Châteauneuf-du-Pape. Über den **Chemin de la Crau** erreiche ich die **Domaine Château de Nalys.** Hier halte ich an, lasse mich beraten, welcher der Châteauneuf-du-Pape-Weine am besten zu meinem Käse passt, probiere den ein oder anderen Schluck und lasse mich dann ein Stückchen weiter nieder, halte mein Picknick ab mit Blick auf die Reben und genieße einen erholsamen Mittagsschlaf.

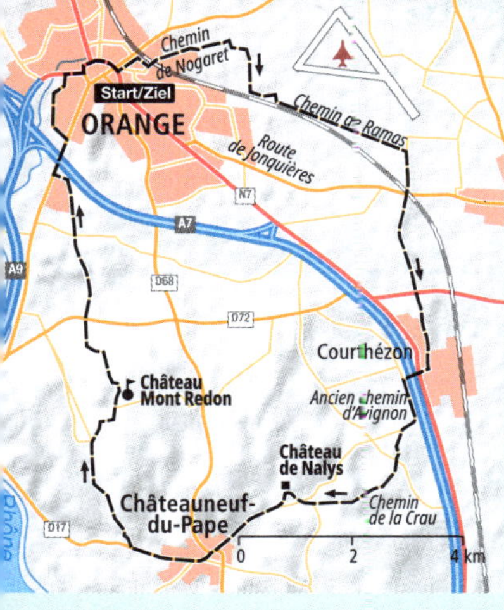

Durch die Reben zum Schloss

Gestärkt und ausgeruht fahre ich jetzt über kleine Wege nach **Châteauneuf-du-Pape,** in diese kleine malerische Stadt, die für ihren Wein in der ganzen Welt bekannt ist. Die letzten Meter geht es ziemlich steil bergauf. Wie gut, dass ich mein Elektrobike habe … Der Markt in Châteauneuf ist schon vorbei – leider. Aber was soll's? Wäre heute kein Markt in Courthézon gewesen, wäre ich in Châteauneuf-du-Pape eingekehrt. Aber da ich schon gepicknickt habe, gönne ich mir einfach ein Eis gegenüber vom Schloss bei der Eisdiele Glacier Le Jardin de Paval mit herrlichem Blick. Danach schaue ich mir die kleine Papststadt an und fahre dann weiter.

Kiesel geben Kraft

Überall fallen die dicken weißen Steine auf, die zwischen den Weinreben liegen: Runde Steine aus Kalkstein mit einem hohen Siliziumgehalt, die nur hier zu finden sind – den eiszeitlichen Rhônegletschern sei Dank. Man nennt sie hier *galets,* also Kieselsteine, und schafft sie bewusst nicht beiseite, ganz im Gegenteil: Man braucht sie, denn sie geben dem Wein mehr ›Kraft‹. eines der Geheimnisse des berühmten Weines. Tagsüber speichern die Kieselsteine die Sonne und geben nachts die Wärme an die Erde wieder ab. So reift der Wein besser, schmeckt voller und intensiver.

Berauschendes Finale

Hinter Châteauneuf-du-Pape wird es deutlich hügeliger und ich weiß, dass ich noch ein paar Kilometer vor mir habe. Doch wo es erst bergauf geht, muss es irgendwann auch wieder bergab gehen. Einen letzten Stopp mache ich noch – und zwar beim **Château Mont Redon** – einem renommierten Weingut. Hier probiere ich mich noch einmal durch die köstlichen Tropfen, kaufe noch mal eine Flasche – dieses Mal, um sie dann zu genießen, wenn ich wieder daheim bin. Am Nachmittag bin ich wieder zurück an meinem Ausgangspunkt in Orange – berauscht von der herrlichen Strecke und ein bisschen auch vom wunderbaren Wein!

Einkaufen

Wein trinken, probieren, kaufen

Vinadea – Maison des Vins: Wein zu kosten, zu trinken, zu schmecken, zu schmatzen, zu schlürfen ist Pflichtprogramm an diesem Ort. Entsprechend gibt es einige Weinschulen, unzählige Bars à Vin und natürlich die Caves, die Verkaufsläden der Weingüter. Wenn Sie wenig bis keine Ahnung haben, suchen Sie Vinadea – Maison des Vins auf. Hier wird nicht einfach nur Wein verkauft, hier wird die Verkostung, die Beratung und am Ende natürlich auch der Verkauf zur Daseinsberechtigung. Über 200 Weine von 90 hochkarätigen Weingütern werden angeboten – natürlich nur aus der Umgebung.

8 Rue Marechal Foch, T 04 90 83 70 69, www.vinadea.com, ab Mai, Mi–So u. Feiertage 10–13, 14–18.30 Uhr

Spitzenwein vom Familienbetrieb

Château Cabrières: In der fünften Generation wird dieses hervorragende Weingut geführt – und das mit viel Elan und Spaß am Wein. Wer nicht nur Wein probieren oder kaufen möchte, kann auch den Weinkeller besichtigen, dessen älteste Mauern bis ins 14. Jh. zurückgehen. Die Weine – rot und weiß – schmecken hervorragend, sind für die Weine der AOP Châteauneuf-du-Pape auch nicht übertrieben teuer (die Preise beginnen bei rund 22 €) und sind weltweit preisgekrönt.

Chemin de Cabrières, T 04 90 83 70 26, www.chateau-cabrieres.fr, Besichtigung und Degustation nach Anmeldung

Infos

- **Office de Tourisme:** 3 Rue de la République, T 04 90 83 71 08, www.chateauneuf-du-pape-tourisme.fr.
- **Bus:** Verbindungen von Orange und Avignon nach Châteauneuf-du-Pape.

Avignon

»Sur le pont d'Avignon, on y danse, l'on y danse ...«. Wetten, Sie haben die Melodie dazu im Kopf, wenn Sie nur den Städtenamen lesen? Ich verrate Ihnen was: Damit sind Sie nicht alleine! Dabei kann man auf der Brücke gar nicht tanzen. Sie ist nämlich abgebrochen. Nur noch ein Teil davon steht, ragt hinein in die Rhône. Deshalb tanzt man lieber woanders. Am Ufer der Rhône zum Beispiel oder auf einem der großen und herrlichen Plätze, von denen Avignon so viele hat.

Theaterstadt

Avignon ist anders als andere Städte. Lockerer, schöner, bunter, kultureller. Es ist eine Theaterstadt. Proportional zur Bevölkerung gesehen gibt es hier die meisten Theater des Landes und ein so reichhaltiges kulturelles Angebot, dass Avignon locker mit Metropolen wie Berlin und Paris mithalten kann. Die ganze Stadt ist eine Bühne. Auf Hauswände sind Bilder gemalt, Menschen schauen aus nicht existierenden Fenstern, Vorhänge sind ein Stück zurückgezogen, damit man dahinter einen Einblick ins Innere des Hauses erhält. Doch da ist nichts, außer Mauerwerk. Elfen schweben durch die Luft und Bösewichte werfen Blütenblätter. So viele Bilder erzählen Geschichten in Avignon. Am liebsten würde man sich den ganzen Tag treiben lassen, um noch mehr zu sehen und sich die Geschichten dahinter auszudenken.

Die Stadt der Päpste

Avignon ist aber nicht nur eine Theaterstadt, sie ist – für viele sogar vor

Der Pont St-Bénézet ist für viele das, was sie mit Avignon verbinden. Enorm wichtig war die Brücke im Mittelalter: Sie war die einzige Steinbrücke über die Rhône zwischen Lyon und dem Meer.

allem – eine Papststadt. Fast das komplette 14. Jh. residierten hier die Päpste, ließen einen riesigen Palast errichten und schützten ihr Gebiet mit einer knapp viereinhalb Kilometer langen Stadtmauer. Durch diese betritt man die Stadt bis heute. Werfen Sie beim Spaziergang durch die Altstadt auch ruhig mal den ein oder anderen Blick in die Hinterhöfe der barocken Stadtpalais: nicht selten sind das kleine bewachsene Schmuckstücke, die man hier gar nicht erwartet hätte.

Die Altstadt

Päpstliche Residenz

Fast direkt an der Rhône, auf einem Hügel über der Stadt erhebt sich der gigantische **Palais des Papes** ❶, der Palast der Päpste. Er ist einer der beeindruckendsten mittelalterlichen Bauten Frankreichs und der größte gotische Bau weltweit! Nehmen Sie sich wirklich viel Zeit für dieses fantasti-

FAKTENCHECK F

Einwohner: 92 000
Bedeutung: Frankreichs Theaterstadt schlechthin und einziger französischer Papstsitz
Stimmung auf den ersten Blick: Das Leben ist eine Bühne.
Stimmung auf den zweiten Blick: Zwischen vielen Prachtbauten verstecken sich auch jede Menge einfacher Bürgerhäuser mit charmanten Innenhöfen.

Chemin de Bagatelle
Chemin V.n° 58
Chapelle St-Nicolas
Porte du Rocher
Tour des Chiens
Tour du Châtelet
Nautica
Chemin des Tennis
Pont Édouard Daladier
Boulevard du Rhône
Rue Ferruce
Place du Palais
Montée des Moulins
Impasse des Pavillons
Chemin C.n° 65
Rue du Limas
R. du Rempart du Rhône
Rue Grande Fusterie
Tresorie Générale
Rue de la Balance
R. Vieille Poste
Montée Jean XXIII
Escaliers Ste-Anne
Centre de Congrès
Rhône
Porte de l'Oulle
Rue St-Etienne
Racine
Rue de la Monnaie
Zecca
Place Campana
Rue J. Vilar
Place de l'Amirande
Rue du Vice Legat
Chemin de l'Ile Piot
Boulevard de l'Oulle
Rue du Rempart de l'Oulle
Rue du Mail
R. Joseph Vernet
R. Petite Fusterie
Rue Molière
Rue Peyrolerie
Rue de Mons
Pas. de l'Oratoire
Parking de l'Oulle
Chapelle l'Oratoire
R. St-Agricol
Place de l'Horloge
Place St-Pierre
Place Carnot
Préfecture
Place Préfecture
Félix Gras
Chapellerie Mouret
Rue des Marchands
Place Jérusalem
Rue St-Thomas d'Aquin
Rue St-André
Rue Viala
Place Change
Rue du Vieux Sextier
Place Principale
Rue Rouge
Rue Bernheim
Boulevard St. Dominique
Rue Victor Hugo
Rue Dorée
Rue Bancasse
Rue Galante
Chap. des Pénitents Blancs
Porte St-Dominique
Rue d'Annanelle
Rue Bouquerie
Rue Piot
Rue de la République
Rue Joseph Vernet
R. Horace Vernet
R. Figuière
R. des Fourbisseurs
Rue du Rempart St-Dominique
Rue Velouterie
Rue de la
Porte Evèque
R. Prévôt
Pl. St-Didier
Rue du Roi René
Livrée Ceccano
R. Collège d'Annecy
Cours St-Michel
Pl. des Etudes
Jardin St. Dominique
Rue Fr. Mistral
R. du Laboureur
Rue des Trois Faucons
Rue des Etudes
Rue Pétramale
Rue de Toulouse
Boulevard Raspail
Rue Violette
Charles
Rue Henri Fabre
Rue du Chat
Rue des Lices
Rue de Observance
R. Agricol Perdiguier
Rue du Coq
Rue Baracane
Rue Grande Monnaie
Couvent des Carmelites
Rue Saint
Ticket Festival d'Avignon
Rue du Portail Boquier
Cours Jean Jaurès
Rue de la Bourse
Rue du Mal de Lattre de Tassigny
Pl. des Corps Saints
Rue St-Michel
Rue Paul Manivet
Rue de l'Aigarden
Boulevard St-Roch
Rue du Rempart St-Roch
St-Roch
Avenue Eisenhower
Caserne de Salles
Chemin J. F. Président Kennedy
Avenue du 7ième Génie
Rue du Rempart
Porte St-Charles
Gare Centre
Porte de la République
Porte St-Michel
Gare (SNCF)
Gare Routière
Les Roses
Av. Saint-Ruf

0
100
200 m
Centre Nautique
Rhône
Boulevard de la Ligne
Porte de la Ligne
Chapelle des Pénitents Noirs
Rue du Rempart de la Ligne
Rue du Rempart St-Lazare
Boulevard St-Lazare
Maison d'Arrêt
Rue des Trois Colombes
Place St-Joseph
Rue St-Joseph
Porte St-Joseph
Grenier à Sel
Route Touristique du Docteur Pons
Rue Banasterie
Rue de la Forêt
Rue Palapharnerie
Rue Persil
Rue Sureau
Rue de la Tour
Rue du Rempart St-Lazare
Avenue des Italiens
Rue Bertrand
Place 3 Pilats
Rue des Trois Pilats
Rue St-Sebastien
R. Juver
Rue des Infirmières
Rue Carreterie
Rue Ste-Catherine
Rue des Bains
Rue Campane
Rue Ledru-Rollin
Place des Carmes
St-Symphorien
Avenue de la Synagogue
Porte St-Lazare
Rue Taulier
Rue Luchet
St-Bernard
Place de la Bulle
Rue de la Croix
Rue de l'Oriflamme
Rue Portail Matheron
Rue Carreterie
Rue Pommier
Rue Baraillerie
Rue Charrue
Hôpital Ste-Marthe
Porte de l'Hôpital
Route de Lyon
Place Coste Belle
Carnot
Palais de Justice
Rue Paul Sain
Rue Louis Pasteur
Pl. L. Pasteur
Rue du Pont Trouca
Place Pie
Egl. de la Visitation
Rue Trial
Rue Guillaume Puy
Imp N.D. des 7 Douleurs
Rue Sept Douleurs
Boulevard Limbert
Avenue du Cimetière
Avenue de la Folie
Rue Pte. Meuse
Rue de l'Olivier
Rue d'Amphoux
Rue du Four de la Terre
Rue Thiers
Rue des Ecoles
la Bonneterie
R. Artaud
Rue Cornue
Rue Bourgneuf
Rue du Bon Pasteur
Rue Franche
Préfecture de Vaucluse
Rue Paul Bagnol
Rue Flammarion
Rd. Capdevila
du Crucifix
Rue des Lices
Rue Saint Christophe
Rue Guillaume Puy
Rue Roquille
Rue Buffon
Rue Séverine
Avenue de St-Jean
St-Joseph
Rue Rateau
R. de Londe
Rue des Teinturiers
Rue du 58e
R. J. Flour
Collège St-Joseph
Rue du Portail Magnanen
Rue du Bon Martinet
Rue Tarasque
B. d. Limbert
Tribunal de Grande Instance
Clinique St-François
Rue Ninon Valin
Porte Magnanen
Porte Limbert
Rue de Montfavet
St-Michel
Boulevard St-Michel
Place Fr. Truffaut
Avenue de la Trillade
Av. P. Semard
Rue Denis Solier

Avignon

Ansehen
1. Palais des Papes
2. Hôtel des Monnaies
3. Notre-Dame-des-Doms d'Avignon
4. Rocher des Doms
5. Pont St-Bénézet
6. Hôtel de l'Europe
7. Église St-Agricol
8. Église St-Didier
9. Chapelle Ste-Claire
10. Musée Calvet
11. Musée Requien
12. Musée Angladon
13. Collection Lambert

Schlafen
1. Hôtel Le Magnan
2. Hotel Central
3. Au Cœur d'Avignon

Essen
1. Le Riad
2. La Vache à carreaux
3. Au Jardin des Carmes
4. L'Agape
5. La Fourchette
6. La Mirande

Einkaufen
1. Les Halles
2. Carré du Palais
3. Le vin devant soi
4. Distillerie Manguin

5 – 8 s. Tour S. 64

Bewegen
1. Segway-Touren
2. Provence Bike
3. South Spirit Bike
4. Compagnie des Grands Bateaux de Provence
5. Canoë Vaucluse

Ausgehen
1. Bar à Vin au Cœur d'Avignon
2. Le 46, Bar à Vin
3. Grand Café Barretta
4. Cinéma Utopia

---

sche Gebäude! Ein Audioguide mit Tablet (Histopad) führt Sie in 25 Stationen durch die Räume, Hallen und Kammern, und was noch viel toller ist: Wenn Sie Ihr Tablet auf die heutigen (meist leeren) Räume halten, können Sie sehen, wie sie einst aussahen – damals im 14. Jh., als der Bau in Rekordgeschwindigkeit entstand. Den Anfang hatte der dritte Papst von Avignon gemacht, Benedikt XII. (1334–42), der den alten Teil des Palastes errichten ließ. Sein Nachfolger, Clemens VI. (1342–52) ließ ihn um den neuen Palast erweitern. Er war als prunksüchtig und kunstliebend bekannt – schauen Sie sich den Palast nur an, dann wissen Sie warum. Allein die Wandmalereien sind großartig! Bevor Sie den Rundgang beenden, steigen Sie nach oben aufs Dach: Von den Terrassen haben Sie einen wunderbaren Blick auf die Stadt und den Fluss mit dem Pont St-Bénézet!

Place du Palais, www.palais-des-papes.com, 12 €, tgl. 10–18 Uhr, Juli, Aug, 10–20.30 Uhr Kombiticket mit Pont St-Bénézet 14,50 €

Freiluftbühne

Die **Place du Palais** ist eine einzige Freiluftbühne, und das nicht nur während des Festivals. Hier spielen Straßenkünstler und -musiker vor der Kulisse der steil aufragenden Wände des Papstpalastes. Auf der gegenüberliegenden Seite sitzt man lauschig im Schatten großer Bäume in den Cafés und kann dem Treiben zuschauen.

Das Besondere an der Place du Palais ist der Architekturmix ringsherum. Der Palast selbst ist gotisch, ebenso wie das **Musée du Petit Palais** an der Nordseite des Platzes, das einst ein Bischofspalast des 14. und 15. Jh. war. Schaut man aber gen Süden, fällt der Blick auf die barocke Fassade des **Hôtel des Monnaies** ❷. So fremd das Relief von 1619 heute in direkter Nachbarschaft zum gotischen Palast wirkt: In Avignon gibt es noch ein paar dieser Barockbauten, Zeugnisse eines großen Wohlstands im 17. Jh. Nördlich des Papstpalastes findet sich die Kapelle **Notre-Dame-des-Doms d'Avignon ❸.** Sie stammt aus dem 12. Jh. und ist somit romanisch. Schaut man aber hinein, wird sie barock – und passt so gut zum Hôtel des Monnaies.

Hinter der Kathedrale liegt der **Rocher des Doms ❹,** der Stadtfels, auf dem die ersten Bewohner Avignons lebten, vor rund 5000 Jahren. Damals flohen sie vor den Fluten der Rhône nach oben und siedelten sich an. Heute ist der Rocher des Doms ein lauschiger kleiner Park mit Zedern und Kiefern, der ideale Platz also, um einen kleinen Stopp einzulegen – zumal hier eine *buvette* (ein kleiner Kiosk mit Ausschank) Erfrischungen anbietet. Von der Aussichtsterrasse hat man einen herrlichen Blick bis zum Mont Ventoux und auf die Nachbarstadt Villeneuve-lès-Avignon.

Legendär: Le Pont d'Avignon

Ein Tipp vorweg: Bevor Sie sich die Brücke anschauen, suchen Sie ein Café mit WiFi auf. Dort laden Sie sich die App Avignon 3D runter, starten die App, drücken auf Download und dann erst laufen Sie los, um die Brücke schlechthin zu sehen, die **Pont St-Bénézet ❺.** Dass sie nicht einfach nur Pont d'Avignon heißt, verdankt sie einer Legende, der des heiligen Bénézet (s. Kasten). Acht Jahre dauerte es, bis die Brücke fertig war und vom provenzalischen, später päpstlichen Avignon über die Rhône ins französische Königreich führte. Sie war somit nicht nur die wichtigste Verbindung vom einen ins andere Reich, sondern auch von der einen Flussseite zur anderen – die einzige Steinbrücke zwischen Lyon und dem Meer. Auch wenn heute nur noch vier Bögen zu sehen sind, und von den einst 914 m nur noch läppische 140 m, so steht man doch auf der Brücke und staunt. Es ist kaum vorstellbar, dass bereits im 12. Jh. so eine lange Brücke gebaut wurde. Spätestens jetzt kommt die App ins Spiel. Denn sie zeigt in einem kleinen Film, wie die Brücke früher aussah, und zwar sowohl im 15. Jh. als auch später, im 17. Wer sich weiter durch die App klickt, kann virtuell auch auf den Rocher des Doms steigen oder eine Ansicht von Villeneuve im 17. Jh. genießen.

Bd. de la Ligne, Zugang von der Stadtmauerinnenseite nahe der Porte du Rocher, Eintritt 5 €, als Kombiticket mit dem Papstpalast 14,50 €, gleiche Öffnungszeiten wie der Papstpalast

Eine wahre ›Piazza Comédia‹

Wer nicht in Avignons Altstadt wohnt, sondern auf der Île de la Barthelasse oder auf der anderen Uferseite in Villeneuve, wird wahrscheinlich sein Auto unten an der Rhône auf dem riesigen Parking des Allées de l'Oulle abstellen und dann durch die Porte de l'Oulle die Altstadt von Avignon betreten. Direkt dahinter liegt die wunderbare **Place Crillon.** Sie

BRÜCKENLEGENDE

B

Bénézet war ein kleiner Schäferjunge, der während einer Sonnenfinsternis im Jahre 1177 eine Vision hatte. Er bekam den Auftrag, bei Avignon eine Brücke über die Rhône zu bauen, um die beiden Flussufer miteinander zu verbinden. Natürlich glaubte ihm niemand. Da nahm Bénézet einen riesigen Fels und warf ihn an die Stelle, wo die Brücke erbaut werden sollte. Es war das erste Fundament des Bauwerks. Als die Stadtherren dies sahen, glaubten sie dem Jungen, nahmen das göttliche Zeichen an und begannen mit den Arbeiten.

ist wie eine Bühne angelegt: sich nach hinten verjüngend, die barocke Fassade der **Ancienne Comédie** als Bühnenbild, davor: Tische und Stühle unter Platanen. Links am Platz ist das **Hôtel de l'Europe** ❻, ein altehrwürdiger Bau von 1799, in dem schon Napoleon logierte. Die beiden Gassen, die rechts und links der Comédie vorbeiführen, münden auf der Rue Joseph Vernet, die im Süden zum Musée Calvet führt. Das ganze Viertel, das etwas verschlungen an der Place de l'Horloge endet, ist gut saniert worden und versprüht, vor allem während des Festivals, ein bisschen Quartier-Latin-Stimmung.

Im Herzen der Stadt

Das Herz von Avignon schlägt am Uhrplatz, der **Place de l'Horloge.** Hier, wo zu römischen Zeiten auch das Forum war, steht ein nostalgisches Karussell unter riesigen Platanen. Cafés, Bars und Brasserien reihen sich aneinander, Straßenkünstler finden ihr Eldorado und außerdem stehen hier das Rathaus mit seinem Uhrturm, der dem Platz seinen Namen gab, und das **Théâtre Grand Opéra Avignon.** Der Platz pulsiert – Tag und Nacht.

Nur einen Steinwurf von der Place entfernt, hinter dem Rathaus befindet sich eine der ältesten, noch erhaltenen Kirchen der Stadt, die **Église St-Agricol** ❼ (27 Rue St-Agricol). Ihre Fassade stammt zwar aus dem 15. Jh., doch die Kirche an sich ist deutlich älter.

Shopping-Paradies

Die **Rue des Marchands** und die Gassen südlich davon sind zum großen Teil Fußgängerzone mit vielen Geschäften und Boutiquen. Wie überall in Avignon finden sich auch hier in diesem Viertel einige kleine Kirchen und Kapellen. Läuft man etwas weiter gen Westen, kommt man zuerst zur **Place Jerusalem** mit einer Synagoge, und kurz danach zur **Place Pie,** auf der dienstags und donnerstags ein kleiner Trödel- und Antiquitätenmarkt stattfindet. Er ist überschaubar, nicht mehr als 25 Händler dürfen hier ihre Waren aufbauen, aber es sind manchmal außergewöhnliche Dinge dabei: Vinylplatten, Blechschilder, aber auch alte Bücher und Bilder. Direkt neben der Place finden sich **Les Halles** 1, die Markthallen, ein Mekka für jeden Liebhaber guten Essens. In Avignon setzt man aber noch eins drauf! Denn hier verkaufen nicht nur 40 Händler alles, was die Region hergibt, sondern samstags um 11 Uhr wird hier auch offen gekocht. Die Köche der Stadt wechseln sich ab.

Prachtstraße

Von der Place de l'Horloge geht nur eine große Straße ab: die **Rue de la République,** jene Prachtstraße, die jede Stadt vorzuweisen hat. Viel spannender als diese Einkaufsmeile mit den ganzen Ketten wie Monoprix, Mac Donalds, Fnac etc. aber sind die kleinen Nebenstraßen und Plätze, die sich östlich der Rue finden. Die **Place St-Didier** beispielsweise ist ein wunderbarer Ort. Hier sitzt man im **Grand Café Barretta** 3 unter einer riesigen Platane, die gotische **Église St-Didier** ❽ zur Rechten und kann dem Treiben rund um dem Platz zuschauen. Direkt ums Eck in der Rue du Roi René ist die **Chapelle Ste-Claire** ❾ aus dem 14. Jh. Läuft man die Straße weiter, kommt man vorbei an mehreren Theatern wieder ins **Quartier des Teinturiers** (s. Tour S. 64).

Westlich der Rue de la République verläuft in einem Halbrund die Rue Joseph Vernet, an der zwei der Museen von Avignon liegen, das **Musée Calvet** ❿ und das **Musée Requien** ⓫. Beide sind in herrlichen alten Palais untergebracht, von denen man hier so viele findet. Auch wer sich weder für Kunst (Musée Calvet) noch für Natur-

Lieblingsort

Ein Platz unter Platanen

Ganz Avignon hat wunderbare Plätze, aber einer der lauschigsten davon ist die **Place des Corps Saints.** Unter mächtigem Platanen sitzt man rings um einen Brunnen und hat die Qual der Wahl, denn hier gibt es viele gute Restaurants. Und wer nur einen Kaffee möchte: Geht natürlich auch! Aber schöner ist es, in einer warmen Sommernacht hier zu sitzen, den Wind in den Blättern der Bäume rauschen zu hören, ein oder zwei Gläser eisgekühlten Rosé zu genießen, der zu dem hervorragenden Essen z. B. des **L'Agape** 4 (s. S. 66) serviert wird. Genauso muss sich Urlaub anfühlen!

kunde (Musée Requien) interessiert, sollte einen Blick hineinwerfen, zumal der Eintritt kostenlos ist.

Île de la Barthelasse

Avignon hat keine sehenswerte Neustadt – dafür aber eine Insel. Sie ist ganze 7 km lang und umfasst insgesamt 700 ha Fläche. Damit ist die Île de la Barthelasse eine der größten Flussinseln Europas. Die Insel ist das Ausflugsziel Nummer eins von Avignon – kostenlose Boote *(bac)* fahren vom Anleger am Fuß des Rocher des Doms hinüber, über den Pont Daladier kann man mit dem Fahrrad oder zu Fuß hierherkommen. Es gibt ein riesiges Schwimmbad, Grünanlagen, kleine Hotels und natürlich jede Menge Ausflugslokale – die schönsten mit Blick auf die Kulisse von Avignon. Der größte Teil der Insel wird jedoch für den Gemüse- und Obstanbau verwendet. Wer auf der Suche nach außergewöhnlichen Tomatensorten ist: Auf der **Ferme La Reboule** gibt es einen Hofladen, in dem das selbst gezogene Gemüse und Obst verkauft wird. Hier gibt es über 40 unterschiedliche Tomatensorten – natürlich nur in der Saison!

Ferme La Reboule: 1250 Chemin de la Barthelasse, T 06 77 36 29 71, nicht allzu weit enfernt vom Anleger des Bac du Rocher des Doms, hinter dem Campingplatz

Museen

Kunst im Palais

⓬ Musée Angladon: Alleine das Gebäude ist eine Wucht! Ein Palast aus dem 18. Jh., eingerichtet, als wäre er noch immer bewohnt. Und dieser Palast beherbergt die unglaubliche Sammlung von Jacques Doucet, einem Modemacher und Kunstmäzen, der von 1853 bis 1929 lebte. Hier werden Werke von Cézanne, Manet, Picasso, Sisley, van Gogh und anderen Größen ausgestellt. Einfach fantastisch!

5 Rue Laboureur, https://angladon.com, Nov.–März Di-Sa 13–18 Uhr, April–Okt. Di–So 13–18 Uhr, im Januar geschlossen, 8 €

Zeitgenössisch und schräg

⓭ Collection Lambert: Man betritt den Hof und sieht das, was man mit Sicherheit nicht erwartet hätte: Zinedine Zidane, der Materazzi mit seinem Kopf in den Bauch stößt – eine Szene (Sie erinnern sich bestimmt) von 2006, beim Endspiel der Weltmeisterschaft. In Bronze, überlebensgroß und 3,5 Tonnen schwer. Das ist nur eines von 600 modernen Kunstwerken, die der Kunstsammler und Galerist Yvon Lambert der Stadt Avignon zum Millennium geschenkt hat. Die Kunst, die in dem hellen und lichten Museum gezeigt wird, ist sicher nicht jedermanns Sache. Sie ist schräg, manchmal zynisch, künstlerisch vielleicht sogar fragwürdig, aber Sie überrascht, ist bunt, lebendig und ganz sicher eines nicht: Langweilig! Mit dem Eintritt kann man sowohl die Dauer- wie die Sonderausstellungen besuchen. Wer moderne Kunst liebt, ist in der Collection Lambert richtig.

5 Rue Violette, www.collectionlambert.fr, Sept.–Juni, Di–So 11–18, Juli–Aug. tgl. 11–19 Uhr, 10 €

Schlafen

Erfreulich günstig

1 Le Magnan Hotel: Schlicht und nett mit großem Hinterhof. Das angenehme Hotel liegt zwar nicht total zentral, aber immerhin noch innerhalb des Stadtrings und es ist eines der günstigsten Hotels der Stadt, obwohl es weder an Komfort noch an Charme fehlt. Das Personal ist nett, das Frühstück üppig.

63 Rue du Portail Magnanen, T 04 90 86 36 51, www.hotel-magnan.com, €

Einfach, Cosy, ruhig

2 **Hotel Central:** Ein kleiner begrünter Hinterhof, helle Zimmer ohne großen Schnickschnack mit super Frühstück und einer kleinen Bar, die das Gefühl von ›Wohnzimmer‹ ausstrahlt. Das Hotel ist für Avignon und die zentrale Lage ein echtes Schnäppchen!

31 Rue de la République, T 04 90 86 07 81, www.hotel-central-avignon.com, €

Stylisch

3 **Au Cœur d'Avignon:** Nicht weit entfernt vom Office de Tourisme versteckt sich in einem alten Hinterhaus eines todschickes Maison d'hôte und eine Bar à Vin mit riesigem Kamin und dicken Ledersesseln sowie einem herrlich grünen Innenhof. Im Obergeschoss verbergen sich vier große Gästezimmer sowie zwei kleine Appartements. Alles ist durchgestylt bis zur Perfektion, was toll ist. Vielleicht fehlt es etwas an Nestwärme, aber wer die nicht sucht, ist hier goldrichtig.

9 Rue du Collège d'Annecy, T 06 87 72 32 77 www.aucoeurdavignon.com, €€

Das Bistro Ginette et Marcel ist nur eines von vielen zauberhaften Lokalen rund um die Place des Corps Saints.

Essen

Einmal Marokko und zurück

1 **Le Riad:** Der wunderschöne Rahmen: ein Hinterhof mit Glasdach, alte Torbögen, drumherum Stoffe eines marokkanischen Festzeltes. Und dann der Duft.... Man kommt rein und fühlt sich sofort wie in einer anderen Welt. Man speist *à la carte* und das hervorragend. Es gibt Couscous und Tajine (ein Eintopfgericht unter dem Tondeckel), köstliche Vorspeisen und dazu französische und marokkanische Weine.

17 Rue Galante, www.le-riad-restaurant-avignon.com, tgl. 12–14, 19–22 Uhr, €

Alles Käse

2 **La Vache à carreaux:** Man sitzt sehr gemütlich in einem alten Stadthaus gerade um die Ecke vom Papstpalast. Wer keine gehobene Gourmetküche erwartet, sondern gerne Tellergerichte isst, ist hier bestens bedient. Die Speisekarte ist sehr käselastig: Ziegenkäse mit frischen Kräutern, Camembert in Weißwein und Knoblauch gekocht, Hähnchen in Comté-Sauce. Dazu eine super Weinauswahl.

14 Rue Peyrolerie, T 04 90 80 09 05, www.vache-carreaux.fr, tgl. mittags und abends, €

Gartenidylle

3 **Au Jardin des Carmes:** Die junge Küchenchefin Justine Imbert kocht frische regionale Küche. Gegessen wird in einem herrlichen Hinterhof voller Pflanzen. Mittags gibt es zwei Gänge relativ preiswert, abends muss man etwas tiefer in die Tasche greifen, aber es lohnt sich!

21 Place des Carmes T 09 54 25 10 67, www.aujardindescarmes.com, tgl. mittags €, abends €€

TOUR
Immer der Giraffe nach

Auf dem Circuit des Fabricateurs zu kreativen Läden

Infos

Start: Collection Lambert

Ziel: Place des Carmes

Länge: 2,2 km

Infos: www.fabricateurs.com. Beim Office de Tourisme gibt es eine Karte mit eingezeichnetem Spaziergang.

Avignon hat die Nase ganz weit vorne, wenn es darum geht, kreativ zu sein und Kreativität zu fördern. Ein Resultat daraus ist der **Circuit des Fabricateurs,** ein Rundgang der (Kunst-)Handwerker. Er führt zu den verrücktesten und kreativsten Läden der Stadt – und zeigt dabei ganz nebenbei Avignon von seiner schönsten Seite. Auf dem Rundgang folgen Sie einfach der Giraffe auf dem Fahrrad – einem Logo, unter dem sich 6 Läden und Ateliers zusammengetan haben. Unterstützt werden sie dabei von der Stadt Avignon, die auf kleine Läden statt auf große Ketten setzt. Vorbildlich!

Im Zickzack durch die Stadt

Yohana Doudoux 5 ist Papierschöpferin. Sie hat einen kleinen Laden direkt neben der **Collection Lambert** 13. Sie stellt Papier her, kleine Bücher und Postkarten oder restauriert auch alte Bücher. Bei ihr findet man zauberhafte selbstgemachte Bücher und Karten. Einmal über die Rue de la République und schon sind Sie an der **Place des Corps Saints** bei **Eric et les Chics Filles** 6, einer zauberhaften Modeboutique. Auch hier ist alles selbst gefertigt. Neun Designer arbeiten an Stoffen, Kleidern, Taschen für Frauen und Kinder.

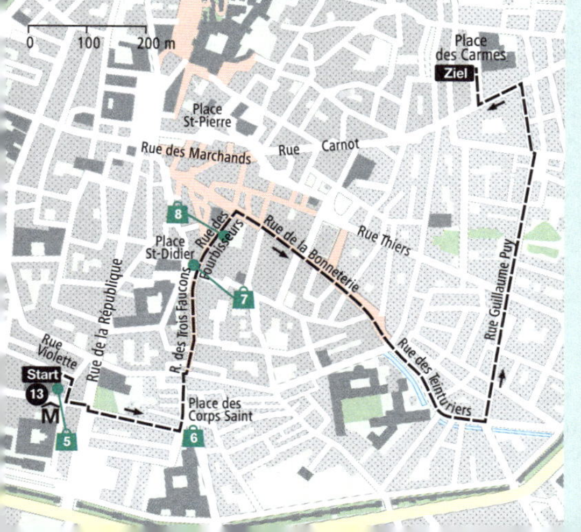

Ein Laden am anderen

Entlang der **Rue des Trois Faucons** finden sich gleich sechs kreative Superläden: Ateliers für Töpferei, Möbel, Stoffe sowie Schmuck und Accessoires. Eines davon

Schatten spenden die Platanen, und das Mühlrad erinnert an die frühere Nutzung der Wasserkraft in der Rue des Teinturiers.

ist **Kalate** 7 (11 Place St. Didier). Hier gibt es Stoffe und eine kleine Schneiderei mit außergewöhnlichen Schnitten. Etwas nördlich, in der Rue des Fourbisseurs, ist **N°35** 8, ein Atelier, in dem sich 10 Künstler zusammengeschlossen haben. Sie arbeiten mit Keramik und Holz, malen und stellen Stoffe her. Lassen Sie sich Zeit: Die Objekte sind witzig und spannend und im Geschäft werden die Künstler vorgestellt! Danach geht es in die **Rue de la Bonneterie.** Sie ist wie die Rue des Trois Faucons eine Fußgängerzone und endet an den Markthallen, wo sie in die **Rue des Teinturiers** übergeht.

Am Fluss entlang durch das Viertel der Färber
Teinturiers sind die Färber, und diese waren im Mittelalter natürlich am Wasser zu finden. So geht es nun entlang eines kleinen Baches unter Bäumen, vorbei an Schaufelrädern, jeder Menge hippen Bars und Restaurants – bis dorthin, wo die **Rue Guillaume Puy** den Bach kreuzt. Hier biegen Sie nach links, also Richtung Norden ab. Am Ende der Straße sind die letzten kleinen Ateliers, nahe an der **Place des Carmes,** wo samstags ein herrlicher Blumenmarkt stattfindet. Rundgang vorbei, Spaziergänger glücklich, mit Blumenduft in der Nase und einem *Café au lait* davor.

Offene Küche

4 **L'Agape:** Julien Gleize hat bei Sterneköchen gelernt und das sieht und schmeckt man! Der Industrie-Stil des Restaurants mag etwas anderes vortäuschen, aber hier bekommt man bestes Essen. Gekocht wird nur mit Produkten aus der Region, der Stil ist klassisch-modern. Wer den richtigen Platz hat, kann dem Koch beim Brutzeln zuschauen, die anderen genießen den Blick durch große Glasfronten nach draußen oder setzen sich gleich raus auf den Platz.

21 Place des Corps-Saints, T 04 90 85 04 06, www.restaurant-agape-avignon.com, Di–Sa, 12–13.15, 19.30–21.15 Uhr, Mittagsmenü €, abends €€

Alteingesessen

5 **La Fourchette:** Das Restaurant ist klein, voller moderner Kunst im klassischen Wohnzimmer. Der Familienbetrieb gehört zu den ältesten Restaurants der Stadt und ist besonders bei Einheimischen sehr beliebt. Es gibt gute französische Küche, vor allem Spezialitäten aus der Region, wie z. B. Stier-Schmorfleisch mit Nudelgratin oder Doradenfilet mit Chorizo – eine spannende Kombi!

17 Rue Racine, T 04 90 85 20 93, http://la-fourchette.net, mittags und abends, €€

Top of the Top

6 **La Mirande:** Nein, hier übernachtet man nicht. Man logiert. Und zwar königlich, oder besser gesagt päpstlich. Denn das herrliche, traumhafte, traditionsbehaftete Hotel liegt direkt zu Füßen des Papstpalastes und atmet so viel Geschichte, wie man hier nur Geschichte atmen kann. Man logiert übrigens nicht nur stilvollst, sondern man speist ebenso und kann auch noch Kochkurse in einer Küche aus dem 19. Jh. belegen. Alles hochkarätig und absolut hochpreisig. Wer sich die Nacht oder das Gourmetrestaurant nicht leisten kann, sollte wenigstens die Bar besuchen für einen Aperitif bzw. einen Digestif – oder zum Afternoon Tea kommen. Auch das wird natürlich geboten. Stilvoll mit Etagere und Silberkanne. So fühlt man sich zumindest ganz kurz ins 18. Jh. zurückversetzt und wird königlich verwöhnt.

4 Place de l'Amirande, T 04 90 14 20 20, www.la-mirande.fr, €€€

Einkaufen

Die Stadt ist nicht nur reich gesegnet mit Theatern und Ateliers, sondern hat auch viele Märkte. Auffallend viele Secondhandläden – auch für Bücher und Musik – finden sich entlang der Rue des Fourbisseurs.

Markthalle

1 **Les Halles d'Avignon:** Der Einkaufsort Nummer eins für Lebensmittel!

18 Place Pie, www.avignon-leshalles.com, Di–So 6–14 Uhr.

Märkte

Flohmarkt: Place des Carmes, Sa 8–13 Uhr.

Gemüsemarkt: Allées de l'Oulle, April–Okt. Mo 17–19 Uhr.

Masse und auch Klasse

2 **Carré du Palais:** Im Carré du Palais stehen 10 000 Flaschen zum Verkauf. Einige davon kann man probieren. Einfach so. Andere kann man sich Mo–Fr um 12 und 19 Uhr erarbeiten, sprich: Es gibt geführte Besichtigungen der Cave mit Verkostung von vier Rhône-Weinen. Infos und Reservierung telefonisch. 20 €. Eine Weinschule ist angeschlossen.

1 Place du Palais, T 04 65 00 01 01, www.carredupalais.fr

Unter Freunden

3 **Le vin devant soi:** Vollkommen anders im Charakter als der schicke, gediegene Carré du Palais ist die Weinhandlung Le vin devant soi. Hier gibt es nicht nur rund 400 unterschiedliche Weinsorten,

hier gibt es auch Weinverkostungen mit Veranstaltungscharakter, Themenabende und ähnliches. Der Empfang ist herzlich, der Kontakt zu den Winzern gegeben. Regelmäßig werden Weinverkostungen angeboten. Kosten: ab 40 €.

4 Rue du Collège du Roure, T 04 90 82 04 39, www.levindevantsoi.com

Inselobst- und andere Brände

4 **Distillerie Manguin:** Auf der Île de la Barthelasse werden Schnäpse gebrannt, Liköre und Gin hergestellt. Das meiste davon mit Obst aus eigenem Anbau. Wer nicht übers Netz bestellen will, kauft am besten vor Ort in der kleinen Boutique. Um 11 Uhr Führung durch die Destillerie.

784 Chemin des Poiriers, T 04 90 82 62 29, www.manguin.com, Laden Mo–Fr 10–12, 14–17, Sa 10–12, 15–18 Uhr

Kunsthandwerker-Ateliers

5–8 s. Tour S. 64

Bewegen

Zweirad bequem

1 **Segway-Touren:** Nichts besser als ein Rad. Oder besser zwei Räder. Die moderne Interpretation desselben ist ein Segway. Also: Wie wäre es mit einem Zweirad der bequemeren Art? Die Agence Avignon bietet geführte Segway-Touren in und um Avignon an (ab 32 €/Tour), vermietet aber auch kleinere Segways zum Selbstfahren und Entdecken (ab 60 €/halber Tag).

46 Rue des Fourbisseurs, www.mobilboard.com/fr/agence/segway/avignon

B

BAHNHOFSARCHITEKTUR

Selbst wenn Sie nicht mit der Bahn fahren: Der TGV-Bahnhof von Avignon ist ein architektonisches Kleinod, das Sie unbedingt sehen sollten, wenn Sie sich für moderne Architektur interessieren. Der Bau erinnert an einen umgedrehten, verlängerten Schiffsrumpf und ist so konzipiert, dass Reisende trotz des riesigen Glasdachs vor der Sonne geschützt sind. Die Gleise sind etwas nach oben verlegt, sodass die große Halle unterhalb liegt. Sehenswert!

Auf eigene Faust mit dem Rad

2 **Provence Bike:** Man kann auch aufs Rad steigen, um die Stadt in Eigenregie zu entdecken, gute Fahrräder aller Art (auch E-Bikes) kann man hier ausleihen.

7 Av. St-Ruf (Nähe Bahnhof), www.provence-bike.com, ab 12 €/Tag

Geführt auf zwei Rädern

3 **South Spirit Bike:** Geführte Radtouren mit E-Bike, Mountainbike oder Citybike – in der Gruppe oder geleitet durch GPS.

54, Rue du Limas, T 06 75 54 21 88, www.southspiritbike.com, Preis auf Anfrage

Bewegen lassen auf dem Wasser

4 **Compagnie des Grands Bateaux de Provence:** Wer sich lieber bewegen lässt, am liebsten auf dem Wasser, kann eine Schiffstour auf der Rhône buchen. Die Firma bietet kleine Touren um die Île de la Barthelasse an, aber auch längere Fahrten bis nach Arles. Die Kosten für eine einstündige Fahrt beginnen bei 12 €. Der Einstieg ist südlich des Pont Édouard Daladier, es gibt auch Restaurantfahrten.

T 04 90 85 62 25, www.bateauxdeprovence.fr, Mai, Juni, Sept. Sa, So, 14.15, 15.30 Uhr, Juli, Aug, tgl. 14.15, 15.30, 16.45 Uhr

Aktiv auf dem Wasser

5 **Canoë Vaucluse:** Wer es lieber etwas aktiver mag, z. B. Kanu fahren, Kajak oder Standup Paddling, ist hier goldrichtig, allerdings nur im Juli und August.

Allée Antoine Pinay, Île de la Barthelasse, T 04 28 70 27 27, T 06 11 52 16 73, T 06 51 60 13 59, www.canoe-vaucluse.fr

Organisiert und geführt

Avignon Gourmet Tours: Aurelie Gilabert, eine junge Frau aus Avignon, bietet außergewöhnliche Touren an. Da sie selbst leidenschaftlich gerne isst und trinkt, haben ihre Touren einen Fokus auf genau diesem Punkt: halbtägige Touren zu Fuß durch Avignon oder Ganztagestouren mit einer Weinverkostung in Châteauneuf-du-Pape.

www.avignongourmetours.com, Halbtagestour bei 4 Personen: 49 €/Person, Ganztagestour 150 €/Person

EINE STADT STEHT KOPF

Knapp drei Wochen ist ganz Avignon auf den Beinen! Dann nämlich, wenn das Festival d'Art Dramatique und fast parallel dazu das Festival Off d'Avignon stattfindet – die Alternativ-Veranstaltung des renommierten Theaterfestivals. Dann werden Hauswände zu Projektionsflächen, der Papstpalast zur Wunderkulisse und jeder freie Platz der Stadt zur Showbühne. An jeder Ecke, wirklich überall finden kleine Schauspiel-Darstellungen statt. Schauspieler-Prozessionen ziehen durch die Stadt, Standup-Darstellungen finden sich in jeder Ecke und Opernsänger schlendern eine Arie schmetternd durch die Gassen. 150 000 Besucher jährlich zieht es dann in die Stadt an der Rhône und genießen etablierte Theaterkunst genauso wie experimentelles Spiel. Hinzu kommen Konzerte, Lesungen, Film- und Tanzvorführungen am laufenden Band – insgesamt mehr als 1000 Inszenierungen. Wer zu dieser Zeit in Avignon sein möchte, muss sein Zimmer rechtzeitig buchen! Denn niemals sonst im Jahr ist es so schwer, dann ein anständiges Bett zu bekommen!

Von den Hallen in die Küche

Cuisine Centr'Halles: Jonathan Chiri kam von Kalifornien nach Europa, um bei den Michelin-Sterne-Köchen zu lernen und zu arbeiten. Zwei Leidenschaften trieben ihn dabei an: Reisen und kochen! Heute macht er beides. Er organisiert Fahrradreisen und hat ein Restaurant in den Hallen, Cuisine Centr'Halles, in denen es nicht nur Köstliches zum Mittagessen gibt, sondern wo er auch Kochkurse gibt. Die Kurse sind individuell und von Mittwoch bis Sonntag möglich (außer im Juli). Zuerst wird überlegt, was es zu essen geben soll, dann wird in den Hallen gemeinschaftlich eingekauft und dann zusammen gekocht.

Place Pie, Les Halles, T 06 46 89 85 33, www.facebook.com/CuisineCentrHalles, Preise auf Anfrage, Reservierung nötig

Ausgehen

Es braucht nicht wirklich eine Location, um in Avignon auszugehen. Die ganze Stadt ist eine einzige Flaniermeile mit Freiluft-Cafés, Bars und Bistros.

Wenn Ihnen der Sinn jedoch nach Kultur steht, dann werden Sie in Avignon schnellstens fündig. Alle **Veranstaltungshinweise** einschließlich der Theatervorführungen gibt es auf der Seite https://avignon-tourisme.com/de. Außerdem lohnt es sich, die Webseite des Papstpalastes zu studieren, denn der **Palais des Papes** ist nicht nur ein absolut sehenswertes Bauwerk, sondern auch ein kulturelles Zentrum. Hier gibt es Sonderausstellungen, Konzerte und zahlreiche andere interessante Veranstaltungen.

Der riesige Platz vor dem Papstpalast ist ein einziges Freilufttheater, vor allem während des Festival Avignon im Juli, wenn die gesamte Innenstadt zur Bühne wird.

Absolut schick

1 Bar à Vin au Cœur d'Avignon: Ein wirklicher Geheimtipp. Man muss klingeln, um eingelassen zu werden, und ist dann bei Lionel Rossi zuhause. In einem großen Wohnzimmer mit riesigem Kamin, einem Hinterhof und blauer Bibliothek. Die Preise sind gesalzen, dafür sind die Weine lecker. Dazu werden Wurst- oder Käseplatten gereicht. Wer z. B. den Platz am Kamin sicher haben möchte, sollte reservieren.

9 Rue du Collège d'Annecy, T 06 87 72 32 77 www.aucoeurdavignon.com, Do–Sa 18–1 Uhr, s. auch Schlafen, S. 63

Absolut hip

2 Le 46, Bar à Vin: Komplett anders als die Wohnzimmeratmosphäre von Lionel ist Le 46. Die Bar gehört zu einem schicken Restaurant, ist modern eingerichtet und zu den erlesenen (nicht übertrieben teuren) Weinen werden Kleinigkeiten wie Schnecken, Schinken oder Tapas serviert.

46 Rue de la Balance, T 04 90 85 24 83, www.le46avignon.com

Sehen und gesehen werden

3 Grand Café Barretta: Es gibt sie natürlich auch in Avignon, die ›places to be‹. Einer davon ist das Café an der Place St-Didier, wo man Kleinigkeiten essen kann, vor allem aber stundenlang auf der Terrasse sitzt, um zu sehen und gesehen zu werden. Das Grand Café Barretta ist eine Institution in Avignon und es existiert bereits – natürlich mit vielen Umbauten – seit 1784 an genau dieser Stelle.

12–14 Place Didier, T 04 90 01 58 18, www.grandcafebarretta.com, tgl. 8–23 Uhr, €

Mehr Sehen als Gesehen werden

4 Cinéma Utopia: In dem Art Déco-Café des kultigen Programmkinos treffen sich Künstler und solche, die es gerne wären.

4 Rue des Escaliers Ste-Anne, T 04 90 82 65 36, www.cinemas-utopia.org/avignon

Feiern

- **Festival Avignon:** im Juli – meist knapp drei Wochen lang. Das Festival der Festivals, Frankreichs größtes und wichtigstes Kulturfestival legt den Schwerpunkt auf Theater und Straßenkunst. www.festival-avignon.com, www.avignonleoff.com, Tickets online, im Cloître St-Louis, 20 Rue du Portrail Boquier, oder bei Fnac in der Rue de la République.
- **Avignon Jazz Festival:** meist Anfang August. Das Musik-Festival findet meistens direkt im Anschluss an das Theaterfestival statt, und es treten internationale Jazz-Größen, aber auch unbekanntere, jüngere Musiker auf. Ticketshop und Info: www.tremplinjazzavignon.fr.
- **Avignon Vibrations:** zwischen August und Oktober. Noch so ein Wahnsinnshighlight: Abend für Abend ein einzigartiges Licht-Schauspiel mit Musik, Filmen und Stimmen. Alle drei Jahre haben sie ein anderes Thema zum Inhalt. Dann wird der Papstpalast zur Leinwand und Geschichte wird lebendig! Aktuelle Daten und Uhrzeiten: https://avignon-vibrations.com, Kartenverkauf über Office de Tourisme, 12 €.

Infos

- **Office de Tourisme:** 41 Cours Jean Jaurès, die Verlängerung der Rue de la République, T 04 32 74 32 74, https://avignon-tourisme.com.
- **Allgemein:** Avignon ist sehr gut zu erreichen und ein wichtiger Umsteigeort für eine Weiterreise in kleinere Orte.
- **Bahn:** Der Bahnhof, Gare SNCF, liegt direkt vor der südlichsten Stadtmauer am Ende des Cours Jean Jaurès, Bd. St-Roch. Wer mit dem TGV weiterfahren möchte, muss zum TGV-Bahnhof im Quartier de Courtine, 5 km südlich. Alle 40 Min. verkehrt eine Bahn zum Bahnhof SNCF.
- **Bus:** Der Busbahnhof ist in unmittelbarer Nähe zur Gare SNCF Bd. St-Roch. Von hier fahren Busse in die Orte der Umgebung. Infos: www.pemavignon.fr.
- **Innerhalb von Avignon:** Der Stadtbus Nr. 5 fährt ab Office de Tourisme und ab Porte de l'Oulle über die Rhône nach Villeneuve und auf die Île de la Barthelasse.
- **Boot:** Unterhalb der Pont St-Bénézet gibt es ein kostenloses Boot, das den Besucher über die Rhône auf die Île de la Barthelasse und zurück bringt.
- **Tram:** Sie verbindet das moderne Avignon im Süden mit der Altstadt und richtet sich vor allem an Pendler.
- **Auto:** Kostenlose Parkplätze mit Pendelbussen sind der Parking de l'Ile Piot und der Parking des Italiens – Université. Am TGV-Bahnhof im Quartier de Courtine findet man alle internationalen Autovermieter.

Villeneuve-lès-Avignon

F4

Avignon und Villeneuve-lès-Avignon (auch Lez-Avignon geschrieben) sind tatsächlich zwei unterschiedliche Städte. Auch wenn sie fast gleich heißen und viele denken, Villeneuve-lès-Avignon sei die Neustadt von Avignon. Aber weit gefehlt. Wer einmal in Villeneuve-lès-Avignon war, wird feststellen. Neu ist hier fast nichts! Denn trotz des Namens ist es eine richtig alte Stadt. Was beide jedoch gemeinsam haben: Sie liegen in unmittelbarer Nähe zueinander, jede auf einer anderen Flussseite der Rhône. Und doch trennte sie einige Jahrhunderte lang nicht nur der Fluss, sondern auch eine Grenze. Denn während die Rhône und alles westlich des Flusses im Mittelalter an das Königreich Frankreich fiel, stand Avignon seit 1032 unter der Oberhoheit des deutschen Kaiserreiches.

Ein Schattendasein ohne Grund

Oft wird Villeneuve-lès-Avignon zugunsten von Avignon vernachlässigt. Ist die Stadt doch deutlich kleiner und unbekannter. Dabei braucht sie sich absolut nicht zu verstecken! Während es schon im 14. Jh. in Avignon hektisch (und dreckig) zuging, war es in Villeneuve deutlich angenehmer. Also zogen die Kardinäle von Avignon – und so mancher andere Reiche – hierher, man baute sich Villen, ein Kloster und ließen sich den frischen Wind um die Nase wehen fern der großen Stadt. Was früher galt, ist bis heute aktuell: Wer Ruhe sucht und den Trubel von Avignon lieber nur tagsüber erleben möchte, sollte es den Kardinälen des 14. Jh. gleichtun und hier statt drüben wohnen. Es ist noch immer gemütlicher, ruhiger und beschaulicher. Der Bus Nr. 5 bringt Sie von der einen Flussseite zur anderen – ein Fußmarsch tut es auch.

Stadtrundgang

Zeugnisse des schönen Philipp

Philippe le Bel war es, der 1293 aus dem Klosterhügel und den Villen auf der anderen Rhôneseite eine Stadt baute und mit ihr eine Verteidigungsanlage. Das Bollwerk hatte während des Mittelalters durchaus Bestand, zerfiel aber irgendwann. Allein die **Tour Philippe le Bel** (›der Turm Philipps des Schönen‹) ist davon heute noch übrig. Er steht etwas einsam am Ufer der Rhône. Interessant ist er wegen der Aussicht von oben. Und wegen der Tatsache, dass er am Ende der legendären Pont St-Bénézet lag.

Rue Montée de la Tour, Jan. geschlossen, Feb.–März 14–17, Mi auch 10–12, April–Okt. 10–12.30, 14–18, Nov., Dez 14–17, Mi auch 10–12 Uhr, 4 €

Ex-Kartause mit Papstgrab

Folgt man der Rue Montée de la Tour vom Turm bergauf, kommt man ins Herz der kleinen Stadt. Vorbei an der **Église Collégiale Notre-Dame** aus dem 14. Jh. geht es geradeaus zur **Chartreuse Notre-Dame-du-Val-de-Bénédiction.** Das ehemalige Kartäuserkloster war einmal das größte von ganz Frankreich. Innozenz VI. stiftete sein einstiges Wohnhaus als Dank für seine Wahl zum Papst den Kartäusern, denn einer ihrer Brüder war es, Jean Birel, der, 1352 zum Papst gewählt, verzichtete, sodass Innozenz VI. nachrücken konnte. Herrlich ist der Innenhof. Eine kleine Allee führt zum Haupthaus, hinter der sich das Fort St-André erhebt. Rund um drei Kreuzgänge finden sich insgesamt 40 Mönchszellen. Außerdem kann man eine Kapelle sowie die Kirche besichtigen, in welcher das Grabmal von Papst Innozenz VI. liegt.

Chartreuse du Val-de-Bénédiction: 58 Rue de la République, https://chartreuse.org, tgl. 9.30–18.30 Uhr, 8 €

Ganz oben eine Burg

Das bereits erwähnte **Fort St-André** liegt nur 5 Minuten Fußmarsch vom Kloster entfernt auf dem höchsten Punkt der Stadt. Auch diese Festung wurde von Philipp dem Schönen in Auftrag gegeben. Von hier oben hatte man den perfekten Blick über die Rhône und konnte sehen, ob sich Feind oder Freund näherte. Man betritt die riesige Anlage, von der vor allem noch die Umfassungsmauer sowie ein paar Gebäudereste einer riesigen Benediktinerabtei stehen, durch ein monumentales Eingangstor, das von zwei Türmen flankiert ist. Im Inneren hat man heute eine kleine Parkanlage angelegt. Hier oben kann man herrlich laufen.

Rue Montée du Fort, www.fort-saint-andre.fr, Okt.–Mai tgl. 10–13, 14–17, Juni–Sept. 10–18 Uhr, 6 €

Schlafen

Unter Feigenbäumen

Hotel de l'Atelier: Ein Gebäude aus dem 16. Jh., ein lauschiger Innenhof, wo man unter Feigenbäumen frühstücken kann, ein Wohnzimmer wie daheim, wunderbar stilvolle und dennoch schlichte Schlafzimmer – hier stimmt einfach alles. Es gibt sogar einen Co-Working-Raum. Wem Avignon zu trubelig ist, sollte hierher kommen zum Schlafen.

Rue de la Foire, T 04 90 25 01 84, http://hoteldelatelier.com, €

Essen

Mit schattiger Terrasse

Aubergine: Tagsüber Café, mittags Bistro, abends Restaurant, spätabends Bar manchmal mit Livemusik. Das ist die Aubergine. Es gibt gute, traditionelle Küche, nicht überteuert, und man sitzt sehr nett im Sommer unter Schatten spendenden Bäumen, im Winter im gemütlichen Inneren.

15 Rue de la République, T 04 90 90 05 64, www.aubergine-villeneuve.restaurant, tgl. ab 8 Uhr, €

Einkaufen

Der Wochenmarkt findet donnerstags auf der Place Jean Jaurès statt. Samstags ist ein riesiger Flohmarkt auf dem Marktplatz unter der mittelalterlichen Festung. Hier kann man deutlich günstiger einkaufen, als z. B. in L'Isle-sur-la-Sorgue.

P

PHILIPP DER SCHÖNE

Für die Geschichte von Avignon und Villeneuve spielt Philipp der Schöne, der gar nicht so schön gewesen sein soll, eine wichtige Rolle. Naja, er spielte für ganz Frankreich eine wichtige Rolle – denn er war es, der kompromisslos ein frühabsolutistisches Staatswesen in Frankreich etablierte. Nie hatte vor ihm ein König so viel Macht! Er gründete Villeneuve-lès-Avignon und sorgte kurz darauf dafür, dass ein französischer Papst gewählt wurde, der sich später in Avignon niederließ. Philipp der Schöne regierte von 1285 bis 1314.

Feiern

- **Fête de St-Marc:** im Frühjahr, das genaue Datum erfährt man im Office de Tourisme. Wie fast überall in der Region dreht sich auch dieses Fest allein um den Wein. Naja, nicht ganz: Es werden auch traditionelle provenzalische Tänze aufgeführt, ein riesiges Feuer entzündet und eine Messe auf Provenzalisch abgehalten.

Infos

- **Office de Tourisme du Grand Avignon:** Pl. Charles David, 30400 Villeneuve-Lez-Avignon, T 049 00 37 06 90, https://avignon-tourisme.com, Mo–Fr 9.30–12.30, 14–17, Sa 9.30–12.30 Uhr.
- **Bus:** Stadtbus Nr. 5 fährt von Avignon nach Villeneuve-lès Avignon. Wer mit dem Auto kommt, findet entlang der Rhône und unterhalb der Tour Philippe le Bel Parkplätze.

Zugabe

Bis heute sagenumwoben

Die Tempelritter

Wo mag er sein, der Templerschatz?

Kaum eine Legende hat die Fantasie so sehr beflügelt, wie die Legende vom Schatz der Tempelritter. Versteckt wurde der Schatz 1312, als Papst Clemens V. den Orden der Tempelritter in Vienne verbieten ließ. Verschwörungstheoretiker, Abenteuerlustige und Archäologen sind seither auf der Suche.

Über Jahrhunderte hinweg galten die Tempelritter als Ketzer, erst im Jahr 2000 wurde ein Schreiben von Clemens V. gefunden, das sie von all diesen Vorwürfen freisprach. Denn Clemens V. schrieb selbst, dass er die Vorwürfe nur unter dem Druck Philipps des Schönen erhoben hatte, um sich und die katholische Kirche zu retten. Doch was war nun mit den Tempelrittern? Waren sie nicht 1118 in Jerusalem gegründet worden als Kriegermönche, um die Kreuzfahrer zu beschützen? Sie, der Eliteorden, der Ketzerei beschuldigt? Der Grund ist ganz einfach: Geldnot. Denn obwohl sie sich zur Armut verpflichtet hatten, wurden sie sagenhaft reich. Sie brauchten das Geld, um ihren Kampf zu finanzieren und bauten ein Geschäftsimperium auf, das ihresgleichen sucht. Und auf diesen Reichtum hatte es Philipp der Schöne abgesehen.

Binnen kürzester Zeit waren aus Helden Verräter geworden.

Also mussten die Templer dran glauben. Ketzerrituale wurden erfunden, Gerüchte über Homosexualität gestreut und binnen kürzester Zeit waren aus Helden Verräter geworden. Der Papst zog mit. Ein paar wenige Templer konnten fliehen. Andere wurden nach sieben Jahren Gefangenschaft und Folter freigelassen. Doch die meisten wurden getötet. Verbrannt auf dem Scheiterhaufen. Und der Schatz? Um den ranken sich weiter Legenden und Geschichten. Eine davon führt nach Avignon, direkt in den Papstpalast, wo die Nachfahren von Clemens V. Zeichen hinterlassen haben sollen für all, die die Suche noch nicht aufgeben. Wahrscheinlich hat ihn Philipp der Schöne aber schon längst gefunden und alles Gold verprasst. Doch sicher ist das nicht. Wenn Sie also auf die Suche gehen wollen: Der Palast ist der beste Ort, um damit anzufangen. ■

Nîmes und Umgebung

Römer, moderne Architektur und Stierkampf — Nîmes ist eine wilde Mischung aus allem und dabei äußerst charmant. Es ist eine Stadt zum Wohlfühlen am Rande der Cevennen mit Top-Ausflugszielen in der Umgebung.

Seite 78

Les Arènes

Die Arena von Nîmes ist heute wieder so lebendig wie einst, als die Römer den Gladiatoren zujubelten. Noch immer wird hier gekämpft: mal gegen Stiere (nicht immer ohne Blut), mal gegen die Langeweile – dann mit Musik und Theater!

Seite 81

Musée de la Romanité

Modernes Design trifft auf großartige Museumsdidaktik. Noch anschaulicher kann man Geschichte eigentlich nicht vermitteln. Es lohnt sich, hier viele Stunden zu verbringen.

Exotik im Stadtwappen: ein Krokodil

Seite 84

Le Ciel de Nîmes

In diesem Restaurant auf dem Dach des Carré d'Art in Nîmes zu speisen hat was: Es schmeckt hier sehr gut und der Blick ist einfach fantastisch – er reicht über den römischen Tempel und die ganze Stadt.

Seite 88

Vive la Feria!

Keine Angst vor Nähe – das zumindest gilt, wenn man zur Feria nach Nîmes reist. Dafür wird man mit einem der schönsten und buntesten Volksfeste Frankreichs belohnt, kann eintauchen ins spanische Frankreich und ganz viel Sommer live erleben!

Seite 88

Brandade de Morue

Wer in Nîmes ist, sollte unbedingt einmal Stockfischpüree probieren – köstlich und eine Spezialität der Stadt.

Seite 88

Abbatiale St-Gilles

Im Krimi »Tödliche Camargue« ist in dieser Abtei in St-Gilles ein gestohlener van Gogh versteckt. Bis heute hat ihn niemand gefunden. Gesucht haben ihn viele!

Seite 89

Pont du Gard

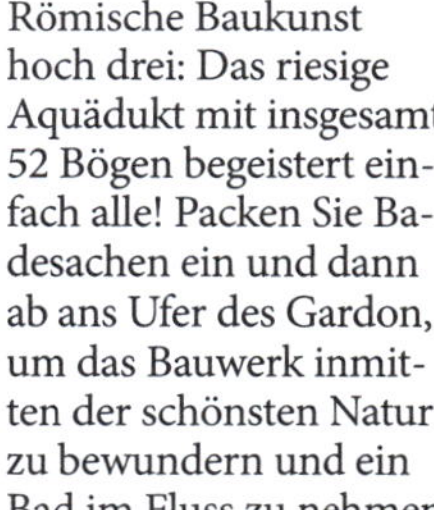

Römische Baukunst hoch drei: Das riesige Aquädukt mit insgesamt 52 Bögen begeistert einfach alle! Packen Sie Badesachen ein und dann ab ans Ufer des Gardon, um das Bauwerk inmitten der schönsten Natur zu bewundern und ein Bad im Fluss zu nehmen.

Seite 94

Uzès

Eine absolut lohnenswerte Stippvisite führt nach Uzès in den Cevennen – und sei es nur für ein Glas eisgekühlten Rosé auf der Place des Herbes oder zum Besuch des Marktes.

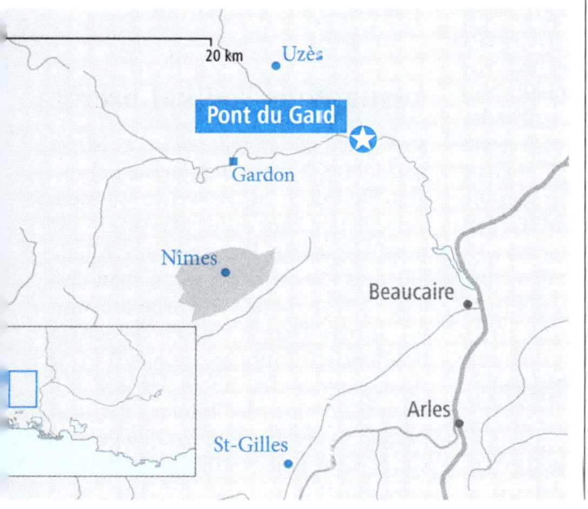

Matadore sind in den Augen vieler Südfranzosen echte Helden.

Nîmes auf seine römische Vergangenheit zu reduzieren wäre ein Fehler. Hier leben Rom, Spanien und die Postmoderne auf engstem Raum.

Stippvisite im Languedoc

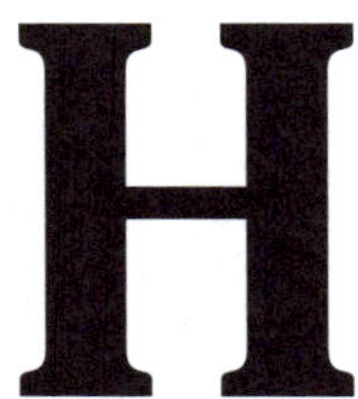

Hätten Sie mal besser im Lateinunterricht aufgepasst! Dann wüssten Sie, dass in Nîmes der einzige vollständig erhaltene römische Tempel in Frankreich zu finden ist. Sie wüssten auch, dass die Römer 121 v. Chr. Südfrankreich erobert haben und die neue Provinz Gallia Narbonensis später zum wichtigsten Bindeglied zwischen Spanien und dem heimatlichen Italien wurde. Und Nemausus, also das heutige Nîmes, war die Hauptstadt genau dieser Provinz. Ergo: Nîmes gäbe es gar nicht ohne die Römer. Und so sehr die Gallier die römische Fremdherrschaft auch gehasst haben (das wiederum wissen wir von Asterix statt aus den alten Lehrbüchern), so sehr wird das römische Erbe in Nîmes heute zelebriert.

Nîmes – auch ohne Römer spannend

Doch Nîmes ist nicht nur für Römerfans spannend. Die Stadt ist eine Offenbarung für alle, die Vielfalt lieben und feiern. Spanien ist hier gefühlt gleich um die Ecke! Das Mittelalter ganz nah! Und natürlich haben auch andere hier ihre Spuren hinterlassen, in Form großartiger, modernster Baupläne.

ORIENTIERUNG

Infos: www.nimes-tourisme.com, www.pontdugard.fr und www.gard-tourismus.com.
Verkehr: Nîmes hat einen TGV-Bahnhof und ist gut von allen größeren Orten Frankreichs erreichbar. Busverbindungen gibt es zum Pont du Gard nur über Uzès.

Ausflug zum Weltkulturerbe

Streng genommen gehören weder Nîmes noch die anderen in diesem Kapitel vorgestellten Orte zur Provence, sondern sie liegen im Languedoc, das sich direkt westlich an die Provence anschließt. Doch es wäre schade, wenn man deshalb nicht hierherkäme. Am besten sogar für ein paar Tage. Wer nämlich noch ein bisschen weiter ins Land reist, z. B. in die Ausläufer der Cevennen, der stößt auf noch mehr römische Ruinen – darunter besonders spektakuläre wie den Pont du Gard, der von der UNESCO zum Welterbe erklärt wurde und der bis heute das wichtigste Ausflugsziel von Nîmes ist. Wer sich aber beschränken muss, z. B. weil das Zeitfenster zu klein ist, sollte sich wenigstens Nîmes anschauen und den Pont du Gard. Denn beide sind wirklich einzigartig!

Nîmes

C/D5

Ein Krokodil führt Sie durch die Stadt. Ein an eine Palme angekettetes Krokodil wohlgemerkt. Man begegnet dem Krokodil auf Schritt und Tritt. Im Rathaus hängen gleich vier davon um einen Deckenleuchter, an der Place du Marché schaut es aus dem Brunnen und selbst die Hallen, der bekannte Fressmarkt, begrüßen den Gast beim Betreten mit einem Krokodil an der Leine.

Stadtgeschichte

Das Stadtwappen von Nîmes steht in enger Verbindung mit der Entstehungsgeschichte der Stadt. Und falls Sie fragen: Nein, einem Krokodil hat die Stadt seine Existenz nicht zu verdanken. Vielmehr steht das Krokodil für die Eroberung Ägyptens. Denn genau von hier aus startete Cäsars Adoptivsohn Octavian 31 v. Chr. seinen Ägyptenfeldzug, bei dem er Kleopatra besiegte – eine Tat, die man mit der Prägung einer römischen Münze feierte. Darauf zu sehen: Auf der Vorderseite das Profil Octavians und seines Schwagers, dem Heerführer Agrippa, auf der Rückseite eben jenes angekettete Krokodil. 1986 erst modernisierte Philippe Starck, französischer Stardesigner, das Bild und schuf das Emblem, das man bis heute überall in der Stadt sehen kann: das Stadtwappen von Nîmes.

In Nîmes ist Rom lebendig. Überall in der Stadt finden sich Zeugnisse der römischen Stadtgründer. Die beiden bekanntesten sind das Maison Carrée, der einstige Tempel der Stadt, in des-

Mitten in der Altstadt steht der imposante Tempelbau des Maison Carrée – ein mustergültig in Szene gesetztes Relikt der Antike und nicht das einzige in Nîmes.

R

RÖMER SEIN FÜR EIN WOCHENENDE

Jedes Jahr am ersten Maiwochenende (oder manchmal auch das letzte Wochenende im April) finden die großen Römerspiele in den Arenen von Nîmes statt. Ein unglaubliches Spektakel! Römerfans aus allen Ecken des Landes kommen zusammen, um in originalgetreu nachgearbeiteten Kostümen Rom zu spielen. Es gibt einen Kaiser, es gibt Gladiatorenkämpfe, Schaulaufen und natürlich viel Musik, Spaß und Latein! Die Tickets sind heiß begehrt, also am besten schon frühzeitig online bestellen auf www.arenes-nimes.com.

sen Inneren heute die 2000-jährige Geschichte der Stadt als 3D-Film zu sehen ist, sowie die riesige Arena am anderen Ende der Innenstadt. Das römische Erbe durchmischt sich in der Hauptstadt des Département Gard mit der Leichtigkeit des Midi, mit dem Flair, das eine Universitätsstadt ausmacht (immerhin sind 10 000 der 150 000 Einwohner Studenten) und dem Einfluss der Spanier. Nicht zufällig, liegt Nîmes doch direkt an der Via Domitia, der wichtigsten Verbindungsstrecke zwischen Rom und Spanien. Am besten spürt man das an Pfingsten, wenn in Nîmes die Feria beginnt, das riesige Volksfest, bei dem Flamenco auf allen Höfen zu hören ist, die Stiere in der Arena mit ihren Hufen scharren. *Tout Nîmes* trifft sich dann zu Pastis und Tapas (die genialste aller französisch-spanischen Verbindungen) in einem der vielen Cafés, überall finden Konzerte statt, die Bodegas sind voller Menschen und überhaupt ist es dann schwierig, sich ohne Körperkontakt fortzubewegen.

Stadtbesichtigung

Alles Theater

Es ist 2000 Jahre alt, es ist wundervoll restauriert (und wird es noch), es ist beeindruckend und das größte des gallorömischen Reiches. Abends wird es in allen Farben angeleuchtet, tagsüber ist es ein lebendiges Museum – sofern darin keine Veranstaltungen stattfinden – und an vielen Wochenenden im Jahr ist es das, das es einmal war: ein Austragungsort für Kämpfe. Früher Gladiatorenkämpfe, heute Stierkämpfe. Die Rede ist von **Les Arènes ❶**, die Arena von Nîmes. 21 m hoch, mit zwei Arkadenreihen ringsherum und in schönem Oval geformt. 24 000 Menschen haben hier einst hiningepasst. Heute sind es nicht mehr ganz so viele. Kinder werden spielerisch durch das Theater geführt, Erwachsene bekommen auf Wunsch eine Audio-Führung mit Tablet, die von einem bestimmten Punkt aus das Theater zeigt, wie es zu römischer Zeit und später im Mittelalter ausgesehen hat, als es als Festung und Dorf genutzt wurde. In den unteren Arkaden werden Filme und Kostüme gezeigt und ein Bronzestier in Originalgröße.

Der Vorplatz zur Arena ist übrigens mindestens genauso schön wie die Arena selbst. Nicht nur, weil man die Arena als Kulisse hat, sondern weil es ein weiter lichter Platz ist, davor nur eine einzige **Bronzestatue:** die des legendären Stierkämpfers **El Nimeño** (s. S. 277). Der Justizpalast am Rand des Platzes ist dem Maison Carrée nachempfunden, stammt aber aus dem letzten Jahrhundert.

Bd. des Arènes, www.arenes-nimes.com, März, Okt. 9–18, April, Mai, Sept. 9–18.30, Juni 9–19, Juli, Aug. 9–20, Nov.–Feb. 9.30–17 Uhr, während Veranstaltungen sind die Arenen geschlossen, 10 € mit Audioguide, Kombiticket für Arenen, Maison Carrée und Tour Magne 13 €. Der Pass Romanité (17 €) schließt noch das Musée de la Romanité in den Preis mit ein und ist einen Monat lang gültig.

Das Herz von Nîmes

Um von den Arenen zum Maison Carrée zu kommen, diesem zauberhaften Tempel, läuft man durch die blitzsauberen Gassen der **Altstadt** von Nîmes. Was für ein besonderes Flair! Kleine Plätze, fast alle mit Brunnen, lockern die Gassen auf, die alten Patrizierhäuser stammen vor allem aus dem 16. bis 18. Jh. Störende moderne Zutaten wie Stromleitungen und ähnliches wurden so verlegt, dass sie die Hausfronten nicht verschandeln. Schauen Sie sich diese mal genauer an: reich verziert mit Sagengestalten, Tieren und Dämonen. Ein Drache ist immer wieder mal zu sehen, auch Sonnenzeichen. Die Hausfassaden erzählen Geschichten. Nicht immer nur kuriose. Weiter unten geht es profaner zu: Boulangerien, Boutiquen, Cafés. Überall lockt der Konsum und wirkt gerade hier in Nîmes dennoch niemals aufdringlich. Ist es um die Siesta-Zeit nahezu totenstill in Nîmes Altstadt, erwachen die kleinen Gassen am Abend zum Leben: Dann ertönt so manche Straßenmusik und man trifft sich in den Cafés und Bistros der Stadt.

Quadratisch, praktisch, schön

Das einstige Forum der Stadt ist verschwunden. Der Tempel aber ist geblieben. Nahezu unversehrt – was nach 2000 Jahren ein Wunder ist. Schuld daran ist die Tatsache, dass der Tempel fast durchgehend genutzt wurde, mal als Kirche, mal als Regierungssitz, als Kloster oder Konsulat. So ist das Bauwerk **La Maison Carrée** ❷ heute der am besten erhaltene Tempel der Antike überhaupt. Die *Nîmois* nennen es »das quadratische Haus« – *la maison carrée*. Dabei ist es gar nicht quadratisch. Es ist 26 m lang und 15 m breit. Dass es dennoch »quadratisch« heißt, liegt daran, dass es im Altfranzösischen keinen Unterschied gibt zwischen Quadrat und Viereck. Wie an allen Stellen in Nîmes hat man auch hier Raum geschaffen, um den Tempel wirken zu lassen. Ein großer Platz ist drumherum, an dessen Rand sich die Cafés und Restaurants drängen.

Place de la Maison Carrée, www.arenes-nimes.com, Nov.–Feb. 10–16.45, März, Okt. 10–18.15, April, Mai, Sept. 10–18.45, Juni 10–19.15, Juli, Aug. 9.30–20.15 Uhr, 6 € oder Kombiticket Pass Romanité (s. Les Arènes).

Sir Norman gab sich die Ehre

Die Front ist verspiegelt, sodass man darin den Tempel von gegenüber sehen kann, Skater wuchten ihre Bretter die Außentreppen hoch und runter, im Inneren des lichtdurchfluteten Bau schweben Treppen nach oben. Als man in Nîmes einen Architektenwettbewerb für einen modernen Kunstbau neben dem antiken Tempel ausschrieb, wagten nur wenige den Versuch. Einer davon war Norman Foster, der für seinen Entwurf auch den Zuschlag bekam. Das **Carré d'Art** ❸ ist ein tatsächlich fast quadratischer Bau, ein Kunst- und Kulturzentrum mit Bibliothek, dem Musée d'Art comtemporain, Ausstellungs- und Multimedia-Räumen. 1993 eröffnet, war es vom ersten Tag an eine der wichtigsten Institutionen der Stadt. Man muss nicht ins Museum, um das Innere zu sehen: Das Carré d'Art ist für

F

FAKTENCHECK

Einwohner: 150 000
Bedeutung: einst römische Hauptstadt der Provinz Gallia Narbonensis, heute Kunstmetropole für Modern Art
Stimmung auf den ersten Blick: jung, schick, südfranzösisch
Stimmung auf den zweiten Blick: eine Stadt voller kultureller Highlights und spannender Küche

Lieblingsort

Zum Schlendern und Probieren

Natürlich sind **Les Halles de Nîmes** 1 schon lange kein Geheimtipp mehr – und dennoch sind sie ein absoluter Lieblingsort für alle, die gerne gut essen und trinken. Ich beginne meinen Besuch dort immer bei Madame Daniel von Les Ateliers du Moulin, kaufe ein Töpfchen Brandade de Morue und ein Töpfchen mit Tapenade. Madame hat schon jede Menge Goldmedaillen gewonnen mit ihren Tapenaden. Sie sind aber auch zu köstlich! Danach hole mir nebenan ein frisches Baguette und schlendere zu einer der beiden Bars, z. B. Halles Auberge. Dort setze ich mich an den Tresen, bestelle mir ein Glas eisgekühlten Rosé, vielleicht noch eine Kleinigkeit zu essen und weiß: Es ist der perfekte Ort – mein persönliches Paradies. Die Brandade und die Tapenade gibt es später mit dem Baguette zum Mittagessen als Picknick. Jetzt ist es Zeit für einen Apéro!

alle offen – Eintritt bezahlt nur, wer die Ausstellungen sehen möchte.

Place de la Maison Carrée, T 04 66 76 35 70, www.carreartmusee.com, Di–Fr 10–18, Sa, So 10–18.30 Uhr, 8 €

Einstiger Wachturm mit Garten

Es ist nicht ganz einfach, sich vorzustellen, wie groß das römische Nemausus war, da nur noch einzelne Gebäude aus dieser Zeit zu sehen sind. Aber wer zu der **Tour Magne** ❹ läuft, bekommt vielleicht doch eine Vorstellung. Der Turm war nämlich einer der Wachtürme der römischen Stadtmauer und zwar der schönste und höchste! Heute steht er da, zusammengebrochen und nur noch ein Schatten seiner selbst (trotz sehenswertem Inneren und großartiger Aussicht von oben). Und wer ist schuld? Natürlich der Gärtner. 1601 sagte Nostradamus voraus, dass ein Gärtner eines Tages einen Schatz in der Tour Magne finden würde. Als François Trau, ein Gärtner aus Nîmes das hörte, schrieb er einen Brief an den König mit der Bitte, den Turm zu leeren. Der König nickte dies gnädig ab, der Gärtner grub und grub, bis der Turm zusammenbrach. Ohne Schatz.

Laufen Sie durch den **Jardin de la Fontaine** ❺ zum Turm! Es ist ein herrlicher Spaziergang durch die größte Grünanlage der Stadt, die auf den Ruinen der römischen Stadt angelegt wurde.

Tour Magne: Rue de la Tour Magne, Nov.–Feb. 9.30–13, 14–16.30, März, Okt. 9.30–13, 14–18, April, Mai, Sept. 9.30–18.30 (im Sept. 13–14 Uhr geschlossen), Juni 9–19, Juli, Aug. 9–20 Uhr, 3,50 €

Museen

Stararchitektin meets Rom

❻ **Musée de la Romanité:** Lauter graue Blättchen geben der Fassade die sanften Wellenformen. Immer wieder mal zur Seite geschoben, als wolle jemand aus dem Inneren nach draußen schauen. Beim Musée de la Romanité weiß man nicht, was man mehr bewundern soll: Die großartige Ausstellung im Inneren mit Nachbauten römischer Häuser, mit Szenografien, mit rekonstruierten und echten Mosaiken und vielen Schaukästen oder doch eher den modernen Monumentalbau. Ganz klar aber ist: das Museum ist ein Muss. Hier wird Geschichte so lebendig vermittelt, dass man aus dem Staunen nicht mehr herauskommt.

Place des Arènes, https://museedelaromanite.fr, Nov.–März Mi–Mo 10–18, April–Okt. tgl. 10–19 Uhr, 9 €

Hochkarätig und modern

❸ **Musée d'Art Contemporain:** Eine sehenswerte Dauerausstellung von Künstlern seit den 1960er-Jahren ist bis heute in den großen, lichtdurchfluteten Räumen des Carré d'Art (S. 79) zu sehen. Doch das Beste sind die Sonderausstellungen zu bestimmten Themen oder Künstlern.

Im Carré d'Art, www.carreartmusee.com, Di–Fr 10–18, Sa, So 10–18.30 Uhr, 8 €

Schlafen

Direkt aus dem Antiquitätenladen

1 **La Maison Rousseau:** Nur drei Zimmer und eine kleine Ferienwohnung – und jedes davon eine Offenbarung! Herrlich mit Antiquitäten eingerichtet, die Gemeinschaftsräume sind gemütlich und laden ein, um länger zu verweilen. Obwohl das Haus so zentral liegt, ist es angenehm ruhig. Haustiere jedoch muss man mögen. Denn die gibt es hier!

6 Rue de la Pairière, T 06 20 32 30 43, www.chambredhotesdecharmenimes.fr, €€

Mittendrin

2 **Royal Hotel:** Direkt an der Place d'Assas gelegen, einen Steinwurf von

Nîmes

Ansehen

1 Les Arènes
2 Maison Carée
3 Carré d'Art / Musée d'Art Contemporain
4 Tour Magne
5 Jardin de la Fontaine
6 Musée de la Romanité

Schlafen

1 La Maison Rousseau
2 Royal Hotel
3 Appart'City Comfort Nîmes Arènes

Essen

1 Barns
2 Le Ciel de Nîmes
3 La Marmite
4 Les Alizés
5 Le Vintage – Suite

Einkaufen

1 Les Halles de Nîmes
2 L'Huilerie

Bewegen

1 Domaine d'Escattes

Ausgehen

1 L'Instant T

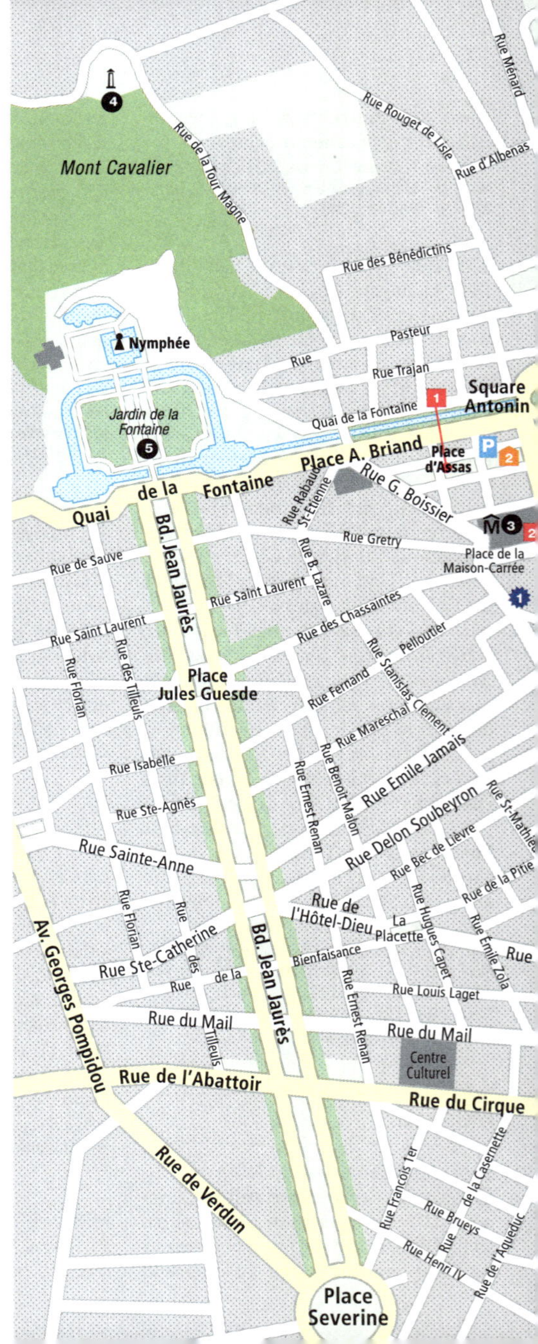

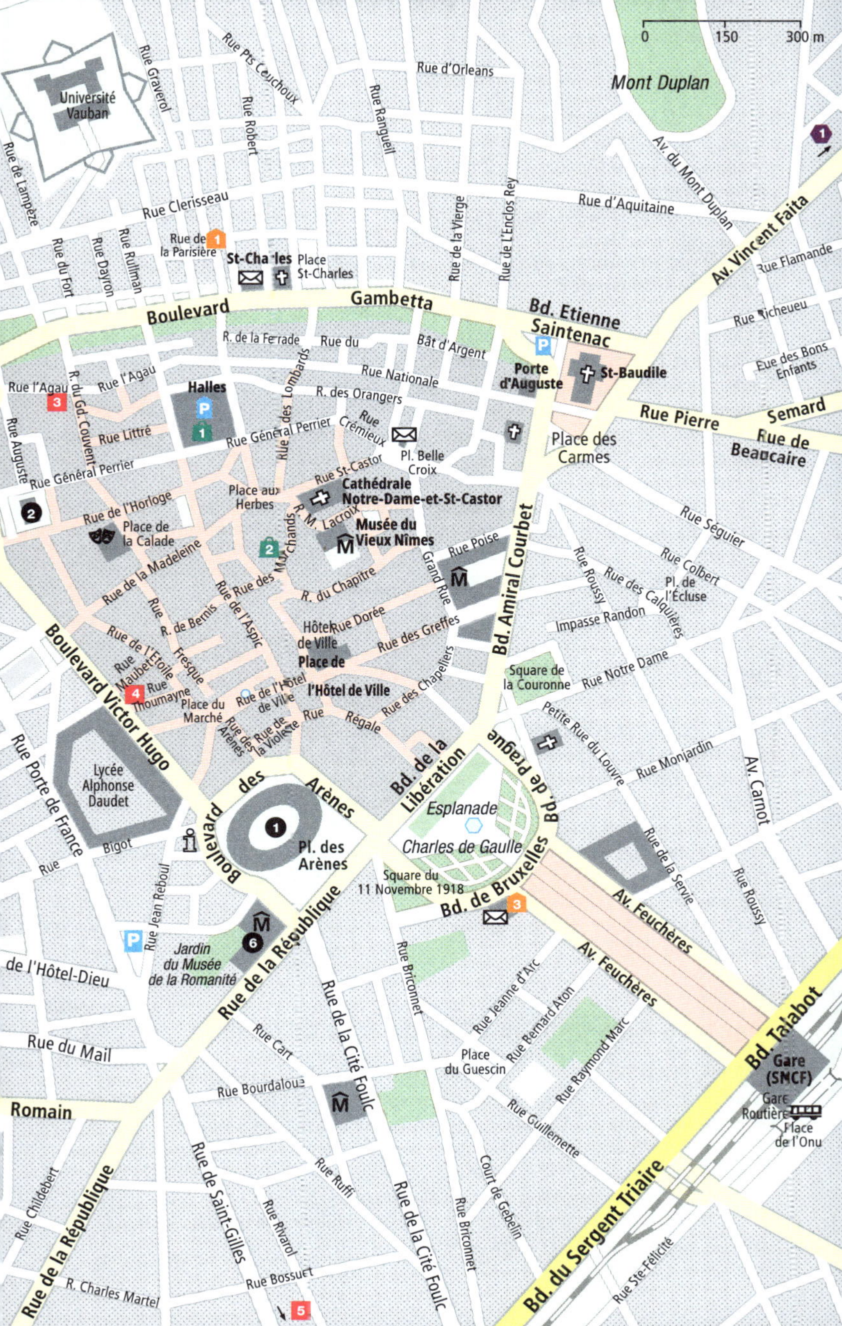

0
150
300 m
Université Vauban
Mont Duplan
Rue Graverol
Rue Pts Couchoux
Rue d'Orleans
Rue Robert
Rue Ranqueil
Rue de Lampèze
Av. du Mont Duplan
Rue Clérisseau
Rue d'Aquitaine
Rue de la Vierge
Rue de L'Enclos Rey
Av. Vincent Faita
Rue de la Parisière
St-Charles
Place St-Charles
Rue du Fort
Rue Dayron
Rue Rullman
Rue Flamande
Boulevard
Gambetta
Bd. Etienne Saintenac
Rue Richeueu
Rue des Bons Enfants
R. de la Ferrade
Rue du
Bât d'Argent
Rue Nationale
Porte d'Auguste
St-Baudile
Rue l'Agau
Rue l'Agau
R. du Gd. Couvent
Halles
R. des Orangers
Rue Pierre
Semard
Rue de Beaucaire
Rue Littré
Rue Auguste
Rue Général Perrier
Rue des Lombards
Rue Crémieux
Rue Général Perrier
Pl. Belle Croix
Place des Carmes
Rue St-Castor
Cathédrale Notre-Dame-et-St-Castor
Place aux Herbes
R. M. Lacroix
Musée du Vieux Nîmes
Rue de l'Horloge
Place de la Calade
Rue des Marchands
Rue Séguier
Rue Poise
Grand Rue
Bd. Amiral Courbet
Rue Roussy
Rue Colbert
Pl. de l'Écluse
Rue des Calquières
Rue de la Madeleine
Rue des
R. du Chapitre
Rue de l'Aspic
Impasse Randon
Rue
R. de Bernis
Hôtel de Ville
Rue Dorée
Rue des Greffes
Rue de l'Étoile
Place de
l'Hôtel de Ville
Rue Notre Dame
Square de la Couronne
Boulevard Victor Hugo
Rue Maubet
Rue Fresque
Rue Thoumayne
Place du Marché
Rue de l'Hôtel de Ville
Rue des Chapeliers
Rue Régale
Petite Rue du Louvre
Rue des Arènes
Rue de la Violette
Bd. de Prague
Rue Monjardin
Rue Porte de France
Lycée Alphonse Daudet
Boulevard des Arènes
Bd. de la Libération
Esplanade
Charles de Gaulle
Av. Carnot
Rue Bigot
Pl. des Arènes
Rue de la Servie
Square du 11 Novembre 1918
Bd. de Bruxelles
Rue Roussy
Rue Jean Reboul
Jardin du Musée de la Romanité
Av. Feuchères
Av. Feuchères
Rue de l'Hôtel-Dieu
Rue de la République
Rue Briçonnet
Rue Jeanne d'Arc
Rue Bernard Aton
Rue de la Cité Foulc
Rue du Mail
Rue Cart
Place du Guesclin
Rue Raymond Marc
Bd. Talabot
Gare (SNCF)
Gare Routière
Place de l'Onu
Rue Bourdaloue
Romain
Rue Guillemette
Rue Ruffi
Court de Gebelin
Rue Childebert
Rue de la République
Rue de Saint-Gilles
Rue Rivarol
Rue de la Cité Foulc
Rue Briçonnet
Bd. du Sergent Triaire
Rue Ste-Félicité
R. Charles Martel
Rue Bossuet

der Maison Carrée, ist dieses farbenfrohe, poppige Hotel eine vergleichsweise günstige und nette Option. Die Zimmer sind angenehm in Weiß, die (Tapas-) Bar stimmungsvoll und das Restaurant, la Bodeguita, gut. Viva Espana!

1 Place d'Assas, T 04 66 58 28 27, www.royalhotel-nimes.com, €

Mit Küchenzeile im alten Palais

3 **Appart'City Comfort Nîmes Arènes:** Wie praktisch! Das Appart'City ist in einem alten Palais untergebracht und liegt zentral gegenüber der Arènes, in der Nähe des Bahnhofs. Manche Zimmer haben kleine Balkone, andere einen Blick auf die Arena. Ein kleine Küchenzeile gibt es auch noch, dazu Kaffee und Tee gratis.

1 Bd. de Bruxelles, T 01 81 90 90, www.appartcity.com, €€

Essen

Bio-Fleisch und Käse-Bar

1 **Barns:** Während bei uns bio ja oft auch vegetarisch bedeutet, ist im Barns alles anders. Das Barns hat sich auf Fleischgerichte spezialisiert, ist gleichzeitig eine Käse-Bar und alles ist bio. Die Preise sind erstaunlich günstig bei dieser Qualität, das Essen frisch und lecker. Speisekarte und Gastraum haben eines gemeinsam : Sie sind klein und fein !

9 Place d'Assas, T 04 48 68 07 79, www.facebook.com/barns30, Di, Mi 12–14 Uhr, Do–Sa zusätzlich 19.30–22 Uhr, € bis €€

Über den Dächern von Nîmes

2 **Le Ciel de Nîmes:** Rundum verglast sitzt man oben auf dem Carré d'Art und genießt köstliches Essen. Im Sommer wird drinnen und draußen gespeist und man hat einen großartigen Rundumblick. Es gibt klassische mediterrane Küche mit frischen Produkten aus der Region, d.h. Jakobsmuscheln, Lammkarrée oder *Tarte au Citron*. Und wer noch Platz im Magen hat, sollte ihn unbedingt mit Käse aus den Hallen schließen.

16 Place de la Maison Carrée, T 04 66 36 71 70, Webseite bei Facebook, Di–So 10–18, Juni, Sept. zusätzlich Sa, Juli, Aug. Do–Sa 20–1 Uhr, Okt.–Mai abends geschlossen, € bis €€

Es leben die Hallen!

3 **La Marmite:** In dem kleinen sympathischen Restaurant fühlt man sich ein bisschen so, wie wenn Madame zuhause kocht. Dabei ist es Monsieur Georges Weill aus Lyon. Gearbeitet wird mit Produkten aus den Hallen, die praktischerweise auch gleich nebenan liegen, die Auswahl ist klein, frisch, köstlich und wechselt immer wieder. Probieren Sie z.B. die gefüllten Sardinen und verpassen Sie auf keinen Fall die Panna Cotta mit *Verveine!*

»DIE RICHTERIN UND DIE TOTE VON PONT DU GARD«

– so lautet der Titel des Krimis von Liliane Fontaine. Mathilde de Boncourt, Untersuchungsrichterin in Nîmes, wird eines Tages angeschossen. Sie überlebt schwer verletzt und zieht sich aus dem Arbeitsleben zurück. Doch der Anschlag auf ihr Leben lässt sie nicht los. Zusammen mit ihrem Kollegen Rachid Bouraada beginnt sie privat zu ermitteln, wer auf sie geschossen hat und stößt dabei auf einen Mädchenhändler-Ring aus den allerhöchsten Kreisen Frankreichs … Der Krimi ist große Klasse und die Landschaftsbeschreibungen machen Lust auf Nîmes, auf St-Gilles und die ganze Region.

T

DONNERSTAGS IST TANZ

Im Sommer wird donnerstags getanzt. Und zwar auf der Place du Chapitre. Da ist es gut, wenn man schon früh kommt, sich im italienischen Restaurant La Piazetta (http://restaurant-lapiazetta.com) direkt oberhalb des Platzes einen Tisch reserviert und das Treiben hautnah miterleben kann. Wer das auch ohne gekühlten Rosé und Antipasti tun möchte, setzt sich einfach auf die Treppenstufen des Platzes oder tanzt mit. Wer nicht tanzen möchte, kann an den Donnerstagabenden einen großen Freiluftmarkt in der Altstadt von Nîmes besuchen.

6 Rue de l'Agau, T 04 66 40 37 13, https://lamarmite.business.site, Di, Mi 12–14 Uhr, Do–Sa zusätzlich 19.45–22 Uhr € bis €€

Von hier

4 Les Alizés: Das Alizés ist ein in Nîmes fest etabliertes Bistro. Es gibt Tatar, Burger, Pizza, aber nicht *à l'Americaine,* sondern mit Produkten aus der Region – mit einem Hauch Midi und einer großen (und köstlichen) Weinauswahl.

26 Bd. Victor Hugo, T 04 66 67 08 17, www.restaurant-les-alizes.com, tgl. 12–14, 19.30–22 Uhr, € bis €€

Nomen est omen

5 Le Vintage – Suite: Modernes, junges Restaurant mit Bar à vin und einer kleinen Épicerie. Die Speisekarte ist typisch südfranzösisch, mit Charcuterie, pochierten Eiern und Steaks vom Stier, aber auch Bowls und Gerichte mit Tintenfisch. Das Ganze zu einem sehr vernünftigen Preis.

42 Rue du Forez, T 04 66 21 04 45, www.restaurant-levintage-nimes.com, Mo–Mi, 8–19, Do, Fr bis 0 Uhr, Sa 10–19 Uhr, €€

Einkaufen

Soziales Kauferlebnis

1 Les Halles: Qualitativ hochwertige Lebensmittel, vor allem Oliven, Käse, Fisch und Gemüse kauft man in Les Halles. Samstag- und Sonntagvormittag wird das zum gesellschaftlichen Ereignis, wenn *tout Nîmes* sich hier und in den Cafés drumherum zu einer Noisette oder einem Apéritif trifft (s. auch Lieblingsort S. 80).

5 Rue des Halles, www.leshallesdenimes.com, Mo–Fr 7–19, Sa, So 7–14 Uhr

Krämerladen von einst

2 L'Huilerie: Ein Delikatessenladen, altmodisch im besten Sinn. Ganz gleich, ob Sie Mehl, Nudeln, Kaffee oder Tee kaufen möchten, rosarote Bonbons oder leuchtend gelben Kurkuma: Es kommt alles aus dem Glas und zwar in den genau der Menge in die Tüte, die Sie brauchen. Außerdem eine große Auswahl Essig, Öle, Honig und lokale Spezialitäten aller Art.

10 Rue des Marchands, https://lhuilerie.com, Di–Sa 9.30–12.30, 14.30–19, Mo 14.30–19 Uhr

Bewegen

Bouleplatz

Der Pétanque-Platz ist im Jardin de la Fontaine **5** (s. S. 81) zu finden. Wer hier nicht spazierengeht, gibt sich die Kugel – oder schaut dabei zu (s. auch S. 274).

Spazierengehen

1 Domaine d'Escattes: Auf dem 80 ha großen Areal nordöstlich der Stadt inmitten der Garrigue kann man zwischen Olivenbäumen, Steinhügeln, vorbei an Natursteinkapellen und Häusern wandern und laufen (wahlweise 2 km oder 3 km). Der Zugang ist kostenlos,

6 km nordöstlich von Nîmes Ri. Poulx, Bus Nr. 10 ab Bahnhof bzw. Parkplatz am Eingang

TOUR
Postmoderne Architek-Tour

Ein Stadtrundgang der besonderen Art durch Nîmes

Infos

Start: Place d'Assas

Ziel: Haltestelle Abribus

Länge: ca. 2 km

Nîmes ist groß darin, Große zu engagieren, wenn es darum geht, Plätze oder Museen zu gestalten. Auch wenn Otto-Normal-Provence-Besucher nicht alle Namen der Architekten kennt, so kennt man doch zumindest Norman Foster und kann erahnen, wer die anderen Namen sind, die hinter der Gestaltung der großen Plätze und Museen stehen.

Wassergötter überwachen den Platz

Das schönste Café an der **Place d'Assas** ist das unterhalb des Hotel Royal. Hier sitzt man ganz nahe an der Wasserrinne, die den kompletten Platz einmal durchläuft. Wasser ist Leben. Das sagt uns der Lauf, der von zwei Götterköpfen begrenzt wird. Auf der einen Seite, riesengroß, der Kopf von Nemausus, dem gallorömischen Quellgott, nach dem die Stadt benannt ist, auf der anderen Seite, viel kleiner, der Kopf der Quellgöttin. Dazwischen: ein kreisrunder Brunnen mit einer Säulenbalustrade und bronzenen Figuren. Mit seiner Platzgestaltung wollte Martial Raysse beides verbinden: das römische und das moderne Nîmes.

Moderne Kunst am Bau

Gleich ums Eck ist das **Carré d'Art** ❸. Jahrelang war es das architektonische Highlight der modernen Stadt (s. S. 79). Inzwischen hat das Musée de la Romanité ihm wohl den Rang abgelaufen. Oder doch nicht? Am Ende ist das eine Frage des Geschmacks. Den besten Blick hat man, wenn man sich zwischen die Säulen des Maison Carrée setzt, um den modernen Bau von Norman Foster zu betrachten. Der Himmel spiegelt sich im Glas und so wirkt der qua-

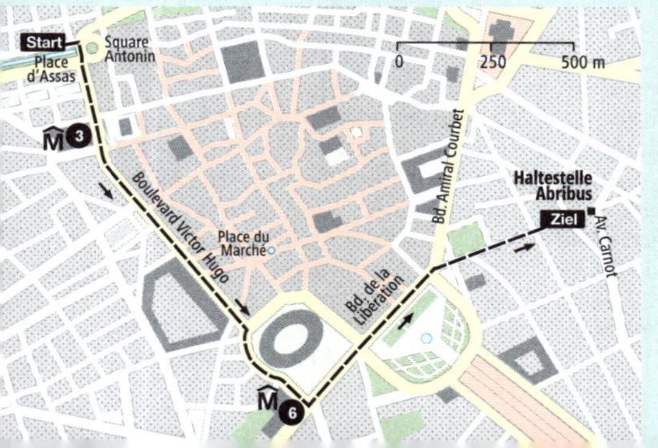

dratische Bau fast, als würde er schweben. Diese Leichtigkeit, die durch Schatten spendende durchbrochene Wände verstärkt wird, verbunden mit dem Spiegeleffekt sind für Architektur-Greenhorns das eigentliche Highlight. Ein kurzer Abstecher führt zur **Place du Marché** mit dem **Krokodilsbrunnen** von Martial Raysse. Auch hier wie an der Place d'Assas verbindet er Rom mit der modernen Stadt.

Man begegnet dem Krokodil überall in Nîmes – so auch am Brunnen an der Place du Marché.

Das Werk der Kult-Architektin

Das 2018 fertiggestellte **Musée de la Romanité** ❻ (s. S. 81) – lange erwartet, noch mehr gefeiert als eines der größten Projekte von Elizabeth de Portzamparc, die Museen und Zweckbauten in Frankreich, Brasilien und China entworfen hat, mit dem Ziel, urbane Zentren zu schaffen, die leben. Der Zugang zum Garten ist offen. Darin, einem römischen Theater nachempfunden, verspiegelte Wände und immer wieder Einblicke ins Innere des Museums. Man muss gar nicht hinein, um die Architektur bewundern zu können. Besser man geht gleich aufs Dach, wo es einen kleinen Palmengarten im Zentrum gibt und drumherum eine Spirale.

Design-Bushaltestelle

Eine Bushaltestelle in der Avenue Carnot ist die letzte Station der Architek-Tour. Ziemlich profan, denkt man. Doch nichts ist zu profan, um nicht ein ansprechendes Design zu erhalten. Die **Haltestelle Abribus** wurde 1987 von eben jenem Philippe Starck gestaltet, der auch das Emblem des Krokodil-plus-Palme-Stadtwappens entwarf. Die Abribus-Station ist ähnlich klar: Kuben aus dunklem Marmor bilden einen Baldachin, quadratische Blöcke winden sich hindurch wie ein Krokodilschwanz. Daneben: die für Starck obligatorische Palme. Ein Café gibt es hier nicht. Aber wer auf den Bus wartet, kann auf einem der Blöcke sitzend den Bau betrachten. Beeindruckend, wie so viele der Bauten der Stadt.

B

BRANDADE DE MORUE

Fische zu salzen und zu trocknen, um sie zu konservieren, ist eine alte Methode. Doch die Fischer der Camargue kamen auf die Idee, die Fischstückchen mit Olivenöl zu vermischen – was höchst köstlich schmeckt. Entstanden am Gard, nahm die Brandade de Morue dann einen Umweg über Marseille, bevor der Koch von Alphonse Daudet das Fischpüree nach Paris brachte, wo er 1874 die ›Dîners de la brandade‹, literarische Zusammenkünfte mit Diner etablierte. Da Alphonse aus Nîmes stammte, wurde das Fischpüree mit dem Siegel versehen: Spezialität aus Nîmes – als das gilt die Brandade de Morue bis heute.

Ausgehen

Ganz Nîmes ist abends auf den Beinen, wenn das Klima es zulässt. Dann trifft man sich in den Cafés und Bars an der Place du Marché oder um die Maison Carrée.

Bierbar mit Programm

1 **L'Instant T:** Mittags ein einfaches und günstiges Bistro, abends vor allem eine Bier- und Weinbar mit Kulturprogramm. Manchmal gibt es Konzerte, manchmal Ausstellungen, ein bisschen Swing, ein bisschen Rock – eine bunte Mischung.
2 Rue Racine, T 09 83 37 79 93, www.linstant-t-nimes.com, tgl.17–1 Uhr

Feiern

- **Feria:** zu Pfingsten an 5 Tagen – im September gibt es die kleine Feria, die drei Tage dauert. Der wichtigste Termin von Nîmes, das große Volksfest. Die genauen Daten finden sich auf den Internetseiten von Nîmes (s. u.). Dort findet man auch alle Termine für Festivals, Ausstellungen und Veranstaltungen.

Infos

- **Office du Tourisme:** 6 Bd. des Arènes, T 04 66 58 38 00. Neben Informationsmaterial bekommt man Souvenirs und Wanderkarten für die Region Gard.
- **Im Internet:** www.nimes-tourisme.com, www.nemausus.com, www.arenes-nimes.com.
- **Bahn:** Nîmes hat einen TGV-Bahnhof und da der Bahnhof mitten im Zentrum liegt, ist dies die bequemste Anreiseart außer dem eigenen Auto. Es gibt Verbindungen nach Arles, Paris, Avignon und Marseille. Fahrpläne unter www.sncf.de.
- **Bus:** Der Busbahnhof liegt hinter dem Bahnhof in der Rue Ste-Félicité/Place de l'Onu. Von hier fahren Busse nach Uzès und Rémoulins (nahe Pont du Gard).
- **Stadtbusse:** www.tangobus.fr bedient die Gemeinden der Region Nimes.
- **Mietwagen:** Europcar hat im Bahnhof ein Büro.

St-Gilles

D6

Läge St-Gilles nicht auf dem Jakobsweg und hätte der Ort nicht die romanische Kirche, wäre er einfach nur ein netter kleiner, etwas nichtssagender Ort. Nun liegt St-Gilles aber auf dem Jakobsweg und die ehemalige Abteikirche mit den Reliquien des Heiligen Aegidius (frz. St-Gilles), der der Legende nach im 7. Jh. hier als Eremit lebte und das Benediktinerkloster gründete, ist selbst ein bedeutendes Pilgerzentrum. Und so ist der Ort vielbesucht. Die Hauptattraktion des Ortes ist die **Abbatiale de St-Gilles,** diese etwas unförmig wirkende Kirche inmitten der Altstadt. Fast sieht es so aus, als sei der eine Turm nie wirklich fertig geworden. Der Bau der Kirche ist einfach, und der Großteil des Innern nicht mehr romanisch. In den Religionskriegen des 16. Jh. und später während der Revolution wurde vieles zerstört. Doch die Fassade mit ihren Skulpturen aus dem 11./12. Jh. blieb erhalten und erzählt spannende Geschichten, vor allem die Lebens- und Leidensgeschichte von Jesus Christus. Sie zeigt aber auch Jäger und wilde Tiere, sogar ein Kamel findet sich hier. Die Blütezeit der Stadt war im 11. und 12. Jh., heute kommt man hierher, um sich einen Pilgerstempel zu holen, eine Bootsfahrt auf dem Canal du Rhône à Sète zu unternehmen oder um in einem der kleinen Restaurants am Fluss zu essen.

Infos

- **Office de Tourisme:** 1 Place Frédéric Mistral, http://tourisme.saint-gilles.fr.

Pont du Gard

D4

Die spinnen die Römer! Aber wirklich. Da bauen sie in Nîmes eine Stadt, und stellen fest, dass sie das Wasser aus den Bergen holen müssen, um ausreichend davon zu haben. Genauer gesagt holten sie es aus der Quelle des Flusses Eure, bei der heutigen Stadt Uzès, 20 km Luftlinie entfernt, nach Nîmes. Was der Pont du Gard damit zu tun hat?

Lange Leitung mit Kalkül

Der Pont ist gar keine Brücke, auch wenn er so heißt und viele Jahre auch als solche diente. Der Pont ist einfach ein Teilstück der insgesamt 50 km langen Wasserleitung, allerdings das mit Abstand schönste, am besten erhaltene und beeindruckendste der gut 2000 Jahre alten Leitung, mit der die Römer Wasser nach Nîmes brachten. Dabei ging es zwar eigentlich bergauf und bergab, aber das Wasser brauchte ein leichtes Gefälle – genug, um ruhig zu fließen, nicht zuviel, um davonzurauschen. Kein Problem für die römischen Ingenieure: Sie berechneten den idealen Verlauf der Wasserrinne, ließen Berge durchbohren, Kanäle graben, Tunnel bauen und so manches Aquädukt. Also doch nicht so dumm.

Der Skulpturenschmuck an der Fassade der Abtei St-Gilles aus dem 12./13. Jh. ist ungewöhnlich reich.

Am schönsten mit Abstand

Übrigens: Bei der kostenpflichtigen Führung durch die alten Wasserleitungen des Pont du Gard sieht man von der eindrucksvollen Architektur des Pont so gut wie nichts. Viel schöner ist es, man betrachtet das Aquädukt von unten, von Weitem, von rechts oder von links.

TOUR
Die Erschleichung des Pont du Gard

Wanderung von St-Bonnet-du-Gard zum Pont du Gard

Dem GR6 sei Dank – man kommt auch ohne fahrbaren Untersatz hin. Keine Frage: Der Besuch des Site Pont du Gard ist das Geld wert, das man ausgeben muss, um hier zu parken, das Museum zu sehen und das pompöse Aquädukt zu besichtigen. Aber: Es gibt noch einen anderen Weg hierher. Man kann sich den Pont du Gard nämlich auch erschleichen. Von hinten. Und schon wird der Besuch nicht nur ein visuelles, sondern ein höchst aktives Erlebnis, das sogar noch den Geldbeutel schont.

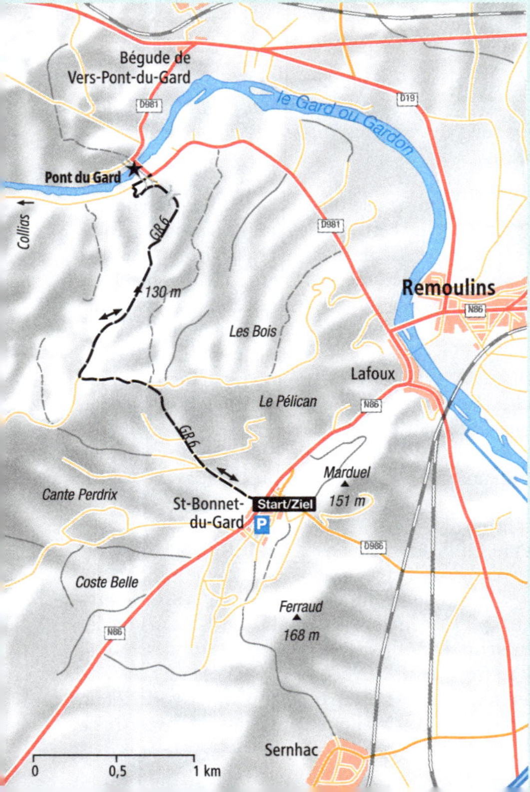

Auf der Wasserleitung

Ab **St-Bonnet-du-Gard** sind es gerade mal drei Kilometer pro Strecke, und dennoch ist der Weg auch im Hochsommer wenig belaufen. Dabei ist er nicht zu steil, nicht zu lang, nicht zu langweilig. Und das Schöne ist, man läuft immer wieder auf der alten Wasserstraße, die einst von Uzès nach Nîmes führte, marschiert durch Tunnel, alte Wasserleitungen und stößt immer wieder auf die Spuren der Römer, die diese lange Leitung legten.

Infos

Start/Ziel: St-Bonnet-du-Gard (📍 D 4)

Länge/Dauer: Von St-Bonnet-du-Gard bis zum Pont du Gard sind es insg. 3 km, pro Strecke also ca. 1 Std. Wer weiter nach Collias läuft, hat noch einmal knapp 3 Std. (8 km).

Variante per Kanu: Mit dem Kanu sind es dann zurück zum Pont noch mal knapp 2 Std. auf dem Wasser.

Anfahrt: Ab Nîmes Bus nach Uzès, dort Umsteigen nach St-Bonnet-du-Gard, zurück ab ebendort oder ab Collias auch wieder über Uzès. Mit dem Auto zum Wanderparkplatz von St-Bonnet-du-Gard.

Immer dem Balken nach

Am besten, Sie beginnen in St-Bonnet-du-Gard am **Wanderparkplatz** in der Ortsmitte rechts (ausgeschildert, kostenlos, ein Bus von Uzès fährt hierher). Direkt hier ist auch schon der bekannte weiß-rote Querbalken zu sehen, der den GR markiert und der erste Wegweiser zum Pont du Gard. Los geht's! Und: Packen Sie Badesachen ein, viel Trinkwasser, Sonnenschutz und am besten auch ein gutes Picknick. Denn ist man erst mal am Gardon angekommen, kann man den ganzen Tag dort verbringen.

Wege finden leicht gemacht

Der anfangs asphaltierte Weg verläuft schattenlos durch Weinberge – leicht bergauf. Bei der Gabelung geht es rechts, kurz danach endet der Asphalt – endlich Schatten, herrlich! Steineichen, Buschwerk, Rosmarin. Je heißer es ist, desto intensiver riecht es. Ist der Weg nicht ganz klar: Einfach dem Wegweiser folgen. Ist es nicht der rot-weiße Querbalken, dann ist es der Hinweis »Valmale« oder »Pont du Gard«. Irgendwann ist man auf einem kleinen Hügel – der ist zwar nur 130 m hoch und doch hat man einen schönen Blick. Je nach Wetter kann man sogar den Mont Ventoux sehen! Ab jetzt geht es nur noch bergab. Vorbei an einem antiken Torbogen, durch die alte Wasserleitung und schon ist man am **Pont du Gard.** Hat sich von hinten angeschlichen. Jetzt schnell nach unten, Badesachen ausgepackt, und hinein ins kühle Nass. Die vielen Leute hier muss man in Kauf nehmen. Wen es stört, der läuft einfach ein Stück den Fluss hinauf.

Naturlehrpfad oder Museum?

Wer ins **Museum** möchte, muss zum Besucherzentrum gehen und von dieser Seite aus ein Ticket lösen. Aber wer nur den Pont du Gard sehen oder den spannenden **Naturlehrpfad** (s. S. 93) wandern möchte, kann dies auch ohne Eintritt zu bezahlen. Zurück nach St-Bonnet-du-Gard geht es auf dem gleichen Weg wie hin. Es sei denn, die Abenteuerlust hat Sie gepackt. Dann können Sie vom Pont du Gard noch nach **Collias** laufen (einfach dem GR6 weiter folgen über die Brücke und dann die Treppen hinauf) und von dort mit dem Boot zurückfahren (Infos hierzu s. Bewegen S. 94).

Von Weitem ist er schon großartig, aber seine wahre Größe erlebt man erst aus der Nähe – der Pont du Gard ist einfach überwältigend. So riesig und so gut erhalten.

Wie beeindruckend! Drei Reihen von Rundbögen übereinander stützen die Wasserleitung, durch die zur Zeit ihrer Nutzung 20 000 m³ Wasser flossen. Man stelle sich das mal vor: 50 km mit einem steten Gefälle. Und um diese bauliche Meisterleistung noch beeindruckender zu machen: Vom Anfang der Leitung bis zum Ende sind es genau 12 m Gefälle. Nicht mehr. Das sind nur 24 cm auf einen Kilometer. Bis heute fragt man sich, wie die Römer das geschafft haben. Und dann schließt sich natürlich sofort die Frage an: Wofür brauchten die so viel Wasser? In Nîmes des 1. Jh. lebten gerade mal 20 000 Menschen. Das bedeutet, sie hatten durchschnittlich einen Kubikmeter zur Verfügung. Nur zum Vergleich: In Deutschland liegt der Pro-Kopf-Verbrauch pro Tag bei 120 bis 150 l.

Doch selbst das genialste Bauwerk zerfällt eines Tages, wenn man es nicht mehr pflegt. Und das war ab dem 4. Jh. der Fall. Ablagerungen füllten die Rinne und im 9. Jh. hörte man ganz auf, sie zu gebrauchen. Die Menschen in der Umgebung begannen damit, die Steine abzutragen, um sie für ihre eigenen Bauten zu verwenden. Und nicht nur das: Im 18. Jh. nutzte man den Pont sogar als Straßenbrücke! Diese Zeiten sind natürlich längst vorbei. 1985 wurde der Pont du Gard von der UNESCO zum Welterbe erklärt, kurz nach der Jahrtausendwende wurde die Zufahrt gesperrt und das Besucherzentrum eröffnet.

Wer den Pont du Gard besucht, sollte sich Zeit nehmen. Zum Einen natürlich, weil man sich gar nicht an diesem beeindruckenden Bauwerk mit seinen vielen Bögen (unten sind es sechs, auf der zweiten Etage sind es 11 und ganz oben 35) sattsehen kann, zum Anderen gibt es in der Umgebung des Bauwerks unheimlich viel zu entdecken. Der Pont du Gard ist zur *Site* geworden, was man am besten vielleicht mit ›Park‹ wiedergeben könnte. Es ist ein riesiges Areal mit Museum, Strand Restaurants, aber auch einem botanischen Lehrpfad (»Mémoires de Garrigue«). Man kann den Pont überqueren und so auch jenseits des Flussufers ans Wasser gehen. Es gibt hier jede Menge wunderschöner Picknick- und Badeplätze. Zwischen Juni und Ende August sind am Flussufer kleine Holzhütten aufgebaut, die Schatten spenden, abends nicht selten mit kulturellen Abendprogramm.

Die Römer und das Wasser

Wer schon immer mal alles über die Römer und deren Verhältnis zu Wasser wissen wollte, ist im **Museum des Pont du Gard** goldrichtig. Auf 4000 m² findet man in abgedunkelten Räumen alles rund ums Thema. Es plätschert, Filme werden gezeigt, Multimedia vom Feinsten – es werden Bäderszenen nachgestellt und römische Wassertechniken nachgebaut. Kinder können selbst zu Archäologen werden und im **Ludo,** der Kinderwelt des Museums, selbst auf Entdeckungstour gehen. Das Spannendste aber sind die Baupläne für die Wasserstraßen und -leitungen der römischen Städte. Ein Audioguide führt den Besucher durch diese gelungene Ausstellung: Da kommt garantiert keine Langeweile auf!

Museum: Jan., Feb. tgl. 9–17, März, Okt. 9–17.30, April–Juni, Sept. 9–18.30, Juli, Aug. 9–19.30, Nov., Dez. 9–16.30 Uhr, 9,50 €; Abendticket Lichtshow (nur im Juli/Aug.) Entdeckungsräume (Museum, Kino, Spielplatz und Sonderausstellung) 6,50 €

Erinnerungen an die Garrigue

Bis Mitte des 20. Jh. hatte man die Region rund um den Pont noch landwirtschaftlich genutzt, heute wächst hier Garrigue. Der kurze Rundweg von 1,5 km – »Mémoire de Garrigue« – führt Sie auf eben diese Spuren, zu Olivenbäumen und Reben. Mit Infotafeln und Bildern bringt der Weg dem Besucher die Vielfalt der Garrigue näher. Ganz oben hat man einen schönen Blick auf den *Site.*

Schlafen, Essen

Am Pont du Gard selbst gibt es kein Hotel, ein paar wenige Unterkünfte finden sich jedoch in der Umgebung. Eine deutlich größere Auswahl bieten Uzès und Nîmes.

Herrlicher Blick auf die Dächer

Le Castellas: Das Hotel knapp 6 km vom Pont du Gard entfernt ist in einem Gebäude aus dem 17. Jh. untergebracht, die Zimmer sind modern. Der Blick aus dem Fenster ist umwerfend! Und ebenso das Essen € bis €€ (abends).

Collias, 30 Grand Rue, T 04 66 22 88 88, www.lecastellas.com, DZ €€

G

GARRIGUE

Garrigue ist so etwas wie Macchia. Wissenschaftlich ist sie eine Degradationsstufe der Macchia, aber so genau wollen wir das nicht nehmen. Es ist eine wilde Strauchlandschaft, die man auch in den Cevennen, diesem wunderschönen Gebirge westlich der Provence, findet. Wer hier wandert, wird umweht von den allzu bekannten köstlichen Düften von wildem Rosmarin, Lavendel, Thymian und Salbei: Alles Pflanzen, die ganz typisch sind für die Garrigue. Entstanden ist sie aus aufgegebenen, verwilderten Landwirtschaftsflächen oder aus abgebrannten Wäldern (s. S. 293).

Bewegen

Per Kanu oder Kajak zum Pont

Canoe Collias: Wem Baden am Flussufer und 7 km Wanderwege nicht genug sind: Es gibt die Möglichkeit, von Collias, das rund 6 km (auf der Straße) bzw. 8 km (auf Wanderwegen) entfernt liegt, mit dem Kajak oder Kanu zum Pont du Gard zu fahren.

Collias, rechte Flussseite: 194 Chemin St-Privat; linke Flussseite: Route d'Uzès; T 04 66 22 87 20, www.canoe-collias.com, ab 24 € für Kajak oder Kanu, Rücktransport mit Kleinbus

Infos

- **Im Internet:** www.pontdugard.fr gibt Auskunft rund um den *Site* inkl. Veranstaltungskalender.
- **Besucherzentrum:** Am linken Flussufer liegt das Besucherzentrum mit einer Fülle gedruckten Infomaterials und hilfsbereiten Mitarbeiter und Mitarbeiterinnen, die Auskunft geben können.
- **Auto:** Es gibt auf beiden Flussseiten je einen Parkplatz. Von Remoulins aus gelangt man zum rechten Ufer, von Uzès aus zum linken. Das Parken ist im Eintrittspreis inbegriffen (Ticket ziehen beim Einfahren, das dann beim Kartenkauf ersetzt wird).
- **Bus:** Linie A15 von Avignon oder die B21 ab Nîmes.

Uzès

D4

Wer Nîmes und den Pont du Gard besucht, kommt um Uzés nicht herum. Denn ohne Uzès hätten die Römer den Zulauf der Wasserstraße von der Quelle über den Pont du Gard bis nach Nîmes nicht schützen können. Also bauten sie rasch ein Militärlager um die Quelle des Eure, welchem sie den Namen Castrum Uticense gaben – Uzès.

Läge Uzès in Italien, schrieb einst André Gide, würde *tout Paris* anreisen, um die kleine Stadt zu sehen. Aber wer von den Herren an der Seine hat schon Interesse an einem kleinen Cevennen-Städtchen im eigenen Land? Niemand, mutmaßt André Gide weiter. Zum Glück sage ich. Und so ist Uzès bis heute eine hübsche Kleinstadt im Midi, wenig bekannt, wenig besucht und absolut liebenswert.

Ein großer Palast voller Historie

Die Geschichte der Stadt ist bewegt, der **Palast des Herzogs** von Uzès, der seit dem 17. Jh. hier seinen (Herrschafts-) Sitz hat, zeugt noch heute davon. Den Palast kann man besichtigen (20 €, www.uzes.com), der Besuch ist aber nur für wirklich an Geschichte Interessierte spannend.

Eine lebendige Altstadt

Viel interessanter sind die kleinen Pflastersteingassen, liebenswerten Geschäfte und Galerien, die hübschen Plätze und die vielen Cafés und Bars, wo man z. B. den hervorragenden Vin AOC Duché d'Uzès probieren kann.

Schlafen

Hostellerie Provençale: Wer in Uzès übernachten möchte, ist in dieser Hostellerie gut aufgehoben: neun hübsche Zimmer.

1–3 Rue de la Grande Bourgade, T 04 66 22 11 06, www.hostellerieprovencale.com, €€

Infos

- **Im Internet:** www.uzes-pontdugard.de.

Zugabe

Ein Stoff macht Karriere

Bleu de Nîmes

Ein starker Stoff geht um die Welt und wird zum Material für ein höchst populäres Kleidungsstück. Und wo wurde er erfunden?

Erinnern Sie sich, wie Jeans noch genannt werden? Denim – richtig! Und jetzt nehmen Sie das Wort und teilen es in der Mitte. Dann entsteht: De Nim – ›aus Nîmes‹. Hätten Sie nicht gedacht, gell? Tatsächlich wurde die Jeans nämlich nicht in Nordamerika erfunden, sondern in Nîmes. Oder doch irgendwie auch in Nordamerika. Von Levi Strauss. Aber der machte nur die Hosen aus dem Stoff, der in Nîmes erfunden wurde. Eigentlich heißt Denim nämlich auch *Serge de Nîmes* – also ›Gewebe aus Nîmes‹. Doch wie kommt das?

Nîmes war ab dem 17. Jh. bekannt für seine Textilindustrie. Hier wurden vor allem Baumwoll-, Woll- und Seidenstoffe hergestellt, die u. a. nach Nordamerika exportiert wurden.

Levi Strauss, ein in Franken geborener Amerikaner, war Händler und verkaufte vor allem seine Waren an Goldgräber in San Francisco. Was er brauchte, waren robuste Stoffe für die Bekleidung der Goldgräber und Minenarbeiter, und als er auf den *Serge de Nîmes* genannten Stoff stieß, war klar: Den musste er haben. Er importierte die Stoffe über den Hafen von Genua – französisch *Gênes* und nannte sie »de Nîmes par Gênes« (aus Nîmes über Genua), woraus im Amerikanischen Denim Jeans wurde. Er nähte aus den festen Stoffen Hosen mit Doppelnähten und verstärkte sie mit Nieten. Die Geburt der Jeans-Hose. Also doch ein amerikanisches Produkt. Doch der Stoff kam weiter aus Nîmes und bis heute ist man hier stolz, dass die kleine Stadt in so einem großen Namen vorkommt. Der Stolz ging zwar nicht so weit, dass man die alten Stoffmanufakturen am Leben erhielt und auch die alten Kanäle, doch das *bleu de Nîmes*, das ›Blaue von Nîmes‹ findet man überall in der Stadt und hält die Geschichte so lebendig. ■

Was er brauchte, waren robuste Stoffe für die Bekleidung der Goldgräber.

Das westliche Rhônedelta

Gegensätze auf engem Raum — Berge gesellen sich zu ebenen Sümpfen, Süßwasserseen zum Meer.

Seite 99

Arles

Die Kleinstadt am Rand der Camargue ist nicht nur ein Zentrum für Liebhaber moderner Kunst und Römerfans, sondern auch die Stierkampfmetropole Frankreichs. Hier existiert der rohe Kampf ums Überleben direkt neben den schönen Künsten.

Seite 111

St-Rémy-de-Provence

In dem kleinen Ort erinnert vieles an den Maler Van Gogh. Er verbrachte hier zwar nur ein Jahr, malte in dieser Zeit aber 150 Bilder – viele davon berühmte Meisterwerke.

Kein Hüter ohne Hut – auch nicht die Gardians der Camargue.

Seite 114

Route des Olives

Sie lieben Olivenöl? Auf der Route des Olives zwischen St-Rémy-de-Provence und Mouriès finden Sie die besten Olivenöle der Region – und dazu beste Weine.

Seite 118

Carrières de Lumières 

Ein Steinbruch mit bewegten Bildern: Die Kunst- und Lichtshow Carrières de Lumières ist ein Spektakel der Sonderklasse und nimmt sich jedes Jahr einen anderen Künstler zum Thema. Die von Musik begleiteten Bilder lassen den Besucher in eine andere Welt eintauchen.

Seite 121

Naturpark Camargue

Wer gern Vögel beobachtet und Flamingos ganz nah sehen will, muss in die Camargue. Zu ihrer rosa Eleganz gesellen sich schwarze Stiere und weiße Pferde. Die Natur zeigt sich bunt.

Seite 122

Radtour auf dem Deich

Per Rad von Stes-Maries zum Phare de la Gacholle. Meer rechts, Seen links. Wunderbar!

Seite 123

Wallfahrt in Stes-Maries-de la-Mer

In Stes-Maries-de-la-Mer kommen Jahr für Jahr Zigtausende *gitans* bei der ›Zigeunerwallfahrt‹ zusammen, um die Heilige Sara zu ehren: ein großes Spektakel nicht nur für Touristen!

Seite 125

Aigues-Mortes

Die Altstadt von Aigues-Mortes ist von einer vollständig erhaltenen Stadtmauer umgeben und erhebt sich wie eine Burg aus dem Nichts.

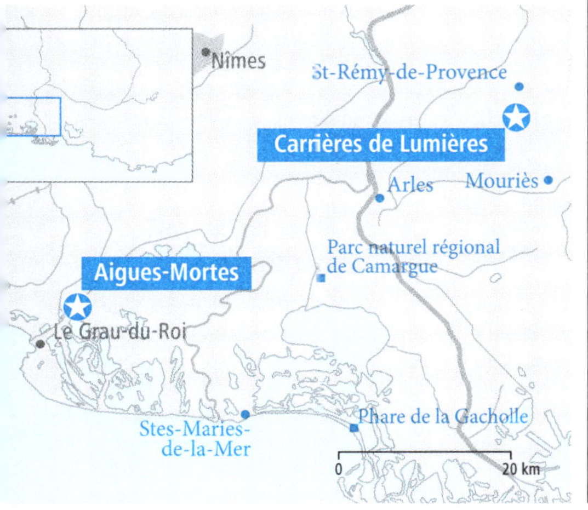

Exotik auf zwei Beinen: Flamingos gehören zur Camargue einfach dazu.

Die Frauen von Arles gelten als die schönsten in Frankreich. Van Gogh malte sie, Picasso auch. Und wenn die Schönen heute heiraten, tragen sie nach wie vor ihre Trachten.

Drei Orte, drei Welten

C

Camargue – Massif des Alpilles – Arles. Was für ein spannender Mix! Das westliche Rhônedelta gehört zu den interessantesten Regionen der Provence. Es ist vollkommen anders als der Rest und weder lieblich noch sanft.

Hier geht es wild zu!

Das Massif des Alpilles ist eine Kalksteinkette, die sich aus dem mehr oder minder flachen Land bis zu 500 m erhebt. Weiße Felsenspitzen ragen in den Himmel, sind bewachsen von Pinien und Aleppokiefern, dazwischen finden sich Olivenhaine und Rebstöcke.

Die Camargue ist das genaue Gegenteil: ein riesiges Flachland mit Sumpflandschaften und großen Seen, kilometerlangen Sandstränden, schwarzen Stieren und weißen Pferden. Um den Stier geht es auch in Arles, dem zweiten Zentrum des camarguesischen Stierkampfes (nach Nîmes)! Hier herrschen die schwarzen Kolosse, jedoch nur so lange, bis sie im Kampf gegen die Toreros in die Arena geschickt werden. Dann brüllt das ganze Volk und zum Blut des Stieres werden Feste gefeiert. Oben steht es bereits: Die Gegend ist wild!

ORIENTIERUNG

O

Infos: www.camargue.fr, www.parc-camargue.fr, www.arlestourisme.com. Für Arles kann man sich eine App herunterladen und sich damit durch die Stadt führen lassen – nach ›Arles Tourisme‹ suchen!
Verkehr: Arles hat einen TGV-Bahnhof, von hier fahren Regionalzüge in die Umgebung. Ein gutes Busnetz gibt es innerhalb der Badeorte, doch in den Alpilles wird es schwieriger, sich mit öffentlichen Verkehrsmitteln zu bewegen.

Große Kontraste auf kleinstem Raum

Das westliche Rhônedelta ist eine wunderschöne Region, die so vielfältig ist, dass jeder, der sich hier aufhält, genau das findet, was er sucht: der Badeurlauber den Strand, der Aktive die perfekte Mountainbikestrecke, der Romantiker die Zigeunerlegenden, die Katholiken die Marienverehrung, der Gourmet die kräftigen Köstlichkeiten des Südens und der Kunstliebhaber bekommt van Gogh! Der nämlich lebte in Arles, malte die Sonnenblumenfelder der Camargue und die Bergkämme der Alpilles. Er wusste einfach, wo es am schönsten ist.

Arles

E6

Warum, glauben Sie, hat Vincent van Gogh hier gelebt? Richtig! Die Stadt ist so inspirierend, die Luft so klar, der Himmel so blau, das Licht so besonders, dass »seine Helligkeit die Luft transparent macht«, so van Gogh. In Arles verschwimmt das Blau der Rhône mit dem Himmel und schnell hat man das Gefühl, kreativ werden zu wollen. Das wusste auch Pablo Picasso, den es immer wieder hierher zog, um das zu sehen, was van Gogh hier sah – und um dem Stierkampf beizuwohnen, ihn zu erleben und ihn zu malen.

Doch auch wer keinen Stierkampf mag, wird sich dem Charme von Arles kaum entziehen können. Denn die kleine Stadt ist unglaublich malerisch: Die Rhône, an dessen Ufern man wunderschön spazieren kann, Straßen mit hohen Häusern, Bauten in Pastellfarben gehalten, wunderbare Plätze mit den für Südfrankreich so typischen Platanen, um die herum sich Cafés und Restaurants gruppieren, hier eine Kirche, dort eine, und immer wieder ein Brunnen oder ein beeindruckender Bau. Einhundertundzwölf dieser Bauten sind es insgesamt, die heute als nationales Kulturerbe in Arles geschützt sind. Natürlich wurde auch die römische Siedlung als urbanes Freilichtmuseum in Arles als Welterbe unter den Schutz der UNESCO gestellt.

Innerhalb der Stadt

Spanien und die Römer

Für einen anständigen Stierkampf braucht es auch eine anständige Arena. Und über diese verfügt Arles natürlich. Uralt sind **Les Arènes** ❶, riesengroß,

In Arles dient die alte Dominikanerkirche Frères Prêcheurs heute als Rahmen für kulturelle Veranstaltungen, etwa das Tango-Festival.

F

FAKTENCHECK

Einwohner: knapp 53 000
Bedeutung: das Stierkampfzentrum Frankreichs
Stimmung auf den ersten Blick: pittoreskes Touristenstädtchen
Stimmung auf den zweiten Blick: Die Stadt bietet sehr viel mehr als man denkt. Man muss nur hinter die Kulissen schauen.

immer noch erhalten und bis heute als solche in spektakulärer Weise genutzt.

Im 1. Jh. unserer Zeit wurde die Arena erbaut und zwar an der höchsten Stelle der Stadt. Sie fasste bis zu 20 000 Menschen auf 34 Rängen. Heute passen 25 000 Menschen hinin. Wie auch in Nîmes wurde die Arena im Mittelalter zu einer Festung umgebaut mit rund 200 Häusern. Drei der Türme aus dieser Zeit hat man bei der Restaurierung zu Beginn des 19. Jh. stehen lassen. Sie sind gut zu erkennen. Natürlich *muss* man sich keinen Stierkampf anschauen, um hierher zu kommen, wer aber die Arena vibrierend erleben möchte, sollte sich zumindest mal eine Course Camarguaise anschauen!

Rond-Point des Arènes, T 08 91 70 03 70, www.arenes-arles.com, Nov.–Feb. 10.30–16.30, März, April, Okt. 9–18, Mai–Sept. 9–19 Uhr, 9 € oder einen der Pässe (s. Kasten S. 107)

Heimat der Venus

Nur einen Steinwurf neben der Arena liegt, etwas tiefer, das wunderbare antike Theater von Arles, **Théâtre romain** ❷. Hier wurde 1651 die berühmte Venusstatue gefunden, die man heute im Louvre in Paris bewundern kann. 194 cm ist sie groß, effektvoll lässt sie ihr Gewand gen Boden gleiten, darunter: das Sinnbild der erotischen Frau. In Arles findet man nur noch eine Gipskopie, Ludwig XIV. hatte das Original 30 Jahre nach ihrem Fund nach Versailles bringen lassen. Das verzeiht man dem König in Arles bis heute nicht! Die Gipsstatue aber kann man im Rathaus, Hôtel de Ville, von Arles bewundern (s. unten).

Das Theater ist nicht ganz so gut erhalten, wie das in Orange (s. S. 46), dafür hat man von den oberen Zuschauerrängen über die Bühne hinweg einen schönen Blick auf den Kirchturm der großartigen romanischen Kathedrale St-Trophime. Das Theater wird bis heute als ebensolches genutzt: Für Konzerte, Lichtshows und natürlich als Bühne.

Nov.–Feb. tgl. 10.30–16.30, März, April, Okt. 9–18, Mai–Sept. 9–19 Uhr, 9 € oder einen der Pässe (s. Kasten S. 107)

Das Herz der Stadt

Auf der baumlosen **Place de la République** schlägt das administrative Herz von Arles. In der Mitte: die ›Nadel von Arles‹ *(Aiguille d'Arles)*. Der 20 m hohe Obelisk aus Troja in Kleinasien, der urspünglich im römischen Zirkus und später in der Arena stand, kam auf Veranlassung Ludwigs XIV. an seinen heutigen Platz. Wer aus Richtung des Theaters kommt, sieht gleich rechts das **Hôtel de Ville** ❸, das Rathaus, das in den 1670er-Jahren nach den Plänen des Lieblingsarchitekten Ludwigs XIV. gebaut wurde: Jules Hardouin-Mansart. Links erhebt sich die Kathedrale **St-Trophime** ❹. Sie hat das wahrscheinlich schönste Hauptportal von ganz Frankreich. Nur, um es anzuschauen, lohnt sich bereits der Besuch von Arles! Es ist mit beeindruckenden Fresken verziert, die das Weltengericht zeigen, dem Jesus thronend vorsitzt, umringt von den vier Evangelisten – vertreten durch ihre Symbole: Engel, Löwe, Adler und Stier. Rechts am Türsturz sieht man die Glücklichen, die zum Himmel und ins Paradies einfahren dürfen, links die Bemitleidenswerten, auf die das Höllenfeuer wartet. Aber man sieht nicht nur das Weltengericht: Das ganze Portal ist voller Geschichten. Rechts und links des Eingangs sind schmale Säulen, die auf Sagengestalten ruhen.

Im Inneren der Kathedrale finden Sie eine Säulenhalle, die römischen Bauten nachempfunden ist. Neben dem Bischofspalast geht es zum Kloster mit seinem sagenhaften Kreuzgang (s. Kasten). Er gehört zu den schönsten Bauten der Provence. Da Kirche und Kloster über mehrere Jahrhunderte hinweg gebaut wurden(12.–15. Jh.), finden sich hier Baustile verschiedener Epochen.

Kloster und Kirche: Nov.–Feb. tgl. 10.30–16.30, März, April, Okt. 9–18, Mai–Sept. 9–19 Uhr, 5,50 € oder der Pass Liberté (s. Kasten S. 107)

Abstieg in die römische Unterwelt

Durch das Rathaus (vergessen Sie nicht den Blick auf die Venus am Treppenaufgang!) gelangen Sie in die römische Unterwelt, genauer gesagt in die unterirdischen Galerien des alten Forums: die **Cryptoportiques ❺.** Gedient haben die bis zu 10 m breiten tonnengewölbten Gänge, die durch Arkaden in zwei Schiffe geteilt werden, wahrscheinlich als Vorratslager.

Rue Balze, Nov.–Feb. tgl. 10.30–16.30, März, April, Okt. 9–18, Mai–Sept. 9–19 Uhr 4,50 €

Von Kämpfern und Künstlern

Von hier ist es nur ein kleiner Weg bis zur **Place du Forum.** Viel Römisches ist hier nicht geblieben, außer den beiden Säulen, die in die Fassade des **Hôtel Nord-Pinus ❻** eingebaut sind. Dem Platz nimmt das nicht den Charme. Er ist perfekt, um an einem der Tische Platz zu nehmen, zu essen oder wenigstens einen *café* zu trinken, und dabei auf die Fassade des Hôtels zu schauen, zum Balkon des Zimmers Nummer 10, von dem die Toreros nach vollendeter Corrida Anfang des 20. Jh. ihren Zuschauern und Fans zuwinkten. Gegenüber dem Hotel liegt das **Café de Nuit ❼,** nur eines der vielen Motive, die van Gogh in seiner Zeit in Arles inspirierte und das man heute gelb angestrichen hat, damit es dem Bild von van Gogh ähnelt. Tatsächlich war es zur Zeit van Goghs grau und er sah es nur gelb, weil gelb für ihn die Farbe des Südens war.

In die Thermen

Auch zum römischen Erbe der Stadt gehören die erst Ende des 19. Jh. ausgegrabenen Konstantin-Thermen, **Thermes Constantin ❽.** Sie sind bestens erhalten und wahnsinnig weitläufig. Bei Ihrem Besuch werden Sie feststellen, dass die rot-weiß gestreiften Wände der Thermen aus unterschiedlich gefärbten Ziegellagen bestehen. Natürlich ist ein Teil der alten Mauern aus dem 4. Jh. inzwischen überbaut, doch wer sich etwas Zeit nimmt und sich für römische Architektur interessiert, gerät automatisch ins Staunen.

Rue du Grand Prieuré, Nov.–Feb. tgl. 10.30–16.30, März, April, Okt. 9–18, Mai–Sept. 9–19 Uhr, 4 €

Römische Nekropole

Entlang des Canal de Craponne, einen knappen halben Kilometer südlich von

DER RICHTIGE WEG

Das heutige Eingangstor zum Kreuzgang von St-Trophime ist nicht der gleiche wie zur Zeit seiner Erbauung, weshalb man den Rundgang in der Nordwestecke beginnen sollte. Die Nordseite erzählt die Geschichte von Johannes, Petrus und dem Heiligen Trophismus, die Ostseite stellt Stationen im Leben Christi dar, während die beiden gotischen Seiten (Süden und Westen) die Geschichte von Trophismus wiederholt und andere Motive aus der Bibel darstellt.

Arles

Ansehen

1 Les Arènes
2 Théâtre romain
3 Hôtel de Ville
4 St-Trophime
5 Cryptoportiques
6 Hôtel Nord-Pinus
7 Café de Nuit
8 Thermes de Constantin
9 Alyscamps
10 St-Honorat
11 Fondation Van Gogh
12 Hôtel-Dieu
13 LUMA
14 Musée Arlaten
15 Musée Réattu
16 Musee de l'Arles Antique

Schlafen

1 Hôtel de l'Amphithéâtre
2 Le Calendal
3 L'Arlatan

Essen

1 La Gueule du Loup
2 Chardon
3 L'Entrevue
4 Jardin des Arts
5 La Comédie

Einkaufen

1 Wochenmarkt
2 Trödelmarkt

Bewegen

1 Europbike
2 Hammam Chiffa

---

den Arenen liegt eine 2 km lange Gräberallee, die **Alyscamps 9.** Sarkophage, Totenmale und Kapellen säumen den Weg, die Allée des Sarcophages. Es herrscht eine eigenartige Stimmung hier unten. Nicht nur Römer wurden hier begraben. Vor allem im Mittelalter nutzte man die Totenallee als letzte Ruhestätte.

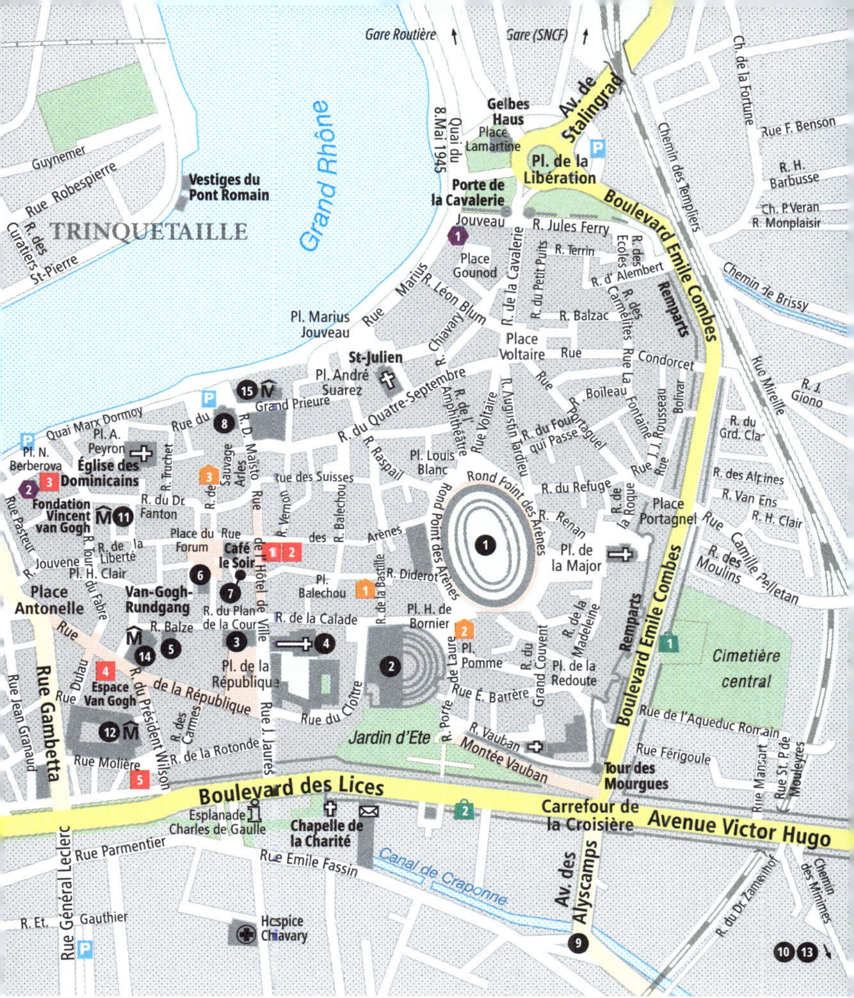

Lagen hier doch Bischöfe und Märtyrer, die vielleicht beim Aufstieg in das Himmelreich den Toten eine letzte Empfehlung geben konnten. Den Chroniken zufolge soll man die Toten über die Rhône in Fässern transportiert haben, fromme Mönche zogen sie an Land und brachten sie in die Nekropole. Der Lohn für diese gute Tat steckte zwischen den Zähnen der Verstorbenen. Den Abschluss der Allée des Sarcophages bildet die romanische Kirche **St-Honorat** ⑩.

Av. des Alyscamps, Nov.–Feb. tgl. 10.30–16.30, März, April, Okt. 9–18, Mai–Sept. 9–19 Uhr, 4,50 € oder Kombiticket (s. Kasten S. 107)

Van Gogh in Arles

Heute tut man so, als wäre es die große Liebe gewesen, zumindest brüstet man sich mit dem Maler, der hier gerade mal knapp ein Jahr verbracht hat und dann mit Schimpf und Schande durch die aufgebrachten Bürger aus Arles vertrieben wurde. Man streicht Häuser so an, wie der Holländer sie gemalt hatte (denn er malte alles gelb und blau, auch wenn es grau und braun war), man legt Gärten so an, dass sie das Ebenbild der großen Gemälde sind und man sofort einen Wiedererkennungseffekt hat, und man hat natürlich Orte geschaffen, an denen der Maler besonders präsent ist. Wer auf seinen künstlerischen Pfaden wandeln möchte, folgt einfach den Hinweisschildern in der Stadt, die den Besucher auf einen Spaziergang zu zehn Stationen mitnehmen, die alle wichtigen Orte zeigen, die in irgendeiner Weise mit van Gogh zu tun haben.

Die wichtigste ist die **Fondation Van Gogh** ⓫, eine Stiftung, die junge Künstler fördert. 1000 m² Ausstellungsfläche in einem Stadthaus aus dem 15. Jh., das **Hôtel Léautaud de Donines,** das 2014 zu einer lichtdurchfluteten Galerie umgebaut wurde, bietet Raum für Ausstellungen mit Werken van Goghs und anderer, meist junger, durch van Gogh beeinflusster Künstler.

35ter, Rue du Docteur Fanton, T 04 90 93 08 08, www.fondation-vincentvangogh-arles.org, Mai, Juni, Sept. tgl., Okt. Di–So 10–18, Juli, Aug. tgl. 10–19 Uhr, 10 €. Oder man kauft sich ein Kombiticket, das andere Museen und die Abbaye de Montmajour und das Carré d'Art in Nîmes mit einschließt (s. Kasten S. 107).

Mit den Augen des Künstlers

Eine andere wichtige Adresse für Van-Gogh-Fans: das ehemalige **Hôtel-Dieu** ⓬, die Klinik, in die der Künstler eingeliefert wurde, nachdem er sein abgeschnittenes Ohr seiner Lieblingsprostituierten schenkte (s. S. 131). Das ehemalige Krankenhaus wurde als **Espace van Gogh** ganz so gestaltet, wie der Künstler es einst gemalt hatte: In Blau und Gelb und voller Blumenrabatten. Es ist frei zugänglich und gehört zur Universität von Arles.

Place Félix Rey, Roquette

Kunst und noch mehr Kultur

Es ist ein Megaprojekt. Die Kunstmäzenin Maja Hoffmann, eine Schweizerin mit engem Bezug zur Camargue, hat es gegen jeden Widerstand durchgesetzt: **LUMA** ⓭, ein gigantisches Kulturzentrum, das sich vor allem einem widmet: zeitgenössischer Kunst und den neuen Medien. Niemand Geringeres als Frank Gehry, Architekt des Guggenheim-Museums in Bilbao und der Fondation Louis Vuitton in Paris, wurde engagiert, um das futuristische Gebäude zu errichten. Und es ist gigantisch: Verziert mit Tausenden von kleinen Spiegelplättchen, gleicht es einem Silberfisch, umgeben von Güterhallen und Grün. Das LUMA zeigt wechselnde Ausstellungen, fördert Tanz- und Theaterprojekte, hat Raum für Ateliers und anderes.

45 Chemin des Minimes, T 04 65 88 10 00, www.luma-arles.org, Mi–Mo 10–19.30 Uhr, Besichtigung nur nach Reservierung

Museen

Provenzalische Volkskunst

⓮ **Museon Arlaten:** Er gewann 1904 den Literatur-Nobelpreis, und was machte Frédéric Mistral, der große provenzalische Dichter, der die Kultur der Provence so hoch schätzte und zu bewahren versuchte, mit seinem Preisgeld? Er richtete das von ihm bereits im Jahr 1896 gegründete Museon Arlaten ein. In einem Stadtpalais dem Hôtel Castellane-Laval aus dem 16. Jh., wird alles aufbewahrt und gezeigt, was mit provenzalischer Volkskunst und -kultur zu tun hat.

29 Rue de la République, T 04 13 31 51 99, www.museonarlaten.fr, Di–So 10–18 Uhr, 8 €

Picassos Arlésienne

⓯ **Musée Réattu:** Da hängt sie, die berühmte Frau, 1937 von Picasso gemalt. Er malte sie immer wieder, das Gesicht, im gleichen Farbton gehalten, wie einst van Gogh sie malte, eine Hommage an den holländischen Künstler. Das Musée Réattu wurde 1971 reichlich beschenkt, als Picasso spontan nach einer ihm gewidmeten Ausstellung in ebendenem Museum beschloss, der Stadt Arles 57 seiner Zeichnungen zu schenken als Ausdruck für die innige Beziehung des spanischen Künstlers zu Arles. Und diese kann man heute im Musée Réattu bewundern – zusammen mit zwei weiteren Gemälden des Meisters, dem Porträt von Maria, seiner Mutter von 1923 sowie eben jene Arlésienne. Natürlich gibt es im Museum nicht nur Werke von Picasso und seiner Zeitgenossen, sondern auch Exponate aktueller Künstler.

10 Rue du Grand Prieuré, T 04 90 49 37 58, www.museereattu.arles.fr, Nov.–Feb. Di–So 10–17, März–Okt. 10–18 Uhr inkl. im Pass Liberté (s. Kasten S. 107)

Postmoderne Antike

⓰ **Musée de l'Arles Antique:** Über den Resten des römischen Zirkus erhebt sich ein postmoderner Bau in leuchtendem Blau. Darin untergebracht: Das bedeutendste provenzalische Antikenmuseum. Hier wird das römische Alltagsleben wieder lebendig. Das Gebäude: ein Traum, geschaffen von Henri Ciriani. Mit dabei: der Jardin d'Inspiration Romaine, ein hübscher, römisch gestalteter Garten.

Presqu'île du Cirque Romain, T 04 13 31 51 03, www.arles-antique.cg13.fr, Mi–Mo 10–18 Uhr, 8 €

Schlafen

Zentral

1 **Hôtel de l'Amphithéâtre:** Nur fünf Minuten vom Theater entfernt, die Zimmer schlicht und sauber ohne viel Klimbim eingerichtet. Der Empfang ist warmherzig und das Ambiente in dem alten Stadtpalais mit seiner großen Steintreppen angenehm.

5 Rue Diderot, T 04 90 96 10 30, www.hotelamphitheatre.fr, €

Fotografen-Lobby

2 **Le Calendal:** Das kleine Hotel ist zauberhaft. Zwischen Theater und Arena gelegen hat es elegante Zimmer, jedes mit einem riesigen Foto versehen, das über dem Bett hängt. Im Frühstücksraum und dem angeschlossenen Café kann man Fotoausstellungen bewundern, ein Spa ist angegliedert und bietet Gästen ein Jacuzzi mit Blick auf die Arena. Freundlicher Service und ein wunderbar grüner Innenhof. Wer hier nicht übernachtet, sollte zumindest das Café aufsuchen mit köstlichen Sandwiches und bestem *café*.

5 Rue Porte de Laure, T 04 90 96 11 89, www.lecalendal.com, €€

Modern Art im alten Palais

3 **L'Arlatan:** Der Palast mit Garten und Pool ist aus dem Mittelalter. Das Innere komplett modern gestaltet. Maja Hoffmann, die Initiatorin des LUMA, ist Besitzerin dieses stolzen Palais und ließ für die Innengestaltung dem Künstler Jorge Pardo freie Hand. So hat er jedes Zimmer nach seinem Geschmack und mit seiner schrägen, bunten Kunst geschmückt. Das muss man mögen. Klar ist, das Auge kommt hier nicht zur Ruhe. Vielleicht ja der Geist.

20 Rue du Sauvages Arles, T 04 65 88 20 20, www.arlatan.com, €€€

Essen

Rechts und links der Rue J. Jaurès findet man einige außergewöhnlich schöne **Cafés** unter großen Schatten spendenden Platanen.

Entspannte Küche

1 **La Gueule du Loup:** In einem schönen alten *maison arlésienne* sitzt man im Gastraum mit Natursteinmauern und genießt hervorragende Bistroküche. Einfach, aber gut ist hier die Devise und so bekommt man köstliche Tellergerichte, die allesamt frisch sind – die Karte ist klein: Schwein, Auberginen oder Rind.

39 Rue des Arènes, T 04 90 96 96 69, restaurant-lagueuleduloup.frMi–So 12.15–13.45, 19.15–21.15 Uhr, €

Kostproben internationaler Köche

2 **Chardon:** Das Chardon in Arles ist einer der Orte, wo das Konzept von Paris Pop up praktiziert wird, d.h. man lädt internationale Köche ein, bietet ihnen eine befristete Unterkunft und lässt ihnen bei der Zubereitung der Speisen freie Wahl. Die einzige Bedingung: Die Produkte müssen aus der Region kommen. So entstehen frankreichweit immer mehr Restaurants – alle unter der Ägide der Gründer von Paris Pop-up (www.facebook.com/TheParishAR). So bleibt die Speisekarte abwechslungsreich und man gibt den Köchen die Möglichkeit, unterwegs auf Reisen zu arbeiten. Wer gerade kocht, erfährt man auf der Homepage.

37 Rue des Arènes, T 09 72 86 71 04, www.hellochardon.com, März–Okt. Sa–Mo 12–13.30, 19.30–21.30 Uhr, Juli, Aug. tgl. mittags und abends, nur ein Menü, mittags €€, abends €€€

Buchhandlung meets Restaurant

3 **L'Entrevue:** Ein Hammam, ein Restaurant oder doch eine Buchhandlung? Alles in einem! Allerdings nicht in einem Raum. Die Buchhandlung mit Verlag (»Actes Sud«) druckt auch Bücher, die nicht für den Mainstream gedacht sind, das Restaurant ist wie das Hammam durch und durch marokkanisch mit einem Hauch von Provence. Man sitzt schön nahe der Rhône oder im modernen Interieur.

Place Nina Berberova, T 04 90 03 37 28, www.lentrevue-restaurant.com, tgl. 12–14.30, Mo–Sa 19–23, So 19–21 Uhr, im Sommer 12–16, 19–23.30 Uhr, €

Unter Klostergewölbe

4 **Jardin des Arts:** Bei schönem Wetter sitzt man in einem herrlichen Garten, sonst im alten Kloster Cloître des Trinitaires. Serviert wird italienische Küche, Pasta und Salate. Doch wichtiger als das Essen ist hier tatsächlich das Ambiente.

38 Rue de la République, T 04 90 96 10 36, www.jardindesarts.fr, Di–Sa 12–14, 19–21.30 Uhr, €

Food & Wine

5 **La Comédie:** Das Innere ist schlicht, die Speisekarte auch. Täglich wechselt die Mittagskarte und serviert wird, was der Markt hergibt. Abends kocht man klassisch mit Jakobsmuscheln, Stier und Fisch. Wer sich nicht entscheiden kann oder sich nicht fähig dazu fühlt, den richtigen Wein zu wählen: Das Menü gibt es mit und ohne passende Weinbegleitung.

10 Bd. Georges Clemenceau, T 04 90 93 74 97, https://lacomedie-arles.com, Mi–Sa 12–14, 19.30–22, So 12–14 Uhr,.€ bis €€

Einkaufen

Märkte

Der große **Wochenmarkt** 1 findet jeden Mittwochmorgen auf den Boulevard Émile Combes statt, samstags auf dem Boulevard des Lices und dem Boulevard Georges-Clemenceau. Jeden ersten Mittwoch im Monat findet außerdem auf dem Boulevard des Lices ein **Trödelmarkt** 2 statt.

Bewegen

Radfahren

1 **Europbike:** Fahrrad zu fahren ist nicht die schlechteste Idee in Arles. Einfache

S

FÜR SPARFÜCHSE

Wer mehr als eine Sehenswürdigkeit in Arles besucht, greift besser gleich zum Pass Liberté. Der kostet für einen Monat 12 € und beinhaltet die Eintritte für eine Auswahl von vier der sechs Monumente, darunter die Arenen, das Theater, die Thermen, die Cryptoportiques, die Alyschamps, das Kloster St-Trophime, das Museum Réattu, das Musée départemental Arles antiques und das Musée de la Camargue. Wer sich lieber sechs Monate Zeit für all diese Sehenswürdigkeiten lassen möchte, bezahlt 16 € für den Pass Avantage.

Mietfahrräder kann man ab 10 €/Tag bekommen.

Im Hotel Regence, 5 Rue Marius Jouveau, T 04 90 96 39 85, www.hotel-regence.com

Schwitzen

2 Hammam Chiffa: Bewegung ist es nicht, dafür ist Schwitzen angesagt im Hammam Chiffa an der Place Nina Berberova, das zum Restaurant mit Buchhandlung L'Entrevue (s. S. 106) gehört. Es ist ein klassisches marokkanisches Hammam mit Massage und anderen Angeboten zur Entspannung und Schönheitspflege.

Place Nina Berberova, www.hammamchiffa.com, Mo, Mi, Do, Sa 9–17, Di, Fr 9–22, So 10–18 Uhr für Frauen, Mo, Mi 17.30–22 für Paare, Do, Sa 17.30–22 Uhr für Männer, 20 € plus Anwendungen, wenn gewünscht

Feiern

In Arles wird das ganze Jahr gefeiert! Hier sind die wichtigsten (aber längst nicht alle) Termine.

- **Feria de Pâques/Ostern:** Während der Feria de Paques finden Corridas, also die blutigen Stierkämpfe, statt. Auch wenn die Stierkämpfe das Highlight dieser Tage sind, so ist es doch lange nicht alles! Die ganze Stadt feiert und überall pulsiert das Leben. Flamenco aller Orten, Paella wohin das Auge schaut – viva Espana!
- **1. Mai:** Der Mai-Feiertag ist in Arles traditionell der Tag der Gardianes, also der Stierhüter. Man feiert die französischen Cowboys mit Reiterspielen, einer Messe und jeder Menge in Trachten gekleideter schöner *Arlesiennes.*
- **Rencontres Internationales de la Photographie:** Juli–Sept. Knapp drei Monate lang gibt es großartige Fotoausstellungen im Rahmen des größten französischen Fotografiefestivals.

Infos

- **Office de Tourisme:** Esplanade Charles de Gaulle, Bd. des Lices, T 04 90 18 41 20, www.arles-tourisme.com.
- **Bahn/Bus:** Arles hat einen TGV-Bahnhof. Zum Bahnhof an der Av. Paulin Talabot fahren alle 15 Minuten Zubringerbusse zum Zentrum. Der Busbahnhof liegt gegenüber dem Bahnhof. Die für die Camargue zuständige Busgesellschaft ist Envia (www.tout-envia.com). Die Busse fahren alle Ziele in der Umgebung an. Wer weiter reisen möchte, ist mit dem Zug besser bedient.
- **Autofahrer aufgepasst:** Am besten lassen Sie das Auto außerhalb stehen, wenn Sie kein Hotel mit Parkplatz haben. Unterhalb der Stadtmauern finden sich günstige Parkplätze.

Außerhalb der Stadt

Vincents Brücke

Gleich fünf Mal hat Vincent van Gogh den **Pont de Langlois** gemalt. Das war

ALPHONSE DAUDET

Der Dichter ist eng mit den Alpilles verbunden. In Nîmes als Sohn eines Seidenwarenfabrikanten 1840 geboren, wuchs er bei einer Amme in einem Dorf hier auf, durchaus üblich für Kinder aus gutsituierten Familien. Obwohl er die Provence schon als Jugendlicher verließ und nie wieder zurückzog (wohl aber dort noch Ferien machte), spielen viele seiner Erzählungen genau hier, z. B. auch der Roman Tartarin. In seinen »Lettres de mon moulin« erzählt Daudet, wie er in einer Mühle sitzt und Briefe schreibt. Tatsächlich schrieb er Erzählungen und zwar im Château de Montauban. Wie Frédéric Mistral setzte sich auch Daudet für den Erhalt der provenzalischen Sprache ein.

im Jahr 1888. Die Brücke gibt es nicht mehr, sie wurde 1930 durch eine Betonkonstruktion ersetzt. Aber in Arles weiß man natürlich um das touristische Potenzial der Van-Gogh-Motive und hat eine fast identische Zugbrücke am alten Standort etwas außerhalb der Stadt aufgebaut. Fahren Sie einfach die D35 Richtung Port-St-Louis, nach 3 km kommt eine Abzweigung – beschildert.

Des Dichters Heimat

Wer Alphonse Daudet kennt, kennt Fontvieille, oder zumindest die Windmühle von Fontvieille, **le Moulin de Daudet.** Denn in der Windmühle soll der französische Schriftsteller einst gelebt haben und seine »lettres de mon moulin« geschrieben haben. Hat er aber nicht. Gekannt wird er sie wohl dennoch haben, und in Fontvieille wird diese Kenntnis zelebriert. Dabei hat die kleine Stadt den Ruhm des Literaten gar nicht nötig: kleine Gassen, lebendige Mon- und Freitage (wegen des schönen Marktes morgens) machen die Stadt auch ganz ohne Daudet liebenswert. Ein Schloss aus dem 19. Jh. gibt es auch, **Château de Montauban** – und das ist natürlich Alphonse Daudet gewidmet.

Moulin de Daudet: südl. der Stadt, April–Okt. tgl. 11–18, Juli, Aug. 10.30–18.30 Uhr, 2 €; **Château:** 20 Chemin Montauban, http://fontvieille-provence.fr, Mitte Juni–Ende Sept. Mi–So 10.30–13, 14.30–18 Uhr

1700 Jahre alte Ökotechnik

Rund 3 km südlich von Fontvieille liegen die Reste der **römischen Mühlen und des Aquädukts von Barbegal** aus dem 3. Jh. Die römische Anlage steht an einem Abhang, dessen Gefälle genutzt wurde, um mehrere Mühlen hintereinander anzutreiben. Ein Aquädukt brachte Wasser zum Abhang, ein Teil wurde vorher abgezweigt, um Arles mit dem lebenswichtigen Nass zu versorgen, der andere Teil wurde den Hügel hinabgeleitet. Richtig viel ist leider nicht mehr zu sehen, doch das, was da ist, beeindruckt noch immer. Wer zuvor im **Musée départemental Arles antique** ein Modell der Anlage gesehen hat (s. S. 105) kann gut nachvollziehen, wie der römische Bau einst funktionierte.

Route de l'Acqueduc, Zugang frei

Klösterliche Pracht

Kaum weiter, in Richtung Südwesten liegt ein UNESCO -Welterbe: Die **Abbaye de Montmajour,** die sich majestätisch aus der Grau-Ebene hervorhebt. 750 Jahre wurde an ihr gebaut und so ist das Besondere an der Abtei auch die Aneinanderreihung unterschiedlichster Baustile. Ganz zu Anfang, als der Kalksteinfelsen von Eremiten besiedelt wurde, konnte man hierher nur mit einem kleinen Boot kommen, war der Fels doch von Sümpfen umgeben. Sie wurden im 11. Jh. trockengelegt, was den Bau einer Abtei erleichterte. 1030 wurden die ersten Gebäude errichtet, darunter die kleine Kirche St-Pierre, die direkt aus dem Felsen gehauen wurde. Absolut sehenswert ist der Kreuzgang aus dem 12. Jh. mit Säulenkapitellen, auf denen kleine Drachen abgebildet sind. Wo findet man sonst so was?

Route de Fontvieille, www.abbaye-montmajour.fr, Okt.–März Di–So 10–17, April, Mai. 10–17, Juni–Sept. 10–18.30 Uhr, 6 €, Kinder bis 18 Jahre frei

Essen

Kulinarisch, provençal

Le Patio: Bunte Stühle, weiße Tischdecken, eine alte Schäferei, eine verwunschen wirkende grüne Terrasse – das Ambiente könnte kaum heimeliger sein. Dazu gibt es allerfeinste Speisen, allerdings auch zu einem sehr hohen Preis. Rechnen Sie mit 32 € für ein Mittagsmenü, abends liegen die Preise bei 45 € aufwärts.

13990 Fontvieille, 117 Route du Nord, T 04 90 54 73 10, www.lepatio-alpilles.com, Do–Mo 12–13.30, 19.30–20.45 Uhr, Di Abend geschl., €€

Infos

- **Office de Tourisme:** Av. des Moulins, T 04 90 54 67 49, www.fontvieille-provence.com.

Tarascon und Beaucaire

E5

Tarascon und Beaucaire nähert man sich am besten von Osten aus – am allerbesten über die D99 von St-Rémy-

Mit Oldtimern lässt sich die Provence stilvoll erkunden – an wunderbaren Strecken mangelt es nicht.

de-Provence. Denn von hier führt fast durchgehend eine Platanenallee nach Tarascon. Mit der Allee endet auch die Provence – naja, nicht ganz. Sie endet tatsächlich erst an der Rhône, die auch Tarascon von Beaucaire trennt und damit die Provence vom Languedoc.

Ein Fluss, zwei Burgen

Dass die beiden Städte Grenzposten waren, ist bis heute bestens zu sehen: Stehen sich vis à vis an der Rhône doch zwei gewaltige Burgen gegenüber, das **Château de Tarascon** und das **Château de Beaucaire.** Die Burg von Tarascon ist deutlich besser erhalten, kein Wunder, wurde sie doch nach dem Vorbild der Pariser Bastille gebaut und hat so manche Rhôneflut überlebt. Im Inneren finden sich 30 Räume, die über die Geschichte der Burg erzählen: Wie sie zwischen 1400 und 1435 gebaut wurde, wie sie 1434 an Roi René den Guten fiel (s. Kasten S. 167), wie dieser sie weiter ausbaute und als Grenzbefestigung nutzte. Später dann, im 18. Jh. diente die Burg wie die Pariser Bastille auch, als Gefängnis. Die prachtvollen Zimmer wurden zu Gefängniszellen umfunktioniert. Zahlreiche Graffiti aus dieser Zeit zeugen bis heute davon, obwohl das Gebäude seit 1926 keine Gefangenen mehr beherbergt.

Château de Tarascon: Bd. du Roi René, http://chateau.tarascon.fr, Okt.–März Di–So 9.30–12.30, 14–17, April tgl. 9.30–12.30, 14–17, Mai–Sept. tgl. 9.30–12.30, 13.45–18.30 Uhr, 7,50 €

Die Heilige, die Drachen zähmte

Fast direkt neben dem Château findet man die ursprünglich romanische Kirche **Ste-Marthe.** Die Geschichte um die Heilige Martha ist dabei spannender als die Kirche selbst. Denn sie war es, die alleine mit Weihwasser und Keuschheit das vollbrachte, was 60 tapferen Männern zuvor nicht gelungen war: Den Drachen Tarasque zu zähmen, das gefährliche Wesen, das Tarascon seinen Namen verlieh (und der auf den Säulen des Kreuzgangs in der Abbaye de Montmajour abgebildet ist)! Jedes Jahr wird der Drache während einer Prozession durch den Ort getragen. Nicht die Heilige Martha. Deren Gebeine ruhen in der Krypta der Kirche.

Von der Provence ins Languedoc

Einmal über die Brücke – die alte Via Domitia entlang – und schon ist man von Tarascon nach **Beaucaire** gereist, das nicht ganz so malerisch daherkommt wie die ehemalige Feindesbastion. Natürlich gibt es hier wie dort malerische Altstadtgassen, romanische und barocke Kirchen, das Rhôneufer zum Flanieren und dazu noch einen kleinen Hafen, den Tarascon nicht hat. Aber Beaucaire fehlt ein wenig vom Flair, das Tarascon versprüht. Es sei denn, ein Stierkampf ist angesagt! Dann wird die kleine Stadt höchst lebendig.

Einkaufen

In **Tarascon** ist dienstags und freitags Markt, in **Beaucaire** donnerstags und sonntags. Ein Antik- und Trödelmarkt findet in Beaucaire jeden ersten und dritten Freitag im Monat statt.

Infos

- **Office de Tourisme Tarascon:** Rue des Halles, T 04 90 91 03 52, www.tarascon.fr.
- **Office de Tourisme Beaucaire:** Rue Victor Hugo, T 04 66 59 26 57, www.beaucaire.fr.
- **Fêtes de la Tarasque:** vier Tage lang Mitte/Ende Juni. Bei dem Volksfest mit in Trachten gekleideten Folkloregruppen wird der Drache in einem bunten Umzug durch die Stadt geführt.

• **Bahn/Bus:** Tarascon und Beaucaire sind über das Bahnliniennetz mit Nîmes und Arles verbunden. Es fahren außerdem regelmäßig Busse in die nächst größeren Orte.

St-Rémy-de-Provence

F5

St-Rémy, wie es meist nur genannt wird, erfüllt alle Klischees eines Provencestädtchens: Auf einem Hügel gelegen, von Platanen gesäumte Boulevards, Straßencafés an jeder Ecke, malerische Fußgängerzone mit modernen Galerien, obligatorischen Provencestoff- und Seifenläden, schicken Boutiquen und natürlich jeder Menge Geschichte, die sich in der Architektur des Städtchens widerspiegelt.

Ja, St-Rémy ist zauberhaft! Das fand schon Caroline von Hannover, die sich regelmäßig hierher zurückzog, wenn es ihr in Monaco zu stressig wurde. Und mit ihr kamen jede Menge wohlhabende Urlauber, die aus dem kleinen Städtchen mit seinen knapp 10 000 Einwohnern ein bisschen so was wie ein St-Tropez der Alpilles machten. Nur an wenigen Orten ist die Dichte an Boutique-Hotels und teuren Restaurants so hoch wie hier.

Van Gogh, wohin man schaut

Nostradamus wurde in St-Rémy geboren, und Vincent van Gogh verbrachte hier das letzte Jahr seines Lebens in der privaten **Klinik St-Paul-de-Mausole** ❶. Es ist ein schönes Gebäude: ein altes Kloster mit romanischer Kirche, wunderschönen Gärten und einem lichten Kreuzgang. Ein Teil ist bis heute eine psychiatrische Klinik, ein Teil ist offen für Besucher. Sie können das rekonstruierte Zimmer des berühmten Malers sehen, eine Ausstellung zur Psychiatriegeschichte und van Goghs Krankheit. Die Klinik arbeitet heute mit einer Maltherapie – die Bilder kann man in der angeschlossenen Galerie kaufen. Für die Patienten ist dies eine Bestätigung, für Sie die Möglichkeit, Kunstwerke zu nicht überhöhten Preisen zu erwerben.

2 Chemin des carrières, T 04 90 92 77 00, www.saintpauldemausole.fr, Okt.–März 10.15–12, 13–17, April–Sept. 9.30–12, 13–19 Uhr, 7 €

Antike Stätten

Auch wenn St-Rémy heute gerne auf die Ära van Gogh reduziert wird, so zeigt nicht nur das Stadtbild, dass die Stadt eine deutlich ältere Geschichte hat. Fahren Sie die Avenue Vincent van Gogh nach Süden, stoßen Sie automatisch auf die **Ruinen von Glanum** ❷. Hier findet man – hinter einem informativen Besucherzentrum – Thermen, Tempel und Villen, die über 2000 Jahre alt sind. Auch wenn die Ruinen aus römischen Zeiten stammen, ist die Siedlung doch

ST-RÉMY UND DAS FÜRSTENTUM MONACO

Das Stadtpalais des Musée Estrine gehörte einst dem monegassischen Repräsentanten. Das Fürstentum Monaco hatte nämlich 1641 unter Ludwig XIII. St-Rémy als Geschenk erhalten – eine kleine Wiedergutmachung im Rahmen des Vertrags von Péronne, in dem Monaco jegliche Einmischung in Frankreich untersagt wurde – und als Dank für die Vertreibung der Spanier. Natürlich ist St-Rémy längst wieder Frankreich, auch das Musée Estrine ist in französischem Staatsbesitz. Allein, die Geschichte bleibt.

weit älter und keltischen, eventuell sogar noch früheren Ursprungs. Folgt man den Säulenresten bergauf, kommt man zu einer Quellgrotte, deren Bassin noch immer mit Wasser gefüllt ist. Hier verehrten die Einwohner von Glanum ihre Fruchtbarkeitsgöttinnen, bevor die Römer sie ihrer Göttin der Gesundheit, Valetudo, widmeten. Ein reich dekoriertes Mausoleum und ein kleiner Triumphbogen, **Les Antiques** ❸, markieren den einstigen Eingang zu Glanum.

Glanum: Av. Vincent van Gogh, www.site-glanum.fr, April–Sept. tgl. 9.30–18, übrige Zeit Di–So 10–17 Uhr, 8 €

Das monegassische Fürstenhaus

Keinem anderen als van Gogh widmet sich auch das Centre Van Gogh im **Musée Estrine** ❹, das in einem vollständig und wundervoll restaurierten Palais aus dem 18. Jh. untergebracht ist. Hier gibt es einen multimedialen Bildungsraum, in dem Leben und Werk des Malers lebendig erläutert wird. Daneben werden Malereien und Grafiken aus dem 20. und 21. Jh. gezeigt.

8 Rue Estrine, März, Nov., Dez. Di–So 14–17.30, April, Okt. 10–12, 14–18, Mai, Juni, Sept. 10–18, Juli, Aug. 10–18.30 Uhr, 7 €

In der Umgebung

Ein perfekter Picknickplatz

Ganz nahe bei St-Rémy und doch schwierig zu finden ist der **Lac du Peiroou,** ein kleiner Stausee, umgeben von den Kalkfelsen der Alpillen mit klarem, und je nach Wetter mal grünem, mal türkisfarbenem Wasser: Der ideale Picknickplatz! Um hierher zu kommen, verlässt man St-Rémy in Richtung Les Baux, und biegt noch kurz dem Ortsende von der Avenue Vincent Van Gogh rechts ab in die Av. Antoine de la Salle. Ein kleines Hinweisschild weist den Weg. Diesem folgt man genau 1,7 km – dann geht es links zum See. Das Auto muss man auf dem Parkplatz stehen lassen.

Schlafen

Unter Feigenbäumen

1 **Sous les Figuiers:** Ein Traum von einem kleinen Hotel. Ein altes Mas, ein Gutshof, und ein riesiger Garten, nicht nur mit Feigenbäumen, lauschige Ecken, individuell eingerichtete Zimmer, mal modern, mal mit Antiquitäten. Dazu gibt es ein köstliches Frühstück, liebevolle

ORIGINAL UND ABBILDUNG

O

So tragisch die Geschichte von van Gogh ist, in St-Rémy ist man stolz auf die Zeit, die der Künstler hier verbracht hat. Die vielen Bilder, die er hier gemalt hat, findet man im Original – und so weist ein **Van-Gogh-Spazierweg** den Besucher auf 19 Stationen immer wieder auf seine Motive hin. Der Spaziergang beginnt in der Rue Lafayette gegenüber vom Rathaus, führt am Musée Estrine vorbei immer die Avenue Vincent van Gogh entlang und endet in der Klinik St-Paul-de-Mausole. Auch hier sind Reproduktionen der Werke van Goghs direkt vor die originalen Motive gestellt, sodass man den unmittelbaren Vergleich hat. Ein Audioguide (3 €) kann beim Fremdenverkehrsamt ausgeliehen werden, der dann auf Französisch oder Englisch die Geschichte van Goghs erzählt und den Spaziergänger beim Laufen begleitet.

St-Rémy-de-Provence

Ansehen

1. Klinik St-Paul-de-Mausole
2. Ruinen von Glanum
3. Les Antiques
4. Musée Estrine

Schlafen

1 Sous les Figuiers

Essen

1 L'Aile ou la Cuisse
2 GUS

Einkaufen

1 Wochenmarkt / Nachtmarkt

Bewegen

1 Sun E-Bike

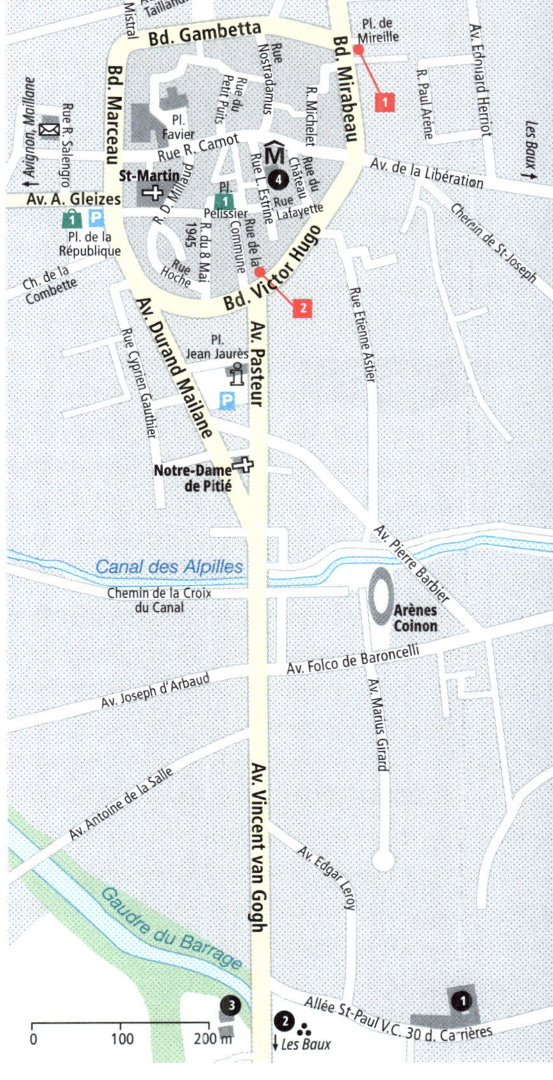

Gastgeber und sogar noch einen Pool. Hier möchte man bleiben. Am liebsten ganz lange.
3 Av. Gabriel Taillandier, T 04 32 60 15 40, https://hotelsouslesfiguiers.com, €€

Essen

Ein Bistro mit Gewölbe

1 **L'Aile ou la Cuisse:** Der Flügel oder

TOUR
Auf der Route des Olives

Mit dem Auto oder dem Rad von St-Rémy-de-Provence nach Mouriès

Infos

Start/Ziel: St-Rémy-de-Provence (📍 F 5)

Länge: ca. 22 km einfach

Dauer: mit Stopps ein ganzer Tag

Radverleih: St-Rémy-de-Provence

Die Strecke gehört zu den Highlights einer Provence-Reise! Und kulinarisch kommen Sie dabei auch auf Ihre Kosten, zumindest, wenn Sie Olivenöl lieben. Das sollten Sie auf dieser Tour, denn Sie fahren durch die ›olivigste‹ Region der Provence. Und wenn Sie Wein mögen, schadet das auch nichts, denn Wein gibt es unterwegs auch zu probieren.

Rund um St-Rémy, Les Baux und Maussane wachsen rund 400 000 Olivenbäume, aus deren Früchten köstliches Öl gewonnen wird. Die Gegend ist ideal für den Ölbaum. Nicht zu heiß, nicht zu kalt, es gibt ausreichend Wasser und der kalkhaltige Boden ist ideal. Das Öl aus dieser Region darf sich das Label ›AOC Provence‹ anhängen, d.h. die Öle mit dieser Herkunftsbezeichnung sind nur aus Oliven dieser Region hergestellt. Ein Liter echtes AOC-Öl kostet rund 20 €.

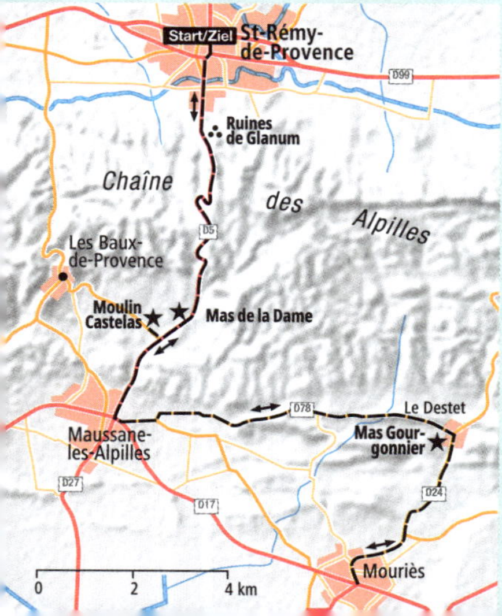

Sie verlassen **St-Rémy-de-Provence** über die D5 vorbei an den **Ruines de Glanum.** Anfangs geht es nur leicht bergauf, vorbei an schroffen Felsen, dann wird es steiler und irgendwann beginnen die Serpentinen. Rund 5 km hinter Glanum geht rechts eine kleine Straße zum **Mas de la Dame,** einem Weingut, das heute von zwei Frauen geführt wird, zwei Töchter haben den Familienbetrieb übernommen. Hier kann man im Hofladen nicht nur die köstlichen Bio-Weine probieren, sondern auch kaufen und natürlich gibt es hier auch ein paar Bio-Olivenprodukte: Öle, Tapenaden oder Pasten. Die kommen zwar nicht aus der eigenen Herstellung, aber von

Früh übt sich, wer ein guter Olivenöltester werden will.

benachbarten Gütern, z. B. von der **Moulin Castelas,** ungefähr einen Kilometer entfernt. Die Olivenmühle wurde von der deutschen Zeitschrift Feinschmecker zu einer der besten der Region gewählt. Und wer hier kostet, wird feststellen, zu Recht! Die fast durchgehend mit Goldmedaillen prämierten Öle, zum Teil auf natürliche Weise aromatisiert, zum Teil pur gehören zu den köstlichsten, die Sie je probiert haben. Jede Wette!

Von hier aus ist es nur noch ein Katzensprung bis ins Städtchen **Maussane-les-Alpilles** mit seinem schattigen Hauptplatz, wo man wunderbar unter Platanen sitzen kann. Nostalgische Ladenfronten lassen Sie in eine andere Zeit eintauchen. Schön und sehr, sehr südlich! Wenn Sie den Kick aus dem Norden dazu wollen: In der **Boulangerie Maison Faugères** nahe des Platzes gibt es den bretonischen Butterkuchen Kouign-Amann (der Besitzer kommt aus dem Norden). Besuchen Sie Maussane wenn möglich an einem Donnerstag, wenn der Markt stattfindet und das Städtchen voller Leben ist.

Der schönste Weg nach Mouriès führt über die kleine D78, die östlich von Maussane beginnt, ein winziges Sträßchen mit wenig Verkehr zwischen schroffen Felsen, Weinbergen und Olivenhainen bis nach **Le Destet.** Auch hier gibt es eine Ölmühle, **Mas Gourgonnier,** ein familiengeführtes Bio-Weingut mit Olivenmühle, das hervorragende Produkte anbietet. In Le Destet geht es dann nach rechts über die letzten Hügel der Alpilles nach **Mouriès,** wo es mehr Olivenbäume als Einwohner gibt. Die drei Ölmühlen vor Ort können besichtigt werden, wenn Sie noch nicht genug haben. Oder aber Sie genießen die vielen Olivenhaine ringsum, wo Sie Ihr Picknick auspacken können und unter den silbrig schimmernden Blättern eines Ölbaumes eine Siesta einlegen. Anschließend geht es auf der gleichen Strecke zurück.

Mas de la Dame, https://masdelada me.com; **Moulin Castelas,** www.castelas.com, Mo–Fr 8.30–18.30, Sa, So 10–13, 14.30–18.30 Uhr, Besichtigung möglich, Probe gratis; **Mas Gourgonnier,** http://mas-de-gourgonnier.delicenet.com.

das Bein? Hier muss man sich nicht wirklich entscheiden. Hier bestellt man einfach, was die Karte hergibt – und das ist köstlichste provenzalische Küche. Okay, nicht ganz günstig, dafür aber sitzt man im ehemaligen Klosterrefektorium unter beeindruckenden Gewölben. Probieren Sie die Schnecken-Ravioli oder die köstlichen Törtchen aus der hauseigenen Patisserie.

34 Bd. Mirabeau, place Mireille Moatti, T 04 90 26 08 01, www.laile-ou-la-cuisse-restaurant-saint-remy-de-provence.com, Di–So 12–14.30, 19–22, So 12–14.30 Uhr, die Patisserie ist durchgehend offen, € bis €€

Ein Hauch von weiter Welt

2 **GUS:** Anthony und Greg – zwei Liebhaber guter Küche – sind jahrelang durch Europa gezogen und haben dann ihr kleines Restaurant eröffnet. Dabei herausgekommen ist eine internationale, unkomplizierte Küche – Burger, Tempura, Hummer, aber auch Klassiker wie Rinderfilet und Austern. Alles frisch, alles köstlich.

31 Bd. Victor Hugo, T 04 90 90 27 61, www.gussaintremy.com, tgl. 12–14.30, 19–21 Uhr, € bis €€

Einkaufen

Olivenöl aus den Alpilles

Überall in St-Rémy gibt es in kleinen Läden Olivenöl zu kaufen, das in der Region der Alpilles hergestellt wird. Probieren Sie lieber erst, bevor Sie kaufen, denn die Öle können sehr unterschiedlich schmecken.

Märkte Tag und Nacht

Großer Wochenmarkt 1: Mi auf der Place Pelissier und der Place de la République, Juli–Anfang Sept. Di ab 19 Uhr **Nachtmarkt** *(marché nocturne)* mit Kunsthandwerk.

Bewegen

Touren per Drahtesel

1 **Sun E-Bike:** Da sich St-Rémy perfekt als Ausgangsort für Wanderungen und Radtouren eignet, sollte man sich überlegen, hier auch ein Fahrrad zu mieten oder bequemer ein E-Bike – bei Sun E-Bike kann man dies ab 28 € pro Tag.

2 Rue Camille Pelletan, T 04 32 62 08 39, www.location-velo-provence.com

Infos

- **Office de Tourisme:** Place Jean Jaurès, T 04 90 92 05 22, www.saintremy-de-provence.com. Das Fremdenverkehrsamt gibt Broschüren und ein Faltblatt zum Van-Gogh-Spaziergang heraus sowie Veranstaltungshinweise für die Alpilles.
- **Bus:** Im Sommer fährt der Bus Nr. 59 von Arles über Les Baux nach St-Rémy. Im Winter ist man auf ein Auto angewiesen.

Les Baux-de-Provence

F6

Der schönste Weg von St-Rémy führt nach Süden auf der D27 über enge Serpentinen quer über die Gebirgskette Les Alpilles nach Les Baux-de-Provence hoch oben auf einem Kalksteinplateau. Die Lage ist traumhaft, die Sicht von hier oben zumindest bei klarem Wetter einfach umwerfend. Man sieht das Meer, die Cevennen und den Mont Ventoux, unten die Felder mit Olivenbäumen und Reben.

Burgenfans aufgepasst!

Die Gassen sind eng und verwinkelt, alte Herrenhäuser wurden wiederaufgebaut, eines davon ist das **Hôtel de Manville** aus

Die fantastischen Multi-Media-Shows in den ehemaligen Steinbrüchen Carrières de Lumières widmen sich jedes Jahr einem anderen Künstler.

dem 16. Jh., heute das Rathaus. Sehenswert ist auch die Burg, **Château Les Baux de Provence** (www.chateau-baux-provence.com mit Audioguide!), deren Turm zu einem Museum umgebaut wurde, das **Musée d'Histoire de Baux**

Tipp: die kostenlose App namens Château des Baux de Provence. Toll daran ist, dass sie einen Audioguide integriert hat (Englisch und Französisch) und man so die Führung durch die Burg quasi mit dem eigenen Handy bekommen kann. Zahlreiche Hintergrundinfos und Bilder ergänzen die App.

Musée d'Histoire im Château: Jan., Feb., Nov., Dez. 10–17, März, Okt. 9.30–18, April–Juni, Sept. 9–19, Juli, Aug. 9–19.30 Uhr, 8 €

Unterwegs in einer Puppenstube

In einem ehemaligen Waschhaus ist das **Musée des Santons,** also ein Museum für Krippenfiguren (s. S. 288) untergebracht (Eintritt frei), und ein Souvenirladen, eine Boutique neben der anderen lädt zum Kauf. Und genau das ist auch ein bisschen das Problem an Les-Baux. – es wirkt wie ein Museumsdorf. Es ist nicht wirklich echt. Kaum ein Mensch lebt hier oben, die meisten verlassen das Dorf am Abend mit den Touristen, nachdem sie ihre Läden und Restaurants abgeschlossen haben. Dann wird es zwar schön ruhig im Dorf, aber es fehlt an echter, nichtkommerzieller Lebendigkeit. Schön ist Les-Baux dennoch und außerdem gibt es auch etwas zu sehen: neben der Burg und den Museen die kleine Kapelle St-Vincent, die im 12. Jh. in den Fels gegraben wurde und in der bis heute zu Weihnachten eine sehr schöne Mitternachtsmette stattfindet.

ALPEN EN MINIATURE?

Alpilles ist eine Verniedlichungsform von Alpen. Ein bisschen größenwahnsinnig ist das schon, denn sie sind gerade mal 500 m hoch, 30 km lang und 10 km breit. Doch sie brauchen sich nicht zu verstecken! Spitze Kalksteingipfel, sanfte Hügel, oben vollkommen karg, unten üppiges, altes Kulturland mit Oliven und Wein. Die Alpilles sind wunderbar. Überall gibt es Ölmühlen und Weingüter, die zu Verkostung und Einkauf laden. Die Alpilles sind auch ein Eldorado für Aktive. Der kleine Gebirgszug ist von Wanderwegen durchzogen und auch Radfahrer finden hier schöne Strecken – z. B. die kurvenreiche D5, die von St-Rémy-de-Provence einmal den Gebirgszug überquert, oder die parallel verlaufende D27. 2004 wurden Les Alpilles zum Parc naturel régional erklärt und erfahren seither besonderen Schutz.

Carrières de Lumières

Das Spektakulärste in den Alpilles sind die **Carrières de Lumières,** eine Lichtshow im alten Bergwerk des Val d'Enfer, wo schon einst Dante die Inspiration zu den Höllenszenen der »Göttlichen Komödie« bekommen hat. Was hätte Dante erst zu der einzigartigen Lichtshow gesagt? Aus 50 Projektoren werden Kunstwerke eines bestimmten Malers gezeigt und zwar so, dass man das Gefühl hat, die Bilder bewegen sich.

Route de Maillane, 650 m nördl. vom Ortszentrum Les-Baux. Wer sein Ticket online kauft, kann sich die Schlange an der Kasse sparen und ist auch in der Hochsaison sicher, Einlass zu bekommen! Tickets unter www.carrieres-lumieres.com, Jan, Nov., Dez. 10–18, März 9.30–18, April–Juni, Sept., Okt. 9.30–19, Juli, Aug. 9.30–19.30 Uhr, Carrières 14,50 €, Kombiticket mit Museum Château Les Baux 18 €

Schlafen, Essen

In Les Baux selbst gibt es keine Unterkunft, sondern nur in der Umgebung. Die Unterkünfte hier liegen preislich jwd. Ein einigermaßen vernünftiges Preis-Leistungs-Verhältnis haben:

Altes Bauernhaus unter der Burg

Le Mas d'Aigret: Ein altes Haus aus Naturstein, zum Teil in den Felsen gebaut, mit Garten und Pool. Das Restaurant mit riesigem Kamin ist in einem Gewölbe (fast möchte man ›Höhle‹ sagen) untergebracht und hat viel Charme und Flair. Das Essen ist lecker, es gibt typisch französisch-provenzalische Küche, d. h. Fischfilet, Lammkarrée oder Ente, die Preise sind gehoben.

D27A, Chemin de Baubesse, T 04 90 54 20 00, www.masdaigret.com, €€

Alles roh, alles Bio

Les Baux Jus: Frisch gepresste Säfte, Salate, Nüsse: Was hier auf dem Teller oder im Glas serviert wird, ist bunt, lecker, bio und gesund. Drinnen sitzt man in einem Gewölbe, draußen in einem hübschen, begrünten Innenhof. Die Preise sind Les-Baux und der Bioqualität angepasst.

Rue de la Calade, La Fontaine aux Fees, T 09 86 39 84 96, www.facebook.com/lesbauxjus, tgl. 11–18 Uhr, €

Bewegen

Wanderungen lang oder kurz

Es gibt die Möglichkeit, von Les-Baux nach Maussane-les-Alpilles zu wandern (und auch wieder zurück; s. Tour S. 119).

TOUR
Der schönste Nachhauseweg

Von Les Baux-de-Provence nach Maussane-les-Alpilles

Infos

F 6

Start: Les Baux-de-Provence

Ziel: Maussane-les Alpilles

Länge: 5 km

Orientierung: Wanderkarte IGN, Blatt 3042 und 43. Der kleine Plan vom Office de Tourisme tut es auch.

Eine wunderbare Wanderung und nicht wirklich anspruchsvoll. Eine Mitarbeiterin des Office de Tourisme hat sie mir empfohlen; es ist ihr Nachhauseweg. Morgens bringt sie ihr Mann nach Les Baux, zurück marschiert sie. Ändern möchte sie das nicht. Denn es ist der perfekte Break zwischen Arbeit und Zuhause.

Sie verlassen **Les-Baux-de-Provence** Richtung Süden auf der D27A und biegen kurz vor dem **Mas d'Aigret** in der Linkskurve rechts auf einen Wanderweg. Der führt Sie zur **Chapelle des Trémaié.** An dieser vorbei geht es nochmals ca. 5 Min. eben weiter, bis dann rechts ein Pfad abwärts führt, der bald auf die D27 mündet und diese überquert.

Am **Mas de Mejean** vorbei geht es den kleinen Weg bergauf geradeaus, bei der Gabelung 5 Min. später links auf einen baumlosen, niedrigen Höhenrücken. Folgen Sie dem Kammverlauf nach Osten bis zur Kuppe 140 m und dann der gelben Wegmarkierung in die Senke, wo Sie den Weg links in eine kleine Pflanzung nehmen. 50 m weiter gehen Sie rechts ab und nehmen dem Weg, der sich bald links an einer kleinen Olivenpflanzung in ein idyllisches Felstal senkt. Hier unterqueren Sie ein Aquädukt, laufen danach rechts auf eine Nebenstraße. Über die **Mérigot et la remise** kommen Sie zur Avenue de la Vallée des Baux links ins Zentrum von **Maussane-les-Alpilles.**

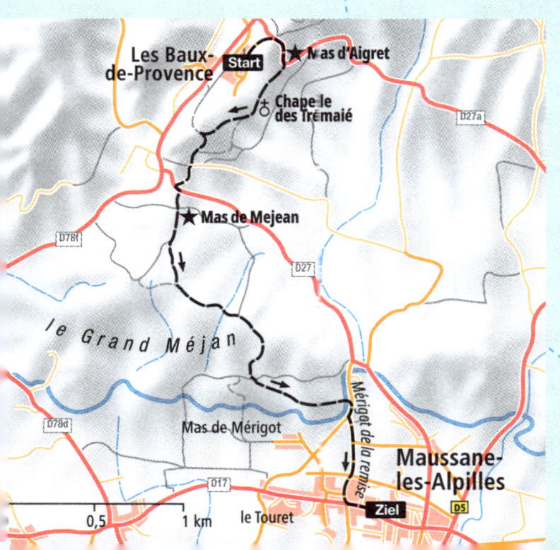

Beim Fremdenverkehrsamt liegen kleine Wanderpläne aus, z.B. für den ›Chemin des Trémaié‹, ein kurzer Spaziergang rund ums Dorf oder eine Beschreibung des Wanderwegs nach St-Rémy auf dem GR6.

Infos

- **Office de Tourisme:** direkt am Ortseingang von Les-Baux-de-Provence. T 04 90 54 34 39, www.lesbauxdeprovence.com.
- **Bus:** Nr. 59 fährt von St-Rémy-de-Provence über Les-Baux nach Arles, jedoch nicht im Winter. Dann kommt man nur mit dem Auto hierher.

Eygalières

G6

Man kann von St-Rémy über den GR6 nach Eygalières wandern, man kann aber auch die D99, von Platanen flankiert, nehmen, um in dieses charmante Dorf zu kommen. Eygalieres ist überaus malerisch: An einem kleinen Hügel gelegen, Häuser aus Naturstein, kleine Gassen und Wege: Nicht jede Straße ist auch geteert und so scheint der Ort ein wenig wie aus der Zeit gefallen. Kein Wunder, dass hier viele Postkartenmotive zu finden sind. Mehr Klischee-Provence und Nostalgie-Chic geht kaum! Das Café de la Place ist ein wunderbares Beispiel dafür.

Einst lag Eygalières auf dem kleinen Hügel, der hinter dem Dorf zu sehen ist. Doch mit der fehlenden Notwendigkeit, herannahende Feinde beobachten zu müssen, verlagerte sich das Dorf immer weiter in die Ebene, wo es besser vor dem Mistral geschützt ist. Ruinenreste oben auf dem Hügel können besichtigt werden, aber viel ist nicht mehr zu sehen. Suchen Sie lieber die **Chapelle St-Sixte** 1 km östlich von Eygalières auf. Ein einsames romanisches, hübsches Kapellchen, das isoliert auf einem kleinen Hügel liegt und von Zypressen umgeben ist. Ein wunderbarer Anblick!

Schlafen

Umgeben von Oliven

La Bastide d'Eygalières: Ein hübsches kleines, sehr provenzalisches Anwesen am Dorfrand von Eygalières in herrlicher Umgebung! Mit Pool, Natursteinmauern, die Zimmer zum Teil mit Antiquitäten ausgestattet, die Überdecken mit Blümchenmuster.

765 Chemin de Pestelade, T 04 90 95 90 06, www.hotellabastide.com, €€ bis €€€

Ultraschick

Mas de Notre Dame: Wahnsinn! Ein Anwesen mit fünf Zimmern bzw. Suiten, eine schöner als die andere. Lichtdurchflutet, jedes Zimmer individuell und mit eigenem Zugang zum Garten. Das Frühstück ist riesig und lecker, die Gastgeber herzlich und kümmern sich bestens um den Gast. Der Preis ist hoch, keine Frage. Aber dafür hat man auch wirklich ein Luxusgefühl.

Chemin du Bagna, T 06 12 89 75 32, http://location-chambres-hotes-eygalieres.fr, €€€

Essen

Unter dem Bretterverschlag

Chez Paulette: In einfachen Räumlichkeiten, unter einer Art shabby-schickem Bretterverschlag gibt es Köstliches zu essen, aber auch Kleinigkeiten zu kaufen. Abends finden ab und zu kleine Konzerte statt, das Essen ist einfach, lecker, frisch und dem Marktangebot angepasst.

Rue de la République, T 04 32 62 18 19, www.facebook.com/pauletterestaurant,Do–Di 12–14, 19–21.30 Uhr, Di nur mittags, Jan., Feb. geschl., €

Italienisch modern

Bistrot à l'Italienne l'Aubergine: Raffinierte italienisch-mediterrane Küche in einem modernen Ambiente. Man sitzt schön im schattigen Hof eines alten Hauses, hat aber bei kühlerem Wetter auch hübsche Innenräume, die ein bisschen an ein schickes Wohnzimmer erinnern. Wer gleich bleiben möchte: Es gibt auch Zimmer!

18 Av. Jean Jaurès, T 04 90 95 98 89, https://laubergine-eygalieres.com, €€

Einkaufen

Der Wochenmarkt von Eygalières ist am Freitagmorgen auf der Place Marcel-Bonein.

Parc naturel régional de Camargue

C–F7–8

Die Camargue ist fast unwirklich schön, sagen die einen. Absolut langweilig, sagen die anderen. Tatsache ist: Die Camargue ist vollkommen anders als der Rest der Provence. Zwischen den Flussarmen der Rhône gelegen, mit Sümpfen, Salzseen, einsamen Sandstränden und rosa Flamingos wirkt sie fast wie eine Insel. Als einer der ersten in Frankreich wurde 1972 der Parc naturel régional eingerichtet, um sie zu bewahren.

Es ist schwer, sich nicht in diesen 85 000 ha großen Park zu verlieben, mit seinen 1001 Seen, mit seinen rosa Flamingos, den schwarzen Stieren und den weißen Pferden. Und wenn Sie nicht gerade zur Hochsaison hier unterwegs sind, finden sich wunderbare, einsame Strände und Plätze. Begrenzt wird der Parc naturel régional im Norden durch den Étang de Vaccarès, den man mit dem Auto zumindest halb umfahren kann, und im Süden durch das Meer. Die Ost-West-Ausdehnung entspricht in etwa dem großen See im Norden. Die D36A ist die einzige Straße, die für Autos im Parc naturel régional befahrbar ist – und wer die Möglichkeit hat, sollte sie nehmen. Denn sie führt direkt am Étang de Vaccarès entlang und lädt andauernd zu Fotostopps ein. Alle anderen Wege sind nur mit dem Fahrrad zu machen – oder zu Pferd.

Vögel überall

Die Camargue ist ein Paradies für alle Vogelkundler. Im **Parc Ornithologique du Pont de Gau,** 4 km nördlich von Stes-Maries-de-la-Mer, kann man die verschiedensten heimischen Vogelarten in großen Freigehegen sehen, darunter auch, ganz nah, Flamingos. Ein Informationszentrum erklärt das Ökosystem der Camargue und zeigt Wissenswertes zum Reisanbau. Auf befestigten Wegen kann man durch das Sumpfgebiet laufen und versuchen, von Beobachtungsständen aus einen Blick auf die Vögel erhaschen.

Stes-Maries-de-la-Mer, RD 570, T 04 90 97 82 62, ganzjährig tgl. 9-18 Uhr, 7,50 €

Wie lebt man in der Camargue?

Das **Centre d'Information de la Réserve Nationale de Camargue** liegt direkt am Ostufer des Étang de Vaccarès und ist in einem alten Bauernhof untergebracht, einem Mas, und informiert über das Leben in der Camargue. Zwar wirkt die Landschaft der Camargue so, als wäre sie schon seit Urzeiten so. Aber das täuscht. Denn es waren Menschen, die im 19. Jh. aus ödem Schwemmland eine bewohnbare Region machten. Sie wandelten Sümpfe um in Reisfelder oder trockneten sie aus, legten Wälle an und schufen so Weideflächen für Stiere und Pferde. Diese leben seit der Eind-

TOUR
Wind um die Nase und in den Speichen

Mit dem Fahrrad von Stes-Maries zum Leuchtturm La Gacholle

Infos

Start/Ziel: Stes-Maries-de-la-Mer (D 8)

Dauer: pro Strecke ca. 1 Std. (ohne Pausen)

Verpflegung: Da es keine Einkehr- oder Einkaufsmöglichkeiten unterwegs gibt, sollte man unbedingt Wasser und ggf. ein Vesper mitnehmen.

Radverleih: Le Vélociste, Place Mireille, T 04 90 97 83 26, www.levelociste.fr

Leuchtturm: Sa, So und in den Schulferien 11–17 Uhr

Wie sehr der Mensch in die Camargue eingegriffen hat, kann man am besten an dem großen Deich erkennen, der *digue à la mer*, der von Stes-Maries-de-la-Mer bis in den Ort Salin-de-Giraud verläuft, und der den Étang de Vaccarès vom offenen Meer abtrennt. Schleusen entlang des ganzen Deiches regulieren den Wasserstand und damit die Bewässerung der Felder und Wiesen. Auf einer Radtour entlang dieses Deiches von Stes-Maries-de-la-Mer zum Phare de la Gacholle kann man das sehen – und mit ein bisschen Glück sogar Flamingos, die hier zu Hunderten leben. Le Vélociste an der Place Mireille verleiht Räder und E-Bikes und schon geht es los!

Der Deich beginnt direkt hinter **Stes-Maries-de-la-Mer.** Ein Warnschild weist darauf hin, dass der Weg überflutet sein kann – also Vorsicht! Steigungen gibt es keine auf der Strecke, aber der Wind kann einen ganz schön ins Schwitzen bringen. Zum Glück fährt man in beide Richtungen.

Anfangs verläuft der Weg zwischen Meer und See, doch bald geht es ein Stück landeinwärts, immer zwischen Dünen, Seen und Meer entlang. Hinweisschilder zeigen, wo welche Vögel zu sehen sind. Glück, wer nun ein Fernglas bei sich hat. Immer wieder gibt es kleine, befestigte Stichwege runter ans Meer und je weiter man fährt, desto einsamer ist der Weg. Nach ca. 12 km ist der **Phare de la Gacholle** erreicht, ein 17 m hoher Leuchtturm von 1882, der heute mit Solar- und Windkraft betrieben wird und zu bestimmten Zeiten besichtigt werden kann. Schön ist ein kleiner Abstecher von hier zum Strand.

eichung der Camargue 1857 halbwild auf den Flächen der Camargue, haben Besitzer, die sie jedoch weitestgehend in aller Ruhe grasen lassen. Vom Infozentrum aus gibt es einen halbstündigen, landschaftlich schönen Spaziergang auf einem *Sentier de découverte,* der durch Schilf, Sumpf und Salzmarsch führt. Perfekt, um Vögel zu beobachten.

La Capelière, D36B, der Spazierweg ist immer offen, das Zentrum April–Sept. tgl. 9.30–13, 14–17.45, Okt.–März Mi–Mo 9.30–13, 14–16.45 Uhr, 3 €

Salzsee

Der **Étang du Fangassier** ist ein flacher Salzsee, der an sich wenig spannend wäre, würden hier nicht zwischen April und Juni Flamingos brüten – streng von Rangern bewacht. Hier ist sie also, die einzige Brutstelle der Flamingos in Frankreich. Nicht allzu weit entfernt liegt – schon nicht mehr im Parc naturel régional – die schöne und sehr beliebte **Plage de Piemanson.** Hierher kommt man nur mit dem Auto oder auch mit dem Zweirad über die D36B.

Museal

Wer sich für die Geschichte der Camargue interessiert, kann das **Musée Camarguais** aufsuchen, das in einem alten Mas untergebracht ist, und viel zur Geologie, Geschichte und Alltagskultur der Camargue erklärt.

An der D570 von Arles Richtung Stes-Maries. www.arlestourisme.com/de/das-camargue-museum.html, April–Dez. 9–18 Uhr, 7 €

Infos

- **Allgemein:** www.parc-camargue.fr und www.snpn.com/reservedecamargue.

Stes-Maries-de-la-Mer

D8

Stes-Maries ist der einzige nennenswerte Ort innerhalb des Regionalparks. Im Winter leben hier nur 2500 Einwohner – Ende Mai, zur Zeit der Wallfahrt, oder auch im Sommer tummeln sich bis zu 50 000 Menschen hier. Dann ist es aus mit der Beschaulichkeit, der Ruhe und der Muße. Der Ort ist hübsch, aber nicht spektakulär.

Ein ganz besonderes Gotteshaus

Die sehenswerte Wehrkirche **Notre-Dame-de-la-Mer** mit dem Sanctuaire des Saintes Maries über den Gräbern der Heiligen Marien wurde zwischen dem 9. und 14. Jh. gebaut und ist eine der bedeutendsten Wallfahrtskirchen Frankreichs. Schlichte, hoch aufragende

DIE ROMANTISIERUNG DER CAMARGUE

Die Camargue als eigene Kulturregion, mit eigenen Traditionen, Riten und Kleidung zu gestalten – das war der große Traum des Marquis von Baroncelli (1869–1943), ein *Camarguais* des 19. Jh., mit einer riesigen Manade (einer Stierzucht) und einer typischen Cabane (einem kleinen Camargue-Haus). Er war es, der sich die Tracht für die Gardians, die Stierhüter ausdachte. Er war es, der die Stierkämpfe hier etablierte, er selbst war es auch, der die Regeln der Course Camarguaises festlegte. Die Camargue, so wie sie heute ist, wäre ohne den Marquis also gar nicht existent.

Mauern ohne Fenster, im oberen Bereich Rundbögen. Das Dach ist zinnenbewehrt mit einem Donjon und in der Mitte die Hochkapelle mit Glockenturm. Wer will, kann hier hochsteigen. Von oben hat man einen wunderbaren Blick! (April–Juni 10–12, 14–17, So 14–17, Juli, Aug. 10–20 Uhr, sonst je nach Wetter, bitte erkundigen, 3 €).

Ganz unten, in der Krypta werden die Reliquien der heiligen Marien – Maria Salomé, Maria Magdalena und Maria Jakobäa – sowie Sara, ihrer schwarzen Dienerin, aufbewahrt. Nur dreimal jährlich werden sie herausgeholt und der Schrein in einer großen Prozession durch den Ort getragen, wobei die wichtigste und größte Prozession am 24. Mai stattfindet.

Schlafen

Romantisch hoch 10

Hotel Méditérranée: 14 rüschenverzierte Zimmer in Rosa und Weiß oder auch mal in Hellblau gestreift erinnern ganz stark an Laura Ashley. Dazu gibt es einen blumenbewachsenen Innenhof, kleine lauschige Bänke und sehr liebevolle Gastgeber. Und das mitten im Zentrum – besser kann es gar nicht gehen!

4 Av. Frédéric Mistral, T 04 90 97 82 09, www.hotel-mediterranee.org, €

Im Stil einer Cabane

Mas des Salicornes: Cabanes nennt man die flachen weißen Camargue-Häuser. Und aus solchen Cabanes besteht dieses Hotel. Dazu ein riesiger Garten, ein Pool und drinnen: alles gemütlich eingerichtet, ein bisschen im Saloon-Stil. Das Frühstück ist lecker, die Zimmer haben kleine Privatterrassen und das Hotel ist immer noch in einer Entfernung vom Meer, die man zu Fuß bewältigen kann.

Route d'Arles, T 04 90 97 83 41, https://hotel-salicornes.com, € bis €€

Essen, Ausgehen

Flamenco Gitan! Olé!

El Campo: Abends spielen die *gitans* auf ihren Gitarren, eine Flamenco-Tänzerin wedelt mit ihrem Fächer und dann geht es ab! Viva Espana! Hier gibt es Paella zu essen, spanischen Salat, aber auch französische Klassiker wie Entrecôte und Steak Haché, natürlich auf des Touristen Geschmack abgestimmt, sprich: Okay. Die Preise sind moderat, die Stimmung bestens!

13 Rue Victor Hugo, T 04 90 97 84 11, Webseite bei Facebook, tgl. 12–22 Uhr, €

Stilvoll und lecker

La Maison de Jeanne: Das kleine Restaurant mit Bar ist nicht nur das schönste Restaurant am Platz, sondern auch das mit der nettesten Bedienung. Man sitzt direkt gegenüber der Kirche, speist Salate oder auch mal Muscheln oder schlürft einfach nur seinen *café* oder einen Cocktail. Der perfekte Ort also.

4 Place José d'Arbau, T 06 14 63 83 64, www.facebook.com/lamaisondejeanne, in der Saison tgl. von morgens bis abends, außerhalb der Saison je nach Wetter, €

Schallplattennostalgie

El Salsa: Was für eine witzige Bar! An der Decke und an den Wänden hängen Schallplatten, der Tresen ist aus Weinkisten gebaut, Musik aus vielen Jahrzehnten dudelt durch den kleinen Raum. Man isst Crèpes und Tapas, doch wegen des Essens kommt man ja auch nicht. Die Stimmung ist gut, man sitzt und schaut, die Kulisse ist einfach zu schön: direkt gegenüber der Kirche!

Place des Remparts, morgens bis nachts, €

Bewegen

Pferde

Stes-Maries ist ein Zentrum für Reiter und in der Nähe finden sich einige Reiterhöfe.

Crin Blanc: Das Gestüt züchtet die typischen Camargue-Pferde, die gut gepflegt werden. Touren von 1–5 Std. 1 Std. 20 €/Person. Für Reitanfänger und Könner.
4 km nördlich an der Route d'Arles, T 06 10 30 51 54, www.camargue.fr/site/crinblanc

Stiere

Manade des Baumelles: Hier dreht sich alles um die Stiere. Sie sind im Restaurant nicht nur in Form von Steaks zu genießen, man kann auch bei einer Kutschfahrt (45 €) zusehen, wie die Gardians arbeiten, wenn sie die Stiere zusammentreiben. Außerdem kann man das Gut besichtigen.
Route D38, Les Cabanes de Cambons, 13460 Stes-Maries-de-la-Mer, T 04 90 97 84 14, www.manadedesbaumelles.fr

Wasser

Wassersport: Stes-Maries-de-la-Mer ist auch ein Badeort am Mittelmeer und so findet man ein kleines Nautikzentrum: Sonnenschirmverleihe, Windsurfangebote und Beach-Sailing.

Feiern

- **Marienwallfahrt:** Der wichtigste Termin für Stes-Maries-de-la-Mer ist der 24./25. Mai, wenn die Pilgerfahrt stattfindet.
- **Marienfeste:** am Sonntag nach dem 22. Okt. und am 3. Dez.
- **Baroncelli-Gedächtnistag:** 26. Mai. Mit Stierkämpfen und Pferderitten wird des ›Gründers‹ der Camargue (s. Kasten S. 123) gedacht.
- **Festo Vierginenco:** am letzten Juliwochenende. Marienfest mit Umzug der Gardians. Junge Frauen in Trachten, es gibt Folkloretänze und auch Stierkämpfe.

Infos

- **Office de Tourisme:** Av. Van Gogh, T 04 90 97 82 55, www.saintesmaries.com.

DIE SCHWARZE SARA

Sara ist schwarz und stammt aus Ägypten. Sie kam mit den Heiligen Marien übers Mittelmeer. Einer Legende nach flohen um 40/45 n. Chr. Maria Salome von Galiläa (die Mutter von Jakobus dem Älteren) zusammen mit Maria Jakobäa und Maria Magdalena mit Lazarus von Bethanien vor der Christenverfolgung in Palästina und kamen über das Mittelmeer hierher. Die Gebeine wurden erst unter König René ›entdeckt‹ und werden jetzt als Reliquien verehrt. Während die Marien missionierten, zog Sara umher, um Geld für die Mission einzutreiben. Sie war also eine Fahrende. Und da sich die Zigeuner (frz. *gitans),* selbst als Nachfahren der Ägypter sehen, ist für sie die Heilige Sara die erste von ihnen. Entsprechend wird sie verehrt.

- **Bus:** nach Arles, von wo aus man mit dem Zug weiterkommt.

Aigues-Mortes

C7

Schon von Weitem sind die beeindruckenden Türme und Wehrmauern von Aigues-Mortes zu sehen. Der Ort musste aber auch beeindrucken. Denn von hier aus fuhren die Kreuzfahrer los, um im fernen Jerusalem die Muslime zu besiegen und die heiligen Stätten zurückzuerobern. Ja, auch wenn man es heute nicht mehr sieht: Aigues-Mortes war eine Hafenstadt, direkt am Meer.

Lieblingsort

An diesem Strand finden alle einen Platz

Ganze 18 km ist er lang – und damit der längste Mittelmeerstrand Frankreichs. Ein Teil der **Plage de l'Espiguette** (📍 B 8) ist Nudistenparadies, ein Teil gehört zu einem Campingplatz, der Großteil aber ist meist menschenleer und auch für Leute wie mich, die nicht reiten, ein einziger Traum. Noch schöner ist es wahrscheinlich, auf wilden Pferden durch die Dünen zu galoppieren, aber mir reicht es, hier zu laufen. Stundenlang, tagelang … (Parken: 7 €, wer das nicht zahlen möchte, muss mit dem Rad kommen).

Den Hafen gibt es bis heute, einen Teil davon zumindest, und er ist dank des Chenal maritime, eines Arms des Canal du Rhône à Sète, auch wieder mit dem Meer verbunden. Doch das Umland ist versandet. 6 km liegen heute zwischen den ›toten Wassern‹ (Aigues Mortes) und der Flut.

Einmal im Jahr, nämlich in der zweiten Augustwoche, wird der Auszug der Kreuzritter in historischen Kostümen nachgespielt, natürlich mit viel Tamtam und großen Festivitäten. Dann wird es ganz besonders eng in der kleinen Stadt, die sowieso schon häufig überfüllt ist.

Mittelalterlicher Stadtbesuch

Sommers wie winters strömen Touristen hierher, um sich vom Charme der kleinen Stadt einfangen zu lassen, um durch die mittelalterlichen Gassen zu schlendern, die **Stadtmauer** zu erklimmen, darauf die ganze Stadt zu umrunden (1634 m!), den weiten Blick von hier oben zu genießen und sich danach in einem der vielen Cafés rund um die **Place St-Louis** auszuruhen. Um auf die Stadtmauer zu kommen, steigt man am großen Eingangstor von Aigues-Mortes, der **Porte de la Gardette** eine steile Treppe nach oben und folgt dann dem Mauerverlauf. Zehn Tore gibt es rundherum und vier große Türme.

Gefängniszelle der Hugenottin

Der größte Turm ist gleich neben der Porte de la Gardette. Die **Tour de Constance,** wurde noch unter Ludwig dem Heiligen fertiggestellt – 1249, nur ein Jahr nach der Gründung der Stadt. 22 m misst der Turm im Durchmesser, 33 m ist er hoch und 6 m dick sind seine Grundmauern. Im 17. Jh. wurde er als Gefängnis genutzt, und wer hier gefangen wurde, kam nie wieder frei. Die berühmteste Insassin war Marie Durand, die Hugenottin, die sich weigerte, ihren reformierten Glauben aufzugeben. Zum Glück kann man den Turm heute besichtigen. Im Inneren ist ein kleines Museum untergebracht. Vom ganz oben hat man einen großartigen Blick ins ganze Umland, vor allem aber auf die großen Salinenfelder ringsum.

Sept.–April 10–17.30, Mai–Aug. 10–19 Uhr, 8 € ohne bzw. 12,50 € mit Audioguide

Alles Salz

Zwischen Stadt und Meer liegen ausgedehnte Salzfelder, die **Salins du Midi.** Hier werden 90 % des französischen Meersalzes produziert, das sind 400 000 t pro Jahr! Das Besondere in dieser Gegend ist die Farbe der Salinenbecken, die je nach Wetter mal rosa, lila oder blutrot leuchten. Die Ursache dafür sind winzige Algen. Die werden von Garnelen gefressen, die wiederum Lieblingsspeise der Flamingos sind. So sind alle rosa: die Algen, die Garnelen und die Vögel. Der Anblick kann einem fast den Atem verschlagen, vor allem, wenn dann noch die rosa Flamingos im seichten Wasser waten. Der Besuch der Salinen (mit einem Minizug) und der dazu gehörenden Caves Listel (einem Weingut) lohnt sich unbedingt, zumal man einen der Salzberge besteigen kann!

An der D970 Richtung Le Grau du Roi, www.listel.fr, www.visitesalinsdecamargue.com, Feb.–Dez. mehrmals tgl., 11,20 €

Schlafen

Mittelalterliches Palais

Hôtel Les Templiers: Ob die Tempelritter der richtige Namengeber für das Hotel sind? War Askese doch deren Lebensmotto. Denn asketisch wohnt man hier absolut nicht! Ganz im Gegenteil. Inmitten der Stadtmauern wohnt man in einem Haus aus dem 18. Jh., das liebevoll restauriert wurde. 14 individuelle Zimmer,

ein begrünter Hof mit Pool, rundum guter Service.
23 Rue de la République, T 04 66 53 66 56, https://hotellestempliers.ellohaweb.com, €€

Essen

Zigeunerweisen

Restaurant La Camargue: Der Rahmen ist bezaubernd: Ein altes Gemäuer, ein riesiger Innenhof mit Platanen, die Innenräume mit grob verputzen Wänden und dicken Holzbalken an der Decke. Die Deko: Marienbilder, Bilder der Heiligen Sara, bunte Tücher, Flamingos und ausgestopfte Stierköpfe. Hier kommen Touristen und Einheimische zusammen, vor allem aber zieht es die Nachfahren der *gitans* hierher. Im La Camargue lebt ihre alte Tradition. Zu Essen gibt es Köstlichkeiten wie Gardianne de Taureau, also Stierschmorfleisch o. Ä. Dazu spielen Zigeuner auf Gitarren und Kastagnetten. Das ist laut, das ist nostalgisch, das ist die Camargue.
19, Rue de la République, T 04 66 53 86 88, www.lacamargueaiguesmortes.fr, tgl. mittags und abends, €

Einkaufen

Märkte

Der große **Wochenmarkt** findet mittwochs und sonntags außerhalb der Stadtmauern entlang der Av. F. Mistral statt, April–Sept. gibt es zusätzlich ganztägig samstags einen **Trödel- und Antikmarkt.**

Süßigkeitenparadies

La Cure Gourmande: Hier kauft man offen alles von Bonbons über Schokolade bis hin zu Gebäck und Karamell. Ein Traum für jeden Zahnarzt (der die Kasse klingeln hört)!
Grande Rue Jean Jaurès, tgl. 9–20 Uhr

Bewegen

Zum Beispiel Vögel beobachten

Maison du Guide de Camargue: Wer sich für Ornithologie interessiert, kann an Touren teilnehmen, individuell, in kleinen Gruppen, zu Fuß oder mit dem Rad.
Montcalm, 154 rue du Château de Montcalm, Veranstaltungsprogramm auf der Facebook-Seite

Per Pferd durch die Camargue

Manade des Dunes: Abends gibt es Spektakel, tagsüber geht es per Pferd durch die Camargue. Die Touren stehen unter dem Motto Zigeunerleben und Flamenco. Geboten werden Ritte und Kutschfahrten durch die Weinfelder, Weinverkostungen, und wer will, kann für den Abend eine Folkloreveranstaltung dazubuchen, für die die Manade inzwischen bekannt ist (über das Office de Tourisme).
Domaine du Petit Chaumont, T 06 23 19 53 57, www.cabarets-equestres.fr

Infos

- **Office de Tourisme:** Place de St-Louis (mitten im Zentrum), T 04 66 53 73 00, https://ot-aiguesmortes.com.
- **Bahn:** Züge fahren von Aigues-Mortes nach Nîmes oder nach Le Grau-du-Roi.
- **Bus:** Es gibt regelmäßige Busverbindungen nach Le Grau-du-Roi und Montpellier.
- **Auto:** Autofahrer müssen ihren Wagen vor den Stadttoren von Aigues-Mortes auf einem der großen (und teuren) Parkplätze stehen lassen.
- **Boot:** Shuttle-Boot von Le Grau-du-Roi, oder kostenlose Fähre Bac du Sauvage von Stes-Maries-de-la-Mer. Beide Boote verkehren ganzjährig, aber außerhalb der Saison sehr viel seltener.

Le Grau-du-Roi und Port Camargue

B8

Charmanter Ferienort

Natürlich ist **Le Grau-du-Roi** in erster Linie ein Ferienort. Aber eben nicht nur. Und das macht das kleine Städtchen so sympathisch. Hier leben und arbeiten nicht nur solche, die am Tourismus verdienen, sondern auch jede Menge andere. Und so ist Le Grau-du-Roi trotz vieler Souvenir-Shops in der Fußgängerzone und Bars entlang der Strandpromenade auch außerhalb der Saison lebendig. Das merkt man besonders an den Markttagen, wenn quasi die komplette Innenstadt von Le Grau-du-Roi zum Einkaufsplatz wird und weit mehr Lebensmittel und alltägliche Waren verkauft werden als Touristenschischi.

Das Meer und der Hafen bestimmen das Leben an der ›Kanalmündung des Königs‹ – das heißt Le Grau-du-Roi übersetzt. Sie ist es auch, die das Herz der Stadt ausmacht. Boote fahren vor allem am frühen Abend vom Meer in den dahinter liegenden Hafen (den zweitwichtigsten Fischereihafen der französischen Mittelmeerküste nach Sète), die Brücke darüber schwenkt dann auf die Seite, um die Boote hindurchzulassen. Rechts und links des Kanals liegen kleine Restaurants und Cafés, die vor allem mittags und abends gut besucht sind, am Ende der rechten Kanalseite, fast schon an deren Mündung ins Meer, findet man einen malerischen Leuchtturm von 1828, der seit 2010 als *monument historique* klassifiziert ist.

1970er-Jahre-Charme

Obwohl Le Grau-du-Roi viele Ferienwohnungen anbietet, wohnen die meisten Besucher nicht hier, sondern in Port Camargue, das quasi in die kleine Stadt übergeht und zu Le Grau-du-Roi gehört. Wie La Grande Motte – ein Ausflug dorthin, in die Architekturperle der 1970er-Jahre, lohnt und ist nur 6 km entfernt! – ist auch **Port Camargue** eine Feriensiedlung jener Jahre, nicht ganz so schick. Es ist eine reine Bettenburg mit großen Grünflächen und Pinienalleen, mit einem der größten Yachthäfen Europas, einem Seaquarium und kilometerlangen Strandpromenaden mit dazugehörenden Stränden.

Schlafen

Zwei angenehme Sterne

Hôtel les Acacias: Ein hübsches Haus in einer ruhigen Straße, nur 80 m vom Strand und einen fünfminütigen Fußmarsch vom Kanal entfernt. Das kleine Hotel mit nur 28 Zimmern wird familiär geführt, die Zimmer sind schlicht, hell, freundlich und sehr sauber, der Innenhof bepflanzt. Es gibt einen kleinen Sport- und Sauna-Bereich (gegen Aufpreis) sowie einen riesigen Whirlpool.

21 Rue de l'Égalité, T 04 66 51 40 86, www.hotel-les-acacias.fr, €

Essen

F(r)ischer geht nicht

Le Dauphin: Der Vater hat einen Fischkutter und bringt den Fisch zum Sohn, der ihn zubereitet. Die Mutter kümmert sich derweil um den Service. Und was dabei herauskommt, ist ein außergewöhnliches Bistro im maritimen Stil mit kleiner Terrasse direkt am Kanal. Richtig, richtig köstlich! Probieren Sie auf jeden Fall die Fischsuppe mit der tollen, hausgemachten Rouille, der scharfen Knoblauchmayonnaise.

48 Quai Général-de-Gaulle, T 04 66 53 91 44, Webseite bei Facebook, Di–So

12–13.30, 19–21.30 Uhr, März, Okt., Nov. nur mittags, April, Sept. auch abends, Dez.–Feb. geschlossen, Juli, Aug. tgl. mittags und abends, € bis €€

Mit Blick auf den Yachthafen

Le Comptoir des Voiles: Die Lage ist schon 1000 Sterne Wert: direkt am Hafen mit Blick auf eben jenen – und doch es nicht schickimicki, sondern leger und unkompliziert. Dazu köstliches Essen: Tapas, Meeresfrüchte, Risotto, Spaghetti Vongole.

Port Camargue 3 Quai Bougainville, T 04 66 51 66 67, www.facebook.com/lecomptoirdesvoiles, tgl. 10–15, 18.30–22.30 Uhr, €

Einkaufen

Markt: Di, Do, Sa. Am größten ist der Samstagsmarkt, wenn fast die ganze Innenstadt von Marktständen durchzogen ist. Zentrum ist die Place de la République. Hier, Ecke Rue Victor Granier, gibt es fast immer einen Ziegenkäsestand mit Biokäse, Quark und Quiches.

Bewegen

Le Grau-du-Roi hat ein umfangreiches **Wassersportangebot.** Außerdem werden **Camargue-Safaris** angeboten sowie **Ausritte** und **Pferdetouren.** Wer die Straße nach l'Espiguette (s. Lieblingsort S. 126) entlangfährt, kommt an einigen Ranches vorbei, die Touren anbieten.

Feiern

- **Vogua Monstra:** Jedes Jahr im Mai findet das große Volksfest statt – Märkte, Fanfarenumzüge, Ruderregatten und die traditionellen Joutes, die Bootskämpfe auf dem Kanal.
- **Fête de la St-Pierre:** im Juni. Beim Fest zu Ehren des Heiligen Petrus werden Boote gesegnet, Joutes (Schifferstechen, s. Kasten) veranstaltet, Stiere durch die Gassen getrieben. Am Abend großes Feuerwerk.

S

SCHIFFERSTECHEN

In Le Grau-du-Roi werden Traditionen vielleicht noch ein bisschen mehr gepflegt als anderswo in der Camargue. Eine der wichtigsten: Les Joutes Languedociennes, eine Art Ritterturnier zu Wasser. Die Tradition geht bis ins 13. Jh. zurück. Zwei Boote (eins blau, eins rot) fahren aufeinander zu, jedes hat eine kleine Empore, auf der der Jouteur steht, der Kämpfer. In der einen Hand eine Lanze (ohne Spitze), in der anderen ein Holzschild. Die Aufgabe ist nun, den Gegner auf dem anderen Boot mit seiner Lanze aus dem Gleichgewicht zu bringen und ihn damit ins Wasser zu stoßen. Dabei ist es wichtig, dass die Lanze ausschließlich das Schild trifft, niemals den Menschen direkt. Das Schwierige für die Bootsmannschaft ist derweil zu schauen, dass die Kämpfer auch ins Wasser fallen und nicht auf eine Bootskante o. Ä.

Infos

- **Office de Tourisme:** Villa Parry, Rue du Sémaphore, T 04 66 51 67 70, www.letsgrau.com, www.portcamargue.com.
- **Bahn/Bus:** Le Grau-du-Roi hat einen kleinen Bahnhof, von dem aus Nîmes (über Aigues-Mortes) angefahren wird. Der Busbahnhof mit Verbindungen nach La Grande Motte und Aigues-Mortes ist nebenan.

Zugabe
Die Geschichte mit dem Ohr

Vincent van Gogh in Arles

Van Gogh malte das »Selbstporträt mit verbundenem Ohr« 1889. Ein ungelöster Fall: Hat er sich die Verletzung selbst beigebracht oder war es Fremdverschulden?

Bisher ging man immer davon aus, dass sich Vincent van Gogh sein Ohr selbst abgeschnitten habe, im künstlerischen Wahnsinn. Und dann wurden die Polizeiakten hervorgeholt und Kunsthistoriker fingen an, die Geschichte, die sich am 23. Dezember 1888 in Arles zugetragen hatte, genauer zu erforschen. Und plötzlich ist das gar nicht mehr so sicher. Vielleicht war es auch Gauguin, der andere große Künstler, der im Streit das Ohr abschnitt, oder es war nur ein Versehen, dass das Ohr abfiel oder …

Tatsache ist: Van Gogh und Gauguin hatten Streit. Eigentlich schon von Anfang an. Van Gogh hatte den großen Traum einer Künstlerkommune und lud andere Maler zu sich ins ›gelbe Haus‹, Maison Jaune, wo er ein paar Zimmer gemietet hatte. Der einzige, der kam, war Gauguin. Und das ging nicht gut. Die beiden so unterschiedlichen Maler kamen nicht miteinander zurecht und es kam zu jenem Streit, bei dem das Ohr abgeschnitten wurde.

> Van Gogh hatte den großen Traum einer Künstlerkommune.

Ganz gleich, ob sich Vincent selbst das Ohr abschnitt oder nicht, unbestritten ist, dass er es in ein Tuch wickelte und seiner Lieblingsprostituierten brachte. Die Bürger von Arles waren verschreckt, der Bürgermeister ordnete die Internierung des Malers im Krankenhaus an. Von dort kam er nach St-Rémy-de-Provence (s. S. 111) in die Nervenklinik im ehemaligen Kloster von St-Paul-de-Mausole, wo van Gogh ein weiteres Jahr blieb, bevor er zurück nach Paris ging, wo sein Bruder lebte. Der Kunsthändler Théo van Gogh hatte die Wohngemeinschaft mit Gauguin eingefädelt, er hatte sich Bilder im Gegenzug für finanzielle Unterstützung erhofft. Ob er ahnte, dass Vincent van Gogh zu einem so berühmten Maler werden würde, für dessen Werke heute Höchstpreise bezahlt werden? Aber das wurde er erst nach seinem Tod. Im Alter von 37 Jahren starb van Gogh an einer Schussverletzung am 30. Juli 1890. ■

Rund um den Luberon

Wie aus dem Bilderbuch — Wenn es das Klischee der Provence gibt, dann ist es hier zu finden: Im Luberon, diesem reizvollen Kalksteingebirge nordöstlich von Aix-en-Provence, und seinem Umland.

Seite 135

L'Isle-sur-la-Sorgue

Wer Außergewöhnliches sucht und bereit ist, für Antiquitäten und Trödel auch Geld auszugeben, sollte das Wochenende unbedingt in L'Isle-sur-la-Sorgue verbringen.

Seite 138

Abtei Sénanque

Das Kloster besitzt eine herrliche romanische Kirche, umgeben von lila Lavendelfeldern, nur wenige Kilometer Fußmarsch von Gordes entfernt. Da die Parkplätze eh immer belegt sind, macht man am besten gleich eine Wanderung daraus.

Einen Burgturm hat fast jedes Höhendorf im Luberon.

Eintauchen

Seite 141

La Maison Prévôt

Im dem Sterne-Restaurant in Cavaillon stehen Früchte aus der Region ganz oben auf der Speisekarte. In der Saison wird sogar ein Melonenmenü serviert.

Seite 142

Oppède-le-Vieux

Von den zahlreichen *villages perchées*, den Höhendörfern der Provence, ist Oppède-le-Vieux vielleicht das schönste. Denn das Dorf hoch oben auf einer Felsenkuppe ist im Sommer wie im Winter ein verwunschener Ort, wo Sie Ihrer Fantasie freien Lauf lassen können.

Seite 146

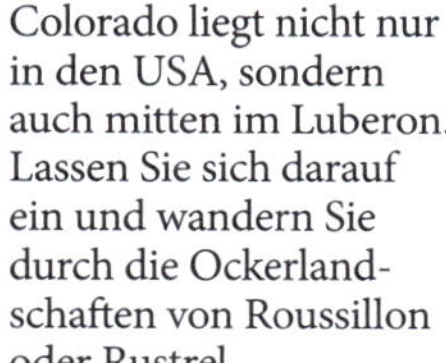

Roussillon und Rustrel

Colorado liegt nicht nur in den USA, sondern auch mitten im Luberon. Lassen Sie sich darauf ein und wandern Sie durch die Ockerlandschaften von Roussillon oder Rustrel.

Seite 149

Apt

Der Markt ist einer der schönsten im Land. Hier kann man Stunden verbringen und immer wieder Neues entdecken.

Seite 154

Cucuron

Schöner kann man kaum sitzen als an dem großen Mühlweiher von Cucuron, der von ausladenden Platanen umgeben ist. Aber das ist nicht alles, Cucuron hat viele schöne Ecken und Winkel und ist sommers wie winters einen Bummel wert.

Seite 157

Der Luberon des Willy Ronis

Der bei uns eher unbekannte, deswegen nicht weniger großartige Fotograf lebte mit seiner Familie viele Jahre im Luberon und verewigte in seinen Bildern das einfache Leben der Menschen vor Ort.

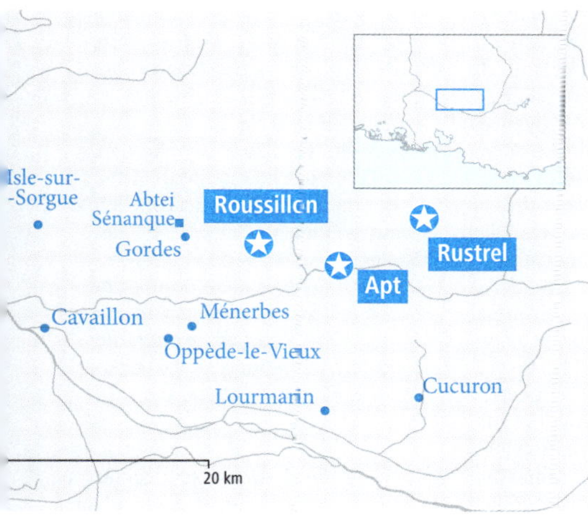

Borie – ein Haus ganz aus mörtellos aufgeschichteten Steinen

Ménerbes und Lourmarin sind zauberhaft schön, und das ist durch die Bücher von Peter Mayle weltweit bekannt. Die Folge: In beiden Orten wimmelt es nur so vor Touristen …

Malerisches Kalksteingebirge

Vielleicht haben Sie ja »Mein Jahr in der Provence« gelesen. Von Peter Mayle, dem britischen Autor mit der wunderbaren Schreibe, der Ende der 1980er in die Provence reiste, um dort ein Buch zu schreiben. Wenn nicht, dann ein gut gemeinter Tipp: Lesen Sie es jetzt. Denn genau dieses über sechs Millionen mal verkaufte und in 40 Sprachen übersetzte Buch von Peter Mayle hat das Bild von der Provence (mit-)gezeichnet. Und so wundert es auch nicht, dass der Luberon, die Region also, in der Peter Mayle lebte und über die er schrieb, genau dem entspricht, was wir von der Provence erwarten. Fruchtbare Täler schmiegen sich in die Talmulden, Lavendelfelder liegen neben schroffen Felsberghängen und kleine Dörfer thronen hoch oben auf Hügeln und Felsspornen. Das milde Klima des Mittelmeeres trifft auf das raue Klima der Alpen, und so entsteht eine unglaubliche Artenvielfalt, die man im Parc naturel régional du Luberon zu schützen versucht. Mit Erfolg.

Bis in die 1950er-Jahre hinein war der Luberon eine einsame und unwirtliche Gegend, was nicht bedeutet, dass er unbesiedelt war. Doch Pest und Krieg ließen die Region veröden – bis in den 1950er- und -60er-Jahren Künstler, Schriftsteller und Aussteiger den Luberon entdeckten; sie fanden das, was sie brauchten, um arbeiten zu können: Ruhe, Licht, günstige Häuser und malerische Landschaften. Zwar kommen in der Hochsaison Zigtausende Touristen in die kleinen Dörfer, doch im übrigen Jahr ist der Luberon noch immer beschaulich und schön.

O

ORIENTIERUNG

Info: www.parcduluberon.fr, www.luberon-apt.fr, www.luberoncoeurdeprovence.com, speziell zu den Dörfern des südlichen Luberon www.luberoncotesud.com (auch engl.).
Verkehr: Es ist fast unmöglich, die kleinen Bergdörfer des Luberon ohne Auto zu erreichen. Der nächste TGV-Bahnhof ist Aix-en-Provence, von wo aus es mit den Bussen der Trans Vaucluse weitergeht; gut frequentiert sind die Strecken Cavaillon–Apt (mal über Bonnieux, mal über Gordes) und Cadenet–Pertius (über Lourmarin und Cucuron). Infos: www.transbus.org.
Radweg: Rund um den Luberon (236 km) geht es auch per Fahrrad – rechnen Sie mit einer guten Woche. Download von Karten und Routenbeschreibung: www.veloloisirprovence.com/de/luberon.

L'Isle-sur-la-Sorgue

G4

Spricht man von L'Isle-sur-la-Sorgue (20 000 Einw.), spricht man von Antiquitäten. Kein anderer Ort der Provence, ach was, von ganz Frankreich ist so sehr damit verbunden. Wochenende für Wochenende strömen Massen in das kleine Städtchen und stürzen sich auf den riesigen Antiquitätenmarkt, um die außergewöhnlichsten Dinge zu ergattern. Und wer auf dem Markt nichts findet, kann in einen der zig Antiquitätenläden oder -höfe gehen, um dort weiter zu suchen. Nur: Von Schnäppchen kann in L'Isle-sur-la-Sorgue nicht die Rede sein. Wer glaubt, hier günstig an alte Möbel, Bilder oder Porzellan zu kommen, irrt. Denn die Preise sind deutlich höher als auf jedem anderen *brocante* der Region. Dafür aber hat man hier eine gewaltige Auswahl.

L'Isle-sur-la-Sorgue liegt auf einer kleinen Insel und ist voller Charme. Wasserräder werden vom Fluss angetrieben, Cafés und Restaurants säumen die Kanäle. Schön, wenn dann die Sonne scheint und man bei einem *café* oder Wein dem Treiben des Wassers zuschauen kann. Im Inneren der Insel findet sich ein wunderhübsches Städtchen mit alten Cafés und Brasserien, schönen Geschäften und freundlichen Menschen.

Antiquitäten versus Moderne

Für alle, die nicht nur Markt und Antiquitäten mögen, sondern auch moderne Kunst, ist die **Villa Datris** einen Besuch wert. Die alte Villa (1870) steht an einem

Einmal im Jahr steigen die Markthändler ins Boot – der schwimmende Markt von L'Isle-sur-la-Sorgue lockt jede Menge Zuschauer an.

Nebenarm der Sorgue am Rand der Altstadt. Ausgestellt werden zeitgenössische Skulpturen: im großen Garten, in der schönen Villa – überall. Jedes Jahr zu einem anderen Thema, sodass auch ein Besuch im Folgejahr nicht langweilig wird.

7 Av. des Quatre Otages, T 04 90 95 23 70, www.fondationvilladatris.fr, Mai–Aug. Mi–Mo 10–13, 14–19, Sept., Okt. Mi–So 11–13, 14–18 Uhr, Eintritt frei

Schlafen

Im Vogelhäuschen

Camping la Sorguette: La Sorguette ist nicht einfach nur ein Campingplatz, sondern ein Freilufthotel mit Baumhäusern, Natur-Lodges inkl. ›Nordic Bad‹ in der rustikalen Holztonne, mongolischen Jurten und Familienanschluss. Nicht zu groß, nicht zu voll, ohne Pool, dafür mit direktem Zugang zum Fluss und nur 30 Gehminuten vom Zentrum und dem Bahnhof entfernt.

871 Route d'Apt, T 04 90 38 05 71, www.camping-sorguette.com, €

Essen

The Place to be

Le Café du Village: Es ist der Treffpunkt der sonntäglichen Antiquitätenbummler von Isle. Das Café befindet sich inmitten des Village des Antiquitaires de la Gare (s. u., Einkaufen), ist sonntags gerammelt voll und selbst für einen kleinen *café* muss man früh kommen. Wer hier gar essen möchte, muss reservieren. Serviert wird einfache Bistroküche, ein paar Weine, natürlich Apéro, aber das ist alles nur zweitrangig. Hier ist man, um zu sehen und um gesehen zu werden.

Im Village des Antiquitaires, T 04 90 15 47 49, http://lecafeduvillage.fr, Fr–Mo (Juli, Aug. auch Do) 10–19 Uhr, €

K

DEN KOCHLÖFFEL SELBER SCHWINGEN

Auf dem Mas de Gres in Lagnes, zwischen L'Isle-sur-la-Sorgue und Coustellet, werden immer wieder Kochkurse angeboten – und zwar mehrtägig. Gekocht wird provenzalisch, Thierry Crovara, gebürtiger Schweizer, macht mit Ihnen Ausflüge zu den Erzeugern, verkostet, kauft ein und dann wird gemeinsam gekocht. Das Ganze ist nicht günstig, aber absolut genussvoll, www.masdegres.com.

Einkaufen

Sonntags findet ein riesiger, sehr beliebter schöner Wochenmarkt im Zentrum der Insel statt. Die Antiquitätenhändler findet man am Quai des 4 Otages. Wer nichts Wertvolles sucht und eher Lust auf einen Flohmarkt hat: In Velleron, an der Straße nach Carpentras, ist täglich Flohmarkt, der deutlich günstiger ist als der *brocante* in Isle.

Unverwechselbar

Le Village des Antiquitaires de la Gare: Es ist ein Sammelsurium von Antiquitätenhändlern, Secondhand-Shops, Kunsthandwerkern und Lagerhallen. Hier findet man 1950er-Jahre-Schick, 1970er-Jahre-Design, alte Spielautomaten und echte Antiquitäten. Die Preise sind zwar nicht immer akzeptabel, aber es macht einfach einen riesigen Spaß, hier entlangzubummeln, zu stöbern und das Auge freut sich am Schauen und Staunen.

2 bis Av. de l'égalité, T 04 90 38 04 57, www.levillagedesantiquairesdelagare.com, Nov.–März Fr–Mo 10–18, April-Okt. Do 10–17, Fr–Mo 10–19 Uhr

Bewegen

s. unten, Fontaine-de-Vaucluse

Feiern

- **Foire Internationale Art, Antiquités & Brocante:** April. Große internationale Antiquitätenmesse.
- **Marché flottant:** Am ersten Sonntag im August findet auf der Sorgue in L'Isle-sur-la-Sorgue ein schwimmender Markt statt.

Infos

- **Office de Tourisme:** Place de la Liberté, T 09 40 38 04 78, www.oti-delasorgue.fr.
- **Bahn:** L'Isle-sur-la-Sorgue hat einen Bahnhof mit regelmäßigen Zugverbindungen nach Avignon und Orange.

Fontaine-de-Vaucluse

H4

Die Sorgue ist ein außergewöhnlich schöner Fluss. Glasklar, zumindest im oberen Bereich, mal flaschengrün, mal hell türkis. Die Quelle befindet sich 300 m unter einem Felsen, rund 15 Min. Fußmarsch vom Ort entfernt und windet sich von hier aus vorbei an den Felswänden des von Höhlen und unterirdischen Flüssen durchzogenen stark verkarsteten Vaucluse-Gebirges nach Westen. Aus einem tiefen Felsenkessel drückt sich das Wasser nach oben und ergießt sich – je nach Regenlage – mal mehr, mal weniger üppig in das Flussbett. Das ist so ein herrliches Schauspiel, dass es zur Hochsaison Hunderte von Menschen anzieht, die dann hier stehen und den kleinen Fluss beobachten. Besser also, man kommt außerhalb der Saison. Dann teilt man diesen schönen Anblick mit nur wenigen.

Disneyland auf Provenzalisch

Der erste Ort nach der Quelle ist Fontaine-de-Vaucluse – Disneyland auf Provenzalisch. Selbst im tiefsten Winter kostet der günstigste Parkplatz 7 €, Auto stehen bis zu 3 km vor dem kleinen Dorf und ein Souvenirshop liegt neben dem anderen. Die Restaurants reihen sich entlang des Ufers der Sorgue, alle mit Blick auf das herrlich grüne, klare Wasser, aber bei allen greift man etwas tiefer in die Tasche als anderswo. Platanen säumen den Dorfplatz: Alles sehr malerisch, aber zur Hochsaison schreckt der Besucherandrang eher ab.

Wer sich über die Quelle und ihre Erforscher erkundigen will, kann dies z. B. im **Écomusée du Gouffre,** wo man in einer künstlichen Grotte auch Reproduktionen frühzeitlicher Wandmalereien finden kann oder in einem der anderen kleinen Museen vor Ort. Oder Sie laufen zur Quelle. Folgen Sie einfach den Massen auf der linken Uferseite flussaufwärts.

Bewegen

Kanu und Kajak fahren

Kayak Vert: Hier bietet man halbtägige Kajak- und Kanu-Touren ab Fontaine de Vaucluse bis L'Isle-sur-la-Sorgue an und kümmert sich auch um den Rücktransport. Dauer ca. 1–2 Std., 22 € pro Person.

www.canoevert-vaucluse.fr, April–Ende Okt.

Infos

- **Office de Tourisme:** Av. Robert Garcin, T 04 90 20 32 22, www.oti-delasorgue.fr.

Schlichte Romanik: die von Lavendelfeldern umgebene Abtei von Sénanque

Abbaye de Sénanque

H4

Sie ist das Klischee der Provence schlechthin: ein romanisches Kloster in einer kleinen, offenen Talsenke, umgeben von leuchtendem Lila – zumindest während der Lavendelblüte im Juni und Juli. Dann wird sie abgelichtet, von Hunderten, nein, von Tausenden von Touristen, die genau zu dieser Zeit hierher strömen. Doch das sollte niemanden davon abhalten, die Abbaye de Sénanque zu besuchen, denn das Bauwerk ist in seiner Einfachheit bezaubernd.

Die Abtei hat die Stürme der Geschichte der letzten 900 Jahre (seit der Gründung 1148) gut überstanden. Bis heute bewirtschaften Zisterziensermönche das Tal und leben im Kloster, – der Grund weshalb auch nicht alle Räume zu sehen sind. Das Refektorium z. B. ist für Gäste geschlossen, aber Sie können sich das alte Dormitorium anschauen, einen 30 m langen Raum, durch den man in die Kirche gelangt, ein schlichter, großer Bau mit Kuppel und halbrundem Chor. Von hier gelangt man auch in den quadratischen Kreuzgang, der von wunderbar verzierten Säulen umgeben ist. Es gibt geführte Touren auf Französisch; wer die Sprache nicht spricht, kann mit dem ›Histopad‹ das Kloster besuchen.

Aufgrund des Massenansturms im Sommer ist die Straße vor dem Kloster eine Einbahnstraße. Sie führt von Gordes über Sénanque nach Venasque. Sie müssen aber nicht mit dem Auto kommen. Von Gordes aus führen zwei Fußwege nach Sénanque – eine schöne Tour (s. S. 140).

www.senanque.fr, genaue Öffnungszeiten auf der Webseite nachsehen, da sie sich monatlich ändern, 8,50 €

Gordes

H4

Ein kleines, höchst exklusives Dörfchen ist Gordes. Hier gibt es weit mehr Ferienhäuser als ständige Wohnsitze und die Anzahl der Galerien, Boutiquen und kleinen Hotels, Restaurants und Cafés übersteigt bei Weitem die der Geschäfte für den alltäglichen Bedarf. Kein Wunder: Hierher zieht es all diejenigen, die eine Auszeit fern des hektischen Großstadtlebens suchen und bereit sind, dafür tief in die Tasche zu greifen.

Das Dorf ist aber auch zu schön!

Häuser ziehen sich von einer Bergspitze bis ins Tal hinunter. Sie kleben förmlich am Berg und scheinen direkt in den Felsen gebaut zu sein. Ach was, Sie sind zum Teil direkt in den Fels gehauen. Enge Gassen, selbstverständlich mit Kopfsteinpflaster, winden sich bergauf und bergab. *Calade* nennt man die Kunst, aus Natursteinen eine harmonische, dekorative und nützliche Anordnung zu schaffen, die man gerade hier in diesen Gassen auf das Beste bewundern kann. Überhaupt scheinen in Gordes Steine in sämtlichen Formen aufeinandergetürmt zu sein – wie ein riesiger, lebendiger Dorf gewordener Berg.

Kunst am Bau

An der obersten Spitze dieses Berges steht auf der mit den vielen Cafés und Brunnen sehr belebten Place du Château das **Château de Gordes,** ein herrliches Renaissanceschloss mit drei auffallenden Halbtürmen. Dass das Schloss und mit ihm das übrige Dorf überhaupt noch steht, ist Victor Vasarely zu verdanken. Der ungarische Maler und Grafiker rettete das Château vor dem totalen Zerfall und so zeigt das Schloss heute auch Werke von ihm. 2017 stellte der deutsche Fotograf Hans Silvester im Schloss Bilder über das Leben im Luberon seit der 1960er-Jahre aus. Einige Bilder dieser Ausstellung findet man heute groß auf Wänden im Dorf angebracht. Wunderschöne Blickfänge für den Spaziergang unterwegs!

Place du Château, Mitte Juni–Mitte Nov. tgl. 10–13, 14–18, Winter Mi–So 10–12.30, 13.30–17 Uhr, 7 €

Museen

Im dunklen Felsenkeller

Cave du Palais St-Firmin: Ganze 18 m unter der Erde befindet man sich, wenn man die Cave du Palais St-Firmin bis nach hinten durchgeht. Es sind ehemalige Gewerberäume, Zisternen und eine Ölmühle, die sich auf mehreren Ebenen durch den Fels ziehen. Mit einem Audioguide ausgerüstet folgen Sie einem Rundgang, der Ihnen »la vie sous la ville«, also das Leben unter der Stadt zeigt.

Rue du Belvédère, http://caves-saint-firmin.com, tgl. 10.30–13, 14.30–18 Uhr, 6 €

Leben zwischen 1500 und 1900

Village des Bories: In dem Museumsdorf, nur zwei Kilometer von Gordes entfernt an der D15, erlebt man, wie früher in der Provence gebaut und gelebt wurde. Das Dorf besteht aus rund 30 bienenkorb- und bootsrumpfförmigen Natursteinhäusern, die ohne Mörtel gebaut wurden – Bories genannt. Die Bauweise findet man im ganzen Mittelmeerraum, auch im Orient und Nordafrika. Hier kann man sie besichtigen und auch im Inneren zum Teil nachvollziehen, wie die Bauten ausgesehen haben, die bis 1900 besiedelt waren.

Route de Cavaillon, T 04 90 72 03 48, https://levillagedesbories.com, Okt.–März tgl. 9–17.30, April, Mai, Sept. 9–19, Juni–Aug. 9–20 Uhr, 6 €

Schlafen, Essen

Großzügig

Mas de la Sénancole: Selbst das kleinste Zimmer des schönen Anwesens hat 20 m², der Garten ist weitläufig und mit Pool, es gibt eine Sauna, ein Dampfbad und ein hervorragendes Restaurant, wo man auch als Nicht-Hotelgast speisen kann. Die Karte ist der Saison angepasst, hohes Niveau mit Produkten der Region (mittags €, abends €€).

Les Imberts, T 04 90 76 76 55, www.mas-de-la-senancole.com, Jan.–Mitte Feb. geschlossen, €€

Einkaufen

Wochenmarkt von Gordes: Dienstagvormittag rings um die Place du Château.

TOUR
Auf kleinen Wegen zum großen Ziel

Wanderung von Gordes zum Kloster Sénanque

Infos

Start/Ziel: Gordes (H 4)

Länge: 11 km

Erst geht es bergab – dann wieder bergauf. Dazwischen kleine Straßen, oft umgeben von Steinmäuerchen und ebensolchen Häusern. Wer Spaß an Bories hat, alten provenzalischen Steinbauten, wird diese Wanderung lieben!

Am Ortsausgang von **Gordes** an der Kreuzung von D15 und D177 führt eine kleine Straße bergab (Schild: »La Sénancole«). Hübsch sind die Mauern, aus Steinen aufgeschichtet. Kaum ein Auto verirrt sich hierher. An der T-Kreuzung geht es rechts, mitten durch die Garrigue auf einer kleinen Straße. Kurz bevor sie zur Piste wird, führt links ein Pfad zum **Village des Bories** (s. S. 139). Dem Schild »Sénancole« folgend, geht es in der nächsten Rechtskurve einen Pfad geradaus – immer rechts und bergab halten. Vorbei an einer alten **Ölmühle** kommt man ins Bachbett der Sénancole. Nun geht es nordwestlich bergauf. Den kleinen Weg zwischen Schichtmauern verlässt man nach 30 m, um entlang der Steilkante des Tals zu einer großen Borie zu laufen, dann durch einen kleinen Wald und bei allen Abzweigungen rechts, dem gelb-blauen Balken folgend. Es geht durch das malerische, wilde Tal der Sénancole und an dessen Ende steil bergauf. Vorbei an der Ruine des **Mas la Déboursséde** rechts zu einem Lavendelfeld, dann links zu einem Betonweg und wieder rechts bergab auf einem Pfad zum **Kloster Sénanque.** Der Rückweg nach Gordes führt über den recht steilen GR 6, der ab Sénanque ausgeschildert ist.

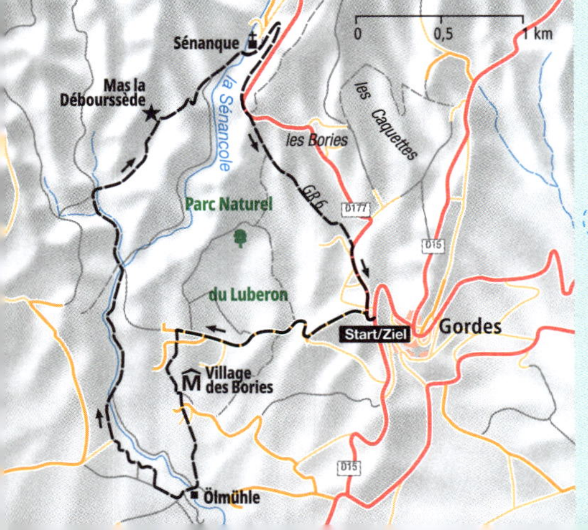

Bewegen

Trüffel suchen

Robert Florent: Wer schon immer einmal nach Trüffeln suchen wollte: Robert Florent macht's möglich! Begleiten Sie den *Trufficulteur* mit seinem Hund auf der Suche nach dem Schwarzen Gold.

Nur im Winter, T 04 90 72 11 60 (s. S. 271)

Infos

- **Office de Tourisme:** Place Genty Pantaly, T 04 90 72 02 08, www.gordes-village.com.

Cavaillon

G5

Obwohl überhaupt nichts gegen Cavaillon (27 000 Einw.) zu sagen ist, ist es doch eine der weniger attraktiven Städte der Provence. Nicht, dass Cavaillon hässlich wäre, aber es ist doch eben eine etwas größere Stadt, die nicht auf Tourismus setzt und deshalb auch nicht ganz so malerisch daherkommt. Braucht sie auch nicht, denn hier herrschen die Melonenkönige. Auf insgesamt 130 ha in der Umgebung der Stadt werden Jahr für Jahr rund 40 000 t Melonen geerntet, und zwar Honigmelonen mit orangefarbenem Fleisch und grüner Schale. Immerhin hängen 2000 Arbeitsplätze an den Melonen (zumindest zur Erntesaison) und die berühmten *Calissons d'Aix* (s. S. 170) gäbe es auch nicht ohne sie. Tatsächlich geht der Melonenanbau bis mindestens ins 15. Jh. zurück.

Historische Hinterlassenschaften

Aber die Stadt ist noch älter! Kelten und Römer haben ihre Spuren hinterlassen, in Form eines reichverzierten *arc romain* an der **Place du Clos.** Dieser Platz ist auch Ausgangspunkt für einen kleinen Spaziergang auf den Hügel **Colline St-Jacques,** der sich direkt dahinter erhebt. Oben stand ein keltisches Oppidum, bevor die Römer kamen und die Kelten zur Umsiedlung nach unten zwangen. Man erreicht die romanische **Chapelle St-Jacques** mit einem kurzen Marsch und hat von hier oben einen schönen Blick auf die Stadt.

Wer sich für das ehemalige jüdische Leben in Südfrankreich interessiert, sollte das einstige jüdische Ghetto besuchen, dessen Hauptattraktion die **Synagoge** ist. Sie stammt aus dem 18. Jh. und ist zauberhaft: im Rokokostil, mit sehr vielen filigran gearbeiteten Elementen, ganz in Pastell.

Synagoge: Rue Hébraique, Mi–Fr, So 9.30–11.30, 14–17, Sa 14–17 Uhr

Schlafen, Essen

Wein & Schlafen

Domaine des Peyre: Auf dem schönen Weingut werden sehr gute Weine gekeltert und hübsche Ferienwohnungen vermietet. Immer wieder finden Kunstausstellungen statt und das Gut mitsamt Außengelände ist reichlich bestückt mit Skulpturen. Eine tolle Adresse zum Wohnen!

84440 Robion nahe Cavaillon, 1620 Route d'Avignon, T 06 08 92 87 71, www.domainedespeyre.com, €€ bis €€€

Melonen mit Stern

La Maison Prévôt: Farbenfrohe Teller, voller Gemüse und Früchten aus der Region, Trüffel im Winter, Fisch im Sommer und zur Saison alles rund um die Melone. Das mit einem Michelin-Stern ausgezeichnete moderne Restaurant ist ein Muss für alle, die junge, frische, melonige Küche lieben!

353 Av. de Verdun, T 04 90 71 32 43,

D

DÖRFER IM NORDEN DES LUBERON

Wie Perlen auf einer Kette liegt Bilderbuchdorf an Bilderbuchdorf am Nordhang des Luberon bis kurz hinter Apt. Die meisten der Dörfer leben vom Sommer. Im Winter wirken sie wie ausgestorben, denn dann fehlen die Touristen, die das notwendige Kleingeld in die Cafés, Restaurants und Souvenirshops tragen, damit sich die Geschäfte lohnen. Viele empfinden die Dörfer dann als gespenstisch oder leer. Aber sie haben in genau dieser Zeit ihren eigenen Reiz, vor allem findet man dann die Ruhe, die man vielleicht sucht und im Sommer nie findet. Im April, meist um die Osterzeit, öffnen die ersten Etablissements wieder ihre Pforten und spätestens ab Mai blüht das Geschäft.

https://maisonprevot.com, Di–Sa 12–13.30, 19.30–21.30 Uhr, €€ bis €€€

Infos

- **Office du Tourisme:** Place F. Tourel, T 03 90 71 32 01, www.luberoncoeurdeprovence.com.
- **Bahn:** Cavaillon ist an das SNCF-Bahnnetz angebunden; regelmäßig Zugverbindungen nach Avignon und Orange.

Gorges de Régalon

H6

Ein toller Ausflug führt aus dem Tal der Durance zur Schlucht **Gorges de Régalon.** Wären die Wände der Schlucht aus rotem statt aus grauem Fels, bekäme sie ganz klar den Beinamen ›Antelope Canyon der Provence‹. Da die Felswände aber nun mal mausgrau sind, bleibt sie eher unbekannt. Hat man erst mal die Garrigue hinter sich, beginnt eine kleine Schlucht; es geht über Stock und Stein, die Klamm ist oft kaum breiter als menschliche Schultern. Manchmal stößt der Kopf an querliegende Felsen. Für die 2 km hin und zurück sollte man mind. 90 Min. einplanen, denn Kletterpartien sind immer wieder notwendig.

Rund 4 km westlich von Mérindol an der D973 (Parkplatz ausgeschildert)

Oppède-le-Vieux

H5

Gespenstisch schöne Kulisse

Es gibt ja viele Orte, die sind nur bei Sonne schön. **Oppède-le-Vieux** gehört nicht dazu. Natürlich ist dieser *village perché* bei Sonne ganz wunderbar und der Blick von hier oben großartig. Doch kommt der Nebel, vermittelt Oppède-le-Vieux den Eindruck einer surrealistischen Kulisse und man kann sich ganz dieser zauberhaften Stimmung hingeben. Bäume verwachsen mit dem Stein und hoch oben, dort, wo Raymond VI. von Toulouse seine Burg errichten ließ, glaubt man Gespenster sehen zu können. Bis ins 14. Jh. haben hier 900 Menschen gelebt, dann kam die Pest, im 17. Jh. ein Erdbeben, Religionskriege und dann die Wirtschaftskrise. Das Dorf war wie verflucht. Doch dann wurde der kleine Ort wiederentdeckt. Künstler ließen sich hier nieder und besiedelten und restaurierten die Häuser. Heute lebt hier oben wieder eine Handvoll Menschen. Und im Sommer kommen noch einige Besucher dazu.

Schlafen

Rustikal

Belle de Nuit: In diesem alten Dorf zu übernachten hat schon was. Der Zauber, den der Ort ausstrahlt, ist bis hinter die Mauern zu spüren. In dem kleinen Maison d'hôte mit nur wenigen Zimmern und herzlichen Besitzern wird für die eigenen Gäste gekocht – auf Anfrage – und das gut.
24 Route des Petitons Minguets, T 09 50 74 35 52, www.belle2nuit.fr, €€

Bewegen

Wandern durch die Obstgärten

Sentier Vigneron Oppède: Ein beschilderter Wanderweg führt vom Parkplatz nördlich von Oppède-le-Vieux 5 km durch Wein-, Kirsch- und Olivenpflanzungen.

Ménerbes

H5

Das berühmteste Luberon-Dorf

Ach, **Ménerbes,** was könntest du so schön sein. Liegst auf einem Bergrücken, bist durch und durch malerisch, im Mittelalter erbaut, von Gassen durchzogen, mit Brunnen geschmückt. Du hast eine Zitadelle, die ganz oben steht und von der aus man so einen schönen Blick hat, bist voller Galerien und lauschigen Eckchen. Lieblich bist du und voller Reiz. Gäbe es da nur nicht 10000 und einen Touristen, der genau das sucht, was du bietest: Das Klischee der Provence.

Natürlich ist das nicht die Schuld von Ménerbes. Das war ganz alleine Peter Mayle, der in den 1980er-Jahren hierherkam und derart liebevoll und detailliert über das Leben und die Menschen vor Ort schrieb, dass Scharen von Touristen hierher strömten, um die unzuverlässige Bäckerin aufzusuchen, den grimmig dreinschauenden Wirt, und den Händler, der immer versucht, die Städter zu beschummeln. Eine wahre Invasion setzte ein, bis es selbst dem erfolgreichen Autor zuviel wurde und er von Ménerbes in die USA floh. Das Städtchen überließ er sich selbst – und bis heute wird er dafür geliebt und gehasst. Geliebt von all denen, die sich mit den bis heute massenhaft einfallenden Touristenscharen eine goldene Nase verdienen, gehasst von all denen, die nun unter viel zu hohen Preisen leiden und das beschauliche Leben vermissen.

Schlafen

Luxus

La Bastide du Tinal: Eine alte Seidenfabrik aus dem 18. Jh. vor den Toren von Ménerbes wurde zwei Jahre lang restauriert und dann mit prachtvollen Räumen, einem traumhaften Garten, natürlich mit

MARKTTREIBEN

Coustellet (H5) ist ein netter Ort. Doch vor allem kommt man sonntags, und im Sommer auch mittwochabends zum beliebten Erzeugermarkt, Marché Paysan, hierher. In Bonnieux (s. S. 145) ist freitags Markt – ein Jour fixe für alle Luberonkenner, denn der Markt gehört zu den malerischsten des Luberon. Das liegt wahrscheinlich daran, dass er auf dem Dorfplatz stattfindet, mit Aussicht auf Lacoste, Gordes, Goult und wenn man Glück hat, den Mont Ventoux.

zwei Pools und allen Annehmlichkeiten, die man erwarten darf, wenn man so schick wohnt, ausgestattet. Ein Hektar Land gehört zum Anwesen, sodass man ganz sicher vollkommene Ruhe hat.

660 Chemin neuf, T 04 90 72 18 07, www.bastide-du-tinal.com, €€€

Essen

Mit Aussicht

Bistrot le 5: Man sitzt auf einer Terrasse mit großartiger Aussicht und genießt französisches Lebensgefühl: kühler Rosé, anständiges Essen und hin und wieder eine musikalische Soirée. Natürlich ist das alles für Touristen gemacht. Aber das macht es nicht schlechter. Es gibt klassische französische Bistro-Küche, wie Seezunge und Schnecken. Nehmen Sie ein Dessert, die sind besonders lecker hier.

5 Place Albert Roure, T 04 90 72 31 84, www.bistrotle5.com, tgl. ab 9 Uhr, €

Einkaufen

Trüffel, Wein und mehr

Maison de la Truffe et du Vin: In alten Räumlichkeiten aus dem 17. Jh. kauft, trinkt und speist man, wenn das dazugehörige Restaurant im Sommer offen ist. Die anderen Köstlichkeiten sind auch außerhalb des Sommers zu kaufen oder zu kosten, z. B. bei Trüffelseminaren u. Ä.

Place de l'horloge, T 04 90 72 24 94, April–Okt. Mo–Sa 10–18, Dez.–März 10–17 Uhr, das Restaurant ist nur mittags und im Sommer geöffnet, die Weinbar nur bei schönem Wetter Freitag- und Samstagabend

Wein

La Bastide de Marie: Im Familienbetrieb wird seit 2000 Wein der AOC Luberon hergestellt. Angeschlossen sind hübsche Gästezimmer und ein sehr gutes (und teures) Restaurant. Man kann das Weingut besichtigen und natürlich auch Weine verkosten und kaufen.

64 Chemin des Peirelles, T 04 90 72 30 20, www.labastidedemarie.com, Nov.–März 8.30–20.30, April–Okt. 9–20 Uhr

Feiern

- **Trüffelfest:** Ende Dezember in Ménerbes. Infos unter https://menerbes.fr.

Goult

J5

Windmühle über dem Dorf

Auch **Goult** reiht sich in die Reihe herrlicher Luberon-Dörfer ein. Man spürt die Nähe zu Roussillon (s. Tour S. 146), denn viele der alten Steingebäude sind ockerfarben. Das, was Goult von anderen Orten unterscheidet: eine alte, restaurierte Windmühle am höchsten Punkt des Dorfes und ein bisschen weniger Gäste als in den anderen Orten.

Essen

Außergewöhnlich

La Bartavelle: Seit Jahren ist das renommierte Restaurant ein Renner. Es gibt köstliche, typisch französische Gerichte wie *foie gras,* Ente und Fisch. Jedes Gericht ist ein kleines Kunstwerk, das auf offener Straße oder unter dem Gewölbe des Hauses serviert wird.

29 Rue du Cheval Blanc, T 04 90 72 33 72, https://labartavellegoult.com, Reservierung notwendig, Do–Mo 19.30–21, So zum Frühstück ab 12.15 Uhr, Feb., März So abends geschlossen, €€ bis €€€

Cocktails und Tapas

Le Garage à lumières: Was für eine netter Ort zum Einkehren! Ganz städtisch auf dem Land ist die ›Garage‹ ein bisschen im Industriestil gehalten, trotz des alten Hauses, in dem sie untergebracht ist. Es gibt günstige Tellergerichte, köstliche Cocktails, Tapas, aber auch Krevetten oder Burger. Erfrischend anders!

Goult, Lumières, T 04 32 50 29 32, www.legaragealumieres.fr, Di–Sa ab 19.30 Uhr, €

Bonnieux und Lacoste

J5

Ob es wohl Zufall ist, dass ein Ort namens **Lacoste** ausgerechnet von einem Modezar aufgekauft wurde? Vielleicht nicht aufgekauft, aber doch immerhin 40 Häuser hat Pierre Cardin in dem kleinen Dorf erworben, das irgendwie aus der Zeit gefallen scheint.

Seit Jahren werden die Häuser und das **Château de Marquis de Sade** (1740–1814) Stück für Stück restauriert. Seine sexuellen Fantasien (oder Erinnerungen?) hat der Marquis zwar im Gefängnis geschrieben, und ausgelebt im Château Mazan, wo heute ein Luxushotel untergebracht ist (Nähe Carpentras), doch hier hat er gelebt und auch ganz bestimmt so einiges getrieben. Pierre Cardin hat das Schloss für Besucher geöffnet. Man kann Teile des Gebäudes besuchen – und Wechselausstellungen moderner Künstler betrachten. Mag man bei den Geschichten des Marquis de Sade noch lächeln, vergeht einem das Lachen, wenn man die frühere Geschichte des Dorfes anschaut: Denn im 16. Jh. war Lacoste eine Siedlung der Waldenser, die unter der Papstherrschaft in Avignon grausam zerstört wurde. Die Bewohner wurden hingerichtet und der Besitz unter den Zerstörern aufgeteilt.

Schloss: https://provence-alpes-cotedazur.com Stichwort ›Chateau lacoste‹, Mitte–Ende Juni, Anf.–Mitte Sept. So–Fr 14–19., Juli, Aug. Mo–Sa 10–13, 14–19, So 14–19 Uhr, 10 €

WEIN VON FREUNDEN

»Was für eine Schande, so viele Weinfelder verwildern zu lassen« dachten sich ein paar Freunde und gründeten 2012 Orgamic, eine Initiative von Freunden *(copains)*, die ein gemeinsames Ziel hatten: Wein zu produzieren, ohne dabei all das aufzugeben, was ihr alltägliches Leben ausmachte. Sie kauften alte, verwilderte Weinflächen auf und begannen gemeinsam Wein anzubauen. Was anfangs eine kleine Initiative war, ist inzwischen auf 70 *copains* angewachsen – und alle haben Anteil an Orgamic. Gearbeitet wird nach Feierabend oder wer Zeit hat auch davor, geerntet wird gemeinsam – ganz nach Georges Brassens: »Der beste Wein ist nicht unbedingt der teuerste, sondern der, den man teilt«. In der Zwischenzeit ist die kleine Cave auch über die Grenzen von Goult hinaus bekannt, ihr Wein ist köstlich, bio und wird über ihre Boutique in Goult vertrieben (84220 Goult, 263 Rue de la Californie, Hameau de Lumières, T 04 90 72 64 61, www.orgamic-vins.com. Da der Laden nicht immer offen ist, rufen Sie am besten vorher an.)

Wie eine Kegelspitze

Während Lacoste und Ménerbes an Berghängen liegen, ist **Bonnieux** wie ein Kegel um eine Bergspitze herumgebaut. Mittelalterliche Gassen durchziehen das kleine Städtchen. Wer hochklettert bis zum Plateau, dem höchsten Punkt des Städtchens neben einer alten Wehrkirche aus dem 12. bzw. 15. Jh., dem bieten sich herrliche Blicke auf die

TOUR
Einmal quer durch den roten Farbtopf

Fahrt von Roussillon nach Rustrel ✪ mit Spaziergängen und Minentour

Sie müssen nicht in die USA reisen, um spektakuläre, rotleuchtende Landschaften zu sehen. Es reicht vollkommen, den Luberon zu besuchen. Denn die Region nördlich von Apt erinnert an den Grand Canyon und auch an Colorado. Das farbenfrohe Massiv erstreckt sich zwischen den Dörfern Roussillon und Rustrel und leuchtet auf rund 20 km mal hellrot, mal gelb, manchmal ein bisschen orange, rostrot und dazwischen immer wieder dunkelrot. Es sind die Farben der Ockerfelsen des Luberon. Noch vor wenigen Jahrzehnten spielte der Ockerabbau eine wichtige wirtschaftliche Rolle hier, als das Pigment zur Trocknung von Kautschuk verwendet wurde, heute ist das kaum noch von Bedeutung.

In Roussillon, auf dem Weg zu den Sentiers des Ocres, liegt der Laden **Comptoir des Ocres**, wo man alles kaufen kann, was nur im Geringsten mit den Farbpigmenten zu tun hat (www.roussillon-en-provence.fr/pro-comptoir-des-ocres.html).

Die Legende

Die Einwohner von Roussillon erklären sich die Herkunft des roten Ockers mit einer etwas blutrünstigen Legende. Ein Adelsherr heiratete einst eine schöne Frau, Sirmonde. Sie lebten in Roussillon. Eines Tages kam ein Troubadour, und die schöne Frau verliebte sich in ihn. Ihr Gatte lud daraufhin den Sänger auf die Jagd ein und als die Gesellschaft am Abend zusammensaß und speiste, fragte der Adelige seine Frau, wie ihr das Essen gemundet habe. Noch bevor Sirmonde antworten konnte, sprach ihr Ehemann weiter: »Es war nämlich das Herz deines Liebhabers«. Sirmonde stürzte zum Fenster und warf sich nach draußen. Seitdem ist der Fels, auf dem das Haus der Adelsleute stand, blutrot.

Ein Dorf sieht rot

In **Roussillon** findet man Ockerpigmente an allen Hausfronten (ockerhaltiger

Infos

Start: Roussillon (J 5)

Ziel: Rustrel (J 5)

Länge: 22 km

Infos: Office de Tourisme Roussillon, T 04 90 05 60 25, www.roussillon-en-provence.fr

Sentiers des Ocres: Eintritt 2,50 €, Parken 3 €

Okhra: www.okhra.com, Feb., März, 10–13, 14–17, April, Juni, Sept., Okt. 10–13, 14–18, Juli, Aug. 10–13, 14–19, Nov., Dez. Mo, Di, Do, Fr 14–17 Uhr, 9,50 €

Mines de Bruoux: T 04 90 06 22 59, www.minesdebruoux.fr, Mitte März–Ende Okt. tgl. 10–18 Uhr, 9,50 €, Reservierung erforderlich!

Colorado de Rustrel: Feb., März, Nov. Dez. 9.30–16.30, April 9–17.30, Mai, Sept. 9–18, Juni 8.30–18.30, Juli, Aug. 8–19, Okt. 9.30–17.30 Uhr, Parkplatz 8 €, Eintritt frei

Sand ist wasser- und sonnenbeständig) und so gleicht ein Gang durchs Dorf einem Spaziergang auf einer Farbpalette. Noch schöner ist allerdings ein Spaziergang durch die alten Ockersteinbrüche. Am **Parkplatz**, oberhalb des Dorfes, gehen zwei kleine Rundwege ab, die **Sentiers des Ocres.** Trotz der vielen Steigungen sind die Wege leicht zu bewältigen. Zwischen den bunten Ockerfelsen ragen immer wieder grüne Kiefern auf. Als hier noch gearbeitet wurde, war die komplette Region baumlos. Doch die Natur hat sich ihr Territorium zurückerobert und so darf man sich heute am herrlichen Farbkontrast erfreuen. 2 km östlich von Roussillon wird im **Okhra** (Conservatoire des Ocres), einer ehemaligen Ockerfabrik, die Herstellung und Verarbeitung von Ocker gezeigt.

Unterirdisch

Bei **Gargas,** 7 km östlich von Roussillon, liegen die **Mines de Bruoux,** ein beeindruckendes, von Menschenhand geschaffenes Höhlensystem von insgesamt 40 km Länge – jeder Gang so breit wie zwei Männer mit ausgestreckten Armen und Werkzeug in der Hand. Wer sich durch das unterirdische Gangsystem in den Steinbrüchen führen lässt, entdeckt die Kratzspuren der Meißel, mit denen die riesigen Stollen geschaffen wurden. Einen einzigen Meter schafften die Männer pro Tag, wenigstens schwitzten sie dabei nicht. Denn im Inneren liegt die Temperatur bei konstant 10 °C – ziehen Sie sich also eine warme Jacke an, wenn Sie die wundervoll ausgeleuchteten Tunnel der Minen besuchen!

Im Feenland

Wahrscheinlich sind die ausgewiesenen Wege bei **Rustrel** im sogenannten **Colorado de Rustrel** die schönste Art, sich dem Ocker zu nähern. Denn man läuft durch die bizarrsten Felsformationen, die man sich vorstellen kann. Manche der märchenhaften Felsspitzen werden Feentürme *(cheminées des fées)* genannt, andere erinnern an Landschaften in der Sahara. Der blau markierte Weg führt zu den Feen, der rote in die Sahara. Unterwegs können Sie Felsen besteigen, ihr Gesicht mit Ocker bemalen, kleinere und größere Abstecher machen und sich an dem herrlichen Rottönen erfreuen. Aber nehmen Sie etwas zu Trinken mit! Es wird schnell heiß im Ocker!

Von ganz oben an der Burgruine in Saignon hat man den schönsten Blick auf den Luberon und seine Höhendörfer, die villages perchés.

Umgebung, vor allem auf Lacoste, das in Sichtweite liegt.

Schlafen

Wunderschöne Lage

Le Mas Jorel: Die hübsche Maison d'hôte liegt genau in der Mitte zwischen Gordes, Roussillon und Bonnieux – ein idealer Ausgangspunkt, um die Region zu erkunden. Die Zimmer sind provenzalisch schlicht, die Aussicht großartig, der Garten üppig und mit einem beheizten Pool. Cool.

84400 Gargas, 104 Impasse des cerisiers, Hameau de Tartuguière, T 06 78 39 97 44, www.lemasjorel.com, €€

Essen

2*-Niveau mit Understatement

La Bergerie: Absolut köstlich! La Bergerie ist die Bistro-Ausgabe des Zwei-Sterne-Kochs Edouard Loubet, der in ganz Frankreich eine Berühmtheit ist! Man speist Köstlichkeiten aus der Region, Lammkeule, Schmorfleisch, Tapenaden – das meiste davon in Bioqualität. Und das von einer Terrasse mit großartigem Blick. Das Restaurant bietet – zusammen mit dem Capelongue (dem Zwei-Sterne-Haus des Meisters) – auch Kochkurse an.

84480 Bonnieux, Les Claparèdes, Chemin des Cabanes, T 04 90 75 89 78, https://capelongue.com/restaurant-la-bergerie, tgl. mittags und abends geöffnet, à la carte € bis €€

Feiern

- **Festival de Lacoste:** Jedes Jahr im Juli findet in Lacoste ein von Pierre Cardin ins Leben gerufenes Theater- und Opernfestival statt, und zwar in den Steinbrüchen des Schlosses. www.festivaldelacoste.com.

Infos

- **Office de Tourisme Bonnieux:** 7 Place Carbot, T 04 90 75 91 90, Lacoste hat kein eigenes Büro.

Saignon

K5

Village perché mit Waschhaus

Alle Dörfer sind wunderschön: Aber **Saignon** ist eben noch ein bisschen schöner. Es ist ein befestigtes Dorf mit einer Burgruine, die auf einem langgestreckten Felssporn liegt, umgeben von weiten Lavendelfeldern. Auf der zentralen Place de la Fontaine sitzt man – nomen est omen – an einem herrlichen Brunnen, drumherum die mit Wein bewachsenen Häuser und man spürt genau die Gelassenheit, die man in den deutlich stärker besuchten Dörfern zumindest während der Saison nicht mehr findet. Ein altes Waschhaus – schön restauriert – erinnert an das Leben von einst, ebenso wie die alte Ölmühle, die halb in den Fels gebaut wurde.

Für Gipfelstürmer

Saignon liegt am nördlichen Fuß des **Mourre Nègre,** mit über 1000 m der höchste Berg des Luberon. Von hier aus gibt es mehrere Routen für Wanderer und Mountainbikefahrer. Den besten Einstieg zum Aufstieg hat man von Auribeau an der D48 nahe Saignon. Der Weg (blaue Pfeile) beginnt hinter dem Friedhof und trifft nach 2 km auf den GR92, der zum Gipfel führt (s. S. 156). Wer sich lieber von Süden dem Mourre Nègre nähert, kann seine Wanderung auch in Cabrières d'Aigues beginnen, wo der GR92 mündet. Von hier kann man – wenn man will – über den GR 9 nach Cucuron wandern.

Apt

Apt ist eine richtige Stadt. Hätte man gar nicht vermutet, hier im ländlichen Luberon. Allerdings ist es keine große Stadt, gerade mal 12 000 Einwohner zählt sie und wer sich nur in der Altstadt bewegt, wird kaum merken, wie ›groß‹ es hier eigentlich ist. Apt ist der Verwaltungssitz des **Parc naturel régional du Luberon.** In der **Maison du Parc** finden Sie alles, was Sie schon immer über diesen Park wissen wollten (60 Place Jean-Jaurès, T 04 90 04 42 00, Mo–Fr 9–12 Uhr, 13.30–117.30 Uhr, kostenlos). Apt ist aber nicht nur Verwaltungssitz. Es ist das städtische Zentrum der Region, was man vor allem samstags spürt, wenn Menschen aus der gesamten Umgebung hierher strömen, um auf den **Markt** zu gehen (s. Lieblingsort S. 151).

Alles verzuckert

Apt ist außerdem als das Zentrum der *fruits confits* bekannt. Angeblich wachsen hier die besten Kirschen von ganz Frankreich. Aber auch Mirabellen, Äpfel, Birnen, Aprikosen, einfach alles schmeckt hier besonders gut. Was früher der Haltbarmachung der köstlichen Früchte diente, wird heute alleine gemacht, weil es so gut schmeckt. Im **Musée de l'Aventure Industrielle** an der Place du Postel kann man den Verzuckerungsprozess sehen, wie er einst betrieben wurde. Überhaupt beschäftigt sich das Museum viel mit den süßen Früchten, aber auch mit Ocker und seinen Produkten.

14 Place du Postel, www.apt.fr/Le-Musee-de-l-Aventure.html, Feb.–Dez. Di–Sa 10–12, 14–17.30, Juli, Aug. Mo–Sa 10–12, 14–18.30 Uhr, 5 €

Süße Früchte heute

Wer sich eher für die moderne Produktion interessiert, sollte in das **Maison**

B

BASILIKUM

In der Nähe von Apt hat Catherine Pisani einen Basilikumgarten geschaffen. Hier produziert sie über 30 Basilikumarten. Wer den Garten besuchen möchte: Kein Problem, der Eintritt ist kostenlos. Vor Ort kann man Basilikum kaufen, oder man geht auf den Markt in Apt, wo Catherine jeden Dienstagvormittag ihr grünes Wunder verkauft. Wer zu sechst oder mehr ist, kann auf Voranmeldung eine kleine Führung bekommen, die man noch mit einem Basilikum-Picknick aufpeppen kann (D900 Richtung Roussillon, T 06 71 04 22 38, www.lafermeauxbasilics.com, Führung 5 €/Pers., mit Picknick 15 €/Pers.).

du Fruit Confit gehen, am Eingang von Apt (von Westen kommend). Es ist die weltweit größte Manufaktur für die Herstellung der leckeren Süßigkeiten. Hier gibt es nicht nur einen Verkaufsraum, sondern auch ein kleines Museum, wo man individuell und mit allen Sinnen in die Kunst des Früchtekandierens eingeweiht wird.

Quartier Salignan, D900, Mo–Sa 9.30–18.30 Uhr, Eintritt frei

Schlafen

Einfach klösterlich

Le Couvent: Das hübsche Hotel ist in einem alten Kloster aus dem 17. Jh. untergebracht, gut zu erkennen an einigen Deckengewölben und den langen Fluren. Das Haus ist ein kleiner Traum in der Altstadt mit Garten, kleinem Pool, Himmelbetten und Klosterbänken auf den Fluren. Das Klösterlichste hier ist jedoch die Ruhe, die man genießt.

36 Rue Louis Rousset, T 04 90 04 55 36, www.loucouvent.com, €€

Essen

Bunt und lecker

Thym Te Voilà: Das ist der junge Midi! Im Thym Te Voilà wird das serviert, was gerade Saison und worauf der Koch Lust hat. Das ist bio, international und immer mit einem Hauch Süden oder Orient, z. B. Panna Cotta aus Feta, indisches Tandoori-Hähnchen mit frischem Wildkräutersalat … Die Preise sind mehr als moderat, die Räumlichkeiten bunt, fröhlich, jung sowohl drinnen als auch draußen.

59 Place St-Martin, T 04 90 74 28 25, Webseite bei Facebook, Di–Sa 11.45–21 Uhr, €

Direkt vom Weingut

Sylla: Das Weingut Sylla hat in Apt (und Cavaillon) ein Ladengeschäft, wo man nicht nur die hauseigenen Weine und andere Köstlichkeiten kaufen, sondern mittags auch Kleinigkeiten essen kann. Serviert werden – zum guten Wein – bunte Salate mit einer Käseauswahl, aber auch Charcuterie und Desserts. Lecker und außergewöhnlich.

406 Av. de Lançon (D900 Richtung Westen), T 04 90 04 60 37, www.sylla.fr, Winter Mo–Sa 9–12.30, 13.30–18.30, Mo, Di im Jan., Feb. (kein Mittagessen), Sommer Mo–Sa 9–13.30, 15.30–19.30, Juni–Sept. auch So 9.30–13 Uhr, eine Reservierung wird empfohlen, € bis €€

Einkaufen

Kandierte Früchte gibt es im Maison du Fruit Confit (s. oben). Der große Wochenmarkt ist Samstagvormittag (s. Lieblingsort S. 151), dienstags findet ganztägig ein *marché des producteurs,* ein Erzeugermarkt, auf der Place de la Bouquerie statt.

Lieblingsort

Schöner Shoppen

Vielleicht gibt es idyllischere Märkte, aber ganz sicher keinen, der so lebendig und bunt ist wie der **Samstagsmarkt** in **Apt** (J5). Was ihn so besonders macht: Er verteilt sich über die gesamte Altstadt. Jede Gasse, jede Straße, jeder Hinterhof dient als Verkaufsfläche. Dabei wird so gut wie kein Ramsch verkauft, sondern gute Ware. Obst und Gemüse, Käse und Tapenaden, Olivenöle und Pasteten. Metzger und *Patissiers* bieten ihre Produkte an, es gibt Klamotten und regionales wie internationales Kunsthandwerk. Wer des Bummelns müde ist, kann am Rand in einem Café oder Bistro sitzen und das Markttreiben in Ruhe beobachten. All das zusammen ergibt ein wunderbares Farben- und Formenspiel, während die Luft voller Düfte ist und vor Betriebsamkeit vibriert. Südfranzösischer geht es kaum!

Bewegen

Rad oder E-Bike leihen

Luberon Bike Shop: Es gibt Mountainbikes (1/2 Tag 25 €) und E-Mountainbikes (1/2 Tag 60 €) sowie auch Kinderräder. 669 Av. Victor Hugo, T 04 90 75 53 07, http://luberonbikeshop.com

Wandern

In Apt beginnt der GR92, der von hier über den Gipfel des Mourre Nègre auf die Südseite des Luberon führt, vorbei an Saignon bis nach Cabrières d'Aigues (nahe Cucuron). Der Einstieg ist ca. 1 km hinter Apt (ab Ortsausgangskreisel an der Place Lauze de Perret) an der Straße nach Saignon (D48): Auf der linken Straßenseite geht die Sackgasse Chemin de l'Auriane ab, der man folgt (Beschilderung).

Infos

- **Office de Tourisme:** Av. Philippe de Girard etwas außerhalb, T 04 90 74 03 18, www.luberon-apt.fr.
- **Bus:** aus Avignon, Cavaillon oder Forqualquier.

Lourmarin

J6

Hätte nicht auch hier Peter Mayle gewohnt, nachdem er aus Ménerbes geflohen ist, in die USA emigrierte, um dann die letzten Jahre seines Leben wieder im Luberon zu verbringen – und zwar bei **Lourmarin,** dann wäre das Dorf wegen Albert Camus bekannt. Denn auch dieser lebte und starb hier. Gérard Depardieu verbringt regelmäßig seine Ferien hier und mit ihm halb Paris, wie es scheint. Sie sehen, Lourmarin ist kein Geheimtipp mehr.

Schon von Weitem beeindruckt das Schloss von Lourmarin. Wer das Innere besichtigt, wird nicht enttäuscht.

Wie Gordes hat es die Auszeichnung, eines der »Plus beaux villages de France« zu sein, was weniger an den mittelalterlich wirkenden Gassen liegt, sondern sowohl an seiner Lage am südlichen Combe de Lourmarin, dem Taleinschnitt, der den Petit Luberon von dem Grand Luberon trennt, als auch schlicht am Savoir-vivre, den das hübsche Städtchen ausstrahlt. Die Fensterläden sind bunt gestrichen, die alten Steinhäuser haben nicht selten Gärten mit üppiger Blumenpracht, kleine Plätze üben eine große Anziehungskraft aus

Drei Fontänen, drei Bärte

Lourmarin hat ein zauberhaftes **Renaissanceschloss**, das nach seiner Zerstörung während der französischen Revolution um 1920 von einem Industriellen stilecht restauriert und möbliert wurde. Auf dem Weg vom Städtchen dorthin schauen Sie sich doch mal den Brunnen an, der zwischen dem Dorf und dem Schloss von

Lourmarin steht. Algen wachsen unterhalb der Wasserrohre, sodass es aussieht, als hätten die steingemeißelten Herrengesichter lange Bärte! Auf dem **Friedhof** neben dem Schloss liegt übrigens **Albert Camus** begraben, Anziehungspunkt für viele Lourmarin-Besucher.

Rue du Temple, www.chateaudelourmarin.com, Nov.–März 10.30–12.45 14.30–17.15, April, Okt. 10.30–13.15,14.30–17.45, Mai–Sept. 10.30–18.45 Uhr, 7,50 €

Für Kreative und Gartenfans

Das Schloss von **Lauris,** nahe Lourmarin, bietet viel: einen Garten, der zu einem der bemerkenswertesten Frankreichs gekürt wurde, wo Färberpflanzen wachsen – *garance* heißt Färberwaid, eine Pflanze, deren Wurzeln einen roten Farbstoff liefern. Im Atelier Couleur Garance werden Kurse veranstaltet, bei denen Kreative sich ausleben können, z. B. beim Färben mit Pflanzenfarben oder beim Seifenmachen.

Lauris, Maison Aubert, La Calade, www.couleur-garance.com, Garten Mai–Okt. Di 10–12, 15–18, Sa 15–18 Uhr, 4 € bzw. 6 € mit Führung (Di 16, 17 Uhr), Anmeldung erforderlich culture@lauris.fr

Schlafen

Erbaut 1582

La Cordière: Es gibt nur drei Studios – alle mit kleiner Küchenzeile und die sind wunderschön und jedes ganz anders. Das Haus ist vollkommen verwunschen. Überall gibt es kleine Ecken und in den Nischen stehen Tische, die man nutzen kann. Mindestaufenthalt hier ist drei Tage – besser aber, Sie bleiben gleich eine ganze Woche.

Lourmarin, Impasse de la Cordière, Rue Albert Camus, T 06 81 02 18 04, www.cordiere.com, € bis €€

Montagne Ste-Victoire im Blick

La Maison de Charlie: Ziemlich genau in der Mitte zwischen Lourmarin und Cucuron liegt dieses hübsche Maison d'hôte mit nur zwei modern und komfortabel eingerichteten Zimmern. Der Garten ist riesig, ein Pool darin und in der Ferne die Montagne Ste-Victoire, Cézannes Haus- und Lieblingsberg.

Vaugines, Impasse de Poucelle, T 06 10 08 63 46, www.lamaisondecharlie.fr, €€, in der Hochsaison mehr

Essen

Essen für alle

Auberge la Fenière: Es gibt ein Sterne-Restaurant und ein Bistro, dazu noch ein paar Gästezimmer und eine Kochschule. Alles in einem. Und alles auf höchstem Niveau. Hier wird – wohlgemerkt mit Michelin-Stern – gluten- und laktosefrei gekocht gemäß dem Motto: Essen für alle! Wie wunderbar das schmeckt, beweist die Auberge. Wieviel Sie dafür bezahlen möchten, entscheiden Sie selbst, je nachdem, ob Sie im Bistro oder Restaurant speisen.

Cadenet, 1680 Route de Lourmarin, T 04 90 68 11 79, www.aubergelafeniere.com, Restaurant Mi–So, nur abends, Bistrot Fr, Sa, Mo, Di mittags und abends, So Brunch 11.30–13.30 Uhr, €€€

Kleine Karte, kleines Restaurant

La petite Table: Man fühlt sich wie in einem Wohnzimmer, so gemütlich ist es hier. Man speist neben dem Bücherregal an kleinen Tischen und was aufgetischt wird, ist großes Essvergnügen. Kleine, französische Speisekarte mit *foie gras* und Tauben.

Lourmarin, 10 Bd. du Rayaol, T 04 86 78 28 74, Webseite bei Facebook, Di–Sa 12–13.30, 19–21, So 12–13.30 Uhr, € bis €€

Wer will, der kann: bio oder vegan

La Récréation: Das Restaurant ist auf den Zug der Zeit aufgesprungen und bietet gute französische Küche an – und hat auch was für Veganer und Bio-Fans

auf der Karte. Gekocht wird regional und saisonal, gegessen wird im Winter am offenen Kamin und im Sommer auf der schattigen Terrasse.
Lourmarin, 15 Av. Philppe de Girard, T 04 90 68 23 73, www.la-recreation-lourmarin.com, €

Einkaufen

Kräuterfee

Ferme de Gerbaud: Der Hofladen von Paula auf der Ferme de Gerbaud ist eine Offenbarung für alle, die *les odeurs de la Provence* – also die Düfte der Provence – einfangen möchten. Sie verkauft getrocknete Kräuter, Kräuteröle, Sirup, Essig, Honig, alles aus eigener Produktion und bio. Wer sich intensiver für ihre Arbeit interessiert, kann zwischen April und Oktober Di, Do und Sa um 17 Uhr eine Führung über die Ferme und die Felder machen, Nov.–März So um 15 Uhr (5 €).
Etwa 3 km nördl. von Lourmarin, T 04 06 45 42 57 12, www.plantes-aromatiques-provence.com

Infos

- **Office de Tourisme Lourmarin:** Place Henri Barthélémy, T 04 90 68 10 77, www.lourmarin.com.

Cucuron

K5

Mit riesigem Mühlweiher

Das schönste an **Cucuron** sind nicht die engen, steil bergauf steigenden Gassen, nicht der Donjon, von dem aus Sie das Ziegelmeer des Dorfes überschauen können, und auch nicht die malerischen Plätze im Inneren des Dorfes. Das schönste ist die Place de l'Étang

Der ehemalige Mühlteich in Cucuron ist der perfekte Ort, um im Schatten unter Platanen einen Drink zu nehmen.

L

DIE ZWEI SEITEN DES LUBERON

Am Südhang des Luberon sind zumindest im Bereich des Petit Luberon, d. h. im Westen, im weniger hohen Teil des Gebirges, die *villages perchés,* also die befestigten Dörfer auf Bergen, nicht ganz so dicht gesät wie auf der Nordseite. Hier liegen die Dörfer häufiger in der Ebene oder auf kleinen Hügeln zwischen der Durance und dem Massiv, sind dafür aber auch deutlich weniger frequentiert als die nördlichen Örtchen. Auch die Landschaft südlich des Luberon ist etwas weniger wild und besticht vielmehr mit sanften Hügeln, hinter denen sich das Gebirge erhebt.

vor der Stadtmauer, mit riesigen, uralten Platanen und einem Wasserbecken größer als jedes Schwimmbad, um das herum am Dienstagmorgen ein schöner Wochenmarkt stattfindet. Am Rand des Platzes liegen kleine Cafés – und wieder einmal werden alle Klischees eines Luberon-Dorfes erfüllt.

Essen

Schlicht fantastisch

Café de l'Étang: Es gibt nicht viel mehr als ein Sandwich, aber schöner kann man nicht sitzen: Am Bassin in Cucuron, unter Platanen, mehr Feriengefühl geht kaum. Cucuron, Place de l'Étang, tgl.

Einkaufen

Kostproben für Gourmets

La Cavale: Das Weingut in Cucuron ist nicht nur ein Augenschmaus mit seiner modernen Architektur, hier kann man auch Verkostungsseminare belegen. Von der einfachen Kellerführung mit Weinverkostung (12 € p.P.), über ein Wein-Käse-Kurzseminar, Wein-Schokoladen-Kurzseminar (beide 20 € p. P.) gibt es auch die Möglichkeit Trüffel kennenzulernen und im Winter sogar mit auf Trüffelsuche zu gehen (30 € p. P.). www.domaine-lacavale.com, nach vorheriger Anmeldung/Reservierung

Infos

- **Office de Tourisme Cucuron:** Cours Pourrières, T 04 90 77 28 37, www.cucuron-luberon.com.

Ansouis, Tour d'Aigues und Grambois

K6

Aus der Renaissance

Das Dorf **Ansouis** liegt inmitten von Reben und wird von einem großen Renaissance-Schloss gekrönt. Im Gegensatz zu vielen anderen Dörfern im Luberon ist dieses noch bewohnt und zerfällt nicht, wie so viele. Umgeben ist es von eleganten Terrassengärten, die liebevoll mit Buchshecken angelegt sind. Das Schloss wurde 2008 von einer Familie gekauft und wiederhergerichtet und mit viel alter Kunst ausgestattet und dort, wo es möglich war, mit originalen Möbeln versehen. Ein Teil ist privat, ein Teil kann mit Führung besichtigt werden (www.chateauansouis.fr, mit genauen Uhrzeiten für die Führungen, April–Oktober, 13 €).

Wasserturm

Der Name des Ortes bedeutet ›Wasserturm‹ – **La Tour d'Aigues** ist ein malerischer, charmanter Ort mit vielen Treppen. Doch das wirklich Beeindruckende hier sind die Reste des riesigen, einst prächtigen **Schlosses:** Es stehen nur noch einzelne Mauern, doch die sind so mächtig, dass man sich beim Anschauen ganz klein fühlt. Bevor Sie die Besichtigung jedoch beginnen, setzen Sie sich am besten erst mal in ein Café mit WLAN und laden sich die App runter – einfach Tour Daigues eingeben, ein paar Klicks und Downloads später können Sie die visuelle Tour beginnen und dann parallel dazu durch die Ruinen laufen. Vielleicht haben Sie Glück, und das Fayence-Museum im Untergeschoss des Schlosses ist geöffnet. Wenn Sie sich dafür interessieren, können Sie vorher beim Office de Tourisme eine Besichtigung organisieren. Am schönsten ist der Besuch des Schlosses an einen Dienstag, wenn gegenüber ein bunter Markt stattfindet. Dann verschmelzen Geschichte und heutiges Leben zu einem wunderbaren Ensemble.

Schloss: www.luberon-sud-tourisme.fr/patrimoine-culturel/chateau-de-la-tour-daigues, Di–Sa 10–12.30, 14.30–18 Uhr, 3,50 €

Mit Stadtmauer

Grambois, das letzte Dörfchen auf der Südseite des Luberon, ist noch teilweise von einer Stadtmauer umgeben, in die Häuser gebaut sind. Ein beeindruckender Anblick! Es ist eines der *villages perchés,* die hoch auf einem Hügel thronen. Das Schöne an Grambois ist, dass es im Gegensatz zu Ménerbes oder Bonnieux ruhig ist und viel weniger besucht. Nicht, weil es weniger malerisch wäre, sondern einfach nur, weil es ein bisschen weiter abseits liegt. Besonders schön hier oben ist die Église Notre-Dame-de-Beauvoir mit ihrem runden Turm sowie dem für die Provence typischen schmiedeeisernen Glockenturmaufsatz. Sie stammt aus dem 12./13. Jh. Direkt daneben findet sich der Dorfplatz mit Brunnen.

Schlafen

Romantisch

Un Patio en Luberon: Unter dem Baldachin oder mit alter Steinmauer – in welchem der beiden Zimmer Sie auch übernachten: Es ist romantisch. Oder möchten Sie doch lieber eine kleine Ferienwohnung in Ansouis? Auch damit kann das kleine Maison d'hôte dienen. Frei nach dem Motto: »Mein Haus ist Dein Haus« lebt man hier sehr familiär, sehr urig und unter Gewölbedecken.

Ansouis, 29 Rue du Grand Four, T 04 90 09 94 25, www.unpatioenluberon.com, €€

Bewegen

Lust auf eine Abkühlung?

Étang de la Bonde: Zwischen Ansouis und Grambois liegt der kleine, von Aleppokiefern umgebene Badesee, an dessen nordwestlichem Ufer Baden möglich ist. Der Parkplatz am See ist während der Sommermonate gebührenpflichtig.

Aufstieg auf den Luberon-Riesen

Mourre Nègre: Der mit 1126 m höchste Berg des Luberon ist nicht nur von Saignon aus zu besteigen (s. auch S. 149), sondern man kann den Aufstieg auch von der Südseite her unternehmen. Von Cabrières d'Aigues (ca. 5 km östlich von Cucuron) folgt man dazu einfach dem GR92 zum Gipfel (ca. 12 km). Von dort kann man weiter über Saignon bis nach Apt wandern – insgesamt knapp 20 km (s. auch S. 152).

Infos

- **Office de Tourisme La Tour d'Aigues:** Le Château, T 04 90 07 50 29, www.luberoncotesud.com.

Zugabe
Das einfache Leben

Der Luberon des Willy Ronis

Willy Ronis dokumentierte mit seiner Kamera meisterhaft den ländlichen Alltag im Luberon der Nachkriegsjahre.

Willy Ronis, der französische Vertreter des fotografischen Humanismus, entdeckte 1947 den Luberon für sich. Fernab der Pariser Vororte, die bis dahin sein bevorzugtes Motiv waren, verewigte er in wunderbaren Schwarz-Weiß-Fotografien die in Stein gehauenen Landschaften des Luberon, aber auch das Leben einfacher Menschen, die ihrer alltäglichen Arbeit nachgehen. Schon bald verliebte er sich in das bis dato noch wenig bekannte Dörfchen Gordes, wo bereits einige großstadtmüde Künstler lebten, kaufte ein altes Haus, restaurierte es von Hand und zog mit seiner Frau und seinem Sohn hierher.

Ständig war er auf der Suche nach Motiven. Die Provence, damals bitterarm, bot für seine Bewohner nicht viele Möglichkeiten. Nach dem Krieg bis in die 1960er-Jahre lebten die Menschen auf dem Land sehr einfach und ohne Komfort. Felder wurden noch mit Pferden gepflügt, Kinder mussten nach der Ernte die Ähren mit der Hand vom Boden auflesen und fließend Wasser gab es nur in den Häusern der Reichsten. Ronis dokumentierte all das mit seiner Kamera und schuf so ein unglaublich wertvolles wie zauberhaftes Zeugnis des Lebens vor Ort. Seine Bilder sind realistisch und ungestellt, und dennoch schaffte er es, alles leicht romantisch wirken zu lassen, voller Anmut. Er hielt die flüchtigen Momente fest und lässt den Betrachter so in eine nicht mehr existierende Welt eintauchen, die unser Bild der heutigen Provence jedoch maßgeblich geprägt hat.

Er hielt die flüchtigen Momente fest.

Das bekannteste Bild von Ronis trägt den Titel »Der Provenzalische Akt«. Ein berührendes Foto, vollkommen ungestellt, aufgenommen in einem intimen Moment, in dem sie nichts ahnte und deshalb vollkommen entspannt war. Madame, nackt, wäscht sich nach einem Mittagsschlaf an einem einfachen Waschbecken. Im Hintergrund das geöffnete Fenster, fast mag man sehen, wie der Wind durch die Bäume weht, die hinter dem offenen Fenster zu sehen sind. Idylle pur. Und wunderschön. ■

Aix-en-Provence und Umgebung

Eleganz, Kultur, Savoir-vivre —das ist Aix en Provence. Drumherum breitet sich eine zauberhafte Landschaft aus.

Nicht nur Cézanne fand rund um Aix seine Motive.

Seite 161

Cours Mirabeau

Flanieren, spazieren, shoppen und Kaffee trinken. Genau das tut man auf der Prachtstraße von Aix-en-Provence, der *Aixois*. Für viele ist sie auch eine Showbühne.

Seite 164

Paul Cézanne

Paul Cézanne ist in Aix-en-Provence omnipräsent. Folgen Sie einfach unserer Tour auf seinen Spuren durch Aix oder folgen Sie dem mit bronzenen Plättchen am Boden markierten Parcours, der Besucher zu allen Wirkungsstätten des begnadeten Malers führt.

Seite 168

Caumont Centre d'Art

Das Caumont Centre d'Art in Aix ist kein wirkliches Kunstmuseum, sondern ein Stadtpalais aus dem 18. Jh., dessen namhafte Besitzer ein prächtiges Interieur hinterließen. Heute ist hier die Welt der Kunst mit hochkarätigen Ausstellungen zu Gast.

Seite 170

Fromagerie de la Passage

In diesem Käseladen in Aix gibt es die größte Auswahl der Provence. Am besten genießen Sie die guten Stücke mit einem passenden Glas Wein.

Seite 171

Book in Bar

Buchhandlung und Café in einem – der perfekte Ort in Aix, um einfach mal abzuschalten, köstlichen Espresso zu trinken und ein Buch zu lesen.

Seite 174

Montagne Ste-Victoire

Der Aufstieg zur Montagne Ste-Victoire bis zum Gipfelkreuz ist eine Wallfahrt, die jeder Provenzale einmal im Leben gemacht haben muss.

Seite 176

Les Milles

In dem ehemaligen Deportationslager Les Milles südlich von Aix-en-Provence haben überwiegend deutsche Gefangene auf Wände riesige, beklemmende und gleichzeitig faszinierende Bilder gemalt. Heute befindet sich hier eine Gedenkstätte.

Seite 177

Tuilerie Bossy

In der alten Keramikfabrik in Gardanne außerhalb von Aix arbeiten die unterschiedlichsten Künstler, deren Werke man direkt vor Ort auch kaufen kann.

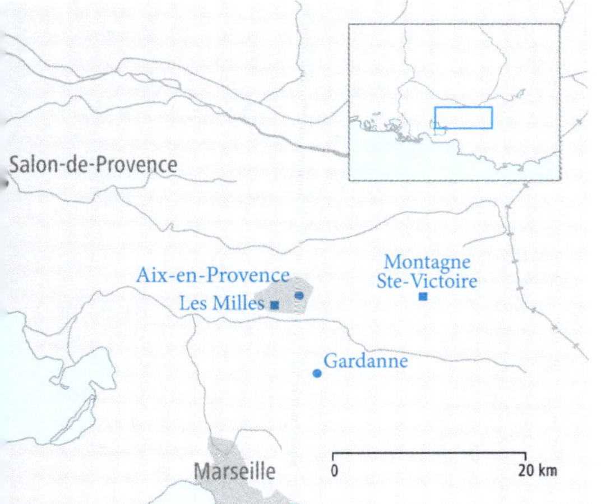

Käse schließt bekanntlich den Magen. Fragt sich nur, welcher!

Victor Vasarély hat in Aix sein eigenes Kunstmuseum. Natürlich ist hier alles dreidimensional, wenn auch ganz zweidimensional auf Papier gebracht. Das macht das Auge etwas wirr, der Geist aber bleibt frei und freut sich an der Illusion.

& erleben

Paris in der Provence

E

Es gibt wohl kaum einen *Parisien,* der nicht davon träumt, in Aix-en-Provence zu leben oder hier zumindest einen Zweitwohnsitz zu haben. Aix, das ist für viele der Inbegriff von Süden, von Licht, gutem Wetter, Eleganz und Chic. Doch um hier zu leben, muss man tief in die Tasche greifen. Denn in Aix herrschen Miet- und Immobilienpreise wie in den besten Arrondissements der Seine-Metropole. Und so gibt sich die Stadt auch. Auf dem Cours Mirabeau flaniert man, um zu sehen und gesehen zu werden, ganz gleich, ob jung oder alt, ob Student oder Unternehmer, immer in schicker Couture. Ja, in Aix lebt man das legendäre *vie bohèmienne*, gibt sich der Kultur hin und freut sich, zu den Privilegierten zu gehören, die sich das leisten können.

Studentenstadt mit sehr viel Flair

Aix ist aber auch schön. Eine Kulturstadt mit vielen Theatern, Museen und Galerien und das schon seit fast 2200 Jahren. Denn Aix ist, wie so viele Städte der Region, eine römische Gründung, 123 v. Chr. ließ Prokonsul Caius Sextius Calvinus das keltische Oppidum Entremont zerstören und baute nahe bei den warmen Quellen die Römerstadt. Später dann war Aix die Hauptstadt des Königreichs Provence und als sich die Franzosen die Provence 1481 einverleibten, blieb Aix bis zur französischen Revolution das Verwaltungszentrum und somit wichtigste Stadt im Süden. Mit der Verlegung des Regionalparlaments nach Marseille versank die Stadt für eine Zeit in der Bedeutungslosigkeit. Doch das ist längst vorbei. Heute ist es eine lebendige Studentenstadt und zieht die meisten Besucher rasch in ihren Bann.

ORIENTIERUNG

O

Infos: www.aixenprovencetourism.com

Verkehr: Super praktisch und kostenlos sind die elektrischen Minibusse von Diabline, die zwischen 8.30 Uhr und 19.30 Uhr auf verschiedenen Routen durch Aix fahren. Die Busse halten auf Handzeichen und fahren alle 10 Minuten (Infos: www.la-diabline.com). Aix selbst kann über den 30 km entfernten Flughafen Marseille erreicht werden. Zwischen Flughafen und Aix gibt es zahlreiche Zugverbindungen. Außerdem hat die Stadt einen TGV-Bahnhof.

Aix-en-Provence

K7

Die Altstadt

Der Laufsteg der Aixois

Auf dem **Cours Mirabeau** läuft man nicht, man flaniert – und zwar von der Rotonde mit ihrem Löwenbrunnen im Westen zur Place Forbin mit ihrem Roi-René-Brunnen im Osten. Der Cours ist die Lebensader von Aix. Ein breiter Boulevard, mit Bäumen bepflanzt, dazwischen immer wieder die berühmten Brunnen der Stadt, fast alle vermoost, aber mit Heilwasser. Einer davon – probieren Sie es aus! – hat sogar warmes Wasser. Der Laufsteg der *Aixois* diente im 17. Jh. übrigens als Schauplatz für Hinrichtungen.

Auf der Nordseite ist er gesäumt von Restaurants, Geschäftshäusern und Cafés. Das bekannteste davon ist **Les 2 Garçons** ❶ (http://lesdeuxgarcons.fr), das 2020 von einem Feuer zerstört wurde. Allerdings soll es wieder aufgebaut werden und das ist auch gut so. Denn schließlich verkehrten hier in der Vergangenheit Größen wie Cézanne und Camus, Picasso und Edith Piaf, in neuerer Zeit auch Sophie Marceau, George Clooney und Hugh Grant. Das Café kommt einfach nicht aus der Mode! Die Einrichtung wird nach dem Wiederaufbau zwar nicht mehr original sein, aber die Geschichte und die Aura des Cafés bleiben und wer hier sitzt, atmet ein bisschen Belle Epoque. Direkt nebenan, gleich rechts vom Café, das gelbe Eckhaus, ist das Haus, in dem Paul

Üppig bestückte Wochenmärkte gibt es in der ganzen Provence. Aber in Aix sind sie noch ein bisschen üppiger als anderswo.

Aix-en-Provence

Ansehen
1. Café Les 2 Garçons
2. Hôtel Boyer d'Eguilles
3. Ancienne Halle aux Grains
4. Cathédrale St-Sauveur
5. Palais de L'Archevêché
6. Passage Agard
7. Église Ste-Madeleine
8. Le Pavillon Noir
9. Caumont Centre d'Art
10. Musée Granet
11. Fondation Vasarély

Schlafen
1. L'Appartement de l'Artiste
2. Le Jardin de Marie
3. Hôtel les Quatre Dauphins
4. La Bastide du Roi René

Essen
1. 29 Miollis
2. Aux petits Oignons
3. L'Incontournable
4. Côté Cour
5. Biochef
6. La Fromagerie du Passage
7. Book in Bar

Einkaufen
1. Le Roy René
2. Brûlerie Richelme

Bewegen
1. Thermes Sextius

Ausgehen
1. Café Chimère
2. Le Petit Verdot

Cézanne aufgewachsen ist. Sein Vater, der Hutmacher war, hatte hier sein Geschäft. Die Südseite der Flaniermeile war früher den Banken vorbehalten. Bis heute gibt es hier eine hohe Dichte von ebendiesen. Aber natürlich finden sich hier inzwischen auch Boutiquen und die überaus empfehlenswerte Patisserie Bechard!

FAKTENCHECK

Einwohner: 143 000
Bedeutung: Universitätsstadt mit Charme und südfranzösischer Lieblingsort der Pariser Schickeria
Stimmung auf den ersten Blick: Sehen und gesehen werden
Stimmung auf den zweiten Blick: Zwischen all dem Schickimicki gibt es zauberhafte Ecken, ganz ohne jede Eleganz, dafür aber mit dem Flair des Midi.

Lebendiges Aix – Westseite

Nördlich des Cours Mirabeau brummt das Leben. Und zwar überall. Malerische kleine Plätze, umgeben von schmalen, windschiefen Häusern, in Ocker, Sandgelb, Hellgrau oder Orange, fast immer mit Platanen, Brunnen und Cafés. Kaum eine Fensterzeile ist auf einer Höhe mit der anderen, jedes Haus ist anders und das ist es, was an Aix so liebenswert ist – der pastellfarbene Charme.

Läuft man von der Rotonde entlang der Rue Espariat, die Fußgängern vorbehalten ist, kommt man zur **Place d'Albertas** mit ihrem majestätischen Brunnen, der auf schrägem Kopfsteinpflaster steht. Der Platz gleicht einem Bühnenbild aus vergangenen Zeiten. Schräg gegenüber liegt das **Hôtel Boyer d'Eguilles** ❷, eines der prächtigsten Stadtpalais von Aix. Nach Pariser Vorbild in Form eines U gebaut erlaubte es Kutschen, bis zur Pforte zu fahren – ein wichtiges Statussymbol zur Zeit seiner

Erbauung Ende des 17. Jh. Heute sind hier Geschäfte untergebracht.

Von der Place d'Albertas gelangt man über die Rue Aude zur **Place Richelme,** dem kleinen Marktzentrum von Aix. Hier findet täglich ein Lebensmittelmarkt statt – einer der schönsten von Aix. Nur einen Steinwurf von hier ist die großartige **Place de l'Hôtel de Ville.** Links: der sandsteingelbe, prächtige Bau des **Rathauses,** erbaut von dem berühmten Aixer Barockarchitekten Pierre Pavillon im 17. Jh., direkt dahinter, fast noch schöner der spätmittelalterliche Uhrturm. Kommen Sie vormittags hierher, wenn Blumenmarkt ist. Dann leuchtet und duftet es von überall.

Rechts vom Rathaus ist die alte Getreidehalle der Stadt, **Ancienne Halle aux Grains** ❸. Direkt ums Eck liegt die male-

TOUR »Meine Zeit mit Cézanne«

Auf den Spuren von Paul Cézanne in Aix-en-Provence

Infos

Start/Ziel: Cézanne-Statue gegenüber dem Office de Tourisme

Führungen: Das Office de Tourisme bietet jeden Donnerstag um 10 Uhr eine 2-stündige Führung an (10 €, Anmeldung erforderlich).

Man muss den Film »Cézanne et moi« (dt. »Meine Zeit mit Cézanne«) nicht gesehen haben, um Paul Cézanne in Aix zu finden. Überall in der Stadt begegnet man dem Maler. Als Statue an der Rotonde, in Form bronzener Pflastersteine im Boden und Infotafeln an Gebäuden.

Eine schwierige Beziehung

Man könnte fast meinen, Aix liebe den Künstler. Heute stimmt es auch. Aber das Verhältnis war alles andere als einfach. Die Stadt: bürgerlich, konservativ, gefällig. Der Künstler: mürrisch, schwierig, unangepasst. Das Verhältnis war so schlecht, dass die Kuratoren von Aix nicht gewillt waren, Cézannes Werke zu dessen Lebzeiten auszustellen oder gar zu kaufen. Cézanne starb in Aix weitgehend unbeachtet, auch wenn er zumindest in seinen letzten Jahren etwas Anerkennung bekam.

Und heute?

Heute wird ein Riesenhype um den Künstler gemacht. Es gibt Cézanne-Rundwege, Cézanne-Führungen, Cézanne-Gedenktafeln. Aber kaum Cézanne-Originale. Aix besitzt nur drei. Die anderen neun, die man hier findet, sind Leihgaben des Musée d'Orsay in Paris. Wer sich mit dem Künstler beschäftigt hat, weiß: Cézanne war tatsächlich schwierig. Ungestüm und wild, vollkommen unge-

duldig und perfektionistisch. Immer wieder zerriss er seine Werke, selten mit sich zufrieden und immer ein wenig eifersüchtig auf seine Freunde, die – zumindest zu Lebzeiten – deutlich mehr Erfolg hatten als er: Manet, Renoir und der geliebte Jugendfreund, der Schriftsteller Émile Zola. Um eben diesen geht es auch in dem Film »Meine Zeit mit Cézanne«. Um ihn, um die Provence, die Freundschaft, die Kunst und die Liebe. Aix darf darin auch eine Rolle spielen, die Stadt, in der Cézanne geboren wurde und starb. Hier fand er das Licht und das perfekte Motiv: die Montagne Ste-Victoire.

Der Rundgang
Das Office de Tourisme bietet geführte Touren zu Cézanne an, man kann aber auch einfach den bronzenen Pflastersteinen folgen, die überall in der Stadt sind und so die einzelnen Stationen aus Cézannes Leben ansteuern: Das Geburtshaus, die Schule, die Universität, das Elternhaus. Doch den wirklichen Zauber Cézannes fangen Sie dort ein, wo er die meiste Zeit verbrachte: In den Cafés der Stadt, z. B. im **Café Les 2 Garçons** ❶ auf dem Cours Mirabeau (s. auch S. 161). Hier traf er sich mit seinem Freund Émile Zola und seinen anderen Freunden aus Aix. Hier feierten sie, diskutierten und alles ist noch ein bisschen so, wie es vor über 100 Jahren war. Am lebendigsten aber wird Cézanne dort noch heute, wo er arbeitete. In seinem **Atelier**, das aussieht, als hätte es der Maler erst eben verlassen. Große offene Fenster, nach Norden raus, damit das Licht immer gleich ist, der Malerkittel hängt an einem Stuhl, die Farbtuben sind offen. Ein bisschen vom Geist des Mannes scheint immer noch zu spüren zu sein. Merken Sie's? Und wenn Sie den Maler noch mehr spüren möchten, dann nehmen Sie, wie einst der Maler es tat, den Weg von hier zum Hügel **Les Lauves**, der etwa 2,6 km entfernt ist. Hier ist das **Terrain des Peintres.** Hier oben hat Cézanne immer wieder gesessen, über Jahre hinweg, um den geliebten Berg zu malen.

Atelier: 9 Av. Paul Cézanne, Okt–März Di–Sa 9.30–12.30, 14–17, April, Mai tgl. bis 18, Juni–Sept. 9.30–18 Uhr, 6,50 €, Bus Nr. 5 bis Haltestelle ›Cézanne‹.
La Bastide du Jas de Bouffan: Cézannes Wohnhaus wird derzeit restauriert und kann nicht besucht werden. Aktuelle Infos unter www.cezanne-en-provence.com/les-sites-de-cezanne/bastide-du-jas-de-bouffan.

rische **Place des Cardeurs,** rautenförmig mit Cafés und Restaurants rundum. Kommen Sie abends her, wenn der ganze Platz lebt wie kein zweiter und das Stimmengewirr die Zikaden übertönt. Das ist der Inbegriff städtischen Abendflairs im Midi.

Stadtgeschichte am Bau

Die **Cathédrale St-Sauveur ❹,** nördlich der Place de l'Hôtel de Ville, ist eine ganz außergewöhnliche Kirche. Ein einziger Stilmix mit einer zauberhaften Taufhalle und einem großartigen Kreuzgang. Die Architektur der Kirche erzählt die Geschichte der Stadt, denn St-Sauveur wurde über viele Jahrhunderte gebaut. Aber der Reihe nach: Da, wo heute die Kathedrale steht, war einst das Zentrum der römischen Stadt. Der älteste Teil von St-Sauveur ist das Baptisterium aus dem 5. Jh.: kreisrund, umgeben von römischen Marmorsäulen, und in der Mitte das Taufbecken, auf das vom halbgläsernen Dach zur richtigen Uhrzeit ein Sonnenstrahl ins Becken fällt und wie ein Fingerzeig Gottes wirkt. Durch ein Gitter auf dem Boden schaut man in die tiefer liegenden Ruinen des römischen Vorgängerbaus. Das ist fast schon mystisch.

Die Kathedrale wurde ab 1323 knapp 200 Jahre lang gebaut. Man bemerkt den Stilmix, wenn man von Schiff zu Schiff läuft. Der üppig bemalte Chor stammt aus dem 16. Jh., ebenso wie die Wandteppiche. Das berühmteste Bild, »Der brennende Dornbusch«, stammt entgegen der Legende nicht von Roi René sondern von Nicolas Froment (1476).

Der zweitälteste Teil der Kathedrale ist der romanische **Kreuzgang.** Leider ist er nicht immer zugänglich, aber ein Blick durch die geschlossene Gittertür gibt zumindest einen Eindruck und man kann die gedrehte Säule an der Ecke sehen. Wenn Sie nicht wissen, durch welche Tür Sie schauen müssen: Es ist die links neben dem Baptisterium, einfach die Klinke drücken, dann öffnet sie sich und Sie können eintreten.

Rue Gaston de Sapora, tgl. 8–19 Uhr, Eintritt frei

DIE ALTE LEHRSTUBE

Gegenüber der Kathedrale liegt ein Teil der alten Universität von Aix. Hier hatte Cézanne seinem Vater zuliebe Jura studiert – vergeblich. Er gab auf. Und sein Vater finanzierte ihm daraufhin naserümpfend eine Ausbildung zum Maler.

Gobelins im Bischofspalast

Direkt hinter der Kathedrale St-Sauveur liegt der herrliche **Palais de l'Archevêché ❺.** Das Barockgebäude wurde zwischen 1650 und 1730 als Palast für den Erzbischof erbaut und dient heute als Hauptbühne für das Opernfestival von Aix. Im früheren Erzbischofspalast ist das **Musée des Tapisseries** untergebracht. Einer der Wandbehänge erzählt die Geschichte von Don Quijote. Die Textilien-Ausstellung ist zwar schön und interessant. Doch der eigentliche Hingucker ist der Palais an sich.

28 Place des Martyrs de la Résistance, Mitte Okt.–Mitte April Mo–Mi 10–12.30, 13.30–17, im Sommer bis 18 Uhr, 3,70 €

Lebendiges Aix – Ostseite

Erinnern Sie sich an das Haus von Paul Cézannes Vater, direkt neben dem Café les deux Garçons? Unter dem Haus beginnt die **Passage Agard ❻.** Hier reiht sich Edelboutique an Edelboutique. Recht nah noch am Cours Mirabeau ist auf der linken Seite das Kosmetikgeschäft **Sephora.** Gehen am besten gleich in die erste Etage, dort sehen Sie, dass das Geschäft in einer früheren Kapelle eröffnet wurde. Über Regalen voller Schönheitsprodukte blickt man in ein herrliches Kreuzgewölbe. Am Ende der Passage liegt die **Place**

LE ROI RENÉ – DER GUTE KÖNIG

R

Es war einmal ein König, der war so gut, dass sein Volk ihn liebte. Dabei war er nicht schön, aber reich war er und sein Herz riesengroß. Im Jahr 1472 entschied er sich, nach Aix-en-Provence zu ziehen. Dort holte er Künstler und Musiker an seinen Hof. Und damit das alles finanzierbar war, förderte er den Weinbau in der Provence und ließ ganze Felder von Maulbeerbäumen anpflanzen, um so die Seidenraupenzucht voranzutreiben. Den Arbeiterinnen für die Herstellung der Seide gab er gute Arbeitsbedingungen und so profitierten alle.

de Verdun, ein weiterer Marktplatz, mit dem Palais de Justice von 1832 zur Linken. In der Verlängerung findet sich die **Place des Prêcheurs.** Sie wurde als ältester Platz von Aix noch unter Roi René angelegt. Im 17. Jh. war hier das Zentrum der ›Neustadt‹, dem Viertel Villeverte. Am Ende der Place, die wie die meisten Di, Do und Sa für den Obst- und Gemüsemarkt genutzt wird, steht die im 17. und 19. Jh. umgebaute Dominikanerkirche **Église Ste-Madeleine ❼.** Hier begegnen Sie erneut Cézanne, denn hier wurde er getauft.

Das Viertel der Reichen

Innerhalb des sowieso schon wohlhabenden Aix gibt es ein Viertel, das noch ein bisschen vornehmer ist oder es zumindest während der letzten Jahrhunderte war: das **Quartier Mazarin.** Es beginnt direkt an der Südseite des Cours Mirabeau und ist voller herrlicher Paläste, verwunschener Plätze, wie der zauberhaften **Place des quatre Dauphins,** mit einem barocken Brunnen in der Mitte, darauf vier Delphine. Die meisten Palais dieses Viertels wurden aufwendig renoviert, die Straßen mit den bronzenen Pflastersteinen des Cézanne-Rundgangs (s. auch S. 164) versehen, denn auch hier im Viertel trifft man immer wieder auf Cézanne. Er ging hier zur Schule, in der Rue Cardinale. Eine Schautafel am Haus des Collège Mignet erzählt die Geschichte von Paul. In diesem eher ruhigen Viertel finden sich ein paar Galerien, ein toller Buchladen (s. Lieblingsort S. 171), Museen und das berühmte **Hôtel de Caumont** (s. S. 168). Genau das Richtige also, wenn einem die kleinen Gassen am Hang mit den vielen Bars, Cafés und Läden zu eng und zu voll werden und man lieber die Ruhe von Aix genießen möchte.

Außerhalb der Altstadt

Moderner Kontrast

Nur wenige Schritte von der Rotonde entfernt, ein Stück hinter dem Office de Tourisme liegt seit 2006 der spannende Komplex Forum Culturel. Hier ist das **Grand Théâtre de Provence** und **Le Pavillon Noir ❽,** ein unglaublicher Bau von Rudy Ricciotti, der für eben diesen den Grand Prix National de l'Architecture 2006 bekam. Mit etwas Fantasie kann man in den Querverstrebungen der Außenwände das Wort Aix erkennen, ansonsten ist der Gebäudekomplex aus schwarzem Glas. Drinnen ist das Centre Chorégraphique National untergebracht. Das Forum besteht aber noch aus mehr: Direkt neben dem Pavillon Noir ist das Conservatoire Darius Milhaud, nicht minder beeindruckend in Grau mit verspiegelter Front. 2014 dann wurde Europas größte Wasserwand eingeweiht, direkt neben bzw. unterhalb des Conservatoire mit 700 m² Fläche – darunter fahren Autos.

530 Av. Wolfgang Amadeus Mozart

Museen

Kunst im Stadtpalast

❾ **Caumont Centre d'Art:** Es ist kein wirkliches Kunstmuseum, sondern ein spätbarocker Stadtpalast mit Innenhof, einer atemraubenden Fassade mit kuriosen Details, einem Barockgarten und einer kompletten Einrichtung aus dem 18. Jh. – allein deshalb ist das originalgetreu restaurierte Hôtel de Réauville, wie der Palast auch heißt, bereits unglaublich sehenswert. Doch der wirkliche Knaller sind die hochkarätigen Wechselausstellungen, u. a. Hauptwerke der Guggenheim-Museen.

3 Rue Jospeh Cabassol, www.caumont-centredart.com, Mitte Sept.–April tgl. 10–18, im Sommer bis 19 Uhr, 6,50 €, Ausstellungen 14,50 €. Das dazugehörende traumhaft schöne Café (ohne Eintritt) ist tgl. 10–19 Uhr geöffnet.

Klassisch und modern

❿ **Musée Granet:** Das wichtigste Museum von Aix zeigt alles, was die Stadt zu bieten hat: Die keltischen Krieger- und Kopfskulpturen sind die spektakulärsten Stücke der archäologischen Abteilung. Weit jüngeren Datums ist die Gemäldesammlung des Museums, denn hier befinden sich viele Werke der Schule von Avignon und natürlich neun Bilder Cézannes. Allerdings sind es nur Leihgaben aus Paris. Die *Aixois* hatten es verpasst, dem berühmten Maler zu Lebzeiten noch eines der Bilder abzukaufen. Ganz anders die **Collection Jean Planque,** eine Dépendance des Musée Granet, nicht weit vom Haupthaus entfernt an der Place Jean-Boyer. Jean Planque, ein Kunstkenner und -sammler hat seine private Kunstsammlung dem Museum vermacht. Hier sind Kunstwerke von Picasso, Giacometti und auch ein paar Zeichnungen Cézannes zu sehen.

Place St-Jean de Malte, www.museegranet-aixenprovence.fr, Juni–Sept. Di–So 10–18, Okt.–Mai 12–18 Uhr, 8 €, Eintritt am 1. So im Monat kostenlos (außer Sonderausstellungen)

Kunst in 3D

⓫ **Fondation Vasarély:** Wer in den 1980er-Jahren zur Schule gegangen ist, musste Bilder à la Victor Vasarély (1908–1998) malen: Trompe l'œil, also Augentäuscher, Grafiken und Bilder, die allein durch Farben und Strichführung wie 3D wirken – zu malen wie Victor Vasarély, schult das Auge und lehrt perspektivisches Zeichnen. Wer die Fondation Vasarély besucht, wird sich daran erinnern, wie schwierig es ist, immer wieder die Perspektive zu wechseln, und noch mehr Ehrfurcht vor dem französischen Künstler mit ungarischen Wurzeln bekommen. Eigens für seine gigantischen Wandbilder (42 an der Zahl) wurde das Haus 1976 gebaut, das Vasarély selbst mitgeplant hatte. Ein Besuch ist ein Muss für alle Fans seiner Kunst.

Jas de Bouffan, 1 Av. Marcel Pagnol, T 04 42 20 01 09, www.fondationvasarely.org, tgl. 10–18 Uhr, 15 €

Schlafen

Besonders

1 **L'Appartement de l'Artiste:** Doris Happel, eine deutsche Künstlerin (s. S. 282), lebt seit Jahren in der Provence und vermietet ihr kleines Appartement nahe des Pavillon Vendôme an Urlauber, wenn sie nicht selbst darin wohnt.

24 Rue Celony, T 06 16 43 11 23, doris.happel@gmail.com, €

Gemütlich

2 **Le Jardin de Marie:** Nur drei Zimmer hat dieses zentrale, hübsche B&B, und dies in einem alten Stadtpalais. Die Zimmer sind klein, gemütlich, aber nichts für Leute, die Probleme beim Treppensteigen haben, und die Betten sind in einem kleinen Mezzanin mit wenig Platz. Wen das nicht stört, hat hier einen wunderbaren

Ort, einen herrlichen Garten und ein gutes Frühstück für einen sehr fairen Preis.
47 Rue Roux Alpheran, T 06 15 93 65 39, www.jardindemarie.net, € bis €€

Ein bisschen Rokoko

3 **Hôtel les Quatre Dauphins:** Die Lage ist super, die Zimmer klein, aber stilvoll und in hellen Farben eingerichtet. Alles ist ein bisschen verspielt, ohne direkt in den Kitsch zu rutschen. Für ein Zwei-Sterne-Hotel ist das perfekt!
54 Rue Roux Alpheran, T 04 42 38 16 39, www.hotel-aix-lesquatredauphins.fr, € bis €€

Königliche Wahl

4 **La Bastide du Roi René:** Wenn es König René und seiner Gattin Jeanne de Laval in der Stadt zuviel wurde, gingen sie hierher. In genau dieses Schloss, das 1472 für sie gebaut wurde. Damals noch weit weg von der Stadt. Später stand der Bau lange leer, wurde zu einem Krankenhaus umgebaut. In den 1980er-Jahren restauriert und erneut umgebaut, kann es seit 1990 Gäste aus aller Welt beherbergen. Man spürt noch viel Historie in den alten Mauern. Wunderschön ist es hier, die Zimmer liebevoll eingerichtet, das Gebäude und der Garten – logisch – königlich! Der Preis ist auch unschlagbar, und mit dem Auto sind es nur zwei Minuten ins Zentrum.
31 Av. des Infirmeries, T 04 42 37 83 99, https://aixbastide.com, € bis €€

Essen

In Aix wechseln die Restaurants schnell. Die Mieten sind teuer, die Restaurantdichte ist extrem hoch und so können sich viele Betriebe nicht halten.

Mit offener Küche

1 **29 Miollis:** Das kleine familiäre Restaurant hat eine offene Küche, sodass man zumindest teilweise beim Kochen zuschauen kann. Das Essen, einfache, französische Küche, manchmal mit leicht asiatischem Anklang, schmeckt hervorragend, der Service ist freundlich und man sitzt schön in einem Wintergarten oder auf der Place Miollis. Die Preise sind für Aix extrem gut, die Karte wechselt ständig und passt sich der Saison an.
29 Place Miollis, T 06 63 41 30 21, http://29-miollis.lafourchette.rest, Mo–Sa 12–16 und ab 19.30 Uhr, €

Gourmet Hot Dog

2 **Aux petits Oignons:** Die Hot Dogs sind lecker, vegetarisch oder mit Fleisch, mal mit Käse, mal ohne, die Zwiebeln kross, die Pommes perfekt und die Desserts (auch vegan) zum Dahinschmelzen. Selbst das Bier ist keine Massenware und man sitzt an kleinen Tischchen draußen.
2 Rue Peyresc, T 06 18 19 00 96, https://aux-petits-oignons.business.site, Mi 9.30–14, Do, Fr 9.30–14, 19–21.30, Sa bis 15 Uhr, €

Lauschig am Brunnen

3 **L'Incontournable:** Wer nicht wegen des Essens kommt, kommt wegen des schönen Platzes. Unter Bäumen, neben dem Geplätscher eines Brunnens bekommt man Regionales mit einem Hauch Exotik wie z. B. Rinder-Saté oder Kabeljau mit Chorizo. Die Preise sind moderat.
14 Rue de Montigny, T 09 80 32 86 32, www.facebook.com/lincontournable.aix, Di–Sa 12–14, 19.30–22 Uhr, €

Lounge-Ambiance

4 **Côté Cour:** Das stylische Restaurant von Ronan Kernen, einem früheren Kandidat der Kochshow Top Chef ist absolut hip. Man kommt, um zu sehen und um gesehen zu werden und natürlich, um gut zu essen. Ronan Kernen bietet das, was man in so einem Ambiente vermutet: Eine hohe Qualität und eine kreative Küche, der man die Handschrift des Küchenchefs anmerkt.
19 Cours Mirabeau, T 04 42 03 12 51, www.restaurantcotecour.fr, Di–Sa mittags und abends, €€, mittags günstiger

Bio modern

5 **Biochef:** Nicht im Zentrum (jedoch weniger als 1 km vom Cours Mirabeau entfernt), in keiner attraktiven Lage, in keinem schönen Gebäude und dennoch kommen die Leute hierher! Die Bio-Küche des Chefkochs Cyril Giordano ist nämlich köstlich. Es gibt eine monatlich wechselnde Karte, und wer nicht hier essen möchte, kann beim dazugehörenden Traiteur das Essen auch mitnehmen. Kochkurse bietet der Biochef auch noch an. Also alles da.

4 Rue Pierre de Coubertin, T 04 42 93 26 05, www.biochef.fr, Mo–Sa 9.30–19.30 Uhr, € bis €€

Käse, Käse, Käse

6 **La Fromagerie du Passage:** Käsebars sind der neuste Schrei aus Paris. Logisch, dass da der bekannteste Käseladen aus Aix mitzieht! Natürlich kann man einfach auch nur den Käse kaufen. Aber schöner ist es doch, ihn auch gleich hier zu verspeisen. Es gibt Käseteller, gebackene Käse, geschmolzene Käse, Fleischgerichte mit Käse… alles sehr köstlich und alles ziemlich hochpreisig, z. B. der Croque Monsieur. Dafür aber bekommen Sie bei jedem Stück den perfekten Reifegrad serviert.

55 Cours Mirabeau, Passage Agard, T 04 42 22 90 00, www.lafromageriedupassage.com, Laden tgl. 9.30–22, Restaurant Di–Fr 12–14, 19–22, Sa 12–14.30, 19–22.30 Uhr, € bis €€

7 **Book in Bar:** s. Lieblingsort S. 171

H

HÔTELS PARTICULIÈRES

Bei den Hôtels Particulières handelt es sich nicht, wie man bei dem Namen denken könnte, um Hotels. Vielmehr bezeichnet man alte Adelspaläste so. Alleine in Aix gibt es mehr als 100 davon. Die meisten sind damals wie heute in Privatbesitz – ein paar davon kann man jedoch auch besichtigen, z. B. das **Hôtel d'Estienne de St-Jean** nahe der Cathédrale-St-Sauveur, in dem heute das Musée du Vieil-Aix untergebracht ist (17 Rue Gaston de Saporta, 15. April–15. Okt. 10–12.30, 13.30–18, 16. Okt.–14. April 10–12.30, 13.30–17 Uhr, 3,70 €). Besonders schön ist auch der **Pavillon Vendôme** am Rand der Altstadt (17. Jh.), der einen herrlichen Barockgarten besitzt (Öffnungszeiten wie Musée du Vieil-Aix, 3,70 €).

Einkaufen

Aix ist voller Märkte!

Trödel und Antiquitäten: Place de Verdun, 8–13 Uhr, Di, Do

Obst und Gemüse: Place des Prêcheurs und Place Richelme, 8–13 Uhr, tgl., vor allem samstags

Klamotten & Schischi: Cours Mirabeau 8–13 Uhr, Di, Do, Sa nur bis 12 Uhr (um Weihnachten ist der Kleidermarkt nicht am Cours Mirabeau, sondern in den Straßen drumherum).

Blumen: Place de l'Hôtel de Ville, Di, Do, Sa 8–13 Uhr (kann im Winter ausfallen, wenn es zu kalt für die Blumen ist).

Schlaraffenland

1 **Le Roy René:** Diät dürfen Sie auf keinen Fall machen, wenn Sie den kleinen Laden in der Altstadt von Aix betreten. Denn garantiert kommen Sie hier nicht raus, ohne mindestens eine kleine Packung der köstlichen *Calissons* gekauft zu haben: Es gibt das Mandelgebäck mit kandierten Früchten in allen Geschmacksrichtungen: original mit kandierten Melonen oder Zitronen, Orangen, Schokolade, dazu kommt Nougat in allen Farben und Geschmäckern. Im Le Roy René bekommen Sie allerbeste Qualität – in der hauseigenen Fabrik und im Museum

Lieblingsort

Kaffeeklatsch im Buchladen

Ist es eine Buchhandlung oder doch eher ein Café oder gar eine Bar? Ist es ein französischer Laden oder doch eher ein englischer? Ganz gleich, was es ist: **Book in Bar** 7 lässt sich in keine Schublade stecken. Hier plaudert man mit Freunden, schlürft seinen Espresso, isst ein Stück Kuchen dazu und liest oder kauft so ganz nebenbei im internationalen Buchladen ein, in dem das Café untergebracht ist. Eine kreative Alternative zum Café-Schaulaufen der *bourgeoisie Aixoise* (4 Rue Joseph Cabassol, T 04 42 26 60 07, www.bookinbar.com, Mo–Sa 9–19 Uhr).

können Sie zusehen, wie die *Calissons* gemacht werden.

11 Rue Gaston de Saporta, www.calisson.com, Mo 10–13, 14–19, Di–Do 10–19, Fr, Sa 10–19.30, So 10–13, 14–18 Uhr, Verkauf auch ab Fabrik oder im Museum, Zeiten s. Webseite

Schwarz oder mit Milch

2 **Brûlerie Richelme:** Die Kaffeerösterei ist eine Institution in Aix. Hier bekommt man unterschiedlichste Kaffeesorten. Zum Kaufen natürlich oder auch zum Dorttrinken. Also vielleicht erst mal versuchen, verkosten und dann kaufen.

1 Place Richelme, T 04 42 27 73 60, https://brulerie-richelme.com, Di–Sa 8.30–19 Uhr

Bewegen

Schön warm baden

1 **Thermes Sextius:** Aix = Aquae Sextiae = Thermalquellen. Auf den Ruinen der römischen Thermen hat man heute ein modernes Wellnesszentrum errichtet, die Thermes Sextius. Das Wasser kommt mit 34 °C direkt aus der Quelle und natürlich gibt es hier alles, was man braucht, um sich ordentlich verwöhnen zu lassen.

55 Av. des Thermes, T 04 42 95 11 33, www.thermes-sextius.com, Mo–Sa 8.15–19.30, So bis 16.30 Uhr, Kosten je nach Anwendung

Wandern und Entdecken

Nature en Soi: Allerlei tolle Touren und Kurse in der Umgebung von Aix und auch darüber hinaus, wie Wanderungen auf den Montagne Ste-Victoire, Kochkurse mit selbstgesammelten Kräutern, Entdeckungstouren in der Umgebung etc.

Kontakt: Stéphane Cattanéo (Englisch und Französisch), T 06 09 84 01 10, http://nature-en-soi.e-monsite.com

Gourmetführungen

The Tastes of Provence: Wer nicht immer kochen lassen möchte, sondern die Düfte, Gewürze und Geschmäcker der Provence mit nach Hause nehmen möchte, sei es durch das Wissen, wo man all dies kaufen kann, oder durch das Erlernen der Fähigkeit, all diese Köstlichkeiten selbst zu kochen, ist bei The Tastes of Provence bestens aufgehoben. Mathilde und Jennifer bieten nicht nur tolle Kochkurse an, sondern machen auch Food-Touren durch die Stadt, darunter sogar eine Apéro-Tour durch Aix – was für eine super Idee!

T 06 72 83 98 28, https://tastesofprovence.com, Touren ab 60 €, Kochkurs mit Markttour 105 €

Aix im Gleichgewicht

Cyclo-Pub: Natürlich kann man eine ganz normale Stadtführung machen. Das geht aber auf die Beine. Wer sie mit dem Segway unternimmt, braucht zwar nicht zu laufen, benötigt aber einen guten Gleichgewichtssinn. Cyclo Pub bietet Touren für eine oder zwei Stunden an, Kosten ab 25 €/1 Std., geeignet ab 6 Jahren.

www.cyclopub.com

Ausgehen

Logisch, dass eine Studentenstadt wie Aix-en-Provence ein reges Nachtleben hat. Gerade das junge Aix geht viel und gerne aus. Die höchste Dichte an Bars, Kneipen, Cafés und Restaurants, in denen sich vor allem die jungen Leute aufhalten, liegt zwischen der **Place des Augustins** und der **Rue de la Verrerie.** Besonders viel los ist immer rund um den Irish Pub O'Shannon.

Einen **Veranstaltungskalender** für Theater, Ballett, Konzerte, Lesungen, Vernissagen etc. findet man im Office de Tourisme, auf dessen Homepage oder in der Lokalpresse.

Cocktails und Musik

1 **Café Chimère:** Hier trifft sich, wer einen Abend mit Freunden verbringen

möchte, Cocktails schlürfen, oder in der Piano-Bar abhängen möchte. Auch essen kann man hier, und das gar nicht mal schlecht. Doch das Essen ist eher eine Nebensache in dem angesagten Lokal, das plüschig-barock daherkommt.

15 Rue Brueys, T 04 42 38 30 00, www.lachimerecafe.com, Mo–Sa 19–2 Uhr, €

Bodega und Weinbar

2 Le Petit Verdot: Spanische Bistroküche der feinen Art – Klassiker wie Lammschulter werden serviert, aber auch Kaninchen oder Fisch. Dazu gibt es die passenden (italienischen) Weine. Und wer gleich dableiben möchte, wechselt von der Restaurantkarte zur Barkarte. Immer wieder finden Themenabende rund um den Wein statt – weshalb der Blick auf die Webseite im Vorfeld lohnt.

7 Rue d'Entrecasteaux, T 04 42 27 30 12, www.lepetitverdot.fr, Mo–Sa 19–0 Uhr, €

Feiern

- **Festival d'Aix-en-Provence:** Juli. Großes Musik- und Opernfestival für Fans klassischer Musik mit großartigen Locations, wie dem Innenhof des Palais de l'Archivêche. Programm und Infos: https://festival-aix.com, Tickets gibt es auch im Office de Tourisme zu kaufen.
- **Festival-International de Piano:** Ende Juli findet jährlich ein Piano-Festival statt mit tollen Konzerten. Termine und Ticketverkauf: www.festival-Piano.com.

Infos

- **Im Internet:** Unter https://fr.calameo.com, Stichwort ›Aix-en-Provence‹, kann man sich eine Publikation (booklet) mit einem Stadtplan sowie Infos zu den wichtigsten Sehenswürdigkeiten, u. a. den Cézanne-Stätten innerhalb und außerhalb der Stadt, herunterladen.

In der warmen Jahreszeit wird die Place des Augustins in Aix zu einem einzigen großen Freiluftrestaurant.

- **Office de Tourisme:** Av. des Belges, (bei der riesigen Fontaine de la Rotonde). T 04 42 16 11 61, www.aixenprovencetourism.com. Hier werden Stadttouren vermittelt und jede Menge Infomaterial liegt aus, auch Veranstaltungskalender und ein kommentierter Stadtplan (auch auf Deutsch) mit allen wichtigen Sehenswürdigkeiten.
- **Citypass:** Wenn manviel anschauen möchte, lohnt es sich, einen Citypass zu kaufen, der viele Sehenswürdigkeiten (auch Führungen!) einschließt (25 €/Tag, bzw. 34 € für 48 Std. oder 43 € für 72 Std.).
- **Flug:** Der Flughafen von Marseille ist 30 km entfernt (Zubringerzug).
- **Bahn:** Der TGV-Bahnhof von Aix liegt ca. 20 km südwestlich des Stadtzentrums (Bus zum Zentrum/Gare Routière mit Anschluss an Lokalzüge).

TOUR
Nur wer diesen Berg bestiegen hat, ist ein echter Provenzale

Wanderung auf die Montagne Ste-Victoire

Im Hochsommer kann der Weg wegen Waldbrandgefahr gesperrt sein. Leider ist Baden im Lac de Bimont verboten, denn Aix erhält sein Trinkwasser aus dem See!

Man sollte meinen, ein Berg sei ein Berg. Aber mitnichten! Die Montagne Ste-Victoire ist ein kleines Heiligtum für die Aixois, und sei es nur, weil es das liebste Motiv von Cézanne war. Das Sandsteingebirge ist aber auch malerisch! Je nach Blickrichtung ist es mal mehr mal weniger steil dreieckig und ragt grau aus einer grünen Berglandschaft auf. Ein Sprichwort sagt: Nur wer den Berg bestiegen hat, ist ein echter Provenzale – der Aufstieg ist also mehr als ein Fitnessprogramm, er ist eine Art Initiationsritus. Eine rund zweieinhalbstündige Wanderung führt vom herrlich gelegenen **Lac de Bimont** zum Gipfelkreuz auf 1011 m Höhe.

Sanfter Beginn am See

Bevor man losläuft, sollte man sich zuerst einmal die Zeit nehmen, See und Berg zu bewundern. Sie parken Ihr Auto am Parkplatz an der Staumauer oder nehmen von Aix aus den Bus 140 Richtung

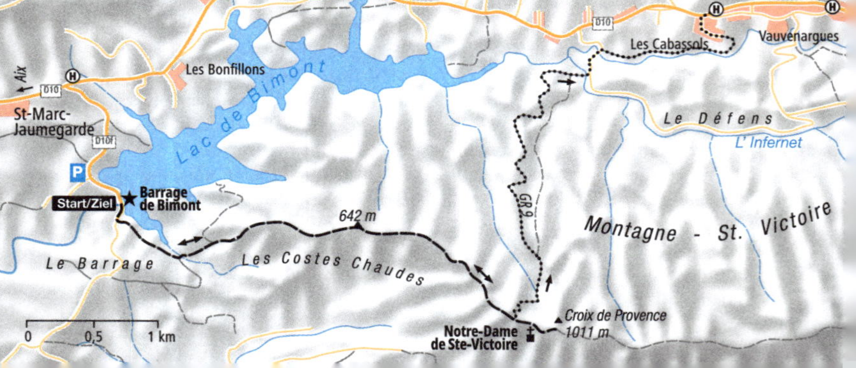

Kloster mit Aussicht: Notre Dame de Ste-Victoire

Vauvenargues (Abfahrt vor der Touristeninformation); er fährt über St-Marc-Jaumegarde. Von dort muss man die Route de Barrage (D10F) noch bis zum Startpunkt **Barrage de Bimont** laufen. Wenn Sie auf der Staumauer stehen und über den See zum Berg hinüberblicken, sieht er ganz nah aus. Wirklich weit weg ist er auch nicht, aber steil zu erklimmen!

Auf zum Gipfelglück
Hinter der Mauerbrüstung geht es links auf einen Pfad (blauer Balken) und kurz danach wieder rechts. Von hier laufen Sie durch den Pinienwald stetig bergauf. Bei der Gabelung nach rund 30 Min. geht es links. Kurz bergab kommen Sie in einer Senke auf einen breiteren Weg, dem Sie folgen. Es geht jetzt zackig bergauf nach Osten. Aus dem Pinienwald wird Garrigue. Irgendwann kommen Sie zu einer Hochspannungsleitung. Der blauen Markierung folgend, laufen Sie rechts. Der Hang wird steiler bis zu einem Grat, der zum Hauptgipfel führt.

Das Ziel vor Augen
Zeit zum Verschnaufen, das Ziel jetzt vor Augen: Das Kloster **Notre Dame de Ste-Victoire,** das direkt unterhalb des Gipfelkreuzes liegt. Der Pfad ist nicht immer klar zu erkennen, doch das Ziel ist kaum zu verfehlen. Vorbei an der kleinen Kapelle, die bereits im 13. Jh. von Pilgern hier errichtet wurde, kommt man hinauf zum Gipfelkreuz, dem **Croix de Provence.** Zeit, das Vesper auszupacken und die Wahnsinns-Fernsicht zu genießen. Im Süden: Die Côte d'Azur, im Norden die Alpen. Westlich Aix und die Camargue. Wer nicht den gleichen Weg zurücklaufen möchte, kann bei der Kapelle nun der rot-weißen Markierung Richtung Norden folgen und bis **Vauvenargues** laufen.

Infos

Start/Ziel: Lac de Bimont (K 7)

Länge: 12 km

Hinweis: ca. 600 m Höhenunterschied, keine Einkehrmöglichkeiten, daher Verpflegung und Wasser mitnehmen

Transport: Rückfahrt per Bus ab Vauvenargues möglich, Fahrpläne unter www.lepilote.com

• **Bus:** Ziele in der näheren Umgebung erreicht man am besten mit dem Bus. Fahrpläne und Linien: https://aixenbus.fr. Innerhalb der Stadt fährt der kleine Elektrobus Diabline, www.la-diabline.com.

Rund um Aix

Bewegende Gedenkstätte

Wer das Buch »Die Tote vom Pont du Gard« gelesen hat (S. 294) hat bereits von Les Milles gehört. Der Name des Vororts von Aix ist heute das Synonym für ein Internierungslager im Zweiten Weltkrieg, wo mehr als 10 000 Menschen aus 27 Ländern gefangengehalten wurden: **Site-Mémorial-du-Camp-des-Milles.** Anfangs, 1939, wurden hier »étrangers indésirables« – unerwünschte Ausländer – interniert, darunter Max Ernst, Lion Feuchtwanger und Golo Mann, ab 1942 wurde Les Milles unter dem Vichy-Regime zum Deportationslager für Juden. Viele der Gefangenen setzten der schrecklichen Haft ihre Kunst entgegen. Sie bemalten die Gefängnismauern und großartige, wenn auch bittersüße Wandmalereien entstanden, die heute in ganz Frankreich berühmt sind. 2013 wurde aus dem ehemaligen Vichy-Gefängnis eine Gedenkstätte. Die Wandmalereien sind zu sehen, aber auch die alte Ziegelei, in der das Lager untergebracht war, sowie Ausstellungen und Fotodokumentationen. Bewegend, traurig und gewaltig.

Les Milles, 40 Chemin de la Badesse, T 04 42 39 17 11, www.campdesmilles.org, tgl. 10–19 Uhr, 9,50 €

Keltische Ruinenstadt

Das keltische Oppidum **Entremont** aus dem 3. Jh. v. Chr. zerstörten die römischen Truppen des Gaius Sextius 122 v. Chr. zwar und gründeten Aqua Sextiae, das heutige Aix. Dennoch sind die Reste der Hauptstadt der keltischen Salluvier bis heute eine Fundgrube für Archäologen. Grundmauern und andere Gebäudereste sind auf dem dreieckigen Plateau gut zu erkennen. Viele Funde sind im Musée Granet in Aix (s. S. 168) zu sehen. Das Gelände kann man besichtigen und gelegentlich werden Führungen angeboten.

3 km nördlich von Aix, T 04 42 21 97 33, häufig wechselnde Öffnungszeiten, besser vorher anrufen, Anfahrt Bus Nr. 11 und 24, Eintritt frei

Industriestadt mit Kunstbezug

Gardanne gehört zwar nicht unbedingt zu den schönsten Orten rund um Aix, ganz im Gegenteil. Aber es ist das einzige Dorf, das Cézanne je gemalt hat, der hier ein Jahr lang lebte. Heute ist das Gelände, wo er im Freien gearbeitet hat, als »**Musée de plein air**« eingerichtet: Ein ausgeschilderter Spaziergang führt durch den Wald zu Tafeln, die Cézannes Gemälde vor dem Motiv in der Natur zeigen und so das strukturelle Konzept des Malers erkennbar werden lassen. Vom Weg zur Kapelle Notre-Dame-des-Anges bietet sich eine großartige Aussicht auf die Montagne Ste-Victoire.

www.tourisme-gardanne.fr

Farbenrausch im Fels

Cézanne ging gern hierher, um zu malen. Die **Steinbrüche von Bibémus** sind aber auch malerisch! Gelb der Stein, grün die Bäume und dahinter der stahlblaue Himmel. Da wird selbst der Unbegabteste zum Künstler! In den ehemaligen Steinbrüchen gibt es einen einstündigen Spazierweg, der auch zur Cabanon führt, der kleinen Hütte, die Cézanne nutzte, um seine Malutensilien zwischenzulagern.

Shuttlebusse ab Office de Tourisme (Mitfahrt aber nur mit Anmeldung im Office, 1,20 €/

Strecke) oder öffentlicher Bus Nr. 6 (bis Haltestelle Les 3 Bons Dieux), www.aixenbus.fr, Besuch nur während der Führungen, die vom Office de Tourisme organisiert werden; Anmeldung T 08 11 20 13 13

Abgefahren

Vielleicht ist es ein Zufall, wie Myriam Rétif, die Verantwortliche für das Atelierensemble **Tuilerie Bossy** am Rand von Gardanne erklärt, vielleicht ist es aber auch doch der Geist Cézannes. Fünfzehn Ateliers sind sich hier, in den alten Industrieräumen einer ehemaligen Rohr- und Ziegelfabrik eingerichtet. Dort arbeiten Künstler, sie stellen aus und verkaufen unter anderem Töpferarbeiten, Keramiken, Skulpturen, aber auch Holzarbeiten, Blumenschmuck und Stoffdesign. Nicht immer sind alle Ateliers geöffnet und auch nicht immer alle Läden, aber ein paar sind meistens offen. Auf der Internetseite wird auf Veranstaltungen, die hier regelmäßig stattfinden, hingewiesen.

Gardanne, 1285 Chemin du Moulin du Fort, T 04 42 50 25 22, www.tuileriebossy.com, flexible Öffnungszeiten, Eintritt frei

Salon-de-Provence H7

Salon ist ein eher armes, nicht wirklich anschauenswertes Städtchen mit rund 50 000 Einwohnern. Es gibt zwar ein paar Ecken, die sehenswert sind, doch im Großen und Ganzen wirkt Salon etwas heruntergekommen.

Allerdings hat die Stadt ein wunderbares Stadttor, die **Porte de l'Horloge,** auf der oben in leuchtendem Blau eine Uhr auffällt. Davor liegt ein schöner Platz mit vermoostem Brunnen und Cafés.

Eine Burg mitten im Städtchen …

… ist **Château de l'Empéri,** wo ab dem 10. Jh. die Erzbischöfe von Arles residierten. Wer nur die außen liegenden Gebäude sehen möchte, braucht keinen Eintritt zu bezahlen. Im Innern ist ein militärhistorisches Museum untergebracht.

Museum: Di–So 10–12.30, 14–18 Uhr, 5 €

Für Nostradamus-Fans

Der für seine düsteren Vorhersagen bis heute berühmte Arzt und Humanist Nostradamus wurde 1503 in St-Rémy-de-Provence geboren. Nach einem bewegten Leben an Europas Fürstenhöfen, wo er mit düsteren Prophezeiungen von sich reden machte, starb er 1566 in Salon-de-Provence. Sein ehemaliges Wohnhaus als **Maison de Nostradamus** mit Hilfe von Wachsfiguren sein Leben und Wirken in Szene setzt. Ein Besuch ist für alle Nostradamus-Fans einfach unverzichtbar.

Rue de Nostradamus, T 04 90 56 64 31, Mi–Mo 10–12.30, 14–18 Uhr, 5,10 €

Einkaufen

Seife, Seife, Seife aus Salon

Marius Fabre: Er gehört zu den besten und bekanntesten Herstellern der Savon de Marseille. Man kann die Seifenfabrik besuchen und bei der Herstellung zuschauen (Okt.–März Mo–Sa 9.30–12.30, 14–18 Uhr, sonst bis 19 Uhr) oder die Seife im Laden kaufen.

Fabrik: 148 Av. Paul Pourret, T 04 90 53 82 75, www.marius-fabre.com; **Geschäft:** Rue Auguste Moutin bei der Fontaine Adam de Crapone

Infos

- **Office de Tourisme:** Cours Gion, T 04 90 56 27 60, www.visitsalondeprovence.com.

Zugabe

Ein Schloss mit vielen Talenten

Château La Coste

Wer moderne Kunst liebt, muss zum Château La Coste! Noch bevor man überhaupt den Ausstellungspavillon betritt, der von dem japanischen Architekten Tadao Ando geschaffen wurde, steht man einem riesigen Wasserbecken gegenüber, aus dem eine große Spinne ragt. Sie stammt von Louise Bourgeois, nur eine der zeitgenössischen Größen, die hier ausstellen. Man weiß nicht, was toller ist: Die Architektur oder die Kunst, die hier gezeigt wird. Dabei ist das Château La Coste eigentlich ein Weingut in großartigster Landschaft, das exquisite Weine produziert. Aber da das nicht genug ist, wird eben ausgestellt. Und so begegnet man auf einem ausgewiesenem Parcours Werken von Andy Goldsworthy, Tracey Emin, Frank O. Gehry, Ai Wei Wei und anderen. Natürlich kann man aber auch Weine probieren, im angegliederten Luxushotel übernachten, in einem chinesischen Teehaus eine Teezeremonie erleben oder natürlich im passenden Kunst- und Weinambiente speisen (K 6/7, 13610 Le Puy-Ste-Réparade, 2750 Route de la Cride, T 04 42 61 92 92, https://chateau-la-coste.com, Nov.–Feb. Mo–Fr 10–17, im Sommer bis 19 Uhr, ab 12 € für den Kunst-Parcours. Degustation extra). ■

Marseille und Umgebung

Eine der aufregendsten Städte der Welt — Marseille ist multikulturell, französisch, uralt und gleichzeitig ultramodern. Und direkt daneben: eine traumhaft schöne Küste mit kleinen Buchten und malerischen Städtchen. Besser geht es nicht!

Seite 184

Vieux Port 

Der Vieux Port von Marseille verzaubert alle: Einzigartiges Flair, das Klappern von Segelmasten, kreischende Möwen, drumherum eine moderne Promenade mit dem gigantischen Schattendach von Sir Norman Foster.

Seite 190

Cours Julien

Am Cours Julien in Marseille trifft man auf Studenten, Rapper und Lebenskünstler. Wer sich für Street Art interessiert, wird hier ganze Tage verbringen wollen – zumal es in dieser Ecke der Stadt unglaublich gute Restaurants gibt!

Zum Kugeln: Pétanque ist Kult in Marseille.

Seite 193

MuCEM

Modern Art trifft auf mittelalterliche Baukunst: Das MuCEM von Marseille ist ein Kunstmuseum mit Kulturzentrum, das so geschickt mit dem alten Fort St-Jean verbaut wurde, dass sie als wundersame Einheit wirken.

Seite 194

Hinter die Kulisse blicken

Wer Marseille mit den Marseille-Greeters entdeckt, erhält einen vollkommen anderen Blick auf die Stadt als bei einer herkömmlichen Stadtführung, beispielsweise bei einem Streifzug durch das Panier-Viertel.

Seite 200

Per Rad von Strand zu Strand

Entlang der Felsenküste vom Vieux Port in Marseille nach Les Goudes radeln und dabei eine ganz neue Seite der Millionenstadt kennenlernen.

Seite 204

Train de la Côte bleue

Der Zug verbindet Marseille mit Martigues und führt fast immer entlang der zauberhaften ›blauen Küste‹.

Seite 209

Nationalpark Calanques

Direkt neben der Millionenstadt Marseille liegt eine traumhafte Küstenregion: der Nationalpark Calanques. Die Felsen fallen steil nach unten in glasklares Wasser ab und bieten eine perfekte Kulisse für Schnorchler und Segelboote.

Seite 214

La Ciotat

La Ciotat ist eine vollkommen unterschätzte Stadt mit herrlicher Bucht und einem sehr netten Stadtkern.

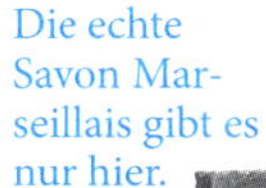

Die echte Savon Marseillais gibt es nur hier.

In Marseille herrscht Suppenkrieg: Jeder glaubt, das einzig wahre Rezept für eine Bouillabaisse zu haben und rümpft über die Bemühungen der anderen nur schnippisch die Nase.

Noch schöner als ihr Ruf

Für Marseille und seine zauberhafte Umgebung sollten Sie sich Zeit lassen. Nicht nur einen Tag oder zwei. Mindestens drei. Hier gibt es so viel zu entdecken! Dabei ist der Ruf der zweitgrößten Stadt Frankreichs nicht gerade der beste. Und machen wir uns nichts vor: Natürlich hat Marseille Probleme. Aber die haben andere Städte auch. Und laut der Kriminalitätsstatistik ist nicht Marseille die gefährlichste Stadt Frankreichs, sondern Paris! Hält es die Menschen davon ab, in die Metropole zu reisen? Nein! Warum also Angst vor Marseille haben?

Das Zentrum, die Viertel rund um den alten Hafen, das neue Joliette, die Univiertel und Street Art Corner, die vielen Museen der Stadt und die großartigen Strände bieten eine unglaubliche Vielfalt und sind absolut spannend zu erkunden.

Millionenstadt und Natur pur

Und als wäre das alles nicht genug, hat Marseille auch noch ein traumhaft schönes Umland: die Côte Bleue, die kleine Schwester der Côte d'Azur, nur viel unberührter und kaum bekannt, mit Martigues, dem ›kleinen Venedig‹, den Nationalpark Les Calanques mit tief eingeschnittenen Felsenbuchten und glasklarem Wasser, die so wunderbar zum Wandern und Baden einladen, die vorgelagerten Inseln, zu denen man vom alten Hafen aus hinschippern kann, und natürlich die beiden zauberhaften kleinen Städtchen Cassis und La Ciotat, die eine schick, die andere bodenständig, beide aber direkt am Meer, umgeben von eben jenen Felsen, die auch die Calanques einfassen. Sie sehen schon: Marseille lässt einen nicht mehr los, wenn man erst mal angefangen hat, womit wir wieder am Anfang wären. Kommen Sie mindestens drei Tage – oder immer wieder!

ORIENTIERUNG

O

Infos: www.marseille.fr, www.marseille-tourisme.com, https://madeinmarseille.net.
Verkehr: s. Infos S. 206
Citypass: Mit dem Citypass haben Sie kostenlosen Zugang zu allen Museen von Marseille (Sonderausstellungen reduziert), freie Fahrt mit Bus, Metro oder Tramway; sogar eine Schiffsfahrt – nach Frioul oder zum Château d'If – ist dabei (24 Std. 27€, 48 Std. 37€, 72 Std. 43 €).

Marseille

📍 J9; Karte 2, L/K9/10

Marseille liegt an einem malerischen Küstenabschnitt des Mittelmeeres. Weiße Felsen fallen steil ins Meer und bilden Hunderte kleine Buchten. Die Stadt ist drumherum gebaut. Insgesamt 55 km Küstenlänge hat Marseille, überall gibt es kleine Häfen, kurze Felsenabschnitte und sogar auch ein paar Sandstrände.

Die Küste prägt die Stadt. Hier kommen seit Jahrhunderten, ach was: seit 2600 Jahren Menschen aus allen Teilen der Welt an, die die Stadt zu dem machen, was sie ist: extrem bunt, vielfältig, spannend und voller Leben. Marseille gehört zu den faszinierendsten Städten der Welt. Dabei war der Ruf von Marseille lange katastrophal. Bandenkriege, Drogenmafia, Anarchie. Und obwohl es das alles gab, war der Ruf doch deutlich schlechter als die Realität. Was allerdings stimmte: Paris scherte sich einen Dreck um die Hafenstadt – und ließ sie links liegen. Das änderte sich mit der Schaffung der TGV-Linie Paris–Marseille. Die unbekannte, bis dahin verschrieene Stadt wurde hip und zum ersten Mal flossen üppig Gelder von Nord nach Süd.

Facelifting fürs Schmuddelkind

2013 war das Jahr, das Marseille den letzten Kick verpasst hat. Denn in diesem Jahr war die berüchtigte Hafenstadt europäische Kulturhauptstadt. Jahre vorher schon hatte man sich auf dieses große Ereignis vorbereitet, galt es doch, die alten Vorurteile ein für alle Mal abzubauen.

Und was man in dieser Zeit schuf, übertraf alle Vorstellungen. Der alte Hafen wurde umgestaltet, die Stadt mit neuen Museen beschenkt, die Gestal-

Es gibt kaum jemanden, der nicht an die verspiegelte Decke von Sir Norman Fosters l'Ombrière schaut, um die Welt von oben zu sehen.

tung des (modernen) Hafens komplett verändert – und ist bis 2030 noch nicht abgeschlossen. Marseille steckt also noch immer mitten in einer Metamorphose – und mag sie noch so künstlich herbeigeführt worden sein: Die Stadt blüht auf, entdeckt sich neu und gestaltet kräftig mit. Das macht sie so unglaublich spannend für alle, die zum ersten Mal da sind, aber auch für die, die immer wieder kommen. Denn nichts bleibt sich hier gleich. Marseille ist in Bewegung.

Le Vieux Port

Der Vieux Port, der alte Hafen, an dessen Meeresausfahrt die mächtigen Türme des Fort St-Jean seit sechs Jahrhunderten stehen, ist höchst lebendig. Hier schlägt das Herz der Stadt und es schlägt bunt und wild und schön. Auf dem kleinen **Fischmarkt** ❶ am Quai des Belges wird jeden Morgen lautstark der neueste Fang angeboten, Skater fahren über selbstgebaute Rampen, Straßenmusiker sorgen für einen angenehmen Hintergrundsound und trotz der vielen Boote und Menschen duftet es ganz herrlich nach Meer. Ein kleines **Ferryboat,** das mit Solarstrom betrieben wird, bringt die Menschen von einem Ufer zum anderen (tgl. 7.30–20.30 Uhr, 0,50 €), der Wind lässt die Segelmasten im Gleichklang klirren und Möwen ziehen ihre Kreise über dem Wasser.

EIN NEUER ARCHITEKTURSTIL

Georges Eugène Haussmann war Präfekt von Paris zwischen 1853 und 1870, und unterzog Paris einer umfangreichen Renovierung, die Napoleon III. in Auftrag gegeben hatte. Der *style Haussmannien* zeichnet sich vor allem durch eine durchgezogene Fassade aus, die einer Mindesthöhe entsprechen muss. Wenn man so durch die Straßenschlucht schaut, wirkt es, als bestünde jede Straßenseite aus nur einem einzigen Haus, durchbrochen nur von Straßen, die abgehen.

Dass dieses Herz im Jahr 2013 eine Generalüberholung hinter sich gebracht hat, spürt man nicht, wenn man die Stadt nicht von früher kennt. Oder zumindest nicht sofort. Doch dann steht man plötzlich unter einem riesigen verspiegelten Schattendach, schaut nach oben und sieht sich selbst aus der Vogelperspektive: Was für ein Gag! Norman Foster hat diese fantastische **L'Ombrière** ❷, das Schattendach, gestaltet, zusammen mit dem Rest des Kais und dem gesamten Umfeld des Hafens. Mit hellen Granitblöcken hat er eine Weite geschaffen, vollkommen vegetationslos, die dem Hafen ihr jetziges Aussehen gibt.

Nördlich des Vieux Port

Wie Phönix aus der Asche

Die Sonnenseite des Hafens ist der **Quai du Port** auf dessen Nordseite. Fast alle Häuser hier stammen aus den 1950er-Jahren, nachdem große Teile dieser Ecke der Stadt 1943 von den Nazis weggesprengt wurden. In Rekordzeit hat man sie neu errichtet, um die Spuren der Kriegszeit möglichst rasch zu verwischen. Heute schützt man jene Häuser als Baudenkmäler. Einzig der Barockbau des Rathauses, **Hôtel de Ville** ❸, fällt am Quai in diesem Ensemble der 1950er-Jahre aus dem Rahmen. Es entstand zwischen 1656 und 1673 und besteht aus zwei Flügeln. Das Besondere an diesem Gebäude ist die fehlende Treppe im vorderen Teil: Um in den ersten Stock zu gelangen, musste man früher einmal ums Gebäude herum.

Ist man dann hinter dem Rathaus, fällt schräg links ein weiteres Gebäude auf, die **Maison Diamantée** ❹ von 1570. Seinen Namen hat es von der seltsam wirkenden Steinfassade, die an aneinandergereihte Diamanten erinnern soll.

Fast wie Paris

Vom Quai des Belges aus geht die Rue de la République ab, die einzige Straße, die im *style Haussmannien* renoviert wurde: Hohe, gleichgeformte Bürgerhäuser säumen den Boulevard, im Erdgeschoss reiht sich Geschäft an Geschäft. Nach nur 200 m biegt links die Grande Rue ab. Hier steht das **Hôtel de Cabre** ❺, heute das älteste Gebäude der Stadt (1535). Da es 1943 nicht so schwer beschädigt worden war, konnte es restauriert werden – das wäre an sich nicht wirklich etwas Besonderes, hätte man das Haus nicht kurzerhand einmal um 90 Grad gedreht, weil es der neuen Stadtplanung im Weg stand.

Kometenhafter Aufstieg

Wie so viele alte Arbeiterviertel ist auch **Le Panier** ein Viertel, das die Verwandlung vom Aschenputtel zur Prinzessin vollzogen hat. Einst ein Arme-Leute-Viertel zieht es heute Künstler und die Avantgarde an. In engen Gassen geht es bergauf und bergab, die Dichte der Szenekneipen ist auffallend hoch, doch trotz der spürbaren Gentrifizierung hat Le Panier sich einen ganz eigenen, fast schon dörflichen Charme bewahren können.

Das Armenhaus im Barock-Palast

Fast kommt es einem wie eine Fata Morgana vor, wenn man durch das Panier-Viertel spaziert und plötzlich vor diesem riesigen barocken Palast steht, der **Vieille Charité** ❻. Kein Geringerer als Pierre Puget, der Großbaumeister und Bildhauer des 17. Jh., hat ihn erschaffen – inmitten des Arme-Leute-Viertels als Armenhaus und -hospiz. Der palastartige Bau beherbergte in Hochzeiten bis zu 1000 Menschen, immer wieder wurde er umgebaut und wird seit 1986 als Museum und Kulturzentrum genutzt. In der Mitte der alten Charité befindet sich ein ovaler Bau, der von dreistöckigen Arkadengängen umrundet wird. Im Hof ist ein Café, das zur Rast einlädt. Der Besuch ist kostenlos, sofern man nicht die darin sich befindlichen Museen besuchen möchte. Die beiden **Museen,** das eine zur mediterranen Archäologie (Musée d'Archéologie Méditerranéenne) und das andere zur Kunst aus Afrika, Ozeanien und Amerika (MAAOA), lohnen den Besuch, ganz gleich, was für Sonderausstellungen hier stattfinden.

La Panier, Rue de la Charité, https://vieille-charite-marseille.com, Di–So 10–18 Uhr, die Museen je 6 €, Sonderausstellungen teurer

Der Marseillais neue Fassaden

Zwischen dem Panier-Viertel und dem Meer hat sich seit den 2010er-Jahren eine tiefgreifende Metamorphose vollzogen. Das komplette Viertel wurde neu gebaut bzw. renoviert. Und so entstand eine spannende Mischung aus Kunst und Konsum. Wer sich Marseille mit dem Schiff nähert, wird erst einmal die neue **Façade Maritime** wahrnehmen, eine Neuschaffung des Hafens mit dem gigantischen Bau des **MuCEM** (Musée des Civilisations de l'Europe et de la Méditerranée, s. S. 193). Rudy Ricciotti, der auch in Aix-en-Provence als Architekt für Furore sorgte, entwarf diesen monumentalen Bau, einen verspiegelten Glaskubus mit filigranen Betonmustern, der direkt am Wasser steht und mit dem Fort St-Jean durch eine eiserne Brücke verbunden ist– das alte und neue Marseille finden hier zusammen.

Neben dem MuCEM fällt ein gläserner Bau auf, der aussieht, als wäre er

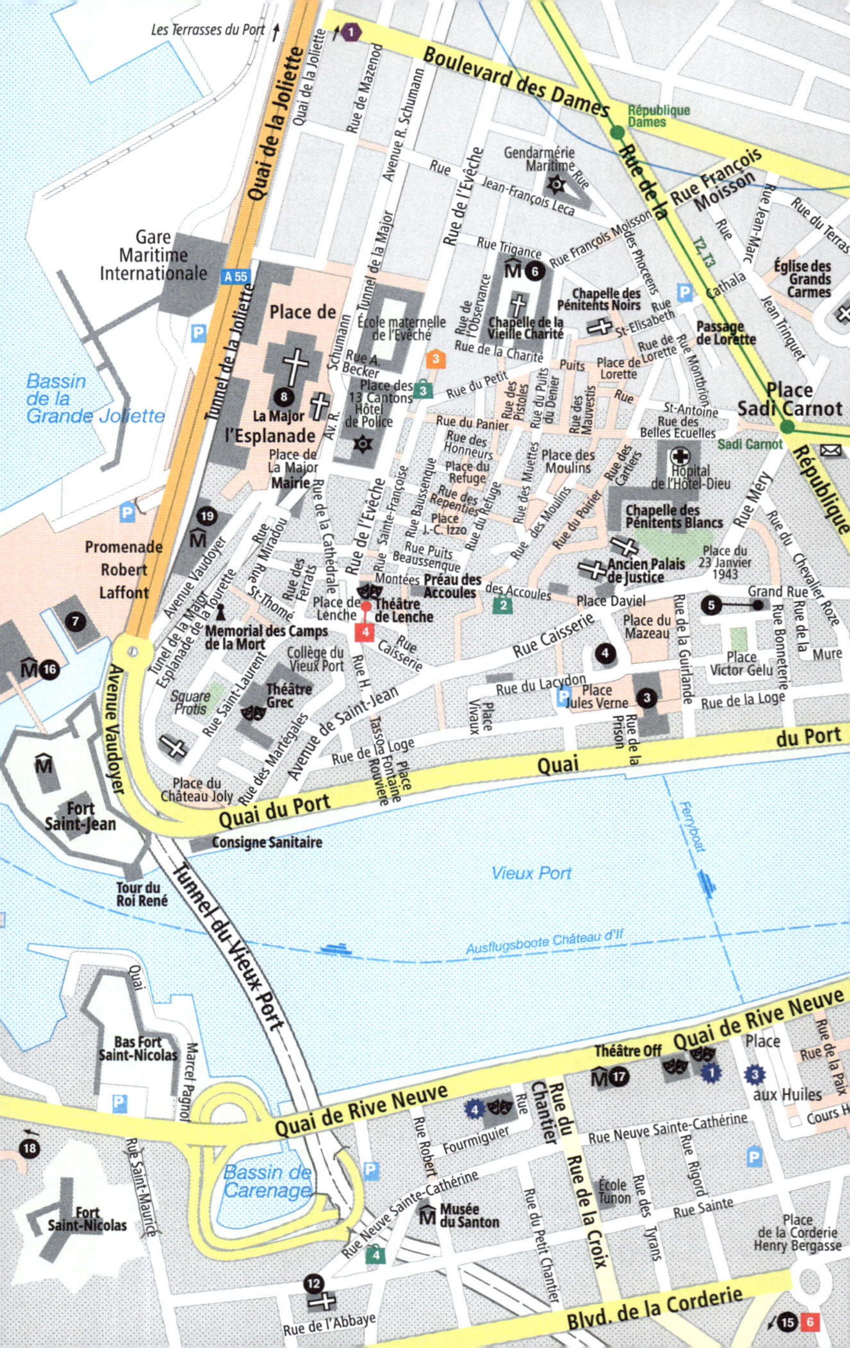

Les Terrasses du Port
Quai de la Joliette
Boulevard des Dames
République Dames
Gare Maritime Internationale
A 55
Tunnel de la Joliette
Place de l'Esplanade
La Major
Bassin de la Grande Joliette
Rue de la République
Rue François Moisson
Place Sadi Carnot
Sadi Carnot
Gendarmérie Maritime
Chapelle des Pénitents Noirs
Chapelle de la Vieille Charité
École maternelle de l'Evêché
Hôtel de Police
Église des Grands Carmes
Passage de Lorette
Place de Lorette
Place des 13 Cantons
Place des Moulins
Hôpital de l'Hôtel-Dieu
Chapelle des Pénitents Blancs
Place du 23 Janvier 1943
Ancien Palais de Justice
Promenade Robert Laffont
Avenue Vaudoyer
Memorial des Camps de la Mort
Théâtre de Lenche
Place de Lenche
Préau des Accoules
Place Daviel
Place du Mazeau
Place Victor Gelu
Collège du Vieux Port
Théâtre Grec
Square Protis
Place Jules Verne
Rue Caisserie
Avenue de Saint-Jean
Quai du Port
Fort Saint-Jean
Consigne Sanitaire
Tour du Roi René
Tunnel du Vieux Port
Vieux Port
Ferryboat
Ausflugsboote Château d'If
Bas Fort Saint-Nicolas
Quai de Rive Neuve
Théâtre Off
Place aux Huiles
Bassin de Carenage
Musée du Santon
Fort Saint-Nicolas
École Tunon
Place de la Corderie Henry Bergasse
Blvd. de la Corderie
Rue de l'Abbaye
Rue Sainte
Rue Neuve Sainte-Cathérine
Rue du Chantier
Rue de la Croix

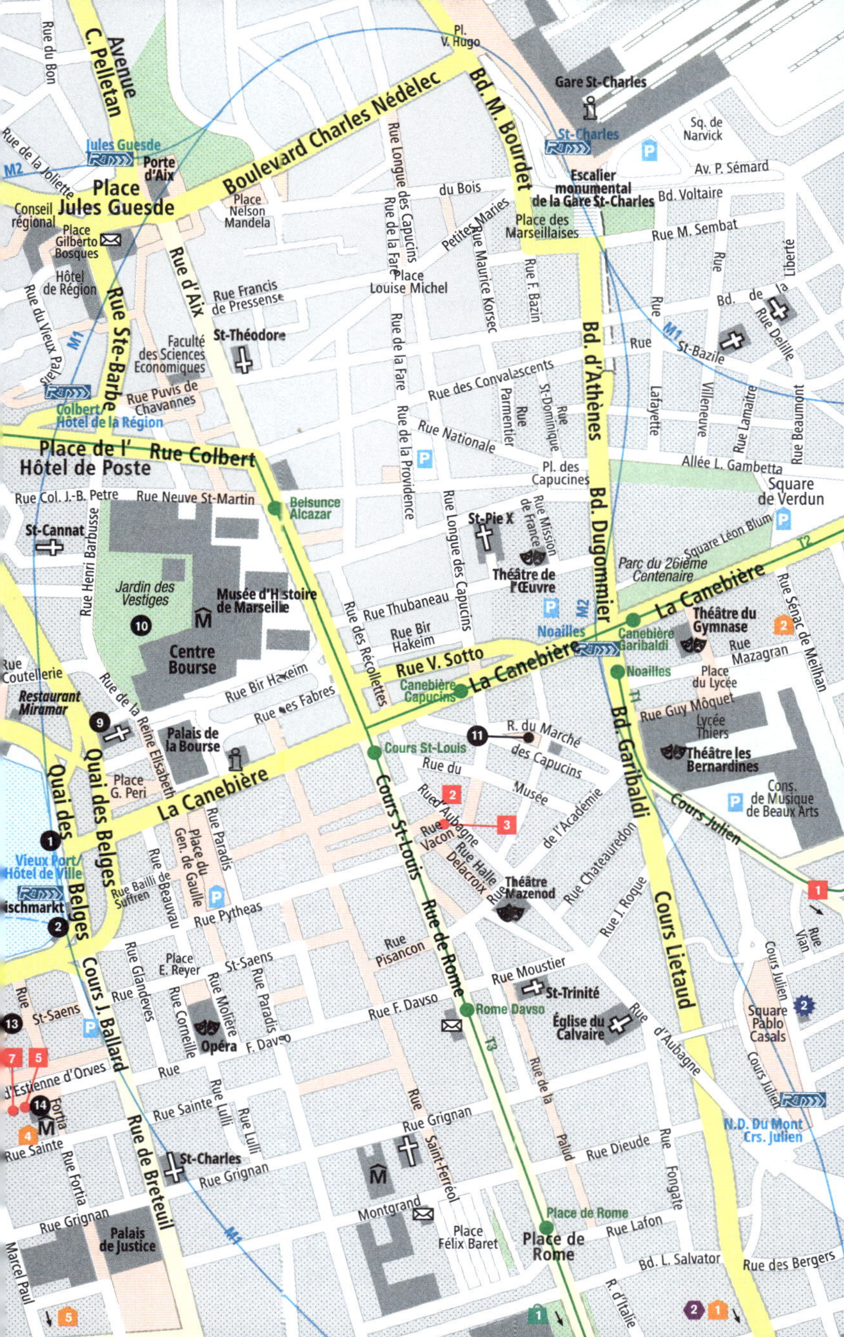
Gare St-Charles
St-Charles
Sq. de Narvick
Pl. V. Hugo
Avenue C. Pelletan
Boulevard Charles Nédèlec
Bd. M. Bourdet
Jules Guesde
Porte d'Aix
Place Jules Guesde
Conseil régional
Place Gilberto Bosques
Hôtel de Région
Place Nelson Mandela
Escalier monumental de la Gare St-Charles
Av. P. Sémard
Bd. Voltaire
Rue M. Sembat
Place des Marseillaises
Rue Longue des Capucins
Rue de la Fare
du Bois
Petites Maries
Rue Maurice Korsec
Rue F. Bazin
Place Louise Michel
Rue d'Aix
Rue Ste-Barbe
Rue Francis de Pressensé
St-Théodore
Faculté des Sciences Economiques
Rue Puvis de Chavannes
Colbert/ Hôtel de la Région
Rue des Convalescents
Rue Nationale
Rue Parmentier
Rue St-Dominique
Pl. des Capucines
Bd. d'Athènes
Rue Lafayette
Rue Villeneuve
Rue Lamaitre
Rue Beaumont
Rue St-Bazile
Bd. de la Liberté
Rue Delille
Allée L. Gambetta
Square de Verdun
Place de l' Hôtel de Poste
Rue Colbert
Rue Col. J.-B. Petre
Rue Neuve St-Martin
Belsunce Alcazar
Rue de la Providence
St-Cannat
Rue Henri Barbusse
Jardin des Vestiges
Musée d'Histoire de Marseille
Centre Bourse
Rue Longue des Capucins
St-Pie X
Rue Mission de France
Théâtre de l'Œuvre
Bd. Dugommier
Square Léon Blum
Parc du 26ième Centenaire
Rue Thubaneau
Rue Bir Hakeim
Rue des Récollettes
Rue V. Sotto
Noailles
La Canebière
Canebière Garibaldi
Théâtre du Gymnase
Rue Sénac de Meilhan
Rue Mazagran
Place du Lycée
Rue Guy Môquet
Lycée Thiers
Théâtre les Bernardines
Cons. de Musique de Beaux Arts
Cours Julien
Rue Coutellerie
Restaurant Miramar
Rue de la Reine Elisabeth
Rue Bir Hakeim
Rue des Fabres
Canebière Capucins
Cours St-Louis
R. du Marché des Capucins
Palais de la Bourse
Place G. Peri
Quai des Belges
Rue du Musée
Rue d'Aubagne
Rue Vacon
Rue Halle Delacroix
Rue de l'Académie
Rue Chateauredon
Rue J. Roque
Bd. Garibaldi
Cours Lietaud
Vieux Port/ Hôtel de Ville
ischmarkt
Rue Bailli de Suffren
Rue Beauvau
Place du Gen. de Gaulle
Rue Paradis
Rue Pytheas
Théâtre Mazenod
Rue Vian
Rue Pisancon
Rue de Rome
Rue Moustier
St-Trinité
Place E. Reyer
Rue St-Saens
Rue Glandeves
Rue Corneille
Rue Molière
Rue Paradis
Opéra
Rue F. Davso
Rome Davso
Église du Calvaire
Rue d'Aubagne
Cours Julien
Square Pablo Casals
Cours J. Ballard
Rue d'Estienne d'Orves
Rue Sainte
Rue Lulli
Rue Fortia
Rue de la Palud
Rue Dieude
Rue Fongate
N.D. Du Mont Crs. Julien
Rue Grignan
Rue Saint-Ferréol
St-Charles
Rue de Breteuil
Montgrand
Place de Rome
Place Félix Baret
Rue Lafon
Palais de Justice
Marcel Paul
Bd. L. Salvator
Rue des Bergers
R. d'Italie
M1
M2
T1
T2
T3

Marseille

Ansehen
1 Fischmarkt
2 L'Ombrière
3 Hôtel de Ville
4 Maison Diamantée
5 Hôtel de Cabre
6 Vielle Charité
7 Villa Méditerranée
8 Cathédrale La Major
9 St-Ferréol
10 Jardin des Vestiges
11 Marché des Capucins
12 Abbaye St-Victor
13 Carré Thiars
14 Maison du Capitaine
15 Notre-Dame-de-la-Garde
16 MuCEM
17 Musée du Savon de Marseille
18 Musée Subaquatique
19 Musée Regards de Provence

Schlafen
1 Hôtel Le Corbusier
2 Le Ryad
3 La Maison du Petit Canard
4 ibis budget
5 C2 Hotel

Essen
1 L'Arôme
2 Épicerie l'Idéal
3 Pizzeria Chez Sauveur
4 Le Glacier du Roi
5 Les Arcenaulx
6 Fonfon
7 La cantine

Einkaufen
1 Quartier des Antiquaires
2 Le Bazar de César
3 Maison de la Boule
4 Boulangerie Four des Navettes

Bewegen
1 MassiliaCar
2 Dune Marseille

Ausgehen
1 Bar de la Marine
2 Oogie!
3 Le Pelle-Mêle
4 Théâtre National la Criée

---

ein überdimensional großes Sprungbrett, das Dach freischwebend über dem Meer: die **Villa Méditerranée 7**. Sie wurde, zusammen mit dem MuCEM 2013 eröffnet, die Pläne stammen von einem anderen, großartigen Architekten: Stefan Boeri. Im Gegensatz zum MuCEM handelt es sich nicht um ein Museum, sondern um ein Kulturzentrum, das zur Hälfte unter Wasser liegt.

Dahinter erhebt sich die auffällig schwarz-weiße Fassade der **Cathédrale La Major 8**. An ihr scheiden sich die Geister. Die einen mögen den neo-byzantinischen Stil, andere hassen ihn. Das Baptisterium der Kirche geht in die frühchristliche Zeit zurück, das heutige Aussehen aber stammt von 1852. Im Rahmen der Komplettumgestaltung dieser Ecke der Stadt wurde der Platz um die Kirche erneuert, im Untergeschoss finden sich heute ein paar schicke Boutiquen und Restaurants, während rund um den Sakralbau Segways und E-Roller düsen (Besichtigung frei, aber nur Di–Sa 10–18, im Sommer bis 19 Uhr).

Nördlich der Kathedrale liegt das riesige Shopping-Center **Les Terrasses du Port** mit einem wunderbaren Blick auf den Hafen und das umgestaltete, alte Hafenviertel La Joliette. Es ist immer noch nicht ganz fertig – der Masterplan für ganz Marseille sieht das Jahr 2030 bis zur Beendigung der letzten Baustellen vor. Euroméditerranné nennt sich das ehrgeizige Projekt, das die Umgestaltung von La Joliette und der Façade Maritime vorgesehen hat, 7 Milliarden Euro wird es am Ende gekostet haben, und die Place de la Joliette ist das Herzstück von alldem. Die alten Docks wurden nach dem Vorbild der Londoner Docks zu Konsumtempeln umgestaltet. Schaut man von hier aus noch ein wenig nördlicher, fallen zwei **Hochhäuser** auf, das eine blau und rot, ein bisschen, als wäre es nach wie vor eine Baustelle, dahinter ein gläserner Büroturm: Das Büro der CMA-CGM-Reederei, erbaut von der arabischen Stararchitektin Zaha Hadid.

Tram 12 oder 13, Bus Nr. 49, auch Ausstieg Hop-on-Hop-off-Sightseeingbus Colorbüs

Westlich des Vieux Port

Versteckt

Fast ein wenig versteckt, obwohl in erster Reihe, ist die kleine Kirche **St-Ferréol** ❾. Dass sie so klein ist, verdankt sie der Tatsache, dass man einen Teil davon abriss, um la Bourse, also die Marseiller Börse, dahinter zu errichten. Etwas nördlich der Kirche ist der **Jardin des Vestiges** ❿, wo man Reste der griechischen Siedlung Massalia und des römischen Hafens gefunden hat. Der Garten gehört heute zum benachbarten **Musée d'Histoire de Marseille** (Eintritt frei).

Die Prachtstraße

Die **Canebière** ist mehr eine Geschäftsstraße als ein Laufsteg. Es gibt auch hier ein oder zwei Cafés, doch an sich ist die Prachtstraße Marseilles, die vom Quai des Belges schnurgerade nach Nordosten führt, viel mehr eine Renommiermeile. Hier reihen sich Banken an Geschäftshäuser, die Börse an große Hotels und Bürohäuser an Verwaltungsgebäude. Im Untergeschoss: Ladenfronten der ganz großen Ketten. Zum Glück gibt es die kleinen Seitenstraßen und Gassen, denn der wirkliche Charme dieser Ecke versteckt sich abseits der Hauptstraße.

Marrakesch in Marseille

Noailles und **Belsunce** heißen die Viertel, in den man mehr Arabisch hört als Französisch. Sie liegen rechts und links der Canebière, zwischen dem Boulevard d'Athènes, der jenseits der Canebière in den Boulevard Garibaldi übergeht und dem Cours Belsunce, der später, leicht nach Osten versetzt in die Rue d'Aubagne übergeht. Wer hierher kommt, fühlt sich sofort nach Nordafrika versetzt: Tunesische Patisserien, arabische Hall-al-Fleisch-Metzger, Teehäuser, arabische Cafés, vor denen Männer sitzen und an ihrer Wasserpfeife ziehen. All das ist schon ziemlich nordafrikanisch.

Der **Marché des Capucins** ⓫, auch Marché de Noailles genannt, toppt das aber noch: Zwischen Bergen aus frischer Minze und Ständen mit frischem Fisch schallt arabische Musik, frisches Obst und Gemüse, aber auch Oliven, Datteln und andere Lebensmittel wandern über die Landentische. Den ›Bauch von Marseille‹ nennen die Marseillais diesen Platz, gibt es hier doch beste Lebensmittel zu günstigen Preisen. Wer noch weiter in das arabische Frankreich eintauchen möchte: In der Rue d'Aubagne bekommt man in der **Épicerie de Saladin** Gewürze und Oliven allerbester Qualität und mal eben ums Eck

FAKTENCHECK

Einwohner: 862 000
Bedeutung: zweitgrößte Stadt Frankreichs und ehemalige Kulturhauptstadt mit riesigem Hafen
Stimmung auf den ersten Blick: Multikulti überall
Stimmung auf den zweiten Blick: Marseille ist ein Spiegelbild der südfranzösischen Geschichte, Bauten aus 2000 Jahren finden sich hier, ein Eldorado für Architekturfans.

liegt **La Rose de Tunis** mit köstlichem süßen Gebäck.

Street-Art-Eldorado

Von Noailles ist es nur einen Katzensprung bergauf zum **Cours Julien** – dem Street-Art-Eldorado und Ausgehviertel des jungen Marseille im Viertel La Plaine. Durch den Cours Julien lässt man sich am besten treiben. Es ist ein Szeneviertel mit trendigen Bars, vielen Cafés, einfachen und sehr guten Restaurants sowie jede Menge Street Art. Sommers wie winters spielt die Musik im Freien, doch weniger gefällige Weisen als vielmehr Rap. Am Wochenende finden rund um die Fontaine du Cours Julien immer wieder Standup-Rap-Battles statt.

FÜR DIE NACHWELT GERETTET

Beinahe hätte es Notre-Dame-de-la-Garde gar nicht mehr gegeben, denn wie fast überall in Frankreich war die Kapelle den Aktiven der Französischen Revolution ein Dorn im Auge. Doch dagegen wehrte sich Joseph Elie Escaramagne, ein Seefahrer, der glaubte, der ›guten Mutter‹ alles zu verdanken. Er pachtete die Kirche, kämpfte um sie und setzte durch, dass sie 1807 wieder in Betrieb genommen wurde. Einziges Problem: Die Revolutionäre hatten alles geplündert. Damit die Menschen dennoch etwas zum Anbeten hatten, kaufte Escaramagne kurzerhand bei einem Trödelhändler eine Marienstatue, auf dem einen Arm das Jesuskind, auf dem anderen einen Blumenstrauß. Der ist keineswegs original, sondern wurde ersetzt. Als die Kapelle später dann zur Kathedrale umgebaut wurde, behielt man die kleine Marienstatue mit Kind und Blumenstrauß, kaufte alte Votivgaben auf und so ist die Kirche heute wieder bunt bestückt und voller Geschichte.

Südlich des Vieux Port

Ein uraltes Grab

Auf der Südseite der Hafenausfahrt liegt die **Abbaye St-Victor** ⓬. Der Festungsbau stammt aus dem 14. und 15. Jh., als Roi René (s. Kasten S. 167) das alte Kloster zum ›Schlüssel des Hafens und der Stadt Marseille‹ umbauen ließ. Hier kam kein Feind vorbei. Der Besuch der Abbaye ist für diejenigen spannend, die in die Tiefen der Stadt Marseille hinabsteigen wollen und dies im eigentlichen wie im übertragenen Sinn. Unter dem einstigen Kloster liegen Krypten auf den Resten eines griechischen Steinbruchs. Steigt man weiter hinab, kommt man zu einer frühchristlichen und römischen Nekropole mit Sarkophagen und Märtyrergräbern, die zum Teil sogar in die Klostermauern eingelassen sind.

Die ›Futterstube‹

Direkt südlich des Vieux Port kommt man rechts auf einen riesigen, langgestreckten Platz, der **Cours Honoré d'Estienne d'Orves** mit der sich anschließenden **Place aux Huiles.** Das ist das **Carré Thiars** ⓭, die Futterstube von Marseille. Hier wird gegessen, getrunken und flaniert. Im Sommer ganze Nächte durch. Das Carré wurde vor rund 200 Jahren auf dem Gelände des Arsenals der königlichen Marine geschaffen. Heute erinnert nur noch die **Maison du Capitaine** ⓮ an diese Zeiten – darin untergebracht das ist das ›Haus des Kunsthandwerks‹, Maison de l'Artisanat et des Metiers d'Art. Wer keine Lust auf Kunsthandwerk hat, geht nebenan in die Hotellobby des **ibis budget** 4, denn dieses ist tatsächlich in der alten Hafenmeisterei untergebracht. Auch wenn komplett modernisiert: An manchen Stellen sind die alten Balken noch zu erkennen. Direkt nebenan eine Marseiller Institution: das Restaurant **Les Arcenaulx** 5 (s. S. 199)!

Die gute Mutter

Golden thront sie über der Stadt auf einem 154 m hohen Kalksteinhügel und wacht über sie – **Notre-Dame-de-la-Garde** ⓯. Sie ist die wichtigste Sehenswürdigkeit der Stadt – und auch die am meisten besuchte. Dabei verdankt sie es einem Zufall, dass sie überhaupt noch steht (s. Kasten S. 190). Im 18. Jh. gab es an der Stelle der Kathedrale von 1864 eine kleine Kapelle, die von Festungsmauern umgeben war. Vor allem Fischer und Seefahrer suchten sie auf, um der ›guten Mutter‹, wie sie genannt wurde, zu danken und ihr Votivtafeln zu stiften. Anfangs waren es einfache Tafeln, später Ölbilder, noch später Schiffsmodelle, die heute von der Decke der Kathedrale baumeln.

Rue Fort du Sanctuaire, www.notredamedelagarde.com, Okt.–März 7–18.15, April–Sept. 7–19 Uhr, Bus Nr. 60 oder Hop-on-Hop-off-Sightseeingbus Colorbüs

Wegweisend

Am besten ist es, man schließt sich einer Führung an, denn nur so kann man eine Originalwohnung von Le Corbusier in der **Cité Radieuse** im Original sehen, die seit einigen Jahren als Welterbe auf der Liste der UNESCO steht. Und das sollte sich zumindest kein Architekturfan entgehen lassen. Denn hier durfte der Schweizer Künstler – nein, Le Corbusier war kein Architekt, sondern Gestalter, die technische Planung überließ er seinem Cousin, der Architekt war – seinen Traum vom minimalistischen Wohnen ausleben.

Das Fort St-Jean aus dem 17. Jh. markiert die Hafeneinfahrt von Marseille. Eine Brücke führt von hier in die Moderne zum MuCEM.

Und das sowohl *en gros* als auch *en détail.* Das Gros war eine vertikale Stadt – untergebracht in einem einzigen Gebäude. Das *détail* war die einzelne Wohnung darin: klein, minimalistisch, funktional. Insgesamt umfasst das Haus 337 Wohnungen, die kleinsten davon haben nur 16 m². Dazu gibt es Büros, Geschäfte, eine Patisserie (der einzige Laden, der bis heute überlebt hat), ein Hotel (s. S. 193) eine Schule, ein Kino, ein Park, sogar Arztpraxen und ein Schwimmbad.

280 Bd. Michelet, https://citeradieuse-marseille.com, Führungen nur mit Voranmeldung über das Office du Tourisme an der Canebière, Bus Nr. 21 ab der Galerie Lafayette

Am Rand von Marseille

Zum Grafen von Monte Christo

Wer bisher nicht wusste, dass der Graf von Monte Christo auf dem **Château d'If** auf einer der vier kleinen Frioul-Inseln vor Marseille, gefangen war, weiß es auf jeden Fall nach dem Besuch dort. Denn hier ist Edmond Dantès bis heute quicklebendig. Überall in der restaurierten Gefängnisfestung mit den zwei wuchtigen Rundtürmen neben dem Eingangstor, die Anfang des 16. Jh. erbaut wurde, sind Szenen des Romans von Alexandre Dumas lebendig gemacht worden. Man sieht das Loch, das Dantès durch die Zellenwand zum Abbé Faria grub, man erkennt die Stelle, wo er sich als angebliche Leiche von der Burg ins Meer werfen ließ, passende Filmausschnitte laufen dazu, sodass der Fantasie auf die Sprünge geholfen wird. Und wer kein Interesse am Grafen hat? Der hat noch die große, zauberhafte Insel Frioul mit wunderbaren Badebuchten, mit traumhaftem Blick auf Marseille, mit kleinen *Buvettes* und flachen Felsen zum Sonnenbaden.

Die Boote zu den Frioul-Inseln legen am Vieux Port bei l'Ombrière ab, allerdings nicht bei jedem Wetter. Im Sommer, d. h. etwa April–Okt., fahren die Boote mehrmals pro Stunde. Fahrplan und Infos: www.frioul-if-express.com. Schloss: tgl. 10–17, Mitte Mai–Mitte Sept. bis 18 Uhr; Bootsfahrt: 11,10 € hin und zurück; wer noch zur großen Insel möchte, bezahlt 16,70 € oder online über die Homepage www. marseille-tourisme.com 15 €; Eintritt Schloss: 6 €

Der Künstler Paradies

Ungefähr 12 km nördlich von Marseilles Zentrum liegt **L'Estaque,** ein malerischer Vorort von Marseille. Paul Cézanne lebte und arbeitete hier mit Unterbrechnungen zwischen 1870 und 1874. Vom Chemin des Peintres blickte er und heute Sie auf den Golf von Marseille, der ihn immer wieder faszinierte. Doch nicht nur Cézanne lebte hier, auch Dufy, Braque, Renoir oder Macke verbrachten ihre Ferien hier und ließen sich von der malerischen Bucht inspirieren.

Bus Nr. 35 ab Place Gabriel-Péri am Vieux Port

Am Ende der Straße

Les Goudes ist das 8. Arrondissement von Marseille, obwohl es wirkt, als wäre es eine ganz andere Welt. 4 km von den letzten Häusern entfernt, strahlt Les Goudes mit seinem kleinen Hafen noch immer den Flair eines Fischerdorfes aus. Letzten Endes ist es das auch, obwohl natürlich auch hier die Preise für die kleinen *Cabanes,* die ehemaligen Fischerhütten, deutlich in die Höhe geschossen sind. In Les Goudes beginnen die Calanques, die sich Bucht an Bucht bis nach Cassis ziehen. Doch bevor man sich aufmacht, diese zu erkunden (s. S. 209) sollte man sich Les Goudes selbst ansehen. Denn es ist ein richtig netter, einfacher, ehrlicher Ort an der kleinen Halbinsel Cap Croisette, mit der malerischen Badebucht Anse de la Maronaise, der Baie des Singes und der vorgelagerten Île Maïre.

Bus Nr. 19 fährt von der Metrostation Castellane nach Madrague, dort umsteigen in Bus Nr. 20 bis nach Les Goudes. Endstation ist Calanque de Callelongue, wo auch die Straße endet. Wer zum Cap Croisette möchte, läuft die 1,3 km von Les Goudes.

Museen

Futuristisch und Hochkarätig

⓰ **MuCEM:** Das Musée des Civilisations de l'Europe et de la Méditerranée wurde passend zum Paradejahr 2013 eröffnet – an höchst prominenter Stelle, nämlich an der nördlichen Spitze der Ausfahrt des Vieux Port. Um das Museum herum wurde der Platz eingeebnet und mit Sitzmöglichkeiten versehen. Die Dauerausstellungen des MuCEM beschäftigen sich mit den Kulturen rund um das Mittelmeer und bringen den Besucher zum Staunen: Man begegnet den sieben Wundern der Antike, kann Filme sehen, moderne Kunst bestaunen und sogar ein Panoptikum findet man hier.

7 Promenade Robert Laffont, T 04 84 35 13 13, www.mucem.org, Nov.–März Mi–Mo 10–18, April–Juni, Sept., Okt. 10–19, Juli, Aug. 10–20 Uhr, 11€, Zugang zu Fort und Restaurant gratis

Seife selbst gemacht

⓱ **Musée du Savon de Marseille:** Das Seifenmuseum führt durch die Geschichte der Marseiller Seife. Es ist recht klein und übersichtlich. Nett ist, dass man bei einer kleinen Vorführung dabei zuschauen kann, wie Seife hergestellt wird und man sich sein eigenes, noch weiches Seifenstück bedrucken und mitnehmen darf.

25 Quai de Rive Neuve, www.savon-de-marseille-licorne.com, Di–So 10–18 Uhr, 2,50 €

Unter Wasser

⓲ **Musée Subaquatique:** So was hat Frankreich noch nicht gesehen – und Sie wahrscheinlich auch nicht! Ein Museum unter Wasser. An der Plage des Catalans, findet man in einer Tiefe von rund fünf Metern das Musée Subaquatique. Viele Jahre und 100 Genehmigungen lang dauerte es, bis es realisiert wurde, und jetzt ist es einzigartig. Zehn Marseiller Künstler haben etwa 100 m vor der Küste auf 400 m^2 eine Unterwasserlandschaft erschaffen, die man nur sehen kann, wenn man mit Schnorchel und Taucherbrille hierher schwimmt. Der Zugang – pardon, der Zuschwimm – ist gratis, aber man sollte aus Sicherheitsgründen dann kommen, wenn der Strand überwacht wird.

Plage des Catalans, www.musee-subaquatique.com, gratis; Führungen werden über das Office de Tourisme angeboten

Von der Provence inspiriert

⓳ **Musée Regards de Provence:** Gegenüber dem MuCEM, sozusagen in zweiter Reihe, zeigt das in der ehemaligen Sanitärstation des Hafens eingerichtete Museum vorwiegend Werke provenzalischer Künstler oder von solchen, die sich von der Provence haben inspirieren lassen. Die ganz Großen wie Cézanne, Picasso oder van Gogh sucht man vergebens, doch dafür gibt es die aus der zweiten Reihe – passend zum Museum, wie Joseph Garibaldi, Chabaud und Monticelli. Zur Dauerausstellung kommen spannende Sonderausstellungen. Ganz schön groß für ein privat geführtes Museum.

Av. Vaudoyer, T 04 96 17 40 40, www.museeregardsdeprovence.com, Di–So 10–18 Uhr, 7,50 €

Schlafen

Hommage an den Künstler

1 **Hôtel Le Corbusier:** Architektur- und Designfans werden dieses Hotel lieben. Es ist in der Cité Radieuse (s. S. 191) untergebracht, in Originalräumen von Le

TOUR
Hinter den Kulissen den Alltag von Marseille erleben

Mit einem Marseille-Greeter durch das Panier-Viertel

Infos

Start/Ziel: L'Ombrière (s. S. 184)

Länge: ca. 4 km

Buchung: www.marseilleprovencegreeters.com

Kosten: Eine Spende wird gerne gesehen – das geht über die Homepage. Die Greeters machen die Führungen umsonst und aus keinem anderen Interesse, als Gästen ihre Heimat näherzubringen – logisch, dass Sie Ihren Greeter zumindest zu einem *café* einladen.

Die Anmeldung ist unbürokratisch und einfach: Marseille-Greeters-Portal anklicken, sich vorstellen, schreiben, was man sich wünscht und warten, bis sich ein Greeter meldet. Bei mir ist es Max, ein älterer Herr mit deutschem Vater und italienischer Mutter. Ein Marseiller Urgestein. Wir treffen uns unter der **L'Ombrière** 2 (s. S. 184), besprechen kurz, was wir uns anschauen wollen und dann geht es los. Mein Wunsch war es gewesen, das Marseille zu entdecken, das nicht in Hochglanzbroschüren angepriesen wird, sondern das Gesicht hinter der Fassade Marseilles kennenzulernen. Mit all seinen Schönheiten, Hässlichkeiten, vor allem aber Alltäglichkeiten.

Mit einem Einheimischen durchs Viertel streifen

Max wählt le Panier, also jenes Viertel, das durch kleine Gassen geprägt wird, durch Street Art und mit Blumentöpfen vor den Häusern. Ein gentrifiziertes Viertel, das jedoch seine Ursprünglichkeit noch immer nicht verloren hat. Ein typisches Marseiller Wohnviertel also. Außerdem das älteste Viertel der Stadt. Statt der großen Wege nimmt Max die kleinen Gassen und Treppen, bleibt immer wieder hier und da stehen für einen kleinen Plausch, zeigt mir das Geschäft **Le Bazar de Cézar** 2 an der Montée des Accoules (s. S. 199), wo es Max zufolge die einzige echte Savon de Marseille zu kaufen gibt. Von hier geht es zur **Place des Moulins.** Darauf Männer, die Pétanque spielen. Als Max mein Interesse am Kugelspiel bemerkt, bringt er mich zur **Maison de la Boule** 3 (s. S. 202), dem einzigen Laden

des legendären Kugelherstellers. Max kennt die Besitzerin und schnell bin ich mitten drin im Fachgesimpele über das beliebte Spiel. Mir werden Wurftechniken erklärt und ich lerne Fanny kennen oder besser gesagt, ihren Hintern. Den gilt es für die Verlierer einer Null-Runde zu küssen.

Marseilles bekannteste Bar ist Star einer TV-Serie.

Skulpturen und Sinnsuche am Hafen

In der **Bar des Treize Coins** direkt gegenüber trinken wir einen Kaffee, und zwar zum französischen Preis, kein Touristen-Nepp. Obwohl die Bar in jedem Reiseführer steht, ist sie doch schließlich der Dreh- und Angelpunkt einer der beliebtesten französischen Fernsehserien. Ob das an Max liegt, der auch hier alle kennt? Aber ich habe keine Zeit, darüber nachzudenken, denn Max steuert den Hafen an, es wird Zeit für Bruno Catalano! Ich hatte Max erzählt, dass ich die Figuren des Marseiller Künstlers so mag, besonders »Les Voyageurs«. Eine davon steht am Hafen gegenüber der Kathedrale Grand Major; die Statue des Reisenden zeigt **Bruno Catalano** selbst.

Ausklang auf der Dachterrasse

Das **MuCEM** ⓰ (s. S. 193) liegt nur wenige Schritte von hier entfernt. Auf die Ausstellungen im Musée des Civilisations de l'Europe et de la Méditerranée habe ich keine Lust. Das Gebäude selbst ist es, das mich begeistert. Durch Mosaik-Gänge geht es hinauf auf die Dachterrasse, über eine eiserne Brücke in den **Jardin des Migrations** und von dort über eine Brücke zurück ins Panier-Viertel. Ganz langsam bummeln wir von hier zurück zum Hafen und kommen nach drei Stunden und vielen, vielen Gesprächen über Gott und die Welt zurück zum L'Ombrière. Die Zeit ist wie im Flug vergangen, ich habe unglaublich viel gelernt über Marseille und das Leben dort, vor allem aber, dass auch Marseille nur ein kleines Dorf ist und jedes Viertel für sich eine eigene Stadt.

Corbusier. Natürlich wurden sie modernisiert, doch der Stil wurde beibehalten. Echte 1950er-Jahre. Und als ob das nicht schon reichen würde, haben die Zimmer auch noch Meerblick.

Ste-Anne, ca. 4,5 km südl. des Vieux Port, 280 Bd. Michelet, T 04 28 31 39 22, www.hotellecorbusier.com, €€ bis €€€

Fast wie Marokko

2 Le Ryad: Natürlich liegt ein Hotel, das ganz im neusten Marrakesch-Chic eingerichtet ist auch in entsprechender Umgebung – etwas östlich des Djellabah-Viertels Noailles. Manche der Zimmer sind eher klein, aber hübsch und im marokkanischen Stil eingerichtet, mit Kaffeemaschine und Bad. Im Innenhof sitzt man ruhig und im Grünen – sonst eine Seltenheit in Marseille.

Noailles, 16 Rue Sénac de Meilhan, T 04 91 47 74 54, www.leryad.fr, €€

Familiär und mitten im Panier

3 La Maison du Petit Canard: Bei Steffi und Youssef ist man wirklich zuhause, und das mitten im Panier-Viertel. Die Zimmer sind eher einfach, doch sehr persönlich eingerichtet, die Deutsche und der ägyptische Künstler kümmern sich liebevoll um ihre Gäste und servieren im Innenhof (oder bei Regen im Wohnzimmer) ein leckeres Frühstück.

Le Panier, 48 Impasse Ste-Francoise, T 04 91 91 40 31, €

Günstig und total zentral

4 ibis budget: Mitten im Carré Thiars, in der alten Hafenmeisterei hat man dieses 2*-Hotel platziert. Etwas deplaziert wirkt es, die Zimmer sind super einfach, und im Einheitslook der ibis budget Kette, doch wenigstens einige davon haben noch die alten Balken oder alte Mauerstücke, genauso wie die Gemeinschaftsräume.

Carré Thiars, 46 Rue Sainte, T 08 92 68 05 82, www.accorhotels.com, €

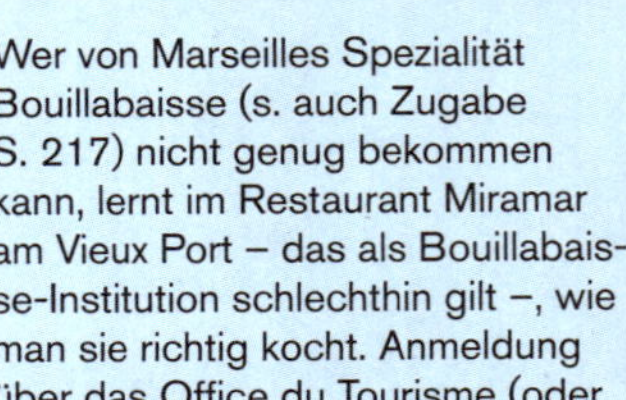

SUPPE KOCHEN LERNEN

Wer von Marseilles Spezialität Bouillabaisse (s. auch Zugabe S. 217) nicht genug bekommen kann, lernt im Restaurant Miramar am Vieux Port – das als Bouillabaisse-Institution schlechthin gilt –, wie man sie richtig kocht. Anmeldung über das Office du Tourisme (oder dessen Webseite, s. S. 206).

Ultramodernes Boutiquehotel

5 C2 Hotel: 20 Zimmer verteilen sich auf vier Stockwerke und alle sind ultramodern, absolut schick und irgendwie schräg. Manche Betten haben einen Himmel aus Bast, das Treppenhaus ist mit modernen Lüsterleuchten dekoriert, große Schwarz-Weiß-Fotos hängen an den Wänden und im Innenhof gibt es eine bewachsene Wand. Das C2 ist ganz klar ein Luxus-Hotel, aber ganz bestimmt keines von der Stange.

Südlich des Vieux Port, 48 Rue Roux de Brignoles, T 04 95 05 13 13, www.c2-hotel.com, €€€

Essen

Fallen Sie nicht auf die Touristen-Abzocker rund um den Vieux Port rein. Hier gibt es zig Restaurants, die minderwertiges Essen zu mittleren Preisen anbieten. Bei Crèpes und *moules frites* können Sie nicht viel falsch machen, aber wenn Sie wirklich gut essen wollen, z. B. eine Bouillabaisse, müssen Sie wissen, wohin Sie gehen. Denn die guten von den schlechten Restaurants am Hafen zu unterscheiden ist auf den ersten Blick nicht möglich.

Besonders

1 L'Arôme: Nur einen Steinwurf vom Cours Julien entfernt liegt dieses kleine sehr sympathische Restaurant. Die Speisekarte ist auf Tafeln und in ein Schulheft geschrieben und sie umfasst nur wenige Gerichte, dafür wechselt sie oft. Zu Essen gibt es mediterrane Köstlichkeiten auf allerhöchstem Niveau, dazu werden Bio-Weine serviert! Unbedingt reservieren, denn zu diesen Preisen bekommt man selten so gutes Essen. Und das wissen die *Marseillais.*

La Plaine, Cours Julien, 9 Rue des 3 Rois, T 04 91 42 88 80, www.facebook.com/laromeresto, Mo, Di, Do–Sa 19.30-22.30 Uhr. Mi, So. geschl., €

Hipp und lecker

2 **Épicerie l'Idéal:** Es ist eines dieser in-locations, die jede Stadt hat und die auch immer wieder wechseln. Doch die Épicerie l'Idéal hält sich nun schon eine Weile. Die Schlange steht bis vor die Tür – zumindest zur Mittagszeit, das treibt den Preis etwas nach oben. Doch der Rahmen ist super: Inmitten eines gut sortierten Feinkostladens isst man gute Hausmannskost, Pasta oder Salate. Doch am besten sind die kleinen arabischen Süßigkeiten, die aussehen wie Geschenke.

Noailles, 11 Rue d'Aubagne, T 09 80 39 99 41, Di–So 12–14.30, 19.30–21.30 Uhr, €

Viva Italia

3 **Pizzeria Chez Sauveur:** Den italienischen Einfluss auf Marseille spürt man nicht zuletzt beim Essen: Steinofen-Pizza ist eine der Spezialitäten der Stadt und aus vielen Ecken der Stadt duftet es verführerisch. Ganz besonders lecker ist sie in der Pizzeria Chez Sauveur, die ihren festen Platz im Herzen der *Marseillais* hat – und das seit 1943.

Noailles, Rue d'Aubagne, T 04 91 54 33 96, https://chezsauveur.fr, €

Eisigartig

4 **Le Glacier du Roi:** Einfach sagenhaft, was es hier an Eiskunst gibt: nicht

Um zum Cours Julien zu kommen, muss man steil bergauf. Mal über Treppen, mal aber auch über kleine Wege oder Straßen.

Lieblingsort

Verzauberter Blick

Der Blick durch die Beton-Mosaike ist wie verzaubert. Der Palais du Pharo, dahinter die kleine Bucht gleichen Namens und noch weiter das Meer. Auf dem **Dach des MuCEM** ⓰ lässt es sich stundenlang aushalten. Man kann, muss aber nicht im Café etwas zu trinken bestellen, die bequemen Halb-Liegestühlen stehen allen frei, die hier oben länger bleiben möchten. Und wer den Blick lieber ohne Mosaik möchte, geht einfach auf die Stahlbrücke, die das Museum mit dem Fort St-Jean verbindet und lässt den Blick in die Ferne schweifen.

nur köstliche, höchst außergewöhnliche Eiskreationen wie Ricard- oder Navette-Eis mit Orangenblütenduft, sondern auch Eistorten, Eismacarons und alles ist von Hand gefertigt, nach italienischen Rezepten. Die Sorbets werden aus frischen Früchten hergestellt, je nach Saison. Lange Schlangen beim Glacier du Roi sind normal. Also Geduld – und dann genüsslich schlecken!

4 Place de Lenche, T 04 91 91 01 16, www.leglacierduroi.com, im Sommer tgl. 9–19.30 Uhr, sonst kürzer

Eine Marseiller Institution

5 Les Arcenaulx: Hier sind Restaurant, *Épicerie* und Buchladen nicht nur eins, hier kann man Fotos anschauen, wie das Viertel früher einmal aussah. By the way: Das Essen hier ist köstlich und man verspeist es zwischen Buchregalen. Ein ganz besonderes Erlebnis!

25 Cours Honoré d'Estienne d'Orves, T 04 91 59 80 30, www.les-arcenaulx.com, Mo–Sa 12–14.30, 19.30–22.30 Uhr, € bis €€

Traditionell mit Hafenblick

6 Fonfon: In dem Winzhafen Vallon des Auffes liegt dieses traditionelle, seit den 1950er-Jahren etablierte Fischrestaurant Fonfon. Die Einrichtung ist maritim, die Karte klassisch für ein Fischrestaurant, die Bouillabaisse legendär und weit über die Grenzen von Marseille hinaus bekannt. Aber nicht nur diese ist köstlich, Sie können auch eine Bourride essen, ein Fischgericht in einer mayonaiseartigen Suppe mit viel Safran und anderen Fischsorten als die Bouillabaisse.

Vallon des Auffes, T 04 91 52 14 38, www.chez-fonfon.com, tgl. 12–14, 19.30–22 Uhr, €€, unbedingt reservieren!

Ganz klein, ganz fein

7 La cantine: In der Nähe der Opera auf der Cours Honoré d'Estienne d'Orves gibt es köstliches Mittagessen, aber auch Abendessen zu günstigen Preisen. Im Innenraum sind nur wenige Tische, bei schönem Wetter kann man aber draußen sitzen auf einer herrlichen Terrasse. Die Karte ist typisch südfranzösisch, es gibt vegetarische Gerichte und leicht marokkanisch angehauchte Küche. Ein Glas guten Wein dazu, danach ein kleines Dessert und der Tag ist gerettet!

27 Cours Honoré d'Estienne d'Orves, T 04 91 33 37 08, www.la-cantine-de-marseille.fr, Mo–Sa 12–14.30, 19.30–22.30 Uhr, €

Einkaufen

Märkte

Marseille ist voller Märkte, die meisten davon finden täglich statt. Neben dem **Marché des Capucins** gehört der große Gemüse- und Obstmarkt an der **Avenue du Prado** (tgl. 7.30–13.30 Uhr) zu den schönsten und größten der Stadt. Am **Boulevard Michelet** (Richtung Cité Radieuse, auch tgl. vormittags) hingegen wird alles verkauft: Kleidung, Lebensmittel, Küchengeräte, donnerstags kommt ein kleiner Blumenmarkt dazu. Wer lieber bio kauft, geht zum **Cours Julien,** wo am Mittwochmorgen alles zusammenkommt, was bio ist. Samstags findet ein großer Markt in **L'Estaque** (s. S. 192) statt, der etwas ländlicher, aber keineswegs klein ist.

Trödel und Antiquitäten

1 Quartier des Antiquaires: Entlang der Rue Edmont Rostand ist ein Antiquitätenladen neben dem anderen zu finden.

Concept Stores und Seife

Die Dichte an Concept Stores ist sowohl am Cours Julien als auch in den Docks de la Joliette recht hoch, die Marseiller Seife, Savon de Marseille, hingegen gibt es überall. Die meisten jedoch sind Fakes. Die echte ist selten, zu haben in **Le Bazar de César** 2 im Panierviertel (s. Tour S. 194, tgl. 9.30–19 Uhr), außerdem im Seifenmuseum (s. S. 193).

TOUR
Mit Rückenwind von Strand zu Strand

Radtour entlang der Côte Marseillaise

Infos

Karte 2, C/D 5/6

Start: Vieux Port

Ziel: Les Goudes

Länge: 12,5 km (Gesamtstrecke Vieux Port–Les Goudes); von der letzten Fahrradstation bis Les Goudes knapp 4 km

Radverleih: Le Vélo Marseille, Registrierung über die Webseite www.levelo-mpm.fr (dort auch Plan mit allen Stationen) oder eine App

Hinweis: Busse und Metro bringen einen von fast jedem Punkt unterwegs zurück zum Vieux Port.

Gleich mehrere Stationen des Leihradsystems Le Velo finden sich am **Vieux Port.** Also: Badesachen eingepackt, Sonnenhut auf den Kopf, Smartphone mit App gezückt, Rad geschnappt und los geht's! Geradelt wird immer entlang des Meeres, wer will, bis zu den Calanques. Wer nicht so ambitioniert ist, kann auch unterwegs seinen Drahtesel an Fahrrad-Stationen wieder abgeben, um dann mit dem Bus oder der Metro zurück ins Zentrum zu fahren.

Immer am Meer entlang

Entlang der Südseite des Vieux Port kommt man zur **Anse des Catalans,** dem Strand, der dem Zentrum am nächsten ist. Wer gleich vom Rad springen mag: Le Vélo hat hier bereits die erste Fahrradstation. Ansonsten locken Beachvolleyball und zumindest im Sommer das Musée Subaquatique (s. S. 193).

Die Route folgt ab hier dem Meer, führt vorbei am **Kriegerdenkmal** zum ersten kleinen Hafen entlang dieser Strecke, zum **Vallon des Auffes.** Es ist wie der Besuch eines Fischerdorfes mitten in der Stadt, natürlich nur auf den ersten Blick, denn das Malerische verkauft sich gut – und so gibt es hier auch Restaurants und Café/Bars. Eines davon **Fonfon** (s. S. 199), das bekannte Bouillabaisse-Restaurant.

Kurz nach dem Vallon führt der Radweg vom Wasser weg. Wer eine weitere Badebucht möchte: Die **Anse de Malmousque** erreicht man über die Rue Malmousque, die zurück ans Meer führt. Durch kleine Straßen und eine Treppe am Chemin de la Batterie des Lions kommt man nach unten und schon ist man an der hübschen **Plage de**

Maldormé, einer winzigen Felsenbucht. Wieder über die Corniche mit Radweg kommt man dann zur **Plage du Prophète,** einem beliebten Sandstrand mit Café, Bootsverleih und Fahrradstation.

Das Ferienzentrum der Marseillais
Einen Kilometer weiter beginnt die Freizeitstrandwelt des Prado. Sie ist vom nördlichsten bis zum südlichsten Punkt vier Kilometer lang – eine künstlich angelegte Welt, aufgeschüttet mit den Erdmassen, die beim Bau der Marseiller Metro anfielen. Segelhafen, Yachthafen und jede Menge geschützter Strände – von Nord nach Süd: **Plage du Prado, Plage Borély, Plage Bonneveine, Anse de la Vieille Chapelle** –, einer schöner als der andere und alle mit unglaublich guter Wasserqualität. Café reiht sich an Café, Restaurant an Restaurant. Es gibt einen Skatepark, Surfverleih, selbstverständlich Duschen und in der Saison sogar ein Riesenrad. Am Yachthafen, ganz im Süden, ist die letzte Fahrradstation von Le Vélo. Wer weiter will, muss zumindest bis hierhin zurück.

Wo der Prado endet, ist auch die Corniche mit ihrer Uferstraße zu Ende, doch von der Avenue de la Madrague de Montredon gehen immer wieder kleine Stichstraßen zu Minibuchten mit glasklarem Wasser. Hier gibt es keinerlei Strandaktivitäten mehr, nur das Wasser, ein kleiner Strand oder Felsen zum Reinspringen.

Szenenwechsel
Der **Mont Rose,** 2 km hinter dem Prado, läutet die Calanques ein. Es geht leicht bergauf, einmal um den kleinen Berg herum und schon ist man in der ersten Calanque, der **Calanque de Saména,** direkt dahinter liegt die **Calanque du Mauvais Pas.** Bis Les Goudes, wo die Straße endet und die großen Calanques beginnen, sind es noch vier kleine Calanques, die alle von der Straße aus einsehbar und zum Teil erreichbar sind. Kurz hinter **Les Goudes** ist dann auch für die Fahrräder Schluss. Ab hier muss gewandert werden. Doch das ist eine andere Tour.

Schiffchen mit Orangenblüten

3 Maison de la Boule: s. Tour S. 194

4 Place des 13 Cantons, https://www.laboulebleue.fr, Sommer tgl. 10–19, Winter Mi–Sa 10–18 Uhr

Schiffchen mit Orangenblüten

4 Boulangerie Four des Navettes: Hier werden einmal im Jahr Navettes gesegnet, dieses köstliche Gebäck mit Orangenblütenwasser, und zwar an Maria Lichtmess am 2. Februar. Aber auch ungesegnet schmecken die ›Schiffchen‹ ganz köstlich, die an die Überfahrt der drei Marien übers Mittelmeer erinnern sollen (deshalb auch die Orangenblüten, der typische Geschmack der gegenüberliegenden Mittelmeerseite).

Südseite des Vieux Port, 136 Rue Sainte, Mo–Sa 7–19, So 9–13, 15–19 Uhr

Bewegen

Möglichkeiten, die Stadt aktiv zu erkunden, bieten die **Fahrräder** an den Stationen von Le Velo (s. Tour S. 200) und die praktischen, überall verfügbaren **E-Roller** (Ausleihe über eine App; Infos: www.li.me, Kosten: 1 € fürs Aufschließen und dann 15 Cent pro Minute). Hinzu kommen viele tolle **Strände** mit Freizeitmöglichkeiten wie Beachvolleyball, Surfen u. a. **Wassersport,** allen voran der Plage du Prado (s. auch Tour S. 200).

Mit E-Kraft unterwegs

1 MassiliaCar: Wem Radfahren oder E-Roller-Treten nicht reicht: Hier kann man Segways ausleihen, oder wem das zu viel Gleichgewichtssinn abverlangt, mit dem E-Trike (Doppelroller), Scooter (Mini-Vespas) oder dem Massiliacar (Mini-E-Autos) durch Marseille cruisen. MassiliaCar führt entweder selbst oder gibt Tablets mit, auf denen die Routen gespeichert sind, die als Reiseleiter durch den Großstadtdschungel führen. Macht verrückt Spaß! Kosten je nach Gefährt ab 20 €/Stunde.

1 Quai de la Joliette, T 06 52 41 54 93, https://massiliacar.fr, tgl. 10–18, im Sommer bis 19 Uhr

Kulinarisch unterwegs

Marseille – Fan de Resto: Gourmettouren vom Feinsten – in zweieinhalb Stunden bringt man Sie zu den besten Adressen für Pastis, Navettes, Eis und Olivenöl. Und wenn Sie gerne im Anschluss an den Rundgang essen gehen möchten: Marseille – Fan de Resto gibt Ihnen gute Tipps mit auf den Weg und zwar gemäß Ihren Budgetvorgaben.

T 06 62 42 03 27, Webseite bei Facebook, nur mit Reservierung

Literarisch unterwegs

Nord-Süd-Passage: Die Berlinerin Sabine Günther bietet im Rahmen des von ihr gegründeten Vereins für deutsch-französische Begegnungen Rundgänge in Marseille oder Aix-en-Provence zu speziellen literarischen Themen, Kurzreisen und andere Kulturprojekte. Wer also Lust auf anspruchsvolle Touren hat, wer Literaten und Romane rund um Marseille kennenlernen möchte, sollte Sabine Günther kontaktieren. Tourenvorschläge finden sich auf ihrer Homepage.

https://nord-sud-passage.com

Underwater unterwegs

2 Dune Marseille: Wer gerne taucht, ist hier gut aufgehoben: Dune Marseille bietet Tauch- und Schnorcheltouren, aber auch Kurse in und um Marseille an, z. B. in den Calanques.

Espace Beuchat, 7 Port de la Pointe Rouge, T 04 88 66 48 14, www.dune-marseille.com

Ausgehen

Natürlich hat eine Stadt wie Marseille ein Nachtleben. Und was für eins. Doch man muss nicht zwangsweise Bars oder Clubs aufsuchen, um an diesem teilzuhaben. Manchmal reicht es einfach, durch bestimmte Viertel zu bummeln. Am **Cours Julien** ist die ganze Nacht der Bär los, häufig auch mit offenen Straßenkonzerten (Rap, nicht Klassik!). Eine hohe Dichte an Jazz-Kneipen und Bars findet man hingegen im **Carrée Thiars** und an der **Place aux Huiles,** südlich des Vieux-Port.

Stadtbekannt

1 Bar de la Marine: Die Bar öffnet um 7 Uhr morgens und schließt frühstens um 3 Uhr – auch morgens. Sie ist den ganzen Tag einen Besuch wert, doch so richtig spannend wird es erst nach 22 Uhr. Nicht immer, aber immer wieder gibt es dann Livemusik und man trifft sich an der Bar, um den Abend zu feiern.

Vieux Port, 15 Quai de Rive Neuve, Webseite bei Facebook

Szenetreff

2 Oogie!: Im gleichnamigen Concept Store trifft man sich nach Ladenschluss Do ab 19 Uhr zum DJ-Event und feiert bis Mitternacht.

La Plaine, 55 Cours Julien, T 04 91 53 19 70, www.oogie.eu

Jazz die ganze Nacht

3 Le Pelle-Mêle: Wer Jazz mag, wird dieses Bistro lieben. Mittwochs bis samstags verzücken Jazzmusiker die Gäste, die zwischen Schwarz-Weiß-Fotografien unter altem Gewölbe auf verschiedenen Ebenen den Klängen lauschen können.

Le Carré Thiars, 8 Place aux Huiles, tgl. 10–2, So bis 21 Uhr, Mi–Sa mit Livemusik, Webseite auf Facebook

In den alten Fischhallen

4 Théâtre National la Criée: In der alten Halle des früheren Fischmarkts (1909)

Vor allem junge Leute genießen die Dachterrasse der Friche de la Belle de Mai, einem Kulturzentrum nördlich des Bahnhofs.

TOUR
18 Viadukte und ganz viel ›blaue Küste‹

Mit dem Zug entlang der Côte Bleue

Blau ist sie, die Küste, zwar nicht azurblau, aber strahlend blau. Ganz gleich, wohin man schaut: Das Licht an der Küste ist anders als in Marseille. Es hat fast etwas Magisches, leuchtend Klares. Kein Wunder, zog es Maler wie Auguste Renoir, Paul Cézanne und August Macke hierher. Das war vor 100 Jahren. Und heute? Ist die Côte Bleue immer noch genauso wundervoll. Eine Bucht neben der anderen, die kleinen Felszungen, die dazwischen liegen, sind mit Pinien bewachsen und nach wie vor fahren Fischer in ihren Booten zum Fang hinaus. Fast scheint es, als sei die Zeit stehen geblieben. Das klingt zu schön, um wahr zu sein? Stimmt. Denn einen kleinen Haken hat die Sache wirklich: Die Côte Bleue ist relativ schwer zugänglich. Mit dem Auto auf jeden Fall.

Im Winter (Jan.–März) kommt man in den Häfen zusammen zu den *Oursinades*, zum Verspeisen frischer Seeigel – nicht nur lecker, auch sehr nett! Termine über die Office de Tourisme Marseille oder Martigues.

Genießen Sie die Küste in vollen Zügen

Wie gut, dass es deshalb den **Train de la Côte Bleue** gibt, der zwischen Marseille und Martigues über 18 Viadukte an der Küste entlangfährt mit großartigem Blick auf das

Infos

G–J 9

Start/Ziel: Gare Marseille St-Charles

Dauer: Die Strecke Marseille–Martigues dauert eine knappe Stunde.

Hinweise: Der Zug fährt täglich, meist stündlich. Fahrplan unter www.ter.sncf.com/sud-provence-alpes-cote-d-azur, Einzelticket Marseille –La Couronne 8 €

Meer und die Calanques. Fast stündlich. Also nichts wie zum Bahnhof **Gare Marseille St-Charles,** Ticket kaufen und abfahren. Sichern Sie sich einen Platz auf der linken Seite (in Fahrtrichtung), am besten am Fenster.

Immer wieder mal ein Tunnel

Der kleine Zug durchfährt zunächst Marseille und hat seinen ersten Stopp in **L'Estaque.** Ist heute Samstag, dann raus aus dem Zug, rauf auf den Markt und Kaffeetrinken. Direkt nach l'Estaque fährt der Zug in einen Tunnel. Raus aus der Stadt, rein in die Natur. Die Bahnlinie verläuft nun direkt am Meer, durchfährt weitere kleine Tunnels, dazwischen: Immer wieder das glasklare Meer und kleine Buchten. **Niolon,** der nächste Bahnhof, ist 5 Minuten später erreicht. Es ist eine winzige kleine Bucht, tief in einem Kessel, es gibt ein paar kleine Bars, die nur im Sommer geöffnet sind, und ein kreisrunder Hafen. Ein Spaziergang führt von hier zur **Calanque de la Vesse** mit kleinem Strand unter dem Viadukt der Bahnlinie.

Hinter Niolon ist die Küste einsam. Die **Calanque du Jonquier** und die **Calanque de L'Éverine** sind nur zu Fuß oder mit dem Boot erreichbar, der Zug schwebt darüber hinweg. Beim nächsten Tunnel durchfährt er das **Cap Méjean,** vorbei an zwei weiteren Calanques, bis er in **Ensuès-la-Redonne** ankommt, einem ehemaligen kleinen Fischerdorf mit hübschem Hafen. Rings um den Ort fallen Felsen steil ins Wasser ab. Vom winzig kleinen Dorfstrand kann man in die nächste Calanque schwimmen oder man läuft zur nächsten Bucht, die **Calanque des Anthénors,** die hinter dem nächsten Hügel liegt.

Hinter Ensuès-la-Redonne ändert sich das vorbeifahrende Bild, wird bebauter. **Carry-le-Rouet** ist ein hübscher, sehr französischer Ferienort mit Spielkasino und Yachthafen. Das kleine Städtchen geht fast nahtlos über ins nächste Feriendorf, **Sausset-les-Pins,** auch das mit kleinem Hafen. Wer will und gerne läuft, kann von dem einen auch zur anderen Ort laufen. Der **Grand Sentier de la Côte Bleue** verbindet die beiden miteinander. Hinter Sausset-les-Pins, bei **La Couronne** mit seinen schönen Stränden, verlässt der Zug die Küste und fährt noch bis **Martigues** weiter.

ist dieses spannende Theater untergebracht, das so ziemlich alles bietet, was das Herz begehrt: Konzerte, Dramen, Tanz und Ausstellungen. Seit 2011 steht mit Macha Makeïeff eine echte *Marseillaise* an der Spitze. Sie hat sich auch als Filmregisseurin einen Namen gemacht.

Vieux Port, Quai de Rive Neuve, www.theatre-lacriee.com

Immer woanders

Borderline: Absolut im Trend sind die Veranstaltungen von Borderline, einer Event-Agentur in Marseille, die vor allem eines will: Vielfalt bieten. So finden Konzerte auf Booten statt oder auf Dachterrassen, in Museen oder auf den Inseln vor der Stadt. Die allermeisten Events müssen reserviert werden, u. a. da sich die Locations ändern. Die Konzerte sind oft Hiphop, aber auch Disco u. a. Bekannte und weniger bekannte DJ's legen auf – wer dabei ist, ist im Trend.

Infos über Veranstaltungen und Ticketreservierung auf https://labelborderline.com

Feiern

Im Marseille ist immer was los! Einen Veranstaltungskalender gibt es auf den unten genannten Internetseiten. Eine gute Übersicht gibt www.facebook.com/FiestaDesSuds

- **Festival de Marseille:** Mitte Juni–Anfang Juli. Es wird getanzt, gefeiert und Theater gespielt. www.festivaldemarseille.com
- **Marseille Jazz des cinq Continents:** Juli. Klar, hier dreht sich alles um Jazz und zwar aus aller Welt. www.marseillejazz.com.
- **La Fiesta des Suds:** Okt. Musik aller Genres aus dem Süden. www.facebook.com/FiestaDesSuds
- **Foire aux Santons:** Dez. Riesiger Santon-Markt am Vieux Port, wo Hersteller aus der ganzen Provence ihre handgearbeiteten Krippenfiguren verkaufen.

Infos

- **Office de Tourisme:** La Canebière, T 04 86 09 50 34, www.marseille-tourisme.com, tgl. 9–18 Uhr. Sehr gute Hinweise geben die Internetseiten von https://madeinmarseille.net mit vielen Veranstaltungstipps und guten Besprechungen zu allen Etablissements der Stadt von Hotel bis Strandbar.
- **Flug:** Der internationale Flughafen Marseille-Provence liegt 25 km nordwestlich der Stadt, www.marseille.aeroport.fr. Ein Flughafenbus fährt alle 20 Min. zum Bahnhof.
- **Bahn:** Der TGV-Bahnhof St-Charles liegt zentral nahe der Canebière. Der Nahverkehr funktioniert hervorragend. Alle 10 Min. fährt z. B. ein Zug nach Aix-en-Provence. Fahrpläne und Infos: www.sncf.de.
- **Bus:** In die nähere Umgebung fährt man besser mit dem Bus, der zentrale Busbahnhof liegt in der Rue Jacques Bory. Das Office de Tourisme informiert über Buslinien.
- **Nahverkehr:** RTM (Régie des Transports Métropolitains) kümmert sich um den super funktionierenden Nahverkehr. Es gibt ein dichtes Netz von Buslinien. Zwei Metrolinien kommen dazu sowie eine moderne Tram. Übersichtspläne und Zeiten gibt es auf www.rtm.fr.
- **Auto:** Marseille hat ein sehr gutes Verkehrsleitsystem und viele (teure) Parkhäuser im Zentrum. Alle internationalen Mietwagenfirmen sind in Marseille vertreten. Eine Buchung übers Internet ist meist günstiger als vor Ort.

Martigues

G/H8

Martigues ist eine ungemein malerische Stadt umgeben von ungemein hässlicher

Industrie. Da hilft nur eines: Den Blick nicht in die Ferne schweifen lassen, sondern das wahrnehmen, was direkt vor der Nase liegt. Und schon kann man in Begeisterungsstürme ausbrechen und den Vergleich mit Venedig heranziehen. Das ist gar nicht sooo weit hergeholt, ist Martigues doch auch durchzogen von Kanälen. Doch statt großer Herrenhäuser rechts und links der Kanäle findet man hier pastellfarbene Häuser und viele kleine Häfen. Ein malerischer Ort – solange man nicht auf die Umgebung achtet.

Klein-Venedig am See

Martigues selbst ist eine Zusammenlegung dreier Dörfer, heute drei Stadtviertel – jedes mit einer sehenswerten Kirche. Das schönste der drei Viertel ist **l'Île,** die Insel. Sie liegt zwischen zwei Kanälen und wirkt wie ein in sich geschlossenes Dorf, das in sich noch einen weiteren Kanal hat. Hier liegen die schönsten Häuser der Stadt: rosa, hellgelb oder mattweiß, mit bunten Fensterläden. Davor kleine Fischerboote, die sich im dunkelblauen Wasser spiegeln. Auf der Place de la Libération wird im Sommer unter freiem Himmel getanzt, direkt neben dem Port du Mirroir aux Oiseaux, dem Hafen von l'Île.

Noch lebendiger geht es im südlichen Stadtviertel **Jonquières** zu, vor allem rund um den Cours du 4 Séptembre. Hier reihen sich Restaurant an Restaurant und Bar und Bar. Abends brummt das Leben, wenn *tout Martigues* auf den Beinen ist. Sehenswert in diesem Viertel ist vor allem die kleine barocke Chapelle de l'Annonciade (Mi, Fr 13.30–17,30, Do, Sa 10–12, 13.30–17,30 Uhr, Eintritt frei) mit einer unglaublich feinen, bildreichen Innendekoration.

Das dritte Viertel, **Ferrières,** ist mit den beiden anderen durch zwei Brücken verbunden und vor allem wegen seines großen Strandes bei den Einheimischen beliebt. Es war von den drei Dörfern das ärmste – dabei ist von hier der Blick der schönste! Außerdem findet am Quai Paul Doumer jeden Morgen ein schöner Fischmarkt statt, zumindest, wenn die Fischer mit einem guten Fang nach Hause kamen. Zu sehen gibt es außerdem das kleine Musée Ziem, das u. a. die Werke des französischen Malers Félix Ziem (1821–1911) zeigt (www.facebook.com/MuseeZiem) sowie das kleine, aber feine Filmmuseum Musée de la Cinémathèque Prosper (www.cinemartigues.com).

Umgeben von Industrie

Der schöne Salzwassersee **Étang de Berre** könnte wunderschön sein. Sogar die Wasserqualität ist gut, erzählt man in Martigues. Doch ringsherum ist Industrie, zum Teil chemische Industrie sogar, sodass der See absolut nicht einladend wirkt. Einzig am Strand von Martigues lässt es sich gut am See aushalten.

Entlang der Küste

Wer in Martigues lebt, verbringt das Wochenende in den Calanques rund um **La Couronne,** kleine Felsenbuchten mit noch kleineren Sand- oder Kieselstränden. Die Felsen, die sie voneinander trennen, sind lange nicht so hoch und steil wie die weiter östlich bei Marseille und auch nicht ganz so malerisch. Doch dafür kann man hier viel besser laufen und wandern, z. B. von Bucht zu Bucht.

Am **Port de Carro** findet täglich ein schöner Fischmarkt statt, direkt gegenüber sieht man die Reste des Kalksteinabbaus. Gigantische, haushohe Blöcke wurden aus dem Fels gehauen. Hinter der nächsten Bucht, der **Anse du Verdon,** kommt man auf die Pointe Riche. Von hier aus kann man entlang der Küste etliche Kilometer laufen. Man kommt dabei auch am »Camping Paradis« vorbei, einem Filmset, auf welchem die gleichnamige französische Vorweihnachtsserie gedreht wird. Mit ein bisschen Glück kann man der Filmcrew beim Drehen zuschauen. An der **Anse de Sainte-Croix** gibt es einen schönen Sandstrand und eine einsame Kapelle thront über dem Meer.

Schlafen

Entlang der Strände und der Calanques liegen unzählige Campingplätze und Ferienwohnungen, zu finden in einer Broschüre des Office du Tourisme.

Schlichte Gemütlichkeit

Clair Hotel: Das kleine, einfache Hotel ist sympathisch und mit viel Liebe eingerichtet. Die Zimmer sind zwar winzig, aber mit allem, was es braucht, um sich wohlzufühlen, und die Gastgeber sehr freundlich. Bei schönem Wetter steht Gästen sogar eine Dachterrasse zum Chillen zur Verfügung. Das Frühstück ist lecker und vielseitig, Zum Cours du 4 Séptembre sind es rund 10 Minuten Fußweg.

Martigues, 57 Bd. Marcel Cachin, T 04 42 13 52 52, www.clair-hotel.fr, €

Essen

Direkt am Wasser

L'Authentique: Man sitzt ganz wundervoll direkt am Wasser und isst Fisch oder Salat mit frischem Ziegenkäse. Die Küche ist gut, nicht abgehoben, aber auch nicht wirklich außergewöhnlich. Doch die Weinauswahl ist prima, wer nur zum Weintrinken kommen möchte, kann dazu einfach eine Käse- oder Wurstplatte bestellen, schließlich ist l'Authentique nicht nur ein Restaurant, sondern auch eine Bar à Vin.

13500 Martigues, 19 Quai Lucien Toulmond, T 06 03 35 28 54, www.lauthentique-restaurant-martigues.com, Di-So 12–14.30, 19.30–22 Uhr, So nur bis 14.30 Uhr, €

Über der Bucht

Les Ombrelles: Der Blick von der großen Terrasse hinunter in die Anse Ste-Croix ist zauberhaft! Die Pizza kommt frisch aus dem Steinofen, die anderen Gerichte sind okay. Wer also nicht allerhöchsten Wert auf super Essen legt, sondern sich mit einer guten Pizza und großartigem Blick zufriedengibt, ist hier genau richtig.

Martigues, Plage de Ste-Croix, Chemin de Ste Croix, T 04 42 80 77 61, http://les-ombrelles.com, tgl. 10–23 Uhr, €

Einkaufen

In Jonquières und l'Île findet donnerstags und sonntags ein Markt statt, mittwochs und samstags gibt es einen Markt in La Couronne und Carro. In Martigues (am Quai Paul Doumer) und in Carro ist außerdem täglich Fischmarkt.

Für Schokoholics

Chocolatier et Patisserie Aux Perles de l'Étang: Hier gibt es köstliche Navettes mit Anis, Zitrone und Lavendel. Doch das wirklich Besondere hier sind zweierlei Pralinen: Tomette Gourmande, eine sechseckige rote Praline, die aus Milchschokolade, Mandeln, Sesam, Anis und Fleur de Sel hergestellt wird und auf der Zunge nur so schmilzt, und die Perles de l'Étang, in Schokolade und alkoholisiertes Marzipan gefüllte kandierte Kirschen.

Martigues, 5 Cours du 4 séptembre, T 04 42 07 02 51, Webseite bei Facebook

Bewegen

An den Stränden rund um La Couronne gibt es jede Menge Möglichkeiten, Wassersport zu betreiben. Beispielsweise kann man in Le Carro Surfbretter ausleihen.

Feiern

Im Sommer jagt ein Fest das andere. Dann gibt es Fisch- und Tanzfeste, Segelregatten u.Ä. einen Veranstaltungskalender findet man auf den Internetseiten des Office de Tourisme. Wirklich toll sind die Tanzabende auf der Insel, die im Juli und August stattfinden. Samstags gibt es Rock und Latino, dienstags Salsa und donnerstags alles gemischt.

Infos

- **Office de Tourisme:** in Ferrières, am Hôtel de Ville, Av. de la Paix, T 04 42 42 31 1ß, www.martigues-tourisme.com.
- **Bahn/Bus/Boot:** Martigues ist am besten von Marseille oder Miramas aus per Zug zu erreichen. Ansonsten fährt die Linie 34 von Marseille nach Martigues, die Linie 39 ab Aix-en-Provence. Die kostenlosen Pendelboote innerhalb Martigues fahren ganztägig, außer bei schwerem Sturm.

Cap Canaille ist der höchste ins Meer abfallende Fels Frankreichs. Wer den Weg bis hierher geschafft hat, den belohnt ein großartiger Blick auf die Bucht von Cassis.

Parc National des Calanques

H–L 10–11; Karte 2, D–G 5–9

Einen noch größeren Kontrast zur Millionenstadt Marseille könnte es kaum geben: Weiße Felsen ragen steil aus glasklarem, türkis-blauem Wasser auf, bewachsen von ein paar Kiefern und Garrigue. Die Küste ist komplett zerklüftet, durchbrochen von 20 kleineren und größeren Felsenbuchten, den Calanques, die seit 2011 unter Naturschutz stehen. Das Areal umfasst 8500 ha Küste sowie das Meer davor – 43 500 ha. Sind die ersten stadtnahen Buchten noch einigermaßen gut besucht, sind die mittleren meist menschenleer, weil man hierher nur noch zu Fuß oder mit dem Boot kommt.

Die drei von Marseille aus zugänglichen Calanques sind **Callelongue, Sormiou** und **Morgiou.** Callelongue ist sogar ganz einfach mit dem Bus zu erreichen – über Les Goudes (s. S. 192). Hier beginnt der GR98, der an allen Buchten entlang bis nach Cassis führt. Der ganze Weg ist nur etwas für Hartgesottene und im Sommer zudem häufig geschlossen (Waldbrandgefahr!), doch zumindest einen Teil davon schafft man zu Fuß zu erkunden, z. B. die Strecke bis zur nächsten Calanque, der **Calanque Marseilleveyre** (1 Std. mit vielen Bergaufs und Bergabs).

Paradiesischer Hafen

Die **Calanque Sormiou** ist nur außerhalb des Sommers mit dem Auto zu erreichen – im Sommer muss man hierher laufen (weit!). Dafür wird man mit einer Bilderbuchbucht beschenkt. Das Wasser ist nicht türkis, es leuchtet fast grün. In dem malerischen Hafen schaukeln kleine Boote, der Strand ist weiß und an den Felsen rings um die Bucht sieht man manchmal Kletterer in den Seilen hängen.

Eine Bucht weiter ist **Morgiou** – nicht weniger schön, nur ein wenig kleiner als Sorgiou. Direkt hinter dem Cap wurde 1985 in 37 m Tiefe eine Höhle voller Felszeichnungen entdeckt, die **Grotte Cosquer.** Die Zeichnungen sind 27 000 Jahre alt und gehören zu den ältesten der Welt. Spannend ist außerdem, dass die Höhle damals nicht unter Wasser lag, sondern in den Bergen über dem Meer. Für (tauchende) Besucher ist sie geschlossen, aber wer sich dafür interessiert, findet eine Nachbildung im Musée d'Histoire de Marseille (s. S. 189).

Von Cassis aus sind drei Calanques gut zu erreichen (s. Tour S. 211).

Essen

Kleine Restaurants finden sich in den Calanques, die durch Straßen mit Marseille und Cassis verbunden sind. Sie bieten meist nur einfache Speisen oder Pizza.

Bewegen

Tauchen oder Schnorcheln

Spezielle Bootstouren zum Tauchen und Schnorcheln zu den drei von Cassis aus leicht zu erreichenden Calanques werden vom Hafen Cassis das ganze Jahr über angeboten.

Infos

- **Im Internet:** www.calanques-parcnational.fr.

Cassis

K 10; Karte 2, G 6

»Qu a vist Paris, se noun a vist Cassis, n'a rèn vist ». Wer Paris gesehen hat und Cassis nicht, hat gar nichts gesehen. Das ist doch mal eine Aussage. Und sie stammt von keinem anderen als dem großen Frédéric Mistral.

Tatsächlich beginnt für viele in Cassis bereits die Côte d'Azur. Kein Wunder! Durch die schöne, auf Terrassen angelegte Altstadt ziehen sich schmale Gassen hinunter zu einem malerischen Yachthafen, gesäumt von Nobelboutiquen und schicken Restaurants. Doch ganz sicher war es nicht das, was Frédéric Mistral mit dieser Aussage meinte. Es ist die Stadt an sich mit ihren pastellfarbenen Häusern, umgeben von dieser wunderbaren Landschaft: Cassis liegt in einer herrlichen, verglichen mit anderen Calanques, großen, sanft geschwungenen Bucht, umgeben von weißen und ockerfarbenen Kalkfelsen. Ein Bummel durch die Altstadt und die sich daran anschließende Uferpromenade ist ein Muss.

Das Hinterland: Steile Berghänge und Weinberge, wo Trauben wachsen, deren Wein »süßer als Honig« schmeckt, um noch einmal den berühmten provenzalischen Dichter Frédéric Mistral zu zitieren. Tatsächlich erstreckt sich rund um den Ort Cassis eine kleine Appellation, deren Weine besonders fruchtig, aber nicht süß schmecken. Es ist vor allem der mineralische Boden, der den Trauben ihren ganz eigenen Geschmack gibt.

TOUR
Mit Badezeug und Wanderschuhen

Per Pedes von der Calanque de Port-Miou zur Calanque En-Vau

Infos

Start/Ziel: Parkplatz Calanque de Port-Miou (K 10) bei Cassis

Länge: 8 km ohne Abstecher, rund 3 km mehr mit Abstecher an den Strand von En-Vau

Hinweis: Wasser, Vesper und Sonnenschutz mitnehmen. Es gibt keine Einkehrmöglichkeit! Die Strecke kann zwischen Juni und September wegen Waldbrandgefahr gesperrt sein.

Es ist durchaus eine Herausforderung, von **Cassis** nach En-Vau zu laufen, die dritte der Calanques, die sich von der kleinen Stadt gen Westen ziehen. Doch die Strecke ist zauberhaft mit 1001 herrlichen Blicken auf das türkisfarbene Wasser und die pinienbewachsenen weißen Felsen. Zum Glück gibt es unterwegs Möglichkeiten, ins glasklare Wasser zu springen, um sich den Schweiß von der Stirn zu waschen.

Der Einstieg ist leicht. Sie lassen Ihr Auto (oder Fahrrad) am Parkplatz an der Avenue des Calanques, am hintersten Zipfel der **Calanque de Port-Miou** am Ortsausgang von Cassis, stehen und folgen dem bekannten weiß-roten Streifen, der einen GR anzeigt. In diesem Fall den GR98. Der schöne Weg führt entlang der riesigen Calanque oberhalb des Meeres. Wo die Bucht am weitesten ins Land hineinreicht, geht es ein Stückchen bergauf.

Kurz danach haben Sie bereits die **Calanque de Port-Pin** erreicht. Am Winzstrand können Sie einen Stopp einlegen und sich in die Fluten stürzen. Vorbei am Strand folgen Sie nun dem Wanderweg, der links weitergeht, immer etwas oberhalb der zweiten Bucht. Vorbei an herrlichen Aussichtspunkten kommen Sie so zur **Calanque d'En-Vau**. Von jetzt an geht es bergauf, bis Sie im **Fôret de Gardiol** (148 m) ankommen. Bei der nächsten großen Kreuzung entscheiden Sie, ob Sie rechts zurück zur Calanque de Port-Pin laufen oder links den Abstecher zum Strand von En-Vau machen. Ganz gleich, wofür Sie sich entscheiden: Zurück geht es ab Port-Pin auf dem gleichen Weg wie hin.

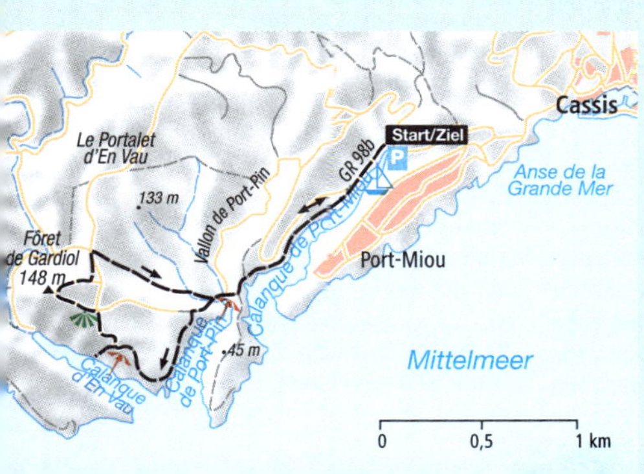

Zu Frankreichs höchster Klippe

Vor allem ist es die **Route des Crêtes,** die Sie unbedingt sehen sollten, jene kleine Straße von hier nach La Ciotat, die bei starkem Wind und Nebel geschlossen ist. In winzigen und engen Kurven windet sich die D41a von Cassis aus nach oben, um dann auf Frankreichs höchsten Klippen (399 m) um das **Cap Canaille** zu führen. Selbstredend hat man von hier oben atemberaubende Blicke auf beide Seiten.

Wer will, kann von Cassis auch nach La Ciotat wandern. Doch Vorsicht: Die Abbruchkanten sind nicht überall gesichert. Und rund 400 Höhenmeter müssen Sie hierfür auch erstmal überwinden!

Schlafen

Paradiesisch

Le Cap Cassis: Hoch über dem Hafen, mit Blick auf das Cap Canaille liegt diese zauberhafte Unterkunft. Ein kleines Bed & Breakfast mit nur fünf herrlichen Zimmern, einem kleinen Garten mit Pool. Zugegeben: Die Zimmer sind ziemlich hochpreisig, doch dafür bekommt man eben auch nicht nur einfach Zimmer, sondern riesige Suiten. Jede davon höchst geschmackvoll eingerichtet und mit Blick in den Garten. Die Besitzer, beides Deutsche, kümmern sich liebevoll um die Gäste und servieren ein königliches Frühstück.

24 Montée de la Chapelle, T 04 42 03 33 01, www.lecapcassis.com, je nach Saison €€ bis €€€

Mittendrin

Hôtel Cassitel: Das modern eingerichtete Zwei-Sterne-Haus liegt mitten in der Stadt – und zwar genau gegenüber dem Hafen. Perfekte Lage also. Das kann abends allerdings etwas laut werden, wem das nichts macht, wer lieber zentral wohnt und dafür nicht zuviel bezahlen möchte, ist hier genau richtig.

3 Place Georges Clemenceau, T 04 42 01 83 44, www.cassitel.com, € bis €€

Essen, Ausgehen

Perfekt für die Apéro-Zeit

Bar du XXème Siècle: Es ist eine nette Straßenbar mit ein paar Tischen, wo man sich trifft, um den Apéro zu genießen. Es gibt gute Weine aus Cassis, dazu ein paar spanische Tapas – der perfekte Einstieg in den Abend. Und wem's hier gefällt, der kann einfach ein paar Tapas nacheinander essen und den Abend hier verbringen.

17 Av. Victor Hugo, T 04 42 01 70 76, €

Muss man erleben

Restaurant la Presqu'île: Die Lage perfekt, der Blick perfekt, der Service perfekt, die Küche perfekt. Zwischen Calanque und offenem Meer wird auf allerhöchstem Niveau gekocht. Das macht Spaß, kostet etwas, aber dafür hat man das ganz besondere Erlebnis. Die Küche ist eine gelungene Mischung aus Fusion und französisch, Ringo Schulz, der deutsche Chefkoch, war Schüler bei Tim Raue – und kocht mindestens genauso gut!

Quartier Port-Miou, T 04 42 01 03 77, www.restaurant-la-presquile.fr, Di–Sa mittags und abends, Do abends geschl., Reservierung dringend empfohlen, €€€

Frischer Fisch von Fischers Fritz

La Poissonnerie: Nomen est omen. Hier gibt es vor allem eines: Frischen Fisch! Der Familienbetrieb fängt selbst und bereitet dann den Fang zu. Die Lage am Hafen ist ideal. Man speist mit Blick auf die Boote.

5 Quai Jean Jacques Barthelemy, T 04 42 01 71 56, Mi–So mittags u. abends, Sommer tgl., Jan. und Feb. geschl., €

Ganz nah an Cassis liegt die Calanque Port Pin. Die Felsenbucht bietet sich als Bade- und Paddlerparadies an.

Einkaufen

(W)einkaufen

Cassis Bodin: Preisgekrönt sind die Weine von Cassis Bodin, Château de Fontblanche, einem alten Familienbetrieb, dem durch Nicolas Bontoux, den Enkel des Gründers, wieder frischer Wind eingehaucht wurde. Die Weine sind sehr trocken und mineralisch und extrem lecker.

Route de Carnoux, T 04 42 01 00 11, www.vins-cassis-bodin.fr, Mo–Sa 9–12.30, 14.30–18 Uhr, Verkostung und Verkauf direkt vom Weingut

Bewegen

Strände

In Cassis liebt man Sonne, Sommer, Strand. Von allem gibt es reichlich. Wer FKK mag, ist am Plage Bleue gut aufgehoben, der westlich der Stadt liegt. Der größte Strand ist der Stadtstrand Plage de la Grande-Mer, direkt am Hafen.

Kanufahren in die Calanques

Tourenangebote wechseln immer wieder zur Saison. Näheres und Adressen aktueller Veranstalter erfährt man beim Office de Tourisme.

Tauchen

Cassis Calanques Plongée: Wer tauchen möchte, z. B. in den Calanques, ist am besten bei Henri Cosquer aufgehoben. Der Gründer der Tauchschule entdeckte 1985 zufällig die Grotte Cosquer (s. S. 210), die nach ihm benannt wurde.

3 Rue Michel Arnaud, T 06 71 52 60 20, www.cassis-calanques-plongee.com

Infos

- **Office de Tourisme:** Quai des Moulins, T 08 92 39 01 03, www.ot-cassis.com, auch auf Deutsch, mit zahlreichen Informationen zu Veranstaltungen und Aktivitäten.
- **Bahn:** Cassis ist bestens von Marseille aus mit dem Zug zu erreichen. Der Bahnhof liegt 3,5 km außerhalb.
- **Bus:** 10 Busse am Tag, Linie M1 bringt den Reisenden vom Bahnhof ins Zentrum. Von Marseille Bus Nr. M8.
- **Auto:** Es gibt einen kostenlosen Park & Ride Parkplatz am Rand von Cassis mit Pendelbus ins Zentrum.

La Ciotat

L 10; Karte 2, H 7

La Ciotat ist eine echte Stadt. Eine schöne Stadt sogar. Sie liegt zu Füßen eines markanten Felsens, der direkt vor dem Hafen steil in den Himmel ragt: **Le Bec de l'Aigle.** Davor eine riesige Werft. Hier werden zwar heute keine Schiffe mehr gebaut, die Werft ist dennoch ein wichtiger

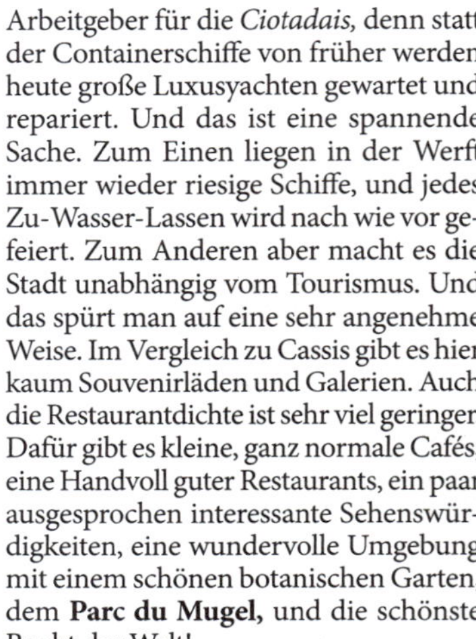

Arbeitgeber für die *Ciotadais,* denn statt der Containerschiffe von früher werden heute große Luxusyachten gewartet und repariert. Und das ist eine spannende Sache. Zum Einen liegen in der Werft immer wieder riesige Schiffe, und jedes Zu-Wasser-Lassen wird nach wie vor gefeiert. Zum Anderen aber macht es die Stadt unabhängig vom Tourismus. Und das spürt man auf eine sehr angenehme Weise. Im Vergleich zu Cassis gibt es hier kaum Souvenirläden und Galerien. Auch die Restaurantdichte ist sehr viel geringer. Dafür gibt es kleine, ganz normale Cafés, eine Handvoll guter Restaurants, ein paar ausgesprochen interessante Sehenswürdigkeiten, eine wundervolle Umgebung mit einem schönen botanischen Garten, dem **Parc du Mugel,** und die schönste Bucht der Welt!

F

DIE UNABHÄNGIGE REPUBLIK FIGUEROLLES

Wer zu Gast im Restaurant Chez Tania (s. S. 216) ist, das den gesamten oberen Teil der winzigen Calanque de Figuerolles einnimmt, dem stellen die Mitarbeiter gerne einen Pass aus. Die Bürger der République indépendante de Figuerolles (RIF) haben es gut, denn in dieser Republik gibt es kein Finanzamt. Auf die Rechnung im Restaurant muss man trotzdem Umsatzsteuer zahlen.

Wie Miami

Der Bucht von La Ciotat mit der **Strandpromenade** gebührt ein erster Platz: Sie wurde 2019 vom ›Club des Plus Belles Baies du Monde‹ zur schönsten Bucht der Welt gewählt. Statt sie nun aber aufzuhübschen, hat La Ciotat sie gelassen, wie sie war. Die Häuser: ziemlich in die Jahre gekommen. Die Bauzeit: 1930er- bis 1970er-Jahre. Die Farben: pastell. Der Stil: ein bisschen wie Miami Beach Art-Deco. Davor: eine Straße, aber verkehrsberuhigt, dann eine breite Promenade, bepflanzt mit Palmen und dahinter der Strand, zum Teil mit Molen, die das doch bisweilen recht wilde Meer beruhigen. Hin und wieder ein Café oder eine Strandbar – an der 7 km langen Bucht kann man stundenlang entlanglaufen und sich ein bisschen wie in Florida fühlen. Oder eben in La Ciotat.

Die Erfindung des Kinos

Den Brüdern Lumières haben wir die Kunst des Filmens zu verdanken. Und genau hier, in La Ciotat zeigten sie ihren ersten Film und machten damit das 1889 gebaute **Theater Eden** zum ältesten Kino der Welt. Der Besitzer des Theaters, Raoul Gallaud, war mit dem Fotografen Antoine Lumière befreundet, dessen Söhne wiederum ›den Cinématographen‹ entwickelten, einen Apparat, mit dem man Bilder schnell ablaufen lassen konnte (16 pro Sekunde). Das war 1895 – die Geburtsstunde des Films und auch des Kinos.

Das Eden ist nach wie vor als Kino in Betrieb, nachdem man es einer Generalrenovierung unterzogen hat und den Theatersaal fast original rekonstruiert hat. Gezeigt werden selten Hollywood-Streifen, aber durchaus moderne Filme, z. B. experimentell, häufig aber auch Kinderfilme und Klassiker. Im Innenhof ist ein nettes Café, das zu Kinozeiten neben Espresso auch Kleinigkeiten zu Essen oder ein Glas Wein bietet. Eine Besichtigung ist außerhalb der Vorführungszeiten möglich, man kann aber auch einfach mal ins Kino gehen!

25 Bd. Georges-Clémenceau, www.edencinemalaciotat.com, Besichtigung ohne Film 7,50 €

Originelle Sammlung

Es ist wohl eines der eigenwilligsten Museen, das es gibt. Ein Verein hat alles zusammengetragen, was er zur Vergangenheit der Stadt am Meer finden konnte und daraus das **Musée Ciotaden** geschaffen, untergebracht im alten Rathaus. Alte Kostüme, Modell-Containerschiffe, Urkunden etc. Das alles ist systematisch sortiert und thematisch geordnet und dabei so herrlich altmodisch, dass es schon wieder sehenswert ist.

1 Quai Ganteaume, T 04 42 71 40 99, www.museeciotaden.org, Di–Sa 14–18 Uhr, 5 €

Stadtnah und trotzdem weit weg

Der Strand der **Calanque Figuerolles** ist keine 5 Fahrminuten vom Hafen in La Ciotat entfernt. Die Felsen sind hier – im Gegensatz zu den Calanques zwischen Cassis und Marseille – nicht weiß, sondern rötlich und ragen etwas steiler und schärfer auf als eine Bucht weiter. Das Wasser ist aber auch hier glasklar und türkis, der Strand aus Kiesel. Traumhaft.

Gotteshaus mit Fernblick

Zugegeben, ›unsere Mutter‹, die **Chapelle Notre Dame de la Garde,** macht es einem etwas schwer, sie aufzusuchen. Es geht steil bergauf und Autos dürfen hier oben nicht parken. Und dann ist die Kapelle auch noch geschlossen! Sie macht nur ab und zu mal auf. Aber mal ehrlich: Wegen der Kapelle kommt man auch nicht hierher, sondern wegen des Blicks. Noch ein bisschen weiter als die Calanque Figuerolles liegt die Kapelle weit oben und lässt einen Blick auf den Bec de l'Aigle von hinten zu – großartig!

Schlafen

Perfekte Lage am Strand

À deux pas de l'Eau: Die Lage ist nicht nur super – direkt am Strand –, die kleinen bis großen Suiten sind es auch. Zum Teil mit Balkon, zum Teil mit Blick aufs Meer, alle mit kleiner Kitchenette und einem Tisch. Helle, freundliche Einrichtung. Wer will, bekommt morgens frische Croissants ins Zimmer gebracht. Sehr faires Preis-Leistungs-Verhältnis, freundliche Gastgeber.

35 Av. Beau Rivage, T 04 42 70 29 31, www.adeuxpasdeleau-hotel.com, €€ (Suiten für zwei oder vier Personen)

Perfekte Lage am Hafen

Premier Best Western Hôtel Vieux Port: Wenn schon, dann sollten Sie ein Zimmer mit Hafenblick nehmen – so fällt Ihr erster Blick nach dem Aufwachen auf die Schiffe und das Meer. Die Zimmer sind modern und komfortabel, das Schönste ist aber der Pool auf dem Dach!

Vieux Port, 252 Quai François Mitterand, T

04 42 04 00 00, www.bestwestern-laciotat.com, €€

Essen

Wie bei Robinson Crusoe

Restaurant de l'Île Verte: Allein die Tatsache, dass das Restaurant nur bei gutem Wetter – sprich bei nicht allzu hohem Wellengang – öffnet, spricht Bände. Denn hierher kommt man nicht einfach nur so. Man muss mit dem Boot anreisen. Die Insel: ein kleines Eiland, das Restaurant: ohne Strom, direkt am Strand. Ein Geheimtipp ist es dennoch nicht mehr. Aber nirgendwo, das schwören die *Ciotadais,* gibt es frischeren und besseren Fisch, direkt aus dem Meer, wie hier. Reservation ist Pflicht.

Île Verte, T 06 19 41 12 24, www.facebook.com/RestaurantIleVerte

Mit Blick aufs Meer

Chez Tania: Das Restaurant nimmt fast den kompletten hinteren Teil der Calanque Figuerolles ein, und ist ein wirklich toller Ort (s. auch Kasten S. 214). Man sitzt nicht nur mit Blick aufs Meer, das Restaurant ist auch eine echte Institution seit 1956. Man isst gut, z.B. frischen Fisch (der einem auf Eis vorher gezeigt wird, abgerechnet wird 100-g-weise), aber auch gute Fleischgerichte, und freundlich bedient wird man auch. Wer will, kann gleich hier übernachten. Im Garten werden acht kleine Bungalows vermietet.

Calanque de Figuerolles, T 04 42 08 25 94, www.figuerolles.com, ganztägig geöffnet, aber Essen nur mittags und abends, € bis €€

Café mit Buch

Le Café de l'Horloge: Das findet man heute selten: Auf jedem Tisch liegt ein Buch – die Gegeninitiative zum Handy. Und es sind spannende Titel. Schade nur, dass sie alle auf Französisch sind. Der Bruder des Pétanque-Erfinders ist der Gründer dieses alteingesessenen Cafés, das heute in der zweiten Generation geführt wird. Man hat gar nicht so viel am Café verändert, sodass es sehr nostalgisch wirkt. Serviert werden Nespresso zum Buch und ein paar Winzigkeiten zu Essen.

7 Rue Albert & Georges Arnoux, T 04 42 83 00 43, www.lecafedelhorloge.fr, tgl. 7.30–19 Uhr, am Wochenende u. im Winter ab 8.30 Uhr

Italo-Provenzalisch vom Feinsten

La Mamma: In einem kleinen Gewölberaum oder auf der Straße direkt gegenüber vom Hafen sitzt man gemütlich und genießt italienisch-provenzalische Fusion-Küche: gratinierte Muscheln, Lachs-Tatar und Ravioli mit Trüffel und Steinpilzen, aber auch sehr gute Steinofenpizza. Dazu gibt es einen aufmerksamen Service und eine gute Weinauswahl.

Port vieux de la Ciotat, 2 Quai François Mitterand, T 04 42 08 30 08, Webseite bei Facebook, Mi–So abends, Jan.–Mitte Feb. geschlossen

Bewegen

Wassersport

Am Strand von La Ciotat gibt es jede Menge Wassersportangebote, im Hafen liegen Ausflugsboote, die in die Calanques fahren. Man kann auch per Kanu dorthin paddeln. Kosten ab 18 € pro Person für eine Bootstour, je länger man unterwegs ist, desto teurer. Reservierung z.B. bei www.visite-calanques.fr.

Wandern

Wer möchte, läuft von La Ciotat über die Route des Crêtes bis Cassis (s. S. 212).

Infos

- **Office de Tourisme:** direkt am Hafen bei dem großen Parkplatz am Bd. Anatole France. T 04 42 08 61 32, www.destinationlaciotat.com.

Zugabe
Einfach Fischsuppe …?

Die echte Bouillabaisse

Bouillabaisse, das kulinarische Symbol von Marseille, wird in den Restaurants der Stadt regelrecht zelebriert.

Eine gute Bouillabaisse kocht niemand selbst. Dafür geht man essen. Ein Festessen, das man sich nicht alle Tage leistet und für das viel Geld über den Tresen wandert. Das verwundert, gilt die Bouillabaisse doch eigentlich als Arme-Leute-Essen. Tja, das ist lange her. Und der Grund ist ganz einfach: Für die Herstellung einer echten Bouillabaisse braucht es viele kleine Fische. Und für die ganz echte Bouillabaisse sind das vor allem Fischsorten, die es nur rund um Marseille gibt, der Geburts- und Heimatstadt der legendären Suppe. Doch das Mittelmeer ist leergefischt und es gibt nicht mehr viele dieser kleinen, nur hier vorkommenden Fische. So ist der Einkauf für das eigentliche Arme-Leute-Essen zu einer kostspieligen Sache geworden. Und nicht nur das: Die echte Bouillabaisse braucht richtig viel Zeit und macht viel Arbeit. Und Zeit ist Geld.

Heute wird die echte Bouillabaisse in einer richtigen Zeremonie serviert. Und zwar in zwei Gängen. Die Ouvertüre: die Suppe. Gekocht aus eben jenen kleinen Fischen, die man heute nur noch für viel Geld kaufen kann, mit Pastis, Fenchel, Tomaten, Zwiebeln, Knoblauch und Safran. Dazu werden Kartoffeln gegart. Ist die Suppe dann fast fertig, gibt man die großen Fische dazu. Knurrhahn ist fast immer dabei, aber auch Seeteufel, Seekrabben, Sankt-Petersfisch, Drachenkopf und das, was der Markt hergibt. Ist alles gar, werden Kartoffeln und die edlen Fische auf die Seite genommen, der Rest wird püriert, aber ja nicht zu fein, und dann als trübe rot-braune Suppe serviert. Mit gerösteten Brotscheibchen und Rouille, einer scharfen, roten Mayonnaise.

Danach kommt dann der eigentliche Gang, das Festessen, *la vraie Bouillabaisse:* der Fisch. Während der Gast die trübe Suppe löffelte, hat der Kellner rasch die großen Fische von ihren Gräten befreit, die safrangelben Kartoffelscheiben hübsch angerichtet und dann mit der Brühe übergossen. Et voilà!

Die Kosten für das Festessen einer echten Bouillabaisse liegen bei rund 50 € pro Person. Wie schon erwähnt, kein Schnäppchen. Dafür aber erliegen Sie dem himmlischen Geschmack von Fisch und Safran, wie man ihn nur hier, rund um Marseille finden kann. ■

Haute-Provence

Bergwelt des Midi —Die vom Tourismus häufig links liegengelassene Region zwischen Alpen und Meer besticht mit einer umwerfend schönen Natur, reizvollen Dörfern, hohen Bergen und glasklaren Seen.

Seite 222

Chapelle de la Présentation

Die verstörenden Bilder der persönlichen Apokalypse von Jean Carzou sind in der Chapelle de la Présentation in Manosque ausgestellt.

Seite 225

Musée Artemisia

In Forcalquier gibt es die wohl weltweit einzige Universität für Geschmack und Geruch. Im hauseigenen Museum können Sie beides erleben und sich ihr eigenes Parfum kreieren. Dabei lernen Sie auf unterhaltsame Weise alles über die Pflanzenvielfalt der Haute-Provence kennen.

Ob alle Wohlgerüche der Provence in einen Flacon passen?

Eintauchen

Seite 233

Restaurant du Cours

Das leckerste Lammfleisch ganz Frankreichs wird in Sisteron in dem gutbürgerlichen Restaurant du Cours aufgetischt. Probieren Sie es aus, und entscheiden Sie selbst!

Seite 237

Hotel des Colonnes

Eines der schönsten Maisons d'hôtes der ganzen Provence liegt in Riez am Plateau de Valensole. Wer jedoch im Hotel des Colonnes wohnt, muss Hunde lieben, denn der Hausmops Betty wacht über die Gäste.

Seite 238

Moustiers-Ste-Marie ✪

Über Moustiers-Ste-Marie hängt ein goldener Stern an einer riesigen Kette – und niemand weiß warum.

Seite 240

Gorges du Verdon ✪

Um die gigantische Schlucht zu erleben, sollte man schwindelfrei sein oder gut zu Fuß. Großartige Ausblicke und glasklares Wasser in Türkis sind der Lohn.

Seite 246

Musée du Préhistoire

Zeitreise: Im modernen Museumsbau des Musée du Préhistoire in Quinson steht man nicht nur imponierenden Mammuts der Urzeit, sondern auch unseren Vorfahren von Angesicht zu Angesicht gegenüber.

Seite 247

Plateau d'Albion

Wo einst Atomraketen stationiert waren, kann man heute den Sternenhimmel beobachten, um dann die Sternschnuppen zuhauf fallen zu sehen.

Über dem Grand Canyon der Provence kreisen die Geier – fast wie im Wilden Westen.

Die erste Erwähnung des in Kastanienblätter gewickelten Ziegenkäses aus Banon findet man in Schriften von 1270! Inzwischen ist der Käse weit über Frankreichs Grenzen bekannt.

erleben

Touristisches Niemandsland?

Von wegen! Die Haute-Provence ist zwar weniger bekannt, doch auch hier ist der Tourismus eingezogen, vor allem in der Region rund um die Gorges du Verdon.

> **ORIENTIERUNG** **O**
>
> **Infos:** www.tourisme-alpes-haute-provence.com, www.routedessaveursetdes senteurs.com, www.verdontourisme.com. Für Plateau de Valensole/Verdon: www.durance-luberon-verdon.com.
> **Verkehr:** Ein Auto ist hier ein Muss, die öffentlichen Verkehrsverbindungen sind miserabel.
> **Planung:** Wer plant, mehrere Museen zu besuchen, sollte sich den Passport des musées besorgen, der Rabatte gewährt (erhältlich vor Ort in den Museen).

Frankreichs tiefste Schlucht

Die Schlucht ist aber auch gigantisch! Bis zu 700m hohe Steilwände ragen über dem türkisfarbenen Wasser des Flusses senkrecht in den Himmel. Wer da runterschaut, muss schwindelfrei sein. Aber auch der Blick nach oben ist traumhaft: Im Hintergrund die schneebedeckten Gipfel der Alpen, im Westen der Luberon, im Süden, ganz in der Ferne erahnt man das Mittelmeer. Je höher man kommt, desto größer ist die Wahrscheinlichkeit, Geier oder Adler kreisen zu sehen. Und je weiter man sich von der bekannten Schlucht entfernt, desto einsamer wird es, und man trifft auf malerische Dörfer ohne Galerien oder Souvenirgeschäfte.

Düfte und Aromen

In dieser Region, vor allem im Pays de Forcalquier mit der sich nördlich daran anschließenden Montagne de Lure wachsen nicht nur seltene Pflanzen, sondern gedeihen auch hervorragende Weine und sehr gute Olivenöle. Lavendelfelder beherrschen ganze Ebenen – und das kilometerweit. Pflanzen von enormer Vielfalt wachsen auf den oft so kargen Böden. Kleine Produzenten haben in der Region ihre Nischen gefunden und stellen – fast immer in Bioqualität – so ziemlich alles her, was das Land hergibt: Öle, Duftessenzen, Honig und andere Köstlichkeiten. Häufig in Kooperativen organisiert, verkaufen sie ihre Produkte gemeinschaftlich z. B. auf Wochenmärkten und unterstützen sich damit gegenseitig.

Manosque

L/M5

Wer Jean Giono bisher nicht kannte, wird ihn nach dem Besuch von Manosque kennen. Denn die ganze Stadt ist gepflastert mit Giono-Gedenktafeln. Giono hier, Giono da, und das bei einem Pazifisten, der kurzfristig sogar im Verdacht stand, mit den Nazis zu kollaboriert zu haben. Tat er natürlich nicht. War ja Pazifist. Und er liebte die Haute-Provence und vor allem Manosque, seine Heimat. Und Manosque liebt auch ihn, hat er es doch frankreichweit bekannt gemacht. Dabei bräuchte die hübsche kleine Stadt den großen Schriftsteller gar nicht, um zu glänzen. Denn Manosque ist das wirtschaftliche Zentrum der Haute-Provence, eine lebendige Kleinstadt mit knapp 22000 Einwohnern und einer malerischen Altstadt, umgeben von einer großen Stadtmauer. Die ist heute allerdings fast durchgehend mit Häusern verbaut. Allein das Stadttor **Porte de la Saunerie** am südlichsten Punkt, gebaut im Spätmittelalter, ist noch vollständig erhalten. Durch sie betritt man die **Grande Rue,** die zentrale Achse des alten Kerns. Hier finden sich Lebensmittelläden, Buchhandlungen und andere Geschäfte des alltäglichen Bedarfs. Das macht den Besuch von Manosque sehr angenehm. Läuft man mal rechts mal links der Grande Rue kommt man zu kleinen Plätzen mit Platanen und Brunnen, deren Wasserplätscherklänge so unterschiedlich sind, dass sich Blinde aus Manosque am Klang der Brunnen orientieren könnten.

Sehenswert sind außerdem die beiden romanischen Kirchen. **Notre-Dame-de-Romigier** birgt einen kleinen Kunstschatz, eine uralte schwarze

Manosque besitzt zahlreiche malerische Plätze. Alle haben einen Brunnen, wie der Platz vor der Kirche St-Sauveur.

Marienstatue, eine *vierge noire*, die ein Bauer beim Pflügen unter einem Brombeerstrauch (provenzalisch: *romigier*) außerhalb der Stadt gefunden hatte – so die Legende. Die hübsche **Église St-Sauveur** fällt durch ihren typischen, aber besonders schön gestalteten Glockenturm auf.

Zu Ehren des Dichters

Das **Centre Jean Giono** ist nicht im Wohnhaus des Romanciers untergebracht, sondern in einem alten Hôtel Particulier außerhalb der ehemaligen Stadtmauer schräg gegenüber der Porte Saunerie. Es ist ein Kulturzentrum mit Ausstellungsräumen und Bibliothek sowie einer kleinen Videothek. Von hier aus werden Wanderungen und Führungen organisiert, z. B. zum ehemaligen Zuhause des Dichters amFuß des Mont d'Or.

3 Bd. Elémir Bourges, T 04 92 70 54 54, https://centrejeangiono.com, Okt.–März Di–Sa 14–18, während der Schulferien geschl., April–Sept. Di–Sa 10–12, 14–18 Uhr, 6 €

Verstörend schön

Nur wenige Häuser neben dem Kulturzentrum hat die **Fondation Carzou** ihre Tore geöffnet – eine verstörende und gleichzeitig unglaublich schöne, beeindruckende Ausstellung, die so gar nicht ins liebliche Manosque zu passen scheint. Jean Carzou, ein armenischer Künstler, hat in einer klassizistischen Kapelle seine Version der Apokalypse gemalt – in Türkistönen, überlebensgroß. Er verarbeitet in seinem Gesamtwerk die großen Probleme unserer Zeit, eine Robotergesellschaft, die Entmenschlichung, das Waldsterben und den Untergang. Die vier Reiter der Apokalypse – modern als Überschallflugzeuge dargestellt – kündigen die Katastrophen an. Verarbeitet sind auch der armenische Völkermord von 1915/16, der Holocaust und die Ausrottung der amerikanischen Indianer. Carzou macht mit seiner Ausstellung einen Rundumschlag gegen die Gesellschaft und zeigt am Ende doch Hoffnung in Form zweier Liebender.

Bd. Elémir Bourges, T 04 92 87 40 49, www.fondationcarzou.fr, Nov.–März Mi–Sa 14–18, April–Okt. Di–Sa 10–12.30, 14–18 Uhr, 5 €

J

JEAN GIONO IN KÜRZE

1895 geboren, 1970 gestorben, Poet, Schriftsteller, Pazifist und Atomraketen-Gegner. Eine Kindheit in Manosque, Erfahrungen im 1. Weltkrieg, ein Erwachsenenleben in Manosque, wunderbare Romane und Geschichten, die fast alle in der Haute-Provence spielen. Einige der Bücher und Erzählungen sind auf Deutsch erschienen, wie »Die Geburt der Odyssee«, »Der Träumer« oder »Der Husar auf dem Dach«.

Top-Aussicht vom Goldberg

Rund 4 km nordöstlich von Manosque liegt der **Mont d'Or,** der Goldberg, auf dessen Gipfel die Reste einer mittelalterlichen Ruine zu sehen sind. Doch deshalb kommt man nicht hierher: Hier lockt der Blick auf die roten Dächer von Manosque, die Durance und die nahen Alpen!

Vielfalt der Nutzpflanzen

Das **Maison de la biodiversité** hat es sich zur Aufgabe gemacht, die Pflanzenvielfalt zu erhalten. Auf ausgedehnten Obstbaumplantagen und einem über 5000 m^2 großen Gemüsegarten werden ein paar Hundert fast vergessene Gemüse- und Obstsorten angebaut. Auf geführten Spaziergängen durch die herrlichen Gärten erfährt der Besucher alles über die Arbeit, die es braucht, um die Pflanzen zu erhalten und (neu) zu kultivieren.

Domaine de la Thomassine, 2 km nördlich von Manosque, Chemin de la Thomassine, Webseite bei Facebook, Okt.–Juni Mi 10–16.30, sonst Di–Sa 10.30–18.30 Uhr, 4 €

DER HUSAR AUF DEM DACH

H

Die Geschichte ist so tragisch wie spannend: 1832, Italien ist von den Österreichern besetzt und Angelo Pardi, ein italienischer Freiheitskämpfer, auf der Flucht. Die führt ihn in die Provence. Doch da herrscht die Cholera. Pardi kommt nach Manosque, wo er auf Madame de Théus trifft (gespielt von Juliette Binoche), die ihn versteckt. Gemeinsam entschließen sie sich zur Flucht vor der Cholera. Nach dem Roman von Jean Giono aus dem Jahr 1951wurde der Film »Der Husar auf dem Dach« (1995) u.a. in Manosque und Cucuron (S. 154) gedreht. Es ist ein berührender, eher leiser Film, mit wunderbaren Landschaftsaufnahmen und noch großartigeren Schauspielern.

Schlafen

Schlicht und schön

La Bastide de l'Adrech: In einer 300 Jahre alten Bastide etwas außerhalb von Manosque wohnt man im Grünen. Das Haus ist schlicht, ein bisschen shabby-chic, die Zimmer sind hell gehalten, sehr stimmig und angenehm. Das Essen (nur auf Vorbestellung, *table d'hôte*) ist köstlich, und wer lernen möchte, wie man es zubereitet, kann an einem Wochenende einen Kochkurs bei Virgnie und Manuel besuchen.

Av. des Serrets, T 06 18 18 17 18, www.bastide-adrech.com, € bis €€

Essen

Libanesisch

Délice Libanais: Direkt neben der Kirche St-Sauveur sitzt man nicht nur idyllisch unter einer Platane, man speist auch köstlich! Petersiliensalat *(taboulé)*, Kichererbsenpaste *(hummus)* oder Auberginenpüree *(Baba Ganusch)*: Hier gibt es alles in bester Qualität in einem schönen Rahmen. Probieren Sie die *mezze traditionnel.* Sie werden eine paradiesische Vorspeisenflut erleben! Und wer nicht zum Essen kommen möchte, kommt einfach in den Salon de thé und genießt das schöne Ambiente auch zwischendurch bei süßen Leckereien.

30 Place St-Sauveur, T 04 92 72 13 54, Webseite bei Facebook, tgl. ganztägig

Klösterlicher Genuss

Sens et Saveurs: Das Restaurant findet sich in alten Klosterräumen und bietet eine regionale, saisonale und moderne Küche. Rote-Beete-Carpaccio, *terrine au foie gras* und eine Pavlova, ein Dessert aus Merengen: Das Menü ist klassisch, köstlich.

43 Bd. des Tilleuls, T 04 28 31 69 32, www.sensetsaveursmanosque.com, Di, Mi, Fr, Sa 12–14, 19.30–21 Uhr, €€

Einkaufen

Samstags findet auf den vielen kleinen Plätzen, vor allem aber auf dem vor dem Rathaus ein lebendiger Markt statt. Kleiner ist er mittwochs. Da findet er auf der Promenade Aubert Millot statt.

Riesige Auswahl bester Weine

Domaine de Regusse: Es ist zwar ein kleines Stück, hierher zu fahren, dafür findet man in der Domaine de Regusse Genüsse höchsten Grades. Hier kann man Weine verkosten (von bio über sulfitfrei bis normal) in Weiß, Rosé und Rot. Dazu erfährt man viel über den Weinanbau in der Region und wer will, kann hier Essig, Sirup und andere Leckereien kaufen. Das alles zu sehr fairen Preisen.

Pierrevert, Route de la Bastide des Jourdans, T 04 92 72 30 44, www.domaine-de-regusse.com, ein kleiner Laden findet sich aber auch an der Route de la Durance, T 04 92 72 44 06

Duftwässerchen und mehr

L'Occitane en Provence: Die bekannte Kosmetiklinie, die mit den Klischees der Provence wirbt, produziert in Manosque. Man kann die Fabrik besichtigen, den Garten bewundern und vor Ort einkaufen – und zwar 10 % günstiger als in regulären Läden.

Chemin St-Maurice, T 04 92 70 32 08, www.loccitane.com, April–Okt. tgl., im Winter Mo–Sa, Besichtigungen auf Anmeldung

Genossenschaftlich

Couleurs Paysannes: Die kleinen Produzenten der Region haben sich zusammengetan. Dabei herausgekommen ist Couleurs Paysannes, die ihre Produkte online verkaufen oder in einem der drei Läden. Einer davon ist in Manosque, die anderen in Valensole und Venelles. Verkauft wird alles, was selbst produziert wird: *paté* im Glas, Tapenade, Marmelade oder Öl.

5 Place du Terreau, T 04 92 72 14 96, www.couleurs-paysannes.fr, Mo–Do 9–12.30, 14.30–19, Fr 9–19, Sa 8.30–13, 14.30–19 Uhr

Bewegen

Bachelas Bike Shop: Das praktische ist, der Bike Shop hat auch Geschäfte in Forcalquier (s. S. 226) und Gréoux-Les-Bains, sodass man ggf. auch das Rad dort abgeben kann. Im Laden werden Räder (1/2 Tag 8 €) vermietet, auch E-Bikes (1/2 Tag 24 €), und Touren in die Umgebung angeboten. Prima für alle, die sich nicht mit dem Suchen nach Wege aufhalten wollen. Mountainbiketour für 2 Std. 35,90 € pro Person.

24 Bd. de la Plaine, T 04 92 72 15 84, www.bachelasbikeshop.com

Feiern

- **Rencontres Giono:** Ende Juli. Stadtfest zu Ehren des Schriftstellers.
- **Festival Musiks:** ebenfalls im Juli, ist ein Musikfestival mit internationalen Größen. Alles ist dabei: Chanson, Brazil, Rap, Jazz – Gute-Laune-Musik eben.

Infos

- **Office du Tourisme:** Place de l'hôtel de ville, T 04 92 72 16 00, www.ville-manosque.fr oder www.tourisme-manosque.fr.
- **Bahn:** Manosque ist an das Bahnnetz der SNCF angeschlossen.

Forcalquier

L4

Alpiner und mediterraner Mix

In Forcalquier spürt man die Nähe zu den Alpen und der Montagne de Lure. Es gibt sehr viel mehr Nadelbäume als in der westlicheren Provence und die Lieblichkeit, die man sonst fast überall in der Provence vorfindet, ist hier etwas versteckter. Das nimmt der Stadt, die sich insgesamt über 500 Höhenmeter einen Hang hochzieht, jedoch nichts an Flair. Sie sprüht geradezu vor südfranzösischer Gelassenheit und Charme, vor allem montags, wenn Wochenmarkt ist. Dann kommen über 400 Produzenten zusammen, um ihre Waren zu verkaufen. Ein wunderbares Erlebnis! Dann sieht man die Menschen dichtgedrängt in den Cafés sitzen und schon morgens ihren ersten Apéro zu sich nehmen, oder wenn nicht, zumindest einen *café crème* trinken und dazu ihr Croissant in die Schale dippen.

Städtisches Flair

Im Gegensatz zu den *villages perchés* der Region ist Forcalquier eine richtige Stadt mit knapp 5000 Einwohnern. Städtisches Flair findet sich vor allem rings um die Place du Bourguet mit der sehenswerten Bischofskirche **Notre-Dame-du-Bourguet.** Es gibt Reste einer Stadtmauer, und das ein oder andere mittelalterliche Stadttor ist zu erkennen. Die bauliche Hauptattraktion des Ortes aber liegt an höchster Stelle, auf dem Plateau der Zitadelle, wo einst das Grafenschloss stand: die Wallfahrtskirche **Notre-Dame-de-Provence,** die im 19. Jh. im neobyzantinischen Stil auf den Ruinen gebaut wurde. Von hier oben hat man einen unschlagbaren Blick über die Berge ringsum. Kleine Kapellen sind in den Fels gehauen, und von dem manuellen modernen Glockenspiel ertönen wunderbare Weisen (So 11.30 Uhr). Beim richtigen Sonnenstand spiegelt sich der achteckige Kuppelbau mit seiner goldenen Marienstatue auf der Kuppel in der Glasfront des *carillon.*

Das Duft-Zentrum der Provence

Die Stadt ist das Duft-Zentrum der Provence – kein Zufall! Denn hier treffen Mittelmeer- und Alpenklima aufeinander und bringen so eine einzigartige Pflanzenvielfalt mit sich. Erforscht werden sie an der Université Européenne des Saveurs et des Senteurs, einer außergewöhnlichen Universität, deren Herzstück das **Musée Artemisia** ist, ein unglaubliches, wunderbares Duft- und Pflanzenmuseum. Untergebracht ist es in einem alten Franziskanerkloster aus dem 13. Jh. dem Couvent des Cordeliers. Im Inneren erwarten Sie 1001 Duftwässerchen. Sie können die ätherischen Öle beriechen, lernen jede Menge über Heilpflanzen und können sogar an einem Seminar zur Herstellung Ihres eigenen Parfums teilnehmen

Couvent des Cordeliers, T 04 92 72 50 68, www.artemisia-museum.fr, Jan.–April nur mit telefonischer Reservierung, Mai, Juni, Sept.–Dez. Mo 9.30–13, 15–18, Mi–Fr ab 10.30 Uhr, Juli, Aug. Mi–Mo 9.30/10.30–13, 15–18 Uhr, 6 €

Schlafen

Wie Zuhause

Auberge Charembeau: In diesem charmanten Bauernhof aus dem 18. Jh. wird man liebevoll empfangen. Die 24 Zimmer sind individuell eingerichtet, die Gemeinschaftsräume sehr schön, der Garten ist riesig mit zwei Pools und Tischtennisplatten. Hier ist man sofort Zuhause. Es gibt gutes Frühstück, aber kein Abendessen. Wer will, kann Fahrräder mieten, um direkt loszutouren.

Route de Niozelles, 4 km östlich von Forcalquier, T 04 92 70 91 70, www.charembeau.com, €

Essen

Idyllisch, französisch

L'auberge du Bois: Ein bisschen außerhalb von Forcalquier, aber dafür um so idyllischer gelegen. In einem alten Mas oder in dessen herrlichen Garten genießt man unter großen Bäumen südfranzösische, einfache Küche.

Niozelles, 4100 Route de Niozelles, T 04 92 76 61 56, www.facebook.com/laubergedubois, Di–Sa 19–22.30 Uhr, Sa, So auch 12–14 Uhr, €

Sterneküche plus Eiche rustikal

Les Terrasses de la Bastide: Das beste Restaurant vor Ort, ganz klar. Aber man muss schon Eiche rustikal mögen. Es ist zwar nicht alles Eiche, aber so richtig gemütlich ist es nicht. Zum Glück kommt man nicht zum Schauen, sondern zum Essen hierher, und das ist lecker! Frisch, mediterran, regional und vor allem saisonal.

Route de Banon, Quartier Beaudine, T 04 92 73 32 35, www.lesterrassesdelabastide.fr, Mi–So 19–21, Do–Sa auch 12–13.30 Uhr, mittags €, abends €€

Einkaufen

Wochenmarkt

Der Markt findet Montag vormittag statt und verteilt sich über die ganze Stadt.

Alles Schnaps

La Distillerie de Lure: Die Brennerei ist eine Institution in Forcalquier. Sie existiert seit 1898 und produziert bis heute eigene Schnäpse. Die Hauptmarke der Destillerie ist der Pastis Henri Bardouin, aber natürlich gibt es auch Absinth, Marc de Provence und andere hochprozentige Köstlichkeiten! Selbst, wer nichts kaufen möchte, hat Freude an dem schönen, etwas aus der Zeit geratenen Laden, vor dessen Türe ein alter Destillierkolben steht und ein Tisch, der dazu einlädt, sich daran niederzulassen und einen Pastis zu genießen.

9 Av. St-Promasse/Ecke Rue de l'Hôtel Dieu, www.distilleries-provence.com, Mo, Mi–Sa 10–12.30, 14–18.30 Uhr

R

RENDEZVOUS MIT PRODUZENTEN DER REGION

Die Haute-Provence ist bekannt für ihre vielen Kleinstbetriebe und Höfe, die so ziemlich alles herstellen, was lecker schmeckt: Marmelade aus Beerenobst, Pasteten *(terrine)*, Olivenöl und Tapenaden etc. – alles aus bäuerlicher Landwirtschaft. Einmal im Jahr laden die *Producteurs de la campagne Haute-Provence* zum Tag der Offenen Tür ein, meist irgendwann im Frühjahr. Dann kann man von Hof zu Hof, d. h. von Ferme zu Ferme bzw. von Domaine zu Domaine fahren, die Betriebe besichtigen und in den hauseigenen Läden natürlich auch einkaufen. Infos und Termine unter www.defermeenferme.com.

Bewegen

Forcalquier ist ein perfekter Ausgangspunkt für Wanderungen, Radtouren, Ausritte oder Eselwanderungen.

Mit Eseln wandern

Les Ânes de Forcalquier: Die kleine Ferme mit Esel bietet Wanderungen mit dem Langohr an, wobei die Esel nicht geritten werden. Man kann alleine mit den Eseln losziehen oder sie führen lassen. Ein Spaß ist es auf alle Fälle für alle, denn die Esel haben ihren eigenen Rhythmus und ihr eigenes Tempo. Perfekt also zum Runterkommen. Kleine Wanderung 2 Std. mit Führung 30 € pro Esel.

Campagne Ouvarel, T 06 89 15 08 63, http://anes-forcalquier.com

Fahrradverleih

Bachelas Bike Shop: Der Bike Shop hat auch Geschäfte in Manosque (s. S. 224) und Greoux-Les-Bains.

5 Av. de la République, T 04 92 75 12 47, www.bachelasbikeshop.com

Feiern

- **RMHP – Rencontre Musicales de Haute Provence:** Jedes Jahr Ende Juli findet dieses schöne klassische Musikfestival statt, mit Orchestermusik und Soli, www.rmhp.fr.

Die Haute-Provence ist Ziegenland. Überall findet man Herden dieser liebenswerten Vierbeiner, aus deren Milch ein köstlicher Käse hergestellt wird.

Infos

- **Office de Tourisme:** 13 Place de Bourguet, T 04 92 75 10 02. www.haute-provence-tourisme.com.
- **Bus:** Forcalquier ist über Manosque mit der Linie 25 zu erreichen.

Banon und Umland

L3

Käseliebhaber kennen Banon. Nicht als Ort vielleicht, aber als Käsesorte. Denn hier, mitten in der Hochprovence wird einer der besten Ziegenkäse des Landes hergestellt: der Banon de Banon. Eingewickelt in fünf bis acht angetrocknete Esskastanienblätter reift er vor sich hin, bevor er dann recht jung oder aber sehr reif gegessen wird. Doch ganz gleich in welchem Reifegrad Sie ihn genießen: Er ist immer köstlich! Und natürlich ist er geschützt mit dem AOP-Siegel, das garantiert, dass die Milch ausschließlich von Ziegen ohne Beimischung anderer Milchsorten stammt, dass sie nicht pasteurisiert wurde und die Ziegen mindestens 210 Tage im Jahr im Freien auf ausreichend großen Weiden gehalten werden. Und das Wichtigste: Die geschützte Herkunftsbezeichnung garantiert, dass der Käse ausschließlich aus dieser Region stammt.

Das Dorf über dem Dorf

Am Dienstag- und Samstagmorgen, wenn Markt ist, kommen Menschen

Lieblingsort

Ideal für ein Picknick mit Aussicht

Hoch oben über den Dächern von **Banon** (📍 L 3), da wo die kläglichen Reste der alten Stadtmauer zu sehen sind, ist der Blick am schönsten. Auf einer Bank sitzen, ein kleines Picknick zu sich nehmen und dann den Blick weit schweifen lassen. Im Hintergrund sieht man die Alpen, vorne die Dächer des Dorfes und dazwischen Lavendel. Selbst ohne Blüte sehen seine Stengel von hier oben violett aus.

aus der gesamten Region zusammen, um in Banon einzukaufen, nicht nur Käse. Aber der Ort hat auch an anderen Tagen der Woche einiges zu bieten, beispielsweise eine wunderschöne mittelalterliche Oberstadt. Ein kleiner Verein, die Association du Vieux Village de Banon, hat sich zusammengefunden, um den Verfall ebendieser zu verhindern und so wird das Dorf über dem Dorf peu à peu wiederaufgebaut. Malerisch ist es und voller Gärten. Die **Kirche** an oberster Stelle ist allerdings nur für Veranstaltungen geöffnet. Eine kleine Kuriosität ist hier oben auch noch zu finden: ein **westafrikanisches ›Museum‹** – eine Kollektion privat gesammelter Gegenstände aus Westafrika (Eintritt frei) sowie eine kleine Marionettenschau im ehemaligen Krankenhaus der Oberstadt.

Das Dorf unter dem Dorf

Während das Oberdorf doch etwas museal wirkt, ist das eigentliche Banon quicklebendig und ein kleines Aussteigerparadies. Hier gibt es alles, was man zum Leben braucht: Kleine Lebensmittelgeschäfte, einen Haushaltswarenladen *(quincaillerie)*, nette Bars und Cafés, hier gibt es vor allem aber auch – bei nur knapp 1200 Einwohnern! – die größte Nicht-Online-Buchhandlung des Landes mit über 100 000 Büchern: **Le Bleuet.** Selbst, wenn man kein Französisch versteht, sollte man die Buchhandlung aufsuchen, denn der Bücherpalast ist umwerfend. Lange hatte die Buchhandlung zu kämpfen, um sich gegen Buchgiganten durchzusetzen. Doch dank des lebendig gehaltenen Kult-Images, den vielen Veranstaltungen, dem einladenden Inneren und der hervorragenden Beratung (von der riesigen Auswahl mal ganz abgesehen) hat Le Bleuet überlebt.

Place St-Just, www.lebleuet.fr, tgl. 10–19, im Sommer bis 20 Uhr

Rätselhafter Rundbau

Knappe 10 km von Banon entfernt liegt das wie an den Berg geklebte Bilderbuchdorf **Simiane-la Rotonde** mit einer architektonischen Kuriosität: einer Rotonde, einem Rundbau aus dem 11. Jh. Der ist so beeindruckend und war jahrelang mit so viel Rätselraten verbunden, dass man dem Dorf den Beinamen la-Rotonde gegeben hat. Heute weiß man, dass die Rotunde als Wehrturm diente. Doch wegen der einzigartigen Form (unten ein Achteck, oben rund) ging man jahrelang davon aus, es könne ein Heiligengrab beherbergen oder einen anderen Kultbau darstellen, obwohl es ganz offensichtlich ein Teil des Schlosses von Simiane-la-Rotonde ist. Ein Spaziergang durch das Dorf ist schön, das **Schloss** kann besichtigt werden

Schloss: Mai–Aug. 10–19, Mitte März–April, Sept.–Mitte Nov. 10.30–13, 14–17.30 Uhr, 8 €

Schlafen

Umgeben von Lavendel

La Buisse: Hübsches *chambre d'hôte* in einem alten Natursteinhaus etwas abseits bei Simiane-la-Rotonde. Die Zimmer sind modern, es gibt auch kleine Hütten zu mieten. Pool.

Simiane-la-Rotonde, La Buisse, T 06 46 47 06 75. www.domainelabuisse.com, €€

Essen

An der Straße

Restaurant Les Voyageurs: Das Restaurant im gleichnamigen Hotel liegt mitten im Zentrum von Banon und bietet mittags und abends einfache, aber schmackhafte Küche an. Die Ente ist butterzart, das Lamm frisch und schmeckt nach Kräutern.

Banon, Rue de la Bourgade, T 04 92 73 21 02, Webseite bei Facebook, mittags und abends, €

Einkaufen

Der **Wochenmarkt** von Banon findet samstags morgens statt. Hier kann man auch den echten AOC-zertifizierten Ziegenkäse der Familie Yernaux aus St-Michel l'Obervatoire sowie den von La Cabre du Rocher aus Ongles kaufen. Beide Produzenten haben einen Stand auf dem Markt.

Alles Käse

Fromagerie de Banon: Hier wird der berühmte Käse seit 1954 hergestellt. Wer nicht nur kaufen, sondern auch erfahren möchte, wie der Käse produziert wird, kann einen Film in der Boutique anschauen.

Banon, Route Carniol, T 04 92 73 25 03, www.fromagerie-banon.fr, nur Juni–Sept.

Alles Schokolade

Confiserie Leblanc: Ein bisschen außerhalb, aber dafür mit riesigem Genussfaktor! Hier kann man alles (!) probieren, bevor man es kauft. Außerdem kann man durch riesige Glasscheiben bei der Produktion zuschauen und schließlich das beste, was aus Schokolade gemacht wird, erstehen.

Banon, Le Puy, Webseite bei Facebook, Okt.–April Di–Sa 10–13, 14–18.30 Uhr, Mai–Sept. tgl. bis 19 Uhr

Infos

- **Office du Tourisme:** Rue de la Bourgade, www.hauteprovencepaysdebanon-tourisme.fr, www.simiane-la-rotonde.fr.
- **Bus:** Banon ist über Manosque und Apt per Bus zu erreichen.

Montagne de Lure und Jabron-Tal

L–M 2–3

Es ist eine einsame Gegend, und obwohl sie zur Provence gehört, hat sie doch wenig zu tun mit dem Charme, mit dem man die Provence verbindet. Das bedeutet jedoch nicht, hier sei es nicht schön. Ganz im Gegenteil. Es ist eine raue Einsamkeit auf den Kalksteingipfeln. Vor allem oberhalb der Baumgrenze erkennt man klar die Abbruchkante nach Norden, im Süden verläuft sich das Gebirge sanft. Die Montagne de Lure ist ein ideales Wandergebiet für alle, die auf Höhen um 1500 bis 1800 m laufen und sich gerne fern der Massen bewegen. Der GR6 führt einmal über das Gebirge, doch man kann den insgesamt 42 km langen Gebirgszug auch mit dem Auto überwinden. Zumindest im Sommer.

Die winzige, einspurige D53 führt von **St-Étienne-les-Orgues** nördlich von Forcalquier knapp am Gipfel vorbei in das nördlich der Montagne gelegene Jabron-Tal. Für alle, die sich die Zeit dafür nehmen möchten, bietet die Strecke wunderbare Ausblicke.

Das nach dem kleinen Fluss Jabron benannte Tal ist von der Außenwelt weitestgehend abgeschieden, mit nur ein paar Weilern und Aussiedlerhöfen, von denen die meisten nach Bio-Methoden produzieren. Der einzige Ort des Tals **Noyers-sur-Jabron** hat ein ruinöses Oberdorf mit einer schönen romanischen Kirche.

›Rotes Gold‹

Dass im abgelegenen Vallée du Jabron Safran angebaut wird, hätte man wahrscheinlich nicht vermutet. Tatsächlich aber geschieht es, in der **Moulin de**

TOUR

Mit modernen Gefährten auf historischen Wegen

Auf der Route Napoléon

Infos

Start: Séranon, ca. 25 km südöstlich von Castellane (Q5)

Ziel: Sisteron (M2)

Länge: 106 km

Dauer: halber Tag

Sieben Tage brauchte Napoleon I., um von Cannes nach Grenoble zu marschieren. Ein Gewaltmarsch sondergleichen für diese 335 km lange Strecke vom Mittelmeer hoch in die Alpen! Er startete am 1. März 1815, kurz nach seiner Landung von Elba in Südfrankreich, und war wild entschlossen, zusammen mit rund 800 Getreuen seine Macht wieder zu erlangen. Da das Rhônetal voller Royalisten war, die seinem Vormarsch im Wege stehen konnten, entschied er sich für den nicht weniger waghalsigen Weg über die Alpen. Doch es gelang: Nachdem Napoleon I. in Grenoble angekommen war, hielt ihn nichts mehr auf, und am 20. März zog er in den Pariser Tuilerienpalast ein: der erste Tag seiner 100-tägigen Herrschaft, die mit der Schlacht von Waterloo endete.

1927 asphaltiert, heißt die Strecke von Cannes bis Grenoble heute Route Napoléon. Die Tagesetappen zwei bis vier führen von **Séranon** nach Sisteron (106 km) und gehören zu den schönsten Strecken der Haute-Provence. Es geht durch einsame Landschaften, durch Flusstäler und über kleinere Pässe. Man streift die malerischen Orte **Peyroules, Castellane, Barrême, Norante** und **Digne-les-Bains.** Kurz vor **Sisteron** fährt man parallel zur Durance. Adler flankieren den Weg – hatte Napoleon seinen Marsch einst mit dem Flug eines Adlers verglichen, der die Türme von Notre-Dame stürmt.

Jarjayes. Wer möchte, kann die Safran-Mühle und die Felder besuchen und die Mühle besichtigen und natürlich auch das ›rote Gold‹ kaufen.

Mi 15 Uhr, Voranmeldung (48 Std. im Voraus) auf https://safrandumoulindejarjayes.fr, die Mühle befindet sich in Noyers

Schlafen, Essen

Uriger Bauernhof

Ferme la Lucarne: Die kleine Ferme liegt in Lange, einem Weiler bei Châteauneuf-Miravail. Es gibt einfache Zimmer, eine kleine Ferienwohnung und auf Wunsch wird abends für eine *table d'hôte* gekocht.

Châteauneuf-Miravail, Hameau de Lange, T 04 92 62 00 09, €

ROCHERS DES MÉES

R

Südlich von Sisteron, ungefähr auf halber Strecke nach Manosque stehen die ›Büßer von Les Mées‹: Felsspitzen mit einer Höhe bis 100 m, eine neben der anderen. Der Legende nach sind die Rochers des Mées Mönche aus der Montagne de Lure. Der Heilige Donat hatte sie versteinert, als Strafe dafür, dass sie die maurischen Mädchen begehrten, die von den damaligen sarazenischen Besatzern mit ins Durance-Tal gebracht wurden. Die Kapuzen tief ins Gesicht gezogen, stehen sie bis heute da und schämen sich für ihr unziemliches Verlangen.

Sisteron

M2

Sisteron ist das Tor zur Provence – oder wenn man nach Norden reist, die letzte provenzalische Bastion. Eine Talenge bezeichnet den Übergang von Provence und Dauphiné, darüber thront stolz die Zitadelle. Sisteron zeigt sich kämpferisch! Selbst Napoleon wusste auf seinem Marsch von Cannes nach Paris, dass Sisteron wohl der schwierigste Posten sein würde, an dem er vorbei musste. Die Herrschenden der Stadt waren gnädig und ließen ihn passieren.

Es ist fast magisch, wie sich von jetzt auf sofort das Gefühl verändert, kommt man in den frühen Abendstunden an den Zusammenfluss von Buëch und Durance: Hier stehen sich zwei Berge gegenüber, einer: faltig, mit vertikalen Schichten, der andere eine Felsenbastion. Die Durance fließt zwischen beiden hindurch, eine mittelalterliche Steinbrücke verbindet die Ufer. Scheinwerfer leuchten die Kalksteinfelsen auf der einen Seite und die Zitadelle auf der anderen Seite an, sodass lange Schatten entstehen. Oh ja, Sisteron weiß sich in Szene zu setzen, um seine Besucher zu begeistern.

Keiner kommt ungesehen vorbei

Von der **Citadelle de Sisteron** aus überblickt man die Durance – kein Feind kommt ungesehen daran vorbei. Die ältesten Mauern des Wehrbaus stammen aus dem 13. Jh., danach wurde bis ins 19. Jh. kontinuierlich daran gebaut. Eine Besonderheit ist die unterirdische Treppe mit 256 Stufen, die die Stadt mit der Burg verbinden. Bei einem Angriff 1944 wurde sie jedoch, so wie viele Teile der Burg zerstört. Erst in den letzten Jahren hat man die Zitadelle wiederaufgebaut. Steigen Sie ruhig nach oben! Von hier haben Sie einen großartigen Blick – und das Zitadellen-Museum zeigt nicht nur das Schloss, sondern hat auch eine Sammlung mit Napoleon-Devotionalien.

T 04 92 61 05 00, www.citadelledesisteron.fr, Mitte März–Mitte Nov. 9–18, im Sommer bis 19.30 Uhr, 6,80 €

Das Tor zur Provence

Dass Sisteron einst von einer Stadtmauer umgeben war und stark befestigt, zeigen die Reste von drei Türmen, die als Halbrunde an der Südseite der Altstadt stehen. Direkt dahinter sieht man die Kathedrale **Notre-Dame-et-St-Thyrse,** die häufig auch fälschlich mit dem Namen Notre-Dame-des-Pommiers bezeichnet wird. Es ist ein frühromanisches Gotteshaus mit dreischiffiger Basilika und einer achteckigen Vierungskuppel. Wer in der Provence romanische Kirchen besichtigt hat, wird feststellen, dass Notre-Dame-et-St-Thyrse ganz anders aussieht. Denn hier vermischen sich zwei Stile: der lombardisch-alpine Stil mit dem provenzalischen. Beim Bummel durch die Gassen der kleinen sympathischen Stadt fällt außerdem der Uhrturm auf, die **Tour de l'Horloge,** der erst 1890 auf der Ruine eines alten Stadtturms errichtet wurde. Hier findet auch samstags der große Wochenmarkt statt.

Schlafen

Stylisch

Le Patio de Sophie: Sieben Zimmer, windschief auf zwei uralte Häuser verteilt, aber modern und sehr stylisch eingerichtet. Die Bäder sind zwar klein, dafür ist das Ambiente um so schöner. Man merkt: Sophie ist in Ihrem Element als Raumgestalterin. Ein Restaurant mit Kleinigkeiten zum Essen, abends nur für Hotelgäste, ist direkt nebenan und wurde mit der gleichen Liebe eingerichtet, wie das Hotel.

208 Rue Droite, T 04 92 68 42 10, www.lepatiodesophie-sisteron.com, mit Frühstück, €€

Essen

Lamm gutbürgerlich

Restaurant du Cours: Hotel und Restaurant du Cours sind eine alteingesessene Institution in Sisteron. Das Hotel ist nicht wirklich der Rede wert, das Restaurant jedoch ist hervorragend. Die Spezialität des Hauses ist Lamm – wie kann es anders sein, denn Sisteron ist bekannt für gutes Lammfleisch, und zwar z. B. in Form von gefüllter Lammschulter. Noch besser kann man sich gar nicht auf die Provence einstellen – oder ihr einen letzten Gruß entreißen!

Allee du Verdun, T 04 92 61 04 51, www.hotel-lecours.com, April–Nov. tgl. mittags und abends, €

Auf Holzkohle

Le Brasero: Hier dreht sich alles um Fleisch und Fisch. Die Spezialität des Hauses ist Gegrilltes, wobei man einen Minigrill direkt an den Tisch bekommt. Dazu gibt es tagesfrische Spezialitäten, mal Paella, mal Risotto. Das Essen ist frisch und lecker, die Atmosphäre entspannt.

27 Rue Deleuze, T 04 92 61 56 79, https://restaurant-le-brasero.fr, Di–So 12–13.30, 19–21 Uhr, €

Einkaufen

Großer Wochenmarkt: Place de l'Horloge, samstags morgens.

Bewegen

Wanderungen mit Esel und mehr

Domaine Aragon: Außer Wanderungen mit Eseln wird auf Vorbestellung auch Frühstück mit eigenen Produkten organisiert! Ein Hofladen ist angegliedert. Ebenfalls im Angebot: Spaziergänge auf dem Bauernhof, Bio-Waren-Verkostung, Bio-Hof-Führungen.

Domaine Aragon, 5 km außerhalb von Sisteron, www.domainearagon.com

Geführte Touren

Séjour Nature Provence: Organisierte Touren in die Umgebung sowohl individuell als auch in kleinen Gruppen – nur laufen oder auch Flora und Fauna erkunden.

Marc Linares, 04250 La Motte du Caire, T 06 79 72 44 54, www.sejour-nature-provence.com

Feiern

- **Fête Provençale:** an einem Wochenende im August. Nach alten Traditionen wird getanzt, gesungen und gegessen – alles ganz provenzalisch in Trachten und Schmuck.

Infos

- **Office de Tourisme Sisteron et Buëch:** Place de la République, T 04 92 61 36 50, www.sisteron-buech.fr.
- **Bahn:** Sisteron ist an das Netz des SNCF angeschlossen und bestens mit dem Zug aus allen Richtungen zu erreichen.

Plateau de Valensole

M–N5

Es passt nicht so ganz ins vorgefasste Bild, aber tatsächlich liegen die meisten Lavendelfelder der Provence in der Haute-Provence und innerhalb dieser rund um das Plateau de Valensole. Hier ist es klimatisch optimal für die violette Duftpflanze. Wer zwischen Mitte Juni und Ende Juli kommt, kann lila Felder sehen, die sich bis in die Unendlichkeit auszudehnen scheinen. Ein gigantischer Anblick! So gut wie jedes Lavendel-Werbeplakat, das nicht beim Kloster Sénanque oder in der Nähe von

Das Plateau de Valensole ist zur Zeit der Lavendelblüte so beliebt als Fotomotiv, dass sich die Bauern der Region inzwischen mit Zäunen und Verbotsschildern wehren müssen.

Sault aufgenommen wurde, stammt von hier. Ein einsamer Baum, der leuchtende Himmel, und davor: Millionen von Lavendelblüten.

Zwischen Manosque und Verdon wird vor allem der ertragreiche *Lavandin* angebaut, der ausschließlich als Duftpflanze genutzt wird (im Gegensatz zum *Lavande fin*, der zum Kochen und dem *Lavande Aspic*, der in der Medizin verwendet wird). Die Region ist – bis auf Valensole selbst – touristisch wenig genutzt. Warum das so ist, ist nicht ganz klar ersichtlich, denn die Region ist zauberhaft schön. Die kleinen Dörfer, fast immer mit Schloss und großem Dorfplatz, haben häufig nur ein oder zwei Hotels, es gibt wenig bis keine Souvenirläden und das Leben hier geht seinen unaufgeregten, alltäglichen, friedlichen Gang. Wer die Provence ohne Touristenschischi sucht, wird sich hier pudelwohl fühlen.

Infos

- **Im Internet für die gesamte Region:** www.durance-luberon-verdon.com.

Valensole

N5

Valensole, das der Hochebene seinen Namen gegeben hat, ist mit etwas über 3000 Einwohnern der größte Ort weit und breit. Hier schlägt das Herz des Lavendelverkaufs und in den Geschäften hat man die Qual der Wahl zwischen den Produkten diverser Destillerien der Region. Kaum ein Geschäft, das nicht irgend etwas mit Lavendel zu tun hat. Sehenswürdigkeiten gibt es hier keine, aber man kann die Lavendeldestillerie Lavandes Angelvin (www.lavande-valensole.fr) besuchen. und dort nicht nur sehen, wie Lavendel destilliert wird, sondern natürlich auch alles rund um den Lavendel kaufen.

NATURPARK VERDON

Der Parc naturel régional du Verdon ist im Westen durch die Durance begrenzt, im Süden durch die Ausläufer der Haute-Var und im Norden durch Digne-les-Bains. Herzstück der Region ist natürlich die legendäre Verdonschlucht, aber auch das Plateau de Valensole gehört dazu. Die gesamte Region ist zauberhaft und schön und viele Tage Aufenthalt wert!

Schlafen, Essen

Besonders

Le Jardin de Célina: Lecker isst man zwischen Olivenbäumen unter Schattensegeln in dem schönen und modernen Restaurant von Christophe Bouchet und Marielle Angelvin. Beim Kochen werden vor allem die Produkte der Region verwendet, d. h. die Olivenöle, der Käse, die Mandeln. Die Speisekarte aber ist international, d. h. es gibt Ravioli mit Trüffel oder hausgemachte Burger, Entenfilet mit Pfirsichen und auch Fischgerichte mit Curry. Wer übernachten möchte: Ein kleines *chambre d'hôte* ist angeschlossen (€€).
Valensole, Ancien chemin d'Allemagne, T 04 92 74 83 35, https://lejardindecelina.com, Do–So 12–13.30, 19.30–21.30 Uhr, Mo abend, €€, reservieren!

Infos

- **Office de Tourisme:** 2 rue du Docteur Chaupin, T 04 92 74 90 02, www.valensole.fr.

Gréoux-les-Bains M5/6

Der für seine Thermen bekannte Ort **Gréoux-les-Bains** existiert seit mindestens 2100 Jahren. Denn schon im 1. Jh. v. Chr. haben Kelten und Römer hier dank des Thermalwassers ihre Schmerzen gelindert. Wer zwischen März und Dezember kommt, wird einen regen Badebetrieb mit 42 °C warmem Wasser vorfinden. Aber auch im Januar und Februar ist die kleine Stadt mit der mittelalterlichen Stadtmauer und dem kleinen Schloss am höchsten Punkt von Gréoux lebendig.

Schlafen

Im Herrenhaus

Le Manoir d'Amaury: Das wunderschöne alte Herrenhaus aus dem 19. Jh. mit vier Zimmern sowie einem kleinen Gîte (Ferienwohnung) liegt 200 m von den Thermen entfernt. In den hellen Zimmern und auf der großen, schattigen Terrasse fühlt man sich schnell pudelwohl. Auf Wunsch und Bestellung wird auch gekocht. Beste Voraussetzungen für einen schönen Aufenthalt.

Gréoux-les-Bains, 362 Chemin de Babaou, T 06 08 17 56 47, www.manoirdamaury.com, €€

Essen

Alpin provenzalisch

Les Alpes: Das Restaurant des Hotel Les Alpes ist modern, jung und frisch. Die Menüs, klassisch französisch mit *Filet de Bœuf, Crévettes* oder *Foie gras,* sind nicht zu üppig, nicht zu teuer und gut zubereitet. Wer etwas Außergewöhnlicheres sucht, sollte die Calamares mit Chorizo versuchen. Die sind nämlich besonders köstlich!

Gréoux-les-Bains, 19 Av. des Alpes, T 04 92 74 24 24, https://hoteldesalpes04.fr, Mo–Sa 19–21, Mi–So auch 12–13.30 Uhr, im Sommer tgl., €

Einkaufen

Der Wochenmarkt in Gréoux ist donnerstags. Es sind nur lokale Erzeuger zugelassen.

Feiern

- **Santon-Ausstellung:** Ende Okt., Anfang Nov. Große Santon-Ausstellung in Gréoux-les-Bains, wo man die Krippenfiguren auch erstehen kann.

Infos

- **Office du Tourisme de Gréoux-les-Bains:** 7 Place de l'Hôtel de ville, T 04 92 78 01 08, www.greoux-les-bains.com.

Allemagne-en-Provence N5

Ein bisschen befremdlich wirkt es, wenn man auf dem Weg von Gréoux-les-Bains nach Riez am Ortsschild von **Allemagne-en-Provence** vorbeifährt. Deutschland in der Provence? Automatisch sucht das Auge nach irgendwas, was an diesem hübschen kleinen Ort mit seinem Schloss deutsch sein könnte. Aber da ist nichts. Absolut gar nichts. Hier ist man in der totalen Provence. Woher also der Name? Es gibt drei Theorien, keine davon ist sicher, alle aber möglich: 1. Allemagne kommt von Armagnia bzw. Arena Magna, was eine Schotterebene bezeichnet. Und hier gibt es eine solche. 2. Ein germanischer Stamm, die Alamans, haben sich hier niedergelassen und eine Kolonie gegründet. 3. Der Name geht auf die gallorömische Fruchtbarkeitsgöttin Alemona zurück.

Einkaufen

Alles aus der Region

Maison de Pays du Verdon Zwischen Allemagne-en-Provence und Riez liegt das kleine Marktzentrum. Hier findet man alles, was in der Region hergestellt wird: beste Olivenöle, Paté, Honig, Nougat, Kräuter, Lavendel etc. Lokale Erzeuger haben sich zusammengetan und eine gemeinsame Verkaufsstelle geschaffen, damit man nicht durchs ganze Land reisen muss, um die Spezialitäten zusammensuchen zu müssen. Eine super Idee, eine super Initiative, ein super Laden!

Allemagne-en-Provence, Route de Riez, https://produits-artisans-verdon.fr, tgl. 9.30–12.30, 14–19, im Sommer durchgehend bis 20 Uhr

Riez

N5

Der kleine Ort **Riez** ist ungemein reizvoll: ein großer Platz im Zentrum, drumherum – Sie ahnen es! – Platanen. Ein kleiner Hügel im Norden und direkt nebenan: eine große Wiese, auf der vier römische Granitsäulen mit Marmorkapitellen stehen – alles Monolithe. Drumherum tollen Hunde, und keiner macht ein Aufheben um die Säulen. Dabei sind sie Zeugnis einer reichen römischen Vergangenheit. Eine kleine Tafel erläutert, dass es sich dabei wahrscheinlich um die Reste eines römischen Apollotempels aus dem 1. Jh. handelt. 200 m weiter das Baptisterium aus dem 5. Jh. mit acht aus römischen Bauten stammenden Säulen. Umgang und Gewölbe wurden im 12. Jh. errichtet.

Schlafen

Zu Gast bei Géraldine und Betty

Hôtel des Colonnes: Bei dem vermeintlichen Hotel handelt es sich um ein zauberhaftes, etwas verwunschen wirkendes Maison d'hôte mit nur drei Zimmern. Die Deko ist verspielt, mit vielen Bildern und Figuren von Betty, dem Haus-Mops. Géraldine, mit Leib und Seele Gastgeberin, führt im Haus auch einen kleinen Laden mit Salon de thé, wo sie antike und moderne Fundstücke aus aller Welt verkauft. Wenn es einen Ort gibt, wo man unbedingt bleiben möchte, dann hier!

04500 Riez, Rue René Cassin, T 06 18 29 39 02, www.hoteldescolonnes-riez.fr, € bis €€

Essen

Franco-Italienisch

La Table de Toscane: Pizza, Pasta, Burger, aber auch Risotto und Muscheln – hier gibt es nicht nur italienische Klassiker, sondern auch gutes französisches Essen. Am schönsten sitzt man im Sommer vor dem Haus mitten auf der Straße – das ist Süden! Die Pizzas werden im Holzofen gebacken, die verarbeiteten Produkte sind frisch, der Service freundlich!

Riez, 30 Rue du Marché, T 04 92 77 72 67, www.facebook.com/latabletoscane, mittags und abends, €

Einkaufen

In Riez ist mittwochs und samstags Markt – von November bis März ist dem Mittwochsmarkt ein kleiner Trüffelmarkt angeschlossen.

Die Häuser von Moustiers-Ste-Marie drängen sich eng an eine Felswand und das Dorf macht einen harmonischen Gesamteindruck. Deshalb zählt Moustiers zu Frankreichs schönsten Dörfern.

Feiern

- **Fête de la Renaissance:** am zweiten Sonntag im Juli in Riez. Das Renaissancefestival wird mit Umzügen, Konzerten und Tanz gefeiert.
- **Fête du Miel et de la Lavande:** Der dritte Sonntag im Juli ist in Riez für den Lavendel reserviert, der dann in Valensole mit einem großen Fest gefeiert wird, bei dem alle Destillerien der Region geöffnet haben; der Lavendelhonig wird gleich mitgefeiert, www.fetesdelalavande.fr.

Infos

- **Bureau d'Information Touristique de Riez:** Place de la Mairie, T 04 92 77 99 09, www.ville-riez.fr.
- **Bus:** Die Linie Digne–Avignon führt über Manosque; von Manosque außerdem nach Forcalquier. Die Buslinie LER 27 fährt ab Aix-en-Provence über St-Paul-lès-Durance via Gréoux und Allemagne nach Riez.

Moustiers-Ste-Marie

05

Moustiers-Ste-Marie, eines der schönsten Dörfer Frankreichs, liegt am Berg wie gemalt. Schon von Weitem muss man sich einfach in das kleine Dorf verlieben, das für seine Porzellanarbeiten bekannt ist. Ist man dann erst mal mittendrin, verdichtet sich die Liebe – trotz der vielen Touristen. Denn hier, nur wenige Kilometer von der legendären Verdon-Schlucht entfernt, schieben sich im Hochsommer die Massen durch die engen Gassen. Obwohl das häufig dazu führt, dass ein Ort museal wird und außerhalb der Saison wie tot wirkt, ist Moustiers-Ste-Marie ganzjährig lebendig. Natürlich verkaufen auch im Winter die meisten Läden Souvenirs oder Porzellan. Viele der Geschäfte sind in die Felsen hineingehauen oder in alten Mühlen untergebracht. Diese wurden betrieben von einem Quellbach, der aus dem dominanten Felsenberg hinter dem Dorf mitten durch ebendieses in die Tiefe stürzt.

Im Zentrum

Vielleicht haben Sie ja Lust auf den Besuch des **Fayence-Museums** (Sa, So 10–12.30, 14–17 Uhr, im Sommer länger, 5 €) und der romanischen **Dorfkirche?** Sie ist leicht schräg versetzt, sodass die Apsis nicht in gerader Linie vom Kirchenschiff nach hinten führt, sondern in einer leichten Kurve. Außerdem biegen sich die Außenwände oben nach außen.

Kapelle mit Fernsicht

So schön die Kirche ist, das eigentliche christliche Highlight von Moustiers-Ste-Marie ist die **Kapelle Notre-Dame-de-Beauvoir,** die hoch über dem Dorf steht und in die Felsen hineingebaut wurde. Man erreicht sie nach 10 Minuten Fußmarsch. Der Abzweig zur Kapelle ist nicht im Dorf, sondern etwas südlich vom Zentrum in Parkplatznähe. Hier oben sieht man außerdem die Reste des ersten Klosters, aus dem später das Dorf entstand. Die heutige Kapelle stammt aus dem 16. Jh. und ist das Wallfahrtsziel während des Festes der Heiligen Diana (s. Termine S. 240). Von hier aus kommt man auf ausgeschilderten Wegen zur Magdalenengrotte und zum Riou-Wasserfall.

Schlafen

Wer lieber länger bleibt und eine Ferienwohnung möchte: Das Fremdenverkehrsamt gibt eine Broschüre mit Adressen von Hotels, Campingplätzen, vor allem aber Ferienwohnungen in der Umgebung heraus.

Schlicht schön (und günstig)

Campagne de la Maïre: Das kleine, schlichte, aber sehr angenehme und freundliche Maison d'hôte liegt nur einen kurzen Spaziergang vom Dorfzentrum entfernt. Es gibt zwei Zimmer (das Bad befindet sich außerhalb der Zimmer), einen großen Garten – vor allem aber einen warmen herzlichen Empfang!
Chemin de Payrengues, T 04 92 74 66 67, €

STERNENGLANZ

Schaut man in Moustiers-Ste-Marie nach oben, kann man, vor allem bei Sonnenschein, einen Stern aus Gold erkennen, der rechts und links des Quellbachs auf den Bergspitzen an einer langen Kette befestigt ist. Zwei Mal pro Jahrhundert fällt er ins Dorf – erzählt man sich, das letzte Mal war in den 1970er-Jahren – wer der Statistik folgt, sollte also besser aufpassen! Zu Schaden kam trotz der 400 kg, die der Stern samt seiner Kette wiegt, jedoch bisher noch niemand. Niemand weiß, warum der Stern hier hängt bzw. wie er hierhergekommen ist. Der Legende nach soll ein Ritter aus Moustiers während eines Kreuzzuges in Gefangenschaft bei den Sarazenen geraten sein – und geschworen haben, einen Stern an einer Kette aufzuhängen, sollte er je lebend wieder nach Moustiers zurückkehren.

Schlafen, Essen

Schick schön (und teuer)

La Bastide de Moustiers: Dass schick nicht steif heißt, erfährt man hier, in der Bastide de Moustiers. Ungezwungen sitzt man im Garten des Ein-Stern-Restaurants und genießt bei einem lauen Lüftchen (okay, nicht im Winter) das gute Essen, das Chefkoch Frédéric Garnier (ein Schüler des legendären Alain Ducasse) kocht. Die Menüs starten bei 65 € pro Person und weil es so gut schmeckt und der Wein dazu so hervorragend passt, übernachtet man am besten auch gleich hier. Dafür muss man aber schon etwas tiefer in die Tasche greifen, denn die meisten Zimmer liegen bei 275 € mit Frühstück. Aber ein Mal kann man sich das ja gönnen…

Chemin de Quinson, T 04 92 70 47 47, www.bastide-moustiers.com, Nov.–Feb. geschl., sonst Do–Mo, ab Mitte April Mi–Mo 12–13.30, 19.30–21 Uhr, €€€

Tolle Lage, tolle Küche

Les Santons: In diesem kleinen Restaurant mit Mini-Terrasse über dem Wasserfall und einer schönen Gaststube mit offenem Kamin wird fantasievoll gekocht. Es gibt beispielsweise Hummer-Pannacotta mit grünem Spargel oder Kabeljau-Aioli. Das alles in familiärem Ambiente und lecker, sodass man gerne wiederkommt.

Place de l'Église, T 04 92 74 66 48, https://restaurant-les-santons.fr, Di–So 19–22 Uhr, €€€

Einkaufen

Märkte groß und klein

Minimarkt: jeden Freitagmorgen auf der Place Montelupo, im Sommer findet am Sonntagnachmittag ein weiterer Markt statt.

Feiern

- **La Fête de la Diana:** 31.8. (abends) bis 8.9. (mittags). Das große Diana-Fest findet im ganzen Dorf statt. Dann ziehen Flötenspieler durch das Dorf und man speist gemeinsam auf den Dorfplätzen.
- **Marché aux saveurs des alpes du sud et artisans sans vitrine:** Von April bis September einmal im Monat ganztägig ein Feinschmeckermarkt. Die genauen Daten erfährt man über das Fremdenverkehrsamt.

Infos

- **Office de Tourisme de Moustiers:** Place de l'église (gegenüber der Dorfkirche), T 04 92 74 67 84, www.moustiers.fr.

Gorges du Verdon

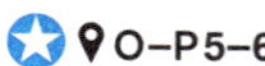

Die Schlucht

Die Gorges du Verdon ist atemberaubend! Es ist die tiefste Schlucht Europas, mit bis zum 700 m senkrecht abfallenden Felswänden, ganz unten schlängelt sich der leuchtendgrüne Verdon und mündet in den malerischen Stausee Lac de Ste-Croix. Natürlich ist es das touristische Highlight der Haute-Provence und wenn man getrost von etwas abraten darf, dann davor, sich hierher im Juli oder August zu begeben. Dann steht man unweigerlich im Stau. Und das kann auf den winzigen Passstraßen des Rive droite oder des Rive gauche zumindest für Höhenpaniker sehr unangenehm werden. Überhaupt sollte man einigermaßen schwindelfrei sein, wenn man die Schlucht von oben erkunden möchte, zumindest mit dem

Auto oder einem Motorrad. Absolut keine Sorgen hingegen braucht man zu haben, wenn man die Schlucht von unten aus entdeckt. Am Lac Ste-Croix gibt es Tret- und Paddelboote, mit denen man die ersten paar Kilometer in die Schlucht hineinfahren kann. Wer die ganze Schlucht durchpaddeln möchte, kann dies nur flussabwärts, mit Start in Castellane.

Der See

Es ist wahrscheinlich der blauste, ach was, der türkiseste See Frankreichs! Riesig groß und von Menschenhand geschaffen, gleicht der **Lac de Ste-Croix** einem Paradies für Wassersportler und Angler. Im Sommer ist er fast badewasserwarm und überall entlang des Ufers tummeln sich Picknickliebhaber, Familien oder Sportfreunde, die hier segeln, surfen, baden oder wandern. Das wichtigste Strandbad des Sees ist der kleine Ort Ste-Croix-de-Verdon, das oberhalb des Sees liegt.

S

EINMALIGE SCHLUCHT-NATUR

Dass die gesamte Region seit 1997 als Naturpark geschützt ist, erklärt sich vor allem in und um die Schlucht. Denn hier, wo der alpine und der mediterrane Lebensraum zusammentreffen, findet man eine außergewöhnliche Artenvielfalt. Hier gibt es über 2000 Pflanzenarten, darunter ein Farn, der nur hier wächst. Auch Orchideen blühen entlang der Wege, die immergrünen Stein- und Kermeseichen sowie Phönizischer Wacholder bestimmen das Bild. Nicht selten kann man den Flug eines Adlers oder von Geiern beobachten.

Entlang der Schlucht

Am rechten Ufer

45 km lang ist die Strecke von Moustiers-Ste-Marie bis Castellane. Sie führt – mit Ausnahme der Umfahrung der Schlucht bei La-Palud-sur-Verdon, ab Kilometer 8 durchgehend entlang des Verdon. Und es ist eine atemberaubend schöne Fahrt entlang der rechten Uferseite, der Rive droite. In **La Palud-sur-Verdon,** einem kleinen, sehr alpin wirkenden Ort, beginnt und endet die **Route des Crètes,** eine spektakuläre 23 km lange Einbahnstraße (D23), die Ambitionierte mit dem Fahrrad machen können, Otto-Normal-Besucher jedoch nimmt hierfür das Auto oder zumindest das E-Bike, das man in La Palud ausleihen kann (s. Bewegen S. 245). Ein großartiger Aussichtspunkt auf die Schlucht, die viele Hundert Meter unter der Straße liegt, jagt den anderen. An manchen der Steilwänden kann man Kletterer beobachten, die hier ihr Eldorado finden. Nach rund zwei Dritteln der Route des Crètes geht ein Wanderweg los (s. Tour S. 242), hier gibt es auch das dem Club Alpin Français gehörenden **Chalet de la Maline,** wo man zwischen März und Oktober übernachten kann.

Zurück in Palud muss man sich entscheiden, ob man wieder zurück zum See fährt oder weiter nach Castellane. Die Strecke gen Osten ist wesentlich schöner, aber auch sehr viel anstrengender zu fahren, denn die kleine Straße ist oftmals nur einspurig (und dennoch gibt es Gegenverkehr) und Haltebuchten sind nicht überall. Die Felsen gehen steil rechts und links bergab bzw. bergauf – doch die traumhaften Ausblicke auf die Schlucht entschädigen für alles!

Castellane ist ein malerischer kleiner Ort mit Kapelle auf einem Hügel und einem riesigen Campingplatz-Angebot.

TOUR
Über Stock und Stein, den Verdon immer in Sichtweite

Auf dem Sentier Blanc-Martel durch die Gorges du Verdon

Es ist ein Klassiker, zugegeben, und absolut weit davon entfernt, ein Insidertipp zu sein. Die 15 km lange Wanderung ist dennoch eine der schönsten Touren, die man in der Provence unternehmen kann. Und wenn man sie nicht gerade zur Hochsaison macht, kann man zumindest streckenweise nachvollziehen, wie sich Edouard Martel und Isidore Blanc Anfang des 20. Jh. gefühlt haben, als sie die bis dahin unzugängliche Schlucht erforschten und durchliefen.

Für Hunde und kleine Kinder ist die Wanderung nicht oder nur sehr schwer zu machen (vor allem wegen der Brèche d'Imbert, der hohen Treppe). Und man sollte wandertauglich ausgestatt, d. h. mit guten Wanderschuhen mit richtig Profil loswandern. Da es keine Einkehrmöglichkeiten unterwegs gibt, muss man außerdem ausreichend Wasser und Vesper mitnehmen.

Der rot-weiße Balken weist den Weg

Es ist der GR4, einer dieser großen Wanderwege, die sich durch ganz Frankreich ziehen, auf dem man sich bewegt, wenn man diesem Pfad folgt. Wer kein zweites Auto hat, muss ein Taxi mieten, um zurückzukommen. Nur in der Hochsaison verkehren Pendelbusse, die Wanderer zurück zum Ausgangspunkt am **Chalet de la Maline** bringen. Es ist natürlich auch möglich, das Auto am Ende der Route

Infos

P5

Start: Chalet de la Maline

Ziel: Point Sublime

Länge: 15 km

Dauer: 6,5–7 Std.

Hinweise: Taschenlampe (Tunnel!), Sonnenschutz, Wasser und Verpflegung mitnehmen, keine Einkehrmöglichkeit unterwegs

Taxi: Point Sublime–Chalet de la Maline, T 06 68 18 13 13

Pendelbusse: Osterferien, Mitte Juli–Mitte Aug. tgl., je nach Strecke 2–8 €/Pers. Fahrplan: www.verdontourisme.com, Stichwort ›Navette des Gorges du Verdon‹

abzustellen und die Straße mit dem Fahrrad bis zum Einstieg in den GR4 zu nehmen (und es dann später wieder abzuholen).

Der Einstieg

Der Anfang ist am schwierigsten, denn es geht auf Felsstufen rund 300 m nach unten: Nichts für weiche Knie! Doch der Blick gleich zu Beginn ist traumhaft und ist man erstmal unten, gibt es auch schon die erste Möglichkeit, sich abzukühlen. Baden ist theoretisch strengstens verboten, aber niemand kann etwas dagegen haben, sich mit den Beinen im kühlen Nass zu erfrischen.

Dem Wasser so nah

Der Weg verläuft ab hier flussaufwärts (folgen Sie der rot-weißen Markierung) meist etwas oberhalb des Wassers, durch Buchsbaumbewuchs, immer in Sichtweite zum klaren grünen Wasser. Das bedeutet aber nicht, dass Sie immer wieder ins Wasser hüpfen können. An den meisten Stellen ist der Verdon unzugänglich und Sie müssen sich mit dem Blick auf das Türkis zufriedengeben.

Bei **Mescla,** wo der kleine Fluss Artuby in den Verdon mündet, wirkt der Fluss fast wie ein See (Abstecher von rund 45 Min.), kurz danach aber geht es eine unglaublich steile Treppe nach oben, die **Brèche d'Imbert.** 200 Stufen sind es, mit offenem Blick nach unten.

Ist man aber oben, geht es mit atemberaubenden Blicken weiter. Bei der **Falaise de l'Escalet,** einer bunt gestreiften Felswand, kann man mit etwas Glück Geier beobachten. Kletterer hängen an der Falaise, die Felswand ist von Grotten durchzogen.

Ein halber Kilometer Dunkelheit

Und dann kommen die Tunnel. Bei hohem Wasserstand läuft man durchs Nass und eine Taschenlampe ist ab jetzt unabdingbar. Der erste Tunnel ist noch kurz: Gerade mal 110 m, doch der zweite ist 670 m lang! Hat man diesen aber geschafft, ist man fast da. Denn von hier ist es nur noch ein kurzer Marsch bis zum Parkplatz am **Point Sublime,** dem Ende der Strecke.

In der Schlucht wird nicht nur gewandert und gepaddelt. Hier hängen auch Kletterer in den Seilen und genießen die spektakuläre Kulisse für ihren Sport.

Man merkt, hier ist das Zentrum der Verdon-Aktivurlauber.

Das linke Ufer

Wo ein Rive droite, da ist logischerweise auch ein **Rive gauche.** Die Straße, die vom Lac de Ste-Croix über Aiguines nach Trigance führt (zunächst die D19, danach die D71), liegt bereits im Département Var und ist keineswegs weniger schön als die D952 auf der gegenüberliegenden Seite des Verdon. Hinter **Aiguines,** das knapp oberhalb des Sees (mit herrlichem Blick auf diesen) liegt, erheben sich sich die Felswände der linken Verdon-Uferseite und in Serpentinen geht es steil bergauf. Ist man erst mal oben, bieten sich immer wieder atemberaubende Ausblicke auf die Rive Droite, z. B. bei den **Balcons de la Mescla,** wo der Artuby in den Verdon fließt. Kurz danach verlässt man den Verdon, um nach **Trigance** zu kommen, das nicht mehr am Verdon, sondern an einem seiner Zuflüsse liegt, dem Jabron. Ein Schloss thront über der malerischen und sehr sympathischen Stadt, ist aber nur für Gäste des Hotels, das sich darin etabliert hat, zu besichtigen.

Alpwärts

Hinter Castellane wird es richtig alpin. **St-Julien-du-Verdon** und **St-André-les Alpes** liegen am Oberlauf des Verdon, genauer gesagt am **Lac de Castillon,** einem weiteren Stausee, nicht weniger grün, nicht weniger schön wie der Lac de Ste-Croix, nur noch weiter ab vom Schuss und deutlich weniger touristisch. Danach wird der Fluss immer schmaler, er entspringt in den Alpen der Haute-Provence.

Schlafen

Hütte für Bergwanderer

Chalet de la Maline: Die Berghütte vom französischen Alpenverein (Fédération Française des Clubs Alpins et de Montagne) hat einfache Schlafsäle mit insgesamt 44 Betten. Wanderungen werden von hier aus organisiert, nur März–Okt. geöffnet.

https://chaletlamaline.ffcam.fr, Vorausbuchung nur per Email beim Hüttenwart möglich, chaletlamaline@ffcam.fr

Schlafen, Essen

Ehrlich

Altitude 823: Von dem einfachen, aber guten kleinen Hotel mit angeschlossenem Restaurant hat man einen super Blick auf den See. Das Essen ist gut bürgerlich lecker.

Aiguines, Grande Rue, T 04 98 10 22 17, www.altitude823-verdon.com, € bis €€

Wohnen in der Burg

Château de Trigance: Ja, es ist eine echte Burg, das Château de Trigance. In den Zimmern wurden Teile der Mauer mitverarbeitet. Man genießt Wein in einem alten Gewölbe und überhaupt macht sich ein richtiges ›Rittergefühl‹ breit, sobald man das Hotel betritt. Zugegeben, die Preise sind etwas hoch, aber dafür sind die Zimmer riesig, schön und das Wohngefühl ein ganz besonderes. Das Beste: der Blick von hier oben!

Trigance, 1400 Route de Breis, T 04 94 76 91 18, www.chateau-de-trigance.fr, €€ bis €€€

In mongolischen Jurten

Les Steppes du Khaan: Auf einem Campingplatz in der Nähe von St-Andrés-les-Alpes, rund 19 km nördlich von Castellane, kann man in original mongolischen Jurten übernachten. Wenn man die Stoffhäuser betritt, staunt man nicht schlecht über die wunderbare Einrichtung: Mongolische Stoffe und Möbel vermitteln den Eindruck, weit außerhalb Frankreichs zu sein. Die Sanitäranlagen sind in alten provenzalischen Häusern untergebracht, überall am Platz stehen Bänke und Tische: Eine perfekte Synergie zwischen Ost und West! Die Betreiberfamilie ist super freundlich und der Platz liegt inmitten einer wunderbaren Wandergegend: Wer also gerne aktiv und draußen ist, ist hier allerbestens aufgehoben!

Angles, Le Moustier, T 04 92 83 73 64, www.verdonyourte.com, Ende April–Anfang Okt., €

Mit Fernsicht speisen

Hôtel des Gorges du Verdon: Das Hotel ist schön, aber überteuert. Das Restaurant hingegen fantastisch. Man sitzt auf einer riesigen Terrasse mit Blick auf die Berge, es gibt gute französische Küche, und wer kein ganzes Menü essen möchte, kann auch nur zwei Gänge für 32 € haben. Selten in dieser Preiskategorie. Probieren Sie die Forelle – die kommt aus dem Verdon!

La-Palud-sur-Verdon, Route de la Maline, T 04 92 77 38 26, www.hotel-des-gorges-du-verdon.fr, ganzjährig geöffnet, mittags und abends, €€

Bewegen

Mit dem E-Bike unterwegs

Verdonebike: E-Bike-Touren, u. a. auf der Route des Crêtes, werden ab La-Palud-sur-Verdon angeboten.

La Palud-sur-Verdon, http://verdonebike.pagesperso-orange.fr, ab 28 €

Schlucht zu Wasser und zu Land

Des Guides pour l'Aventure: Raftingtouren durch die gesamte Schlucht bietet die Agentur mit Sitz in Mous-

tiers-Ste-Marie an. Sie organisiert außerdem auch Wanderungen oder Klettertouren in der Verdonschlucht.
Moustiers-Ste-Marie, T 06 85 94 46 61, www.guidesaventure.com

Wildwasserschwimmen

Les Verdoniens: Haben Sie schon mal von Floating gehört? Das ist eine Art Wildwasserschwimmen. Mit Helm und Anzug auf einem kleinen Kissen geht es in die Fluten und dann ab durch die Strömung. Willy Michel und sein Team, alles Lehrer für Canyoning und Floating bieten ab dem Point Sublime Touren an. Kosten: ab 75 €.
http://les-verdoniens.blogspot.com

Rafting

Rafting Verdon: Wer einfach nur eine Agentur für Rafting-Touren sucht, ist hier gut aufgehoben.
Castellane, T 04 92 83 76 11, www.rafting-verdon.com

Infos

- **Office du Tourisme Castellane:** T 04 92 83 61 14, www.verdontourisme.com.
- **Office du Tourisme La-Palud-sur-Verdon:** T 04 92 77 32 02. Beide Büros geben ausführliches Infomaterial mit Veranstalter- und Hoteladressen heraus. In La Palud-sur-Verdon findet man außerdem eine weitere Adresse, das Maison de l'environnement, das über den Naturpark Verdon informiert.
- **Verdon-Tourisme:** www.verdontourisme.com. Über das Büro kann man sich Broschüren bestellen, die Wanderwege in der gesamten Region mit Karten beschreiben.
- **Verkehr:** In der Saison werden Pendelbusse und Sammeltaxis entlang der Schlucht eingesetzt. In der übrigen Zeit ist ein Vorankommen nur mit eigenem Fahrzeug möglich.

Musée de Préhistoire

N6

Wer »Ice Age« mag, wird das ›Museum der Vorgeschichte‹ lieben. Manni steht direkt neben Diego – doch das ist ein Zufall! Das Museum ist das größte seiner Art in ganz Frankreich, in einem hypermodernen Bau von Sir Norman Foster und didaktisch hervorragend aufgebaut. Und es geht bei Weitem nicht nur um die Eiszeit oder die Mammuts vor rund 10 000 Jahren – die Zeitreise geht viel weiter zurück. Es gibt Aktivitäten wie Bogenschießen oder Felsmalereien an Höhlenwände zeichnen – genau wie es die Menschen der Vorzeit taten. Es werden nicht nur die Urzeittiere lebensecht ausgestellt, sondern auch unsere Vorfahren. Vom Homo erectus, der vor 700 000 Jahren lebte, über den Neandertaler bis hin zum Landwirtschaft betreibenden Neolithiker sind alle zu sehen! Rund 500 m vom Museum kann man fünf prähistorische Behausungen anschauen, die von Wissenschaftlern so echt wie möglich nachgebaut wurden.
Quinson, Route de Montmeyan, T 04 92 74 09 59, www.museeprehistoire.com, Feb., März, Okt.–Mitte Dez. tgl. 10–18, April–Juni, Sept. 10–19, Juli, Aug. 10–20 Uhr, Mitte Dez.–Jan. geschl., 8 €, Führungen extra

Bewegen

Ausflug in die Vorzeit

Grotte de la Baume Bonne: Wer sich für eine echte Vorzeithöhle interessiert, kann vom Museum aus zur Grotte de la Baume Bonne wandern – der Weg und die Geschichte sind auf Schautafeln erklärt.
Besuch der Höhle nur mit Voranmeldung im Juli und Aug, Mi und Sa, März–Okt. nur am ersten Sa im Monat, 5 €

Zugabe
Die Sternengucker von Albion

Observatoire Sirène

Der bekannteste Gegner der Atomraketenstationierung auf dem Plateau d'Albion war Jean Giono. Schade, dass er 1970 schon starb und so nicht miterleben konnte, wie die Raketen, die er Zeit seines Lebens bekämpft hatte, 1996 abgezogen wurden. Zurück blieb eine stillgelegte Raketenabschussbasis. Auf 1100 m Höhe. Und was macht man nun damit? Richtig: Statt Raketen in den Himmel zu schießen wirft man den Blick nach oben. Im Observatoire Sirène (📍 K 4) kann man Sterne beobachten. Ganzjährig während Kursen oder ganz offen Anfang August. »Nuit des Étoiles« heißt der Abend, an dem das Observatorium allen offen steht, und man am provenzalischen Nachthimmel die Sternschnuppen fallen sehen kann – und Sternbilder erklärt bekommt (www.obs-sirene.com). ■

Das Kleingedruckte

Ein Sträußchen Lavendel ist ein Mitbringsel, das lange duftet – und vielseitig nutzbar.

Anreise

… mit dem Flugzeug

Der wichtigste (und einzige von Deutschland direkt angeflogene) Flughafen der Region ist Marseille Provence, 25 km nordwestlich Richtung Aix-en-Provence in Marignane. Vom Flughafen fahren täglich Pendelbusse (tgl. 4.10–1.30 Uhr), zum Bahnhof St-Charles in Marseille sowie (tgl. 5.35–0.25 Uhr) nach Aix-en-Provence zur Gare Routière (erster Bus ab Aix 4.50 Uhr)

T 08 20 81 14 14 (0,12/Min), www.marseille.aeroport.fr

… mit der Bahn

Am bequemsten (sofern kein Streik ist) ist die Anreise mit dem TGV. Bahnhöfe sind Avignon, Aix, Marseille, Arles und Nîmes. Wer nicht gerade an der Grenze zu Frankreich wohnt, hat meist Paris als Umsteigebahnhof. Ansonsten gibt es auch Direktzüge ab Mulhouse (nähe Freiburg/Basel) oder Strasbourg (4,5 bzw. 5 Std.). Drei Monate vor dem gewünschten Reisetermin kommen auf der Webseite der SNCF die Sondertarife raus, es lohnt sich also, bis dahin mit dem Buchen zu warten. Dann allerdings sollte man schnell sein. Wer über ein gutes Bahnreisebüro bucht, kann auch schon früher auf Sondertarife zurückgreifen.

www.sncf.com/de – auf Deutsch

… mit dem Auto

Ganz gleich, von wo man in Deutschland, der Schweiz oder Österreich kommt: Es gibt eigentlich nur zwei Routen in den Süden von Frankreich: Über Lyon mit der sich anschließenden Autoroute du Soleil (A7) oder über die Route Napoléon via Grenoble. Die bequemere, aber auch deutlich vollere Strecke ist die A7. Die landschaftlich sehr viel schönere ist die Strecke über Grenoble, die den Reisenden zunächst über die N85 und später

STECKBRIEF

S

Lage und Größe: Die Provence ist die südöstlichste Region Frankreichs und mit einer Fläche von 31 400 km²die drittgrößte.
Einwohner: rund 5 Mio., davon ca. 555 000 im Vaucluse, knapp 2 Mio. im Bouches-du-Rhône (inkl. Marseille) und rund 250 000 im Alpes-de-Haute-Provence.
Größte Städte: die Hauptstadt Marseille (1,5 Mio. inkl. Umland). Aix-en-Provence (143 000 Einw.) und Avignon (92 000 Einw.)
Staat und Politik: Dieses Buch behandelt den westlichen Teil der Région Sud (bis 2018: PACA); es zählen dazu die Départements Vaucluse, Bouches-du-Rhône und der Westen des Dep. Alpes-de-Haute-Provence sowie angrenzende Teile des Département Gard im Westen (Région Languedoc-Roussillon) und der Süden des Département Drôme im Norden.
Wirtschaft: Industrie, u. a. Petrochemie, gibt es vor allem um Marseille, in der Landwirtschaft dominieren Frühgemüse Obst und Wein, 13 % der landwirtschaftlichen Fläche sind zertifiziert für Bio-Anbau.
Zeitzone: MEZ (wie Deutschland)
Vorwahl: 0033

auf die A51 gen Süden bringt. In Orange geht die A9 ab, die »Languedocienne«, die über Nîmes nach Montpellier und weiter bis Barcelona führt.

Vom Autobahndreieck Neuenburg bei Müllheim (südlich Freiburg), wo die deutsche A5 auf die französische A36 trifft, sind es knapp 600 km bis Orange. In Frankreich fallen Mautgebühren an, in der Schweiz muss die Autobahnvignette gekauft werden (40 CHF).

Bewegen und Entschleunigen

Baden im Meer

Die provenzalische Mittelmeerküste ist nicht besonders lang. Sie reicht nur von Le Ciotat im Osten bis Le Grau-du-Roi im Westen. Trotz dieser geografischen Begrenzungen findet man so ziemlich jeden Strandtyp, den es gibt: kilometerlange Dünenstrände in der Camargue, zauberhafte, kleine Felsenbuchten in den Calanques zwischen Marseille und La Ciotat, zu denen man zum Teil nur zu Fuß oder zu Boot kommen kann. An manchen gibt es kleine Kiesstrände, an anderen kann man nur von den Felsen ins Wasser springen. Leer sind sie nur im Winter, aber wer nicht gerade zwischen Juni und September hier ist, kann schöne Plätze finden. Die Strände der Côte bleue westlich von Marseille sind bei den Städtern sehr beliebt und teils aus Sand, teils aus Kies. Wer Beachlife sucht, Volleyball und Strandbars, ist an den Stadtstränden von Cassis und Marseille am besten bedient. Allerdings sind diese fast immer sehr voll.

Baden im Fluss

Die Provence ist durchzogen von herrlichen kleinen Flüssen: Sorgue, Durance, Nesque, Verdon u. a. Außerdem gibt es ein paar schöne Stauseen, die sich zum Baden eignen. Sehr beliebt ist das Bad im Fluss oder im See – ›Wildbaden‹ *(baignade sauvage)*. Überall findet man Zugänge zu sauberen Flüssen und Seen, allerdings fast keine ausgewiesenen Badestrände. Man muss das Auto etwas weiter parken und dann entlang der Flüsse laufen, bis man ein schönes Plätzchen findet. Nehmen Sie Picknicksachen mit!

Vorsicht! Nach starken Regenfällen und nach der Schneeschmelze entstehen urplötzlich hohe Wasserstände, bei denen das Baden in Flüssen lebensgefährlich ist, wegen starker Strömungen auch bei hohem Wasserstand! Überhaupt sollte man nicht davon ausgehen, dass man in allen Flüssen schwimmen kann. Warnhinweise gilt es unbedingt zu respektieren.

Informationen zum ›Wildbaden‹ und Hinweise zu Badestellen (auf Französisch): http://baignadesauvage.fr/

Boot fahren

Die kleinen Flüsse, die sich zum Baden eigenen, eignen sich auch hervorragend, um gemütlich darauf Kanu- oder Kajaktouren zu unternehmen. Wildwasserfahrten gibt es ausschließlich am Verdon, ruhiger geht es auf dem Gardon oder der Sorgue zu. Beschauliche Hausboottouren oder Kanalfahrten kann man hingegen in der Camargue unternehmen. Hinweise wo was möglich ist, finden sich auf den jeweiligen Ortsbeschreibungen.

Wandern

Vom kleinen Spaziergang bis zur Gebirgswanderung ist alles möglich in der Provence. Was Sie brauchen, sind gute Schuhe, Sonnenschutz, Trinkwasser und ein kleines Picknick, denn nicht überall gibt es Einkehrmöglichkeiten. Besonders erholsam sind Spaziergänge und kleine Wanderungen entlang der Flüsse oder Seen. Im Sommer sind viele Wanderwege wegen Waldbrandgefahr gesperrt.

Die Franzosen sind begeisterte Wanderer und Wander- und Spazierwege sind hervorragend gekennzeichnet. Die wichtigsten Wanderrouten sind die **Chemins de**

Grandes Randonnées (GR). Sie sind mit einem weiß-roten Querbalken markiert und führen durch ganz Frankreich. Kürzere Strecken haben meist blaue, gelbe oder grüne Balken. Häufig sind auch Wanderwegweiser mit Streckenangaben angebracht. Wer sich nicht nur auf die Wegweiser vor Ort verlassen möchte, kann sich die Detailkarten der IGN (Institut Géographique National, www.ign.fr) kaufen. Außerdem gibt es bei den Fremdenverkehrsämtern häufig gutes Kartenmaterial mit Wanderwegen sowie Gratistipps für schöne Spaziergänge. Ideen für Wanderungen und Routenbeschreibungen (meist auf Französisch):

www.promenades-provence.fr
www.baladeenprovence.com
www.visorando.com (mit den detailliertesten Beschreibungen von allen!)

Eselwanderungen

In ganz Frankreich ist das Wandern mit Eseln beliebt. Die Esel kennen den Weg, sie tragen das Gepäck und laufen in ihrem ganz eigenen Tempo. Der Mensch hat sich dem anzupassen. Dann heißt es: Runterkommen, anhalten, wenn es gutes Futter am Rande gibt und loslassen (s. Magazin S. 300). Private Veranstalter in der Provence sind:

Les Ânes des Abeilles in Monieux, www.ventoux-sud.com, Stichwort ›les-anes-des-abeilles‹
Ânes et Balades en Luberon, https://anes-et-balades-en-luberon.com

Radfahren

Noch beliebter als Wandern ist im Land der Tour de France das Fahrradfahren. Es gibt umfangreiches Kartenmaterial in den Fremdenverkehrsämtern und gute Beschilderungen unterwegs. Wer in der Provence radfahren will, muss außerhalb der Camargue mit einem rechnen: Steigungen, wohin man schaut. Außerdem teilen sich fast überall Radfahrer und Autos die Straßen – was bedeutet: Vorsicht beim Fahren. Wer nicht mit dem eigenen Drahtesel kommen bzw. keine ausschließliche Radreise unternehmen möchte, kann an vielen Orten auf Fahrradverleihe zurückgreifen. Praktisch sind E-Bikes, die fast überall zu haben sind. Sportlich Ambitioniertere können vielerorts auch ein Mountainbike *(VTT – vélo tout terrain)* leihen.

Sehr gute Informationen und Tourenvorschläge: www.provence-radfahren.de

Wellness

Die Provence ist nicht die klassische Wellness-Destination, auch wenn das Savoir-vivre der Südfranzosen natürlich Entspannung pur ist. Wem dem gerne noch etwas wellnessmäßiges hinzufügen möchte, sollte die Therme Sextius in Aix-en-Provence aufsuchen oder die Thermes Gréoux Les Bains.

www.thermes-sextius.com
www.chainethermale.fr/greoux-les-bains

Einreisebestimmungen

Für Bürger der EU reicht ein gültiger Personalausweis. Auch Kinder müssen mit eigenen Papieren reisen. Wer mit dem Auto kommt, braucht einen internationalen Führerschein, die Fahrzeugpapiere und die grüne Versicherungskarte. Letztere ist jedoch nur für Schweizer und Österreicher Pflicht. Allen anderen wird sie empfohlen.

Zollvorschriften

Pro Person ab 18 Jahren ist folgende Ein- und Ausfuhr erlaubt: 800 Zigaretten, 400 Zigarillos, 200 Zigarren oder 1 kg Pfeifentabak sowie 10 l Spirituosen, 20 l Liköre, 90 l Wein oder 110 l Bier.

Haustiere

Haustiere dürfen mitgenommen werden, wenn sie einen EU-Impfausweis haben, aus dem hervorgeht, dass die Tiere regelmäßig und innerhalb der letzten 12 Monate gegen Tollwut geimpft wurden. Kampfhunde der Kategorie 1 dürfen nicht einreisen.

Essen und Trinken

Sie wissen es wahrscheinlich: Essen ist in ganz Frankreich eine ungemein wichtige Angelegenheit. Franzosen geben ein Vielfaches dessen aus, was wir Deutschen für Lebensmittel über den Tresen wandern lassen. Das bedeutet nicht, dass es täglich Champagner und Austern gibt. Aber doch deutlich häufiger als bei uns. Außerdem achtet man mehr auf die Qualität der Waren. Gehen Sie morgens einmal durch einen provenzalischen Ort: Sie werden feststellen, die längsten Schlangen, die es gibt, finden Sie bei der örtlichen Boucherie/Charcuterie (Metzgerei), bei einer Boulangerie oder Patisserie (Bäckerei). In Frankreich steht man gerne an, um beim besten Metzger im Dorf sein Stück Fleisch oder Paté zu bekommen. Denn lieber wartet man eine halbe Stunde, als etwas zu essen, was dann nur am zweitbesten schmeckt.

Typisch Provence

Les Herbes de Provence – die berühmte Kräutermischung fehlt in fast keinem provenzalischen Gericht und enthält auf jeden Fall Bohnenkraut, Rosmarin und Thymian. Häufig werden auch noch Lavendel, Oregano, Fenchel und Majoran dazugegeben.

Unter den Gemüsegerichten ist **Ratatouille** das Klischeegericht schlechthin. Auberginen, Zucchini und Paprika werden nicht, wie häufig falsch gemacht, in Tomatensauce ertränkt und mit Herbes de Provence gewürzt, sondern mit Zwiebeln, Knoblauch und viel gutem Olivenöl erstmal ohne Zugabe von Tomaten oder Wasser, dafür aber mit Salz und gemahlenem Koriander, Thymian und Oregano geschmort. Ist das Gemüse gar, gibt man kleingehackte Tomaten dazu, aber nicht zu viele, denn die Ratatouille darf auf keinen Fall tomatig werden. Mit frischem Basilikum servieren!

Typisch Provence ist auch die **Tapenade** – pürierte Oliven, vermischt mit bestem Öl, manchmal noch Kapern oder Anchovis (als *Anchoiade*). Man streicht sie pur aufs Brot oder füllt sie in kleine Blätterteigstangen.

Aïoli ist eine selbstgemachte Mayonnaise aus Ei, Olivenöl, Knoblauch, Zitronensaft und Salz. Da die Sauce fast ausschließlich aus Olivenöl besteht, ist es ganz besonders wichtig, gutes Öl zu nehmen. Allerdings sollte man eher auf die milden Sorten, beispielsweise aus den Alpilles zurückgreifen und nicht auf die sehr würzigen Öle aus Nyons. Gegessen wird Aïoli vor allem mit *Cruditées* (Rohkost). Aber die Sauce schmeckt auch köstlich zu Krevetten, Fisch oder Gemüse.

Natürlich braucht es das echte Stierfleisch, um ein **Gardianne de Taureau** herzustellen, doch im Notfall geht auch ein gutes Stück Rind. Das Gericht ist das typischste Essen der Camargue, wo Stiere die wichtigsten Fleischlieferanten sind. Das Gulasch wird stundenlang in Rotwein geschmort, zusammen mit Zwiebeln, Lorbeer, *Herbes de Provence* und Orangenschale und – natürlich! – mit Reis aus der Camargue serviert. Wird das Gericht statt mit Stierfleisch mit anderem Rindfleisch gekocht, heißt es *Daube,* provenzalisch Adobo. Es ist fast das gleiche, wird aber nicht mit Reis, sondern mit Baguette oder anderen Beilagen serviert und es kommen auch noch Oliven dazu.

Pieds et Paquets – Schafsfüße und Pansenpäckchen. Mögen Sie nicht? Probieren Sie die Schafsfüße doch erstmal! Mit einer köstlichen Farce gefüllt, zusammen mit kleinen Schafspansen-Päckchen voller Schinken, Speck und Petersilie, einen ganzen Tag lang in einer Weißwein-Tomaten-Sauce geschmort, schmecken die Schafsfüße einfach vorzüglich. Lassen Sie nur Ihren Gaumen entscheiden.

Veränderte Essgewohnheiten
In der Provence wird gerne gut gegessen. Wie in Frankreich überhaupt ist es ganz normal, mittags und abends ein 3-Gänge-Menü zu verspeisen. Das bedeutet nicht, dass zu jedem Gang eine große Portion auf dem Teller ist – eher im Gegenteil. Aber es ändern sich auch in der Provence die Essgewohnheiten und die traditionelle Küche wird den modernen Ansprüchen angepasst: Bio-Restaurants, Concept-Stores mit einfachem Mittagstisch, moderne Restaurants mit minimalistischem Design und einer ebensolchen Speisekarte existieren neben den guten alten Traditionslokalen. Köche verbinden die Aromen des Midi mit Akzenten aus der asiatischen Küche, Burger werden französisiert, in dem man sie statt mit Hackfleisch mit Filet und Roquefort serviert, und in vielen Restaurants mit Mittagstisch gibt es statt eines Menüs inzwischen auch große Salatteller.

Essenszeiten
Die meisten Restaurants öffnen mittags zwischen 12 und 14 und abends 19.30–21.30 Uhr. Nur Brasserien und Bistros sowie Restaurants, die an touristischen Hotspots liegen und das große Touristen-Speise-Allerlei verkaufen, sind ganztägig geöffnet.

Frühstück – le petit déjeuner
Das Frühstück ist keine große Sache – in ganz Frankreich nicht. Eine Schale Milchkaffee, ein Croissant, das war's. Aber natürlich weiß man, dass Nicht-Franzosen so nicht abgespeist werden können. Deshalb bieten die meisten Hotels ihren Gästen etwas mehr als das. Je besser das Hotel ist, ein desto besseres Frühstück darf man erwarten. Ab 3 Sternen gibt es Buffet. Fast immer köstlich ist das Frühstück in Maisons d'hôtes (s. S. 260). Da werden nicht selten Wurst- und Käseplatten aufgefahren, hausgemachte Konfitüre, Kuchen und Eier.

Mittagessen – le déjeuner
Da zum Frühstück kaum etwas gegessen wird, ist der Hunger um 12 Uhr groß. Die meisten Sehenswürdigkeiten und Büros schließen spätestens um 12.30 Uhr, damit alle zum Mittagessen flitzen können. Früher war das Mittagessen die wichtigste Mahlzeit – und am Wochenende ist sie es noch immer. Aber unter der Woche hat man sich nun doch dem Diktat des Arbeitslebens unterworfen und so gibt es mittags ein kleines Menü oder bei absolutem Zeitmangel auch ein Tagesgericht. Warm muss es natürlich dennoch sein.

Viele Restaurants oder Bistros bieten deshalb ein leichtes Menü an, bei dem man wahlweise zwei oder drei Gänge essen kann. Die Kosten liegen meist bei 15–20 €, sind also deutlich günstiger als am Abend. Natürlich gehört ein Glas Wein dazu, aber nur eines, maximal zwei. Ein schwarzer Kaffee rundet das Mittagessen ab.

Der Apéro
Wenn die Sonne sich so ganz langsam hinter dem Horizont absenkt, die Arbeit vollbracht ist, der Abend aber noch zu jung für ein üppiges Mahl, trifft man sich zum Apéritif (kurz *apéro*) auf ein Glas, oder zwei, oder drei. Dazu gereicht werden immer Kleinigkeiten wie Chips, Oliven, Nüsschen, bei größeren Anlässen oder in besseren Bars auch mal Fingerfood wie Feigen im Speckmantel oder Minipizzas. Natürlich ist in der Provence der beste aller Apéros der Pastis – der Anisschnaps (s. S. 268). Neben diesem gibt es aber auch häufig ein Glas Champagner oder Campari, Martini etc.

Abendessen
Da man viel Zeit für den Aperitif braucht, beginnt das Abendessen erst spät. Selten vor 19.30 Uhr, meist sogar erst 20 Uhr. Unter der Woche fällt es kleiner aus, als am Wochenende, aber ein Menü ist eigentlich Standard, wobei die Vorspeise auch nur aus einem Salat bestehen kann

und das Dessert aus einer Kugel Eis. Auch wenn es immer mehr Familien gibt, die auf Wein unter der Woche verzichten: Am Wochenende oder während eines Restaurantbesuchs, wenn man sich für das Essen Zeit nimmt, gehört Wein einfach zum Essen dazu.

Restaurant-Knigge

Wer im Restaurant isst, tut gut daran, einen Tisch zu bestellen. Als absolutes Greenhorn outet sich, wer einfach in ein Lokal marschiert, den nächstbesten freien Platz ansteuert und sich setzt. In Frankreich wird gewartet, bis einem der Kellner einen Platz zuweist. Das gilt sogar für Cafés – jedoch nur in Innenräumen. Sitzt man draußen, darf man sich in Cafés – aber nur dort! – setzen, wohin man möchte.

Es ist durchaus üblich, ein Menü zu bestellen, nicht nur abends, sondern auch mittags. Das Basis-Menü besteht aus drei Gängen, in guten Restaurants gibt es vorweg als oft noch ein *Amuse-Bouche*, eine Kleinigkeit wie eine kleine Suppe, ein kleines Stück Quiche oder eine gefüllte Pflaume. Wer möchte, kann statt des Desserts auch Käse – *fromage* – bestellen, oder beides – *fromage et dessert.* Käse wird meistens auf einem Wagen serviert und man darf sich entscheiden, von welchen Käsesorten man nimmt. Aber Achtung: niemals mehr als drei nehmen

Gezahlt wird pro Tisch, getrennte Rechnungen zu verlangen ist unhöflich. Viele Restaurants haben Kassen am Ausgang, sodass nicht mehr am Tisch bezahlt wird, sondern beim Rausgehen an der Kasse. Trinkgeld wird einfach auf dem Tisch liegengelassen. Meist reichen ein paar Münzen.

Feiertage

Neujahr *(Jour de l'An):* 1. Januar
Ostern *(Pâques):* Karfreitag ist kein Feiertag, wohl aber der Ostermontag *(lundi de pâques)*
Tag der Arbeit *(Fête du Travail):* 1. Mai
Waffenstillstand 1945 *(L'Armistice de 1945):* 8. Mai
Christi Himmelfahrt *(Ascension)*
Pfingstmontag *(Lundi de Pentecôte)*
Nationalfeiertag *(Fête Nationale de la France):* 14. Juli
Mariä Himmelfahrt *(Assomption):* 15. August
Allerheiligen *(Toussaint):* 1. November
Waffenstillstand 1918 *(L'Armistice de 1918):* 11. November
Weihnachten *(Noël):* 25. Dezember (es gibt nur einen Feiertag an Weihnachten).

Informationsquellen

Infos im Internet

www.frankreich-webazine.de Super Seite. Auf Deutsch, wie eine Zeitschrift aufgemacht, mit Modetipps, Unterkunftsvorschlägen, Einkaufshinweisen, aber auch persönlichen Blog-Artikeln und auch sonst viel Wissenswertem über ganz Frankreich.

www.provence-info.de Die Webseite eines Marketingunternehmens. Die Artikel sind nett geschrieben, machen Lust auf die Provence, sind informativ, umfassen viele Themen und bieten Reisetipps, Buchbesprechungen, Rezepte u. v. m.

https://de.france.fr/de/provence Die Webseite des Fremdenverkehrsamtes für die Provence; sie ist sachlich und informativ.

www.provence-entdecken.de Private, informative Webseite mit vielen Rezepten.

http://tourismepaca.fr Der offizielle Internetauftritt der Region Provence mit Infos zu Destinationen, Sehenswürdigkeiten und aktuellen Veranstaltungshinweisen (Französisch und Englisch).

www.myprovence.fr Super Webseite auf Englisch und Französisch mit Hoteltipps, Blogbeiträgen, Hintergrundberichten und einer Veranstaltungsseite.

www.provenceguide.com Die offizielle Webseite des Département Vaucluse, mit vielen Tipps für Unternehmungen, Hintergrundwissen und Veranstaltungstipps.

www.provence-tourismus.de Die offizielle Webseite des Département Vaucluse in deutscher Sprache: Veranstaltungshinweise, Wandertipps u. v. m.

www.parcs-naturels-regionaux.fr Übersicht über alle französischen Naturparks (auf Englisch und Französisch).

www.laprovence.com Die Seite der französischen Tageszeitung La Provence hat aktuelle Veranstaltungstipps und Nachrichten zur Region.

http://artistesprovencaux.free.fr Die Seite ist nicht wirklich attraktiv aufgemacht, aber ein gutes Verzeichnis der in der Provence lebenden (und verstorbenen) Künstler.

Vor Ort

Vor Ort helfen die Offices de Tourrisme (OT) weiter. Sie sind an Werktagen meist zwischen 9 und 17 Uhr geöffnet, mit einer Mittagspause von 1–2 Std.

Internetzugang

In Frankreich gibt es wie in Deutschland in vielen Cafés WLAN – französisch wifi. Das Passwort erfragt man beim Kellner, bisweilen findet man ihn auch auf dem Kassenbon. In Restaurants gibt es seltener WLAN – möchte man sich beim Essen doch lieber unterhalten als ins Smartphone schauen. Die meisten Hotels und Maisons d'hôtes verfügen über WLAN.

Kinder

Frankreich ist – und da ist die Provence keine Ausnahme – ein kinderfreundliches Land. Es gibt jede Menge Freizeitparks, Riesenschwimmbäder, kindgerechte Museumsführungen und an fast jeder großen und wichtigen Sehenswürdigkeit werden ›Ateliers‹ für Kinder veranstaltet, wo sie kindgerecht das Gesehene erlernen und erarbeiten können, wie z. B. am Pont du Gard, wo Kinder im Museum archäologische Detektive spielen können und das riesige Viaduct nachbauen. Ein Babysitterservice ist in vielen Hotels selbstverständlich und Autoverleiher haben alle Kindersitze (gegen Aufpreis). Außerdem gibt es zig Freizeitaktivitäten für Kinder, die sich ins Ferienprogramm einbauen lassen, wie Kanufahren, Reiten oder Eselwanderungen.

Klima und Reisezeit

In der Provence herrscht fast überall mediterranes Klima – sprich: wenig Niederschläge, heiße, trockene Sommer und zumindest im Küstenbereich mildes Klima mit selten weniger als 10 °C. In der Haute-Provence hingegen, Richtung Alpen, kann es sowohl im Sommer als auch im Winter deutlich kälter werden. Hin und wieder schneit es bis runter in die Ebene.

Der Mistral

Ein provenzalisches Phänomen ist der Mistral, auf Provenzalisch auch *Mistrau* (›Meister‹) genannt. Er weht von Nordwest nach Südost und ist eiskalt, heftig und erreicht bei einer gefühlten Temperaturabsenkung von mind. 10 °C Geschwindigkeiten bis zu 135 km/h. Weht der Mistral – in Südfrankreich spricht man davon, dass er immer nur 3, 6 oder 9 Tage am Stück bläst, steigt die Selbstmordrate im Land. Mensch und

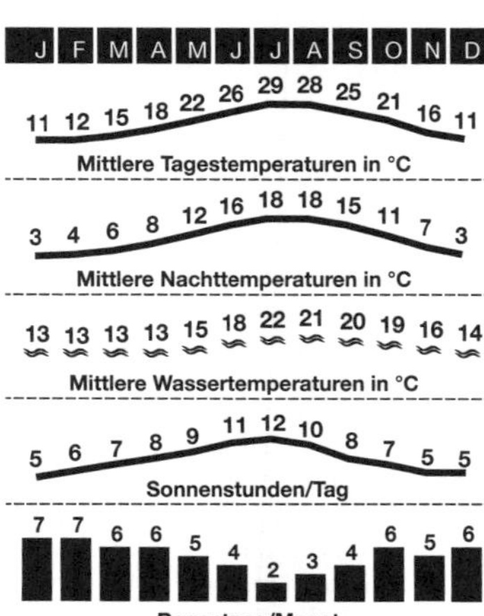

So ist das Wetter in Marseille.

Tier macht er verrückt und wer selbst einmal in einen Mistral kommt, weiß, warum. Dann fliegen einem die Lüfte nur so um die Ohren, eine Kommunikation im Freien ist kaum mehr möglich und nach 30 Minuten draußen dröhnt einem der Kopf. Meteorologisch erklärt sich der Eiswind so, dass die kalten Hochdruckgebiete über dem Massif Central sich einen Ausgleich mit den Tiefdruckgebieten des Mittelmeeres suchen, dessen wärmere Luft aufsteigt und den Mistral so anzieht.

Reisezeit

Optimale Reisezeiten für die Provence sind das Frühjahr und der Herbst. Oder wo sind sie das nicht? Vor allem die Vegetation ist dann großartig. Je früher man reist, desto häufiger muss man zwar mit Kälte rechnen, doch die Blütenpracht der vielen Obstbäume entschädigt für vieles. Aber keine Sorge! Wer nur im Hochsommer oder Winter reisen kann, wird dennoch eine wunderschöne Pflanzenwelt erleben, denn viele Bäume und Sträucher sind immergrün.

Wer im Juli oder August reist, muss sich auf Temperaturen zwischen 35 und 40°C gefasst machen und darauf, häufig im Stau zu stehen, bei Sehenswürdigkeiten lange zu warten, deutliche höhere Preise zu bezahlen (bei vielen Unterkünften ein Vielfaches!) und niemals alleine zu sein. Einsamkeit? Gibt es nicht. Selbst einsame Bergseen sind dann häufig so voll wie ein Freibad in den Sommerferien. Viele Wanderwege sind in dieser Zeit wegen der Waldbrandgefahr gesperrt. Andererseits haben nur zu dieser Jahreszeit wirklich alle Campingplätze offen, es gibt Animationsprogramme, Veranstaltungen, Nachtmärkte u.Ä. die man nur zu dieser Jahreszeit findet. Wer im Hochsommer reist, muss jedoch wissen: Ohne Reservierung geht gar nichts.

Lesetipps

Der Trüffelsucher, Gustaf Sobin: Professor Philippe Cabassac hat festgestellt, dass er in seinen (Wach-) Träumen seiner tragisch gestorbenen Geliebten näher ist, wenn er am Abend zuvor Trüffel gegessen hat. Und so konzentriert er sich ganz und gar darauf, im Winter diesen wundersamen Pilz zu finden, der nur unter der gefrorenen Erde zur Reife gelangt. Er versucht auf diese Weise, mit seiner toten Julietta das nachzuholen, was sie im Leben verpasst haben. Tragisch.
Eine Kindheit in der Provence, Marcel Pagnol: Ein wunderbares Buch, das die Kindheit des in der Provence geborenen und in Marseille aufgewachsenen jungen Literaten und Dramaturg, Anfang des 20. Jh. beschreibt. Ein Klassiker!
Ich sehe was, was du nicht siehst, Birgit Vanderbeke: Der autobiografische Roman erzählt von einer jungen Frau, die all ihre Zelte in Deutschland abbricht und mit ihrem Sohn nach Südfrankreich zieht. Die erste Zeit ist nicht leicht, vieles müssen sie noch lernen, vor allem die Sprache. Doch mit viel Feingefühl und Beobachtung schaffen es die beiden,

sich einzuleben im neuen Leben und in der Provence dann doch daheim zu sein.
Madame le Commissaire und... Pierre Martin: Inzwischen gibt es sechs Bände über die taffe Kommissarin, die in einem kleinen provenzalischen Dorf lebt und versucht, dort von einem Trauma loszukommen, das sie in Paris bei einem Terroranschlag erlebte. Vollkommen unorthodox löst sie Kriminalfälle im Midi mit kräftiger Unterstützung aus den höchsten Etagen der französischen Politik. Absolut spannend, absolut lesenswert (s. auch S. 294).
Mein Jahr in der Provence, Peter Mayle: Mit unglaublich viel Witz und Herzenswärme beschreibt der Brite, wie er in die Provence kam, dort mit der Lebensart der Südfranzosen erst einmal umgehen lernen musste und dann blieb. Die Bücher von Mayle (darunter Toujours Provence und andere Romane) haben die Provence weit über ihre Grenzen bekannt gemacht und wahre Besucherströme ins Land gezogen.
Provenzalische ... Verwicklungen, Geheimnisse, Feuer, Intrige, Schuld und Rosenkrieg, Sophie Bonnet: In bislang sechs Bänden löst der französische Ermittler Pierre Durand, der in einer alten Mühle lebt, unglaublich gern gut isst und mit einer deutsch-französischen Köchin liiert ist, ungewöhnliche Fälle. Dabei bereist er die ganze Provence. Die Krimis (S. 294) geben Einblick ins provenzalische Leben.
Provenzalischer Genuss, Sophie Bonnet: Das Kochbuch mit den Lieblingsrezepten des Ermittlers Pierre Durand gibt nicht nur eine Idee davon, wer sich hinter dem Pseudonym von Sophie Bonnet versteckt, man kann auch kulinarisch einmal quer durch die Provence reisen. Einfache Rezepte, schöne Bilder, persönliche Anekdoten: Ein tolles Buch nicht nur für Hobbyköche.
Tartarin von Tarascon, Alphonse Daudet: Lange haben die Leute aus Tarascon gebraucht, bis sie Daudet verziehen haben, dass er sich in seinem Roman, der im 19. Jh. geschrieben wurde, über die Stadt lustig machte. Heute ziehen sie Profit daraus. Tartarin, eine liebenswerte, lustige Mischung aus Don Quijote und Till Eulenspiegel, erlebt allerlei Abenteuer, die Daudet bildhaft bechreibt.
Tödliche Camargue, Cay Rademacher: Der Autor lebt in der Provence, liebt die Provence und lässt zahlreiche seiner Krimis dort auch spielen. »Tödliche Camargue« ist nur einer von fünf Bänden, in denen der Pariser Capitaine Roger Blanc Fälle löst und hartnäckig gegen Korruption und Mauschelei kämpft. In »Tödliche Camargue« geht es um einen wilden Stier, der einen Radfahrer tötet, um einen gestohlenen van Gogh und viel Geschichte zum Reisanbau in der Camargue (s. auch S. 295).
Ventoux, Bert Wagendorp: Fünf junge Männer, eine junge Frau, eine Radtour auf den Mont Ventoux und die 1980er-Jahre. Ein Unfall, bei dem einer der Männer stirbt, soll 30 Jahre später aufgeklärt werden. Die vier Männer, inzwischen in den 50ern, reisen zusammen in den Süden zu Laura, der jungen Frau von damals, mit dabei wieder ihre Fahrräder und jede Menge Fragen.

PREISE

Schlafen: Preise für ein Doppelzimmer mit Frühstück

€	bis 100 €
€€	101 bis 150 €
€€€	über 150 €

Essen: Preise für ein Menü

€	bis 35 €
€€	36 bis 55 €
€€€	über 55 €

Reisen mit Handicap

Reisen mit Handicap ist in Frankreich möglich, aber viele der Maisons d'hôtes haben keine rollstuhlgerechten Zimmer. In diesem Fall ist es besser, auf Hotels oder geeignete

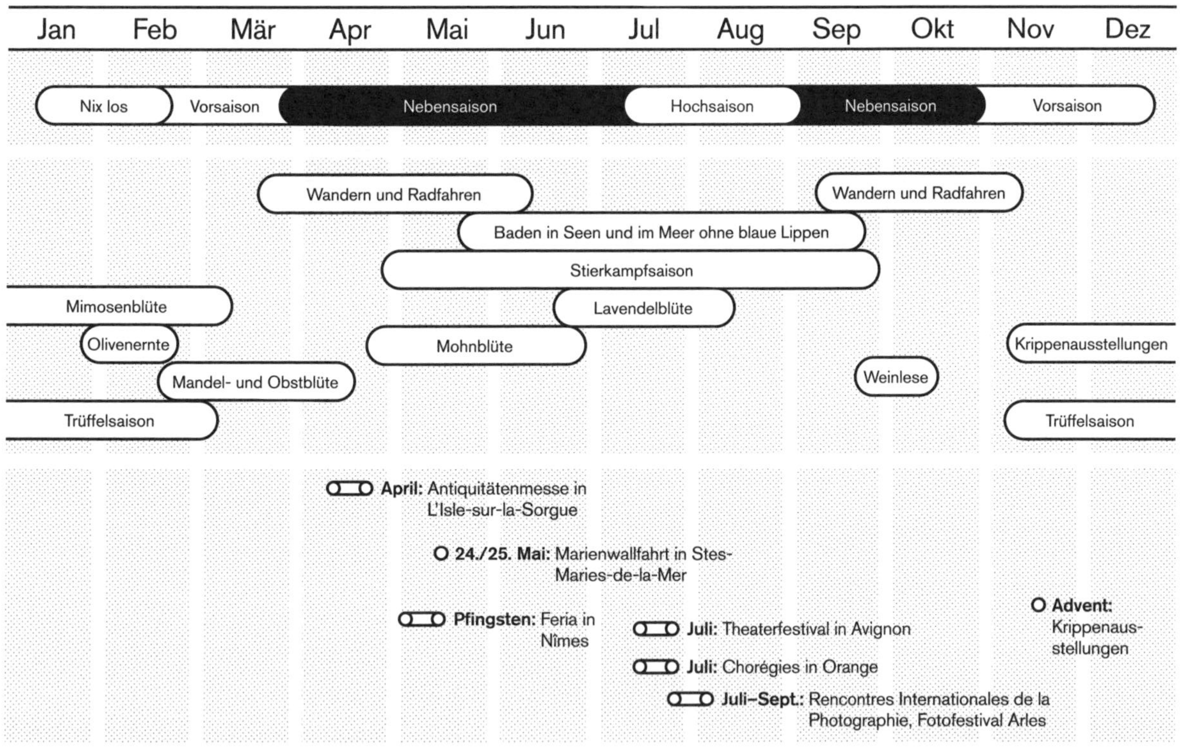

Jan
Feb
Mär
Apr
Mai
Jun
Jul
Aug
Sep
Okt
Nov
Dez
Nix los
Vorsaison
Nebensaison
Hochsaison
Nebensaison
Vorsaison
Wandern und Radfahren
Wandern und Radfahren
Baden in Seen und im Meer ohne blaue Lippen
Stierkampfsaison
Mimosenblüte
Lavendelblüte
Olivenernte
Mohnblüte
Krippenausstellungen
Mandel- und Obstblüte
Weinlese
Trüffelsaison
Trüffelsaison
April: Antiquitätenmesse in L'Isle-sur-la-Sorgue
24./25. Mai: Marienwallfahrt in Stes-Maries-de-la-Mer
Pfingsten: Feria in Nîmes
Juli: Theaterfestival in Avignon
Juli: Chorégies in Orange
Juli–Sept.: Rencontres Internationales de la Photographie, Fotofestival Arles
Advent: Krippenausstellungen

Hotels auszuweichen. Eine Schwierigkeit könnten in manchen Städten die hohen Gehwege sein. Nicht überall gibt es rollstuhlgerechte Absenkungen.

Reiseplanung

Stippvisite

Wenn Sie nur wenig Zeit haben, entscheiden Sie sich für Avignon als Ausgangsort! Es bietet eine Fülle schöner Unterkünfte, es liegt zentral, um Ausflüge in alle Richtungen zu machen und ist selbst voller Sehenswürdigkeiten – genug, um länger hier zu bleiben. Gerade zur Zeit des Theaterfestivals ist Avignon der beste Ort, an dem man sein kann! Wer eher ans Wandern oder Radfahren denkt, kann eine Stippvisite in Vaison-la-Romaine machen, ein idealer Ausgangspunkt für Touren z. B. zum nahen Mont Ventoux oder zu den Dentelles de Montmirail.

Abseits der ausgetretenen Pfade

Wirklich unbekannte oder weitestgehend unberührte Orte finden sich kaum in der Provence. Dafür ist die Region als Ferienziel viel zu beliebt! Aber natürlich gibt es Orte, an denen immer etwas weniger los ist, als an anderen, ohne dabei weniger schön zu sein. Die ›Provence Verte‹, d. h. die Region südlich des Regionalparks Verdon, östlich von Aix-en-Provence, ist wenig bekannt und keineswegs weniger schön als die bekannten Nachbarregion der Vaucluse.

Klassiker

Die Provence ist ein klassisches Kulturreiseziel. Jeder, der Kunst liebt, kommt hier auf seine Kosten: römische Ruinen, weltberühmte Maler, romanische Kirchen! Daneben die wunderbare Gebirgswelt rund um den Mont Ventoux und die sagenhafte wilde Küste westlich und östlich von Marseille. Wer das alles erleben möchte, sollte ungefähr diese Route wählen (am besten mit Mietwagen): Marseille – Aix en Provence – L'Isle-sur-la-Sorgue – Carpentras – Vaison-la-Romaine – Avignon – Pont du Gard – Nîmes – Arles und über die Côte bleue zurück nach Marseille. Natürlich kann man überall in diese Rundtour einsteigen.

Sicherheit und Notfälle

Vorsicht! Niemals Wertsachen im Auto lassen, denn Autoaufbrüche sind leider an der Tagesordnung. Vor allem auf großen Parkplätzen, wie z. B. bei Sehenswürdigkeiten, vor dem Supermarkt oder während des Wochenmarktes.

Manche Viertel in Marseille, vor allem in den Randgebieten sollte man meiden. Autos also besser in einer überwachten Tiefgarage abstellen und wenn möglich nur den beschilderten Parkleitsystem-Routen von innen nach außen oder von außen nach innen folgen. Wer nachts oder spätabends mit dem Auto unterwegs ist, tut gut daran, es von innen zu verriegeln, vor allem an Ampeln oder im Kreisverkehr.

Auch Taschendiebe haben es in Südfrankreich leicht: zu viele Leute an zu kleinen Plätzen. Also: Vorsicht! Am besten nehmen Sie nie mehr mit als notwendig und lassen den Rest im Hotelsafe.

Sollte doch mal etwas passieren: Melden Sie sich sofort auf dem örtlichen Commissariat de Police. Nur so bekommen Sie auch etwas von Ihrer Versicherung zuhause wieder, falls Sie eine haben.

NOTRUFNUMMERN

Sperrung für Bank- und Kreditkarten: +49 116 116
Feuerwehr: 18
Polizei: 17
Rettungsdienst: 15
Deutschsprachiger ADAC: 04 72 17 12 22

Übernachten

Hotels

Natürlich gibt es sie auch in der Provence, die **Hôtels de Tourisme**. Sie unterliegen einer staatlichen Kontrolle, d. h. sie haben ein Mindestmaß an Standard und Ausstattung. Sie sind, wie alle Hotels, in 1* bis 5*-Kategorien unterteilt.

Oft individueller als ein x-beliebiges Hotel sind die kleinen traditionellen familiengeführten Hotels, meist auf dem Land, die unter dem Label **Logis de France** zusammengeschlossen sind – keine Hotelkette, sondern eine Typenbezeichnung. Häufig sind es rustikale, landestypische Häuser, fast immer mit Restaurant. Man erkennt sie an ihrem Logo: einem gelben Kamin auf braunem Grund. Wirklich schöne, aber auch sehr hochpreisige Hotels bietet die Vereinigung Relais & Châteaux an, die häufig zusammen mit einem sehr guten Restaurant geführt werden.

www.logishotel.com, www.relaischateaux.com

Bed & Breakfast auf Französisch

Immer beliebter werden Maisons d'hôtes, kleine, privat geführte Gästehäuser, die selten mehr als vier oder fünf Zimmer **(Chambres d'hôtes)** haben und in einem Privathaus untergebracht sind. Hier ist es sehr viel intimer als in den Hotels, der Kontakt zu anderen Reisenden, vor allem aber zu den Gastgebern kommt automatisch zustande. Man sitzt quasi im Wohnzimmer zusammen, nicht selten gibt es dort auch eine kleine Teeküche und einen großen Kühlschrank, wo man sich Wasser oder eine Flasche Wein nehmen kann. Besonders schön sind die **Maisons d'hôtes**, wenn sie in einem ›Mas‹ untergebracht sind, einem alten provenzalischen Haus aus Naturstein mit dicken Mauern und häufig mit großem Garten. Das Frühstück ist fast immer im Preis inbegriffen und deutlich

Einfach entspannen, loslassen und Ferien machen im Midi.

besser – da hausgemacht – als in den Hotels. Ein Nachteil ist, dass man meist erst nach 17 Uhr einchecken kann und einen Anreisetermin ausmachen muss (Uhrzeit!). Maisons d'hôtes gibt es in allen Preiskategorien.

Rustikal, häufig auch mit Gemeinschaftsunterkünften, wohnt man in **Gîtes Ruraux** oder in **Gîtes d'Étapes,** die deutlich einfacher, aber auch deutlich günstiger als alles andere sind.

www.gites-de-france.com

Ferien für Selbstversorger

Den wahrscheinlich gemütlichsten Urlaub hat man in einem Ferienhaus oder einer Ferienwohnung, ob in einer Ferienanlage oder privat in einem Dorf oder auf dem Land. Die Bandbreite ist groß: Vom 1-Zimmer-Appartment bis zum 7-Zimmer-Haus wird alles geboten, in allen Preiskategorien.

Camping

Wer lieber ganz mobil ist, kostensparend wohnen möchte oder mit Kindern unterwegs, wird sich überlegen, einen

Campingplatz anzusteuern. Neben den ganz normalen Campingplätzen mit Mobilhomes und Stellplätzen haben einige außergewöhnliche Anlagen auch Baumhäuser, umgebaute Weinfässer o. Ä. im Angebot.

Buchungsportale wie booking.com, airbnb.com oder hotels.com bieten häufig alle Kategorien an Unterkünften an, mit in der Nebensaison zum Teil erheblichen Nachlässen. Man kann sich auch von den Verkehrsämtern Broschüren mit Unterkünften schicken lassen oder über deren Webseiten suchen. Die günstigsten Campingplätze sind übrigens fast immer die städtischen *(Camping Municipal)*. Sie sind oft auch sehr sauber und an schönen Orten, aber einfach.

Verkehrsmittel

Bahn und Bus

Zwar gibt es ein paar gute TGV-Verbindungen und wo die Zugstrecken enden, kommt man mit Bussen weiter, doch an viele abgelegene Orte ist mit öffentlichen Verkehrsmitteln kaum zu kommen – oder nur, wenn die Schulbusse fahren, sprich frühmorgens, Montag bis Freitag und am Nachmittag.

In der Großstadt sieht alles anders aus: Marseille hat zwar eine Metro, doch alle wichtigen Sehenswürdigkeiten sind gut mit Linienbussen oder zu Fuß zu erreichen, Ähnliches gilt für Aix, Nîmes oder Arles.

Einen umfassenden Überblick über alle öffentlichen Verkehrsmittel (auch Busse!) gibt die Webseite der Bahn SNCF. Bahntickets kauft man am besten im Voraus. Durch einen Kauf bis zu drei Monaten vor Abreise kann man viel sparen. Bustickets kauft man beim Einstieg in den Bus oder im Voraus online. Die Tarife sind die gleichen.

Alle öffentlichen Verkehrsmittel im Überblick: www.sncf.fr, auf Deutsch www.sncf.de

DER UMWELT ZULIEBE

Für die Provence gilt, was überall gilt: Ein schonender Umgang mit den Reserven, Vermeidung von Müll und Abgasen tut not. Man kann selbst mithelfen: Einkaufstaschen mitnehmen, Glasflaschen kaufen, Shuttlebusse nutzen, wo immer es möglich ist. Oder steigen Sie gleich ganz um: Radfahren im Midi ist vollkommen einfach, Leihräder, auch solche mit Elektroantrieb, findet man in fast jedem Ort. Radeln senkt den Blutdruck und hilft der Umwelt.

Respektieren Sie Warnhinweise. Waldbrände in Südfrankreich sind Jahr für Jahr eine riesige Katastrophe und achtlos hingeworfene Zigaretten oder auch nur durchsichtige Folien oder Glas können ganze Hektar Wald vernichten.

Fahrplan, Liniennetz der regionalen Verkehrsunternehmen: www.maregionsud.fr, www.sudest-mobilites.fr

Autofahren

Der wichtigste Unterschied zum Autofahren in Deutschland sind die Geschwindigkeitsbegrenzungen. Auf Landstraßen herrscht generell ein **Tempolimit.** Wenn nichts anderes angezeigt wird, gilt für die Innenstadt ein Limit von 50 km/h, auf Landstraßen 80 km/h, auf Nationalstraßen 90 km/h, auf vierspurigen Straßen 110 km/h und auf der Autobahn 130 km/h. Es wird viel und gerne geblitzt und wer unters Radar kommt, bezahlt hohe Strafen (das geht je nach Höhe schnell mal in die Hunderte).

Die **Promillegrenze** liegt bei 0,5, Falschparker werden häufig mit Parkkrallen versehen oder gleich abgeschleppt. Es lohnt sich also, die Verkehrsregeln einzuhalten.

Sprachführer Französisch

Allgemeines

Guten Morgen/Tag	bonjour
Guten Abend	bonsoir
Gute Nacht	bonne nuit
Auf Wiedersehen	au revoir
Entschuldigung	pardon
Hallo/Grüß dich	salut
bitte	de rien/ s'il vous plaît
danke	merci
ja/nein	oui/non
einverstanden	d'accord
bis später	à plus tard
Wie bitte?	pardon?
Wann?	quand?

Unterwegs

Haltestelle	arrêt
Bus	bus/car
Auto	voiture
Ausfahrt/-gang	sortie
Tankstelle	station-service
Benzin	essence
rechts	à droite
links	à gauche
geradeaus	tout droit
Auskunft	information
Telefon	téléphone
Postamt	poste
Bahnhof	gare
Flughafen	aéroport
Stadtplan	plan de ville
alle Richtungen	toutes les directions
Einbahnstraße	rue à sens unique
Eingang	entrée
geöffnet	ouvert/-e
geschlossen	fermé/-e
Kirche	église
Museum	musée
Strand	plage
Brücke	pont
Platz	place
Hafen	port
hier	ici
dort	là

Zeit

Stunde	heure
Tag	jour
Woche	semaine
Monat	mois
Jahr	année
heute	aujourd'hui
gestern	hier
morgen	demain
vor	avant
nach	après
Montag	lundi
Dienstag	mardi
Mittwoch	mercredi
Donnerstag	jeudi
Freitag	vendredi
Samstag	samedi
Sonntag	dimanche
Feiertag	jour de fête

Notfall

Hilfe!	au secours!
Polizei	police
Arzt	médecin
Zahnarzt	dentiste
Apotheke	pharmacie
Krankenhaus	hôpital
Unfall	accident
Schmerzen	douleur
Zahnschmerzen	mal aux dents
Panne	panne

Übernachten

Hotel	hôtel
Pension	pension
Einzelzimmer	chambre individuelle
Doppelzimmer	chambre double
Doppelbett	grand lit

Einzelbetten	deux lits
mit/ohne Bad	avec/sans salle de bains
Toilette	cabinet
Dusche	douche
mit Frühstück	avec petit-déjeuner
Halbpension	demi-pension
Gepäck	bagages
Rechnung	note
Preis	prix

Einkaufen

Geschäft	magasin
Markt	marché
Kreditkarte	carte de crédit
Geld	argent
Geldautomat	guichet automatique
Bäckerei	boulangerie
Lebensmittel	aliments
teuer	cher/chère
billig	bon marché
bezahlen	payer

Zahlen

1	un	18	dix-huit
2	deux	19	dix-neuf
3	trois	20	vingt
4	quatre	21	vingt et un
5	cinq	30	trente
6	six	40	quarante
7	sept	50	cinquante
8	huit	60	soixante
9	neuf	70	soixante-dix
10	dix	80	quatre-vingt
11	onze	90	quatre-vingt-dix
12	douze	100	cent
13	treize	150	cent cinquante
14	quatorze	200	deux cents
15	quinze	1000	mille
16	seize		
17	dix-sept		

WICHTIGE SÄTZE

Allgemeines

Sprechen Sie Deutsch/Englisch?	Parlez-vous allemand/anglais?
Ich verstehe nicht.	Je ne comprends pas.
Ich spreche kein Französisch.	Je ne parle pas français.
Ich heiße …	Je m'appelle …
Wie heißt Du/ heißen Sie?	Comment t'appelles tu/vous appellez-vous?
Wie geht's?	Ça va?
Danke, gut.	Merci, bien.

Unterwegs

Wo ist bitte …?	Pardon, où est…?
Könnten Sie mir bitte … zeigen?	Pourriez-vous me montrer … ?

Notfall

Können Sie mir bitte helfen?	Pourriez-vous m'aider?
Ich brauche einen Arzt.	J'ai besoin d'un médecin.
Hier tut es weh.	Ça me fait mal ici.

Übernachten

Haben Sie ein freies Zimmer?	Avez-vous une chambre de libre?
Wie viel kostet das Zimmer pro Nacht?	Quel est le prix de la chambre par nuit?
Ich habe ein Zimmer bestellt.	J'ai réservé une chambre.

Einkaufen

Wie viel kostet das?	Ça coûte combien?
Ich brauche …	J'ai besoin de …
Wann öffnet/ schließt …?	Quand ouvre/ ferme …?

Im Restaurant

Ich möchte einen Tisch reservieren.	Je voudrais réserver une table.
Die Speisekarte, bitte.	La carte, s. v. p.
Die Rechnung, bitte.	L'addition, s. v. p.

Kulinarisches Lexikon

Allgemeines

amuse-bouche	Appetithappen
carte des vins	Weinkarte
dessert	Nachspeise
garniture	Beilagen
hors d'œuvre	Vorspeise
plat du jour	Tagesgericht
plat principal	Hauptgericht
poivre	Pfeffer
saccharine	Süßstoff
sel	Salz
soupe	Suppe
sucre	Zucker

Zubereitung/Spezialitäten

à la bordelais/e	in Rotwein-Schalotten-Sauce
à la nage de …	in einem Sud von …
à l'huile d'olive	in Olivenöl
à point	medium gebraten
au pistou	mit Basilikumpaste
bien cuit/-e	gut durchgebraten
braisé/-e	geschmort
chaud/-e	heiß
civet de …	Ragout von …
confit de …	Eingelegtes/ Eingekochtes von …
cru/-e	roh
en croûte (de sel)	im (Salz-)Mantel
escabèche	saurer Sud
farci/-e	gefüllt
glacé/-e	gefroren, geeist
grillé/-e	gegrillt
nature	in Salzwasser gekocht, ohne Gewürze
petits farcis	verschiedene junge Gemüse mit Füllung
rouille	Knoblauch-mayonnaise mit Peperoni und Chili
saignant	blutig/roh
taboulé	nordafrikanisches Grießgericht, oft als Salat mit Minze

Fisch und Meeresfrüchte

anchoiade	Sardellenpaste
anchois	Sardellenfilet
bourride/ bouillabaisse	Fischsuppe
calamar	Tintenfisch
coquillage	Schalentier
crevettes	Garnelen
daurade	Dorade, Goldbrasse
espadon	Schwertfisch
gamba	Garnele
homard	Hummer
huître	Auster
langouste	Languste
langoustine	Langustine
lotte de mer	Seeteufel
moule	Miesmuschel
rascasse	Drachenkopf
rouget	Rotbarbe
saint-pierre	Petersfisch
sardine	Sardine
saumon	Lachs
seiche	Sepia
thon	Thunfisch

Fleisch

agneau	Lamm
bœuf	Rind
brochette	Spießchen
cabri	Zicklein
carré (d'agneau)	(Lamm-)Rücken
côte de …	Rippenstück vom …
entrecôte	Zwischen-rippenstück
escalope	Schnitzel/Schnitte
escargot	Schnecke
gigot (d'agneau)	(Lamm-)Keule

porc	Schwein
tripes	Kutteln
veau	Kalb

Geflügel und Wild

foie gras	Stopfleber
gésier	Geflügelmagen
lapin	Kaninchen
lièvre	Hase
magret de canard	Entenbrust
poule	Huhn
poulet	Hähnchen
sanglier	Wildschwein

Gemüse und Kräuter

ail	Knoblauch
aneth	Dill
artichaut	Artischocke
avocat	Avocado
basilic	Basilikum
câpre	Kaper
carotte	Möhre
cèpe	Steinpilz
champignon de Paris	weißer Champignon
courgette	Zucchini
fenouil	Fenchel
fleur de courgette	Zucchiniblüte
oignon	Zwiebel
poireau	Lauch
poivron	große Paprika
thym	Thymian
truffe	Trüffel

Obst

abricot	Aprikose
cerise	Kirsche
figue	Feige
fraise (de forêt)	(Wald-)Erdbeere
framboise	Himbeere
griotte	Sauerkirsche
marron	Esskastanie
melon	Honigmelone
pastèque	Wassermelone
pêche	Pfirsich
poire	Birne
pomme	Apfel

Käse

banon	Ziegenkäse im Kastanienblatt
brebis	Schafskäse
cabécou	kleiner Ziegenkäse
chèvre	Ziegenkäse
fromage blanc	Quark, Frischkäse

Nachspeisen und Gebäck

brioche	süßes Hefebrot
calisson	Mandel-Melonen-Plätzchen
charlotte	Dessert aus Löffelbiskuits und Cremefüllung
coupe de glace	Eisbecher
crème anglaise	Vanillecreme
crème Chantilly	Schlagsahne
crêpe	dünner Pfannkuchen
fouace/fougasse	Hefebrot mit eingebackenen Kräutern und Oliven
fruits confits	kandierte Früchte
gâteau	Kuchen
île flottante	Dessert aus Eischnee in Vanillecreme
meringue	weiches Baiser
profiterolles	mit Vanilleeis gefüllte Windbeutel in Schokoladensauce
tarte tatin	heiße Apfeltarte

Getränke

bière (pression)	Bier (frisch gezapft)
café	Kaffee
eau de vie	Schnaps, Obstbrand
eau gazeuse/plate	Mineralwasser mit/ohne Kohlensäure
jus	Saft
lait	Milch
thé	Tee
tisane/infusion	Kräutertee
vin blanc/rouge	Weiß- /Rotwein

Das

Magazin

Der Charme vieler alter Orte in der Provence nimmt jeden gefangen. Widerstand zwecklos!

Quel Pastis!

Aperitif — In ganz Frankreich gibt es sie, die heilige Zeit des Apéro. Und in der Provence bedeutet das vor allem eins: Zeit für Pastis! Aber Pastis ist nicht gleich Pastis, und es lohnt sich, die Unterschiede zu kennen.

Da braucht man auch nicht unbedingt bis zur *heure bleu,* der blauen Stunde, zu warten. So einen kleinen Pastis kann man auch schon gut nach einem Marktbesuch am Vormittag oder vor dem Mittagessen zu sich nehmen. Ja, Pastis zählt nicht wirklich als Alkohol. Man trinkt ihn schließlich mit Wasser. Und außerdem ist es ein Statement gegen moderne Arbeitsregeln und die Vertaktung des Lebens. Es ist der Protest gegen das champagnertrinkende Establishment, das diese unsinnigen Regeln wie Alkoholverbot am Arbeitsplatz etc. eingeführt hat. Überhaupt: Pastis ist der Champagner der Provence. Und der zählt ja auch nicht als Alkohol.

Das provenzalische Nationalgetränk

Nirgendwo im ganzen Land wird so viel und vor allem so selbstverständlich Pastis konsumiert wie hier in der Provence. Keine Bar, die Pastis nicht auf der Getränkekarte hätte und nur wirklich da, wo vor allem Touristen verkehren – oder die schicken *Parisiens* –, kostet ein Glas mehr als 2,50 Euro. Es ist eben das Getränk des armen Mannes, das inzwischen Kultstatus hat. Das Wort Pastis stammt aus dem Provenzalischen und heißt übersetzt übrigens nicht viel mehr als ›Mischung‹. Es besteht neben Alkohol (45%) aus Anis, Süßholz, Fenchel und ein wenig Zucker. Je nach Destillerie werden noch andere Kräuter hinzugemischt, beispielsweise Thymian, Salbei, Beifuß, Bohnenkraut oder Kreuzkümmel.

Jeder Pastis ein Statement

Und natürlich gibt es nicht nur den einen Pastis – es gibt jede Menge. Je nachdem, wo man steht, wo man wohnt oder wer man ist, bevorzugt man den einen oder den anderen. Die *Marseillais* bestellen z. B. den Pernod 51, Leute aus Aubagne einen Janot, *pieds noirs* (in Algerien geborene und aufgewachsene Franzosen) den Cristal Liminina und Korsen den Casanis, auch ›Casa‹ genannt. Einfach nur ›Pastis‹ verlangen übrigens ausschließlich Touristen (und Nordfranzosen), als gepflegter Provenzale bestellt man einen *pastaga* oder direkt die gewünschte Sorte.

Zum Abheben – Pastis wie andere Apéro-Mixgetränke kommen nicht aus der Mode.

sambuca
pastis

Mulitkulti auch beim Schnaps

Getrunken wird der Pastis in einer Mischung von 5 zu 1 mit Eiswasser oder – seit Neustem auch mit Sirup gemischt. Da gibt es nun also den *Perroquet*, den grünen Papagei, bei dem Pastis mit Minzsirup vermischt wird, die *Tomate*, Pastis mit Granatapfelsirup oder den *Mauresque*, die ›maurische Mischung‹, für die Mandelmilchsirup mit dem Anisschnaps vermischt wird. Nur in Nobelbars und zu besonderen Gelegenheiten wird Pastis auch schon mal mit Champagner vermischt, doch wer ein echter *Marseillais* ist, würde das niemals tun! Lieber trinkt er oder sie den *Pastaga allongé*, also mit einer Wassermischung von 1 zu 7. Dann ist er nicht ganz so stark und man hat länger davon.

Der Allererste

Paul Ricard war es, der den ersten echten *Pastis de Marseille* erfunden hat (weshalb Ricard auch die am weitesten verbreitete Marke ist). Das war 1938. Natürlich gab es schon vorher Kräuterschnäpse, allen voran den Absinth, doch dessen Herstellung wurde 1915 wegen der hohen Konzentration des Nervengiftes Thujon in der Wermutpflanze verboten. Das hinderte niemanden daran, weiterhin Schnäpse aus Kräutern herzustellen – ein Ersatz für den geliebten Absinth musste her! 1922 wurde Anisschnaps als unbedenklich eingestuft. Die Schädlichkeit des Alkohols? Das war zu verkraften. Von hier bis zum ersten echten Pastis waren es noch einmal 16 Jahre, in denen Paul Ricard, der Anis liebte, aber Zucker nicht mochte, so lange experimentierte, forschte und gegen staatliche Begrenzungen kämpfte, bis aus einem süßen Likörgetränk mit viel Zucker und 30 % Alkohol ein kaum gezuckertes, erfrischendes Getränk aus 45 % Alkohol, Wasser und Kräutern entstand, das den Flair Südfrankreichs versprüht.

Heute ist der Anisschnaps weit über die Grenzen Südfrankreichs hinaus bekannt. Und immer mehr Destillerien versuchen sich an dem erfrischenden Getränk. Sie mischen Vanille dazu und Zimt, manchmal Kamille und Rosmarin. Pastis-Kenner auf der ganzen Welt verkosten gerne diese neuen Kreationen, bewerten und bewerben sie. Doch in der Provence findet man das alles seltsam. Man hält am Bekannten fest und lässt verlauten: Quel Pastis! Was für ein Durcheinander! ■

AUF EIN GLAS!

G

In Marseille zahlt man schnell mal 7 € oder mehr für ein kleines Gläschen Wein oder Bier. Selbst Pastis, das Marseille-typischste aller Getränke, kostet, wenn man es bei einem der *grands arnaqueurs*, der ›großen Betrüger‹, trinkt, schnell mehr als es soll. Deshalb weiß man in Marseille genau, wo man sich trifft, um ein Gläschen oder zwei zu trinken. In folgenden Bars zwischen dem Cours Julien und dem Vieux Port kann man günstig und vor allem authentisch Pastis trinken. Aber outen Sie sich nicht sofort als Tourist und ordern Sie einen *Pastaga* oder gleich einen *51 (cinquantetun)*: **Le Petit Pernod,** 10 Quai du Port, www.facebook.com/lepetitpernod.marseille; **Bar du Siècle,** 1 Rue de la Loge; **Brasserie Marius,** 2 Rue Méry; **Le Marseillais,** 2 Quai de Rive Neuve; **Bar Marengo,** 21 Rue Saint-Saëns, auf Facebook; **Le Bar du Marché,** 15 Place Notre Dame du Mont.

Essbare Diamanten

Trüffel — Kurz vor 9 Uhr morgens an einem Freitag Mitte November. Am Eingang des Hôtel-Dieu in Carpentras warten die Zuschauer auf den Startschuss, den ganz Frankreich sehnsüchtig erwartet. Genau hier und genau jetzt wird die Saison eröffnet, die teuerste und köstlichste des Jahres: die Trüffelsaison!

Uuuuunnnnnndddd…… Action!

Punkt 9 Uhr ist es dann so weit. Die Käufer – alles Professionelle, der Marché en Détail beginnt erst eine Stunde später vor dem Hôtel-Dieu – eilen zu den Händlern im Innenhof, um die schönsten Stücke zu ergattern, doch von Sturm kann keine Rede sein. Es geht ruhig dabei zu. Ein Pilz wird in die Hand genommen, zur Nase geführt, etwas mit dem Fingernagel an der Oberfläche gekratzt und wieder hingelegt. Es fallen nur wenige Worte, und die, die fallen, sind nicht selten auf Prouvènço, auf dem alten Provenzalisch. So verständigen sich die Insider untereinander. Die Außenseiter, Spitzenköche aus Paris oder der Dordogne, Händler aus Deutschland oder der Schweiz verstehen kein Wort. Sie müssen auf Französisch verhandeln, was den Preis gleich mal nach oben treibt. Dabei sind die allerbesten der Knollen schon längst verkauft, unter der Hand versteht sich, denn der Handel mit dem schwarzen Gold ist längst nicht so klar geregelt, wie das die Regierung gerne sehen würde. Natürlich gibt es den offiziellen Auktions-Chef, abkommandiert aus Paris. Zu ihm müssen die Händler und Käufer nach der Auktion gehen und die offiziellen Preise angeben. Der Durchschnitt dieser Summen ergibt den Großhandelspreis für die nächsten 7 Tage, bis zum nächsten Freitag also, wenn in Carpentras wieder eine Trüffelauktion stattfindet. Zwischen 400 € und 1000 € bewegt er sich pro Kilo, im November liegt er eher im oberen Bereich, ab Mitte Januar wird er günstiger. Die Wiederverkäufer schlagen zum Teil deutlich mehr als 100 % darauf.

Die Sache mit dem Schwarzmarkt

Wie jeder andere Preis richtet sich auch der Trüffel-Großhandelspreis nach Angebot und Nachfrage. Und da das An-

TRÜFFELMÄRKTE

Nov.–März: freitags in Carpentras (Trüffelpreise werden festgelegt)
Nov.–März: samstags in Richerenches (größter Trüffelmarkt der Provence)
29. Dezember: in Ménerbes (wunderschönes Ambiente)

gebot von Jahr zu Jahr geringer wird, ist der Preis heute höher denn je. Das führt zu einem blühenden Schwarzmarkthandel. Im Café, auf dem Parkplatz oder in kleinen Seitengassen, weit weg von allem wird gehandelt. Dabei erstehen die Käufer nicht selten die Katze im Sack, denn für eine Qualitätskontrolle reicht die Zeit und oftmals auch das Licht nicht. Dann werden weniger aromatische Trüffel unter die wertvollen Knollen gemischt oder Schrot in die Pilze gefüllt, um sie schwerer zu machen – beschweren kann man sich darüber nirgendwo. Vor allem nicht bei der Polizei. Trotzdem machen alle mit, auch die, die es eigentlich besser machen müssten. Aber schließlich. wollen alle lecker Trüffel essen – und können es sich mit ihrem Gehalt selten leisten. Also ein Auge zu und schon gibt es mittags essbare Diamanten auf dem Teller zu einem sehr vernünftigen Preis.

Heiße Ware in Reinkultur

Im Gegensatz zur gängigen Vorstellung wird der Großteil der provenzalischen Trüffeln kultiviert. Vorbei die Zeiten, als man mit Schwein und Spitzhacke in die Wälder ging. Nur noch rund 20 % der heißen Ware werden so gefunden. 80 % werden angebaut. Zum einen ist das natürlich sehr viel bequemer, zum anderen aber gibt es kaum noch Flächen, wo man ›wilde‹ Trüffeln finden könnte. Gaben die Wälder vor rund 100 Jahren in der Provence noch 2000 t Trüffeln jährlich her, sind es heute in guten Jahren

Schweine helfen schon lange nicht mehr beim Trüffelsuchen – sie gelten als zu verfressen. Stattdessen bildet man heute Hunde aus, die ihre Gier nach dem ›schwarzen Gold‹ besser im Zaun halten können.

gerade mal noch 10 t. Schuld daran ist die moderne Landwirtschaft. Nicht nur, dass für diese viele Wälder abgeholzt und somit Trüffelgründe unwiderruflich zerstört wurden, durch die Bearbeitung der Böden mit schweren Maschinen werden die letzten Reste der Trüffeln lange vor der Reife weggerissen und können nicht mehr nachwachsen.

Deshalb werden rund 40 t pro Jahr angebaut. Und das geht so: Einen Trüffel pulverisieren, die Wurzeln eines Eichen- oder Walnuss-Setzlings damit einreiben, Baum pflanzen, pflegen, vier bis acht Jahre warten, währenddessen am besten einen Trüffelhund (kein Schwein!) trainieren und dann ernten. Das klappt bei 5–10 % der Bäume. Höher ist die Chance nicht, dass aus den Sporen Pilze an den Wurzeln wachsen. Doch 5 % ist besser als nichts.

Die Suche nach dem essbaren Glück

Wer nicht das Glück hat, selbst Land zu besitzen, kann versuchen bei den jährlichen Auktionen ein Stück Land für 10, 15 oder 20 Jahre bei der Gemeinde zu pachten – für viel, viel Geld. Schließlich will die doch auch irgendwie daran mitverdienen. Einer der Glücklichen, die das nicht brauchen, weil sie Land besitzen, ist Robert Florent. Er geht im Winter mindestens einmal täglich auf seine Parzellen, die bei Gordes liegen, und lässt Milou, seinen Hund, suchen. Kaum öffnet er das Tor zur Parzelle, stürmt Milou voraus. Erst rechts, dann links, dann wieder rechts und schon beginnt Milou zu graben. Jetzt muss Robert schnell sein, denn passt er nicht auf, frisst sein Hund den teuren Fund. Doch fast immer ist das Herrchen schneller. Der Vierbeiner bekommt seinen Keks, der Zweibeiner bearbeitet den Boden mit seiner Spitzhacke und heraus kommt ein schwarzer, grober Klumpen, der unglaublich nach Erde duftet und nach Moschus. An manchen Tagen findet er auch nichts, aber das ist sein Risiko.

Doch Robert macht diesen Job seit Jahren, kennt die Risiken und weiß damit umzugehen. Er verkauft seine Trüffel nicht nur auf den Märkten in Carpentras und Richerenches, er nimmt Touristen auch mit auf die Suche – und verkostet sie anschließend daheim. So lebt er nicht nur vom Trüffelverkauf, sondern auch von der Suche und der Kultivierung, der Kultivierung des Périgord-Trüffel übrigens, der nicht aus dem Périgord kommt, sondern von hier (weil der Name einfach nur eine Sortenbezeichnung ist). Im Périgord weiß das allerdings niemand. Dort glaubt man, den eigenen Trüffel zu verspeisen. Doch das ist eine andere Geschichte. ■

FÜR TRÜFFELNASEN

Drei Adressen für Trüffelfans:
Robert Florent: 84220 Gordes, Quartier des Blayos, T 04 90 72 11 60, begleitete Trüffelsuche mit kleiner Trüffelverkostung: 200 € ab vier Personen– nur auf Anfrage und nach Reservierung.
Restaurant Chez Serge: 84200 Carpentras, 90 Rue Cottier, T 04 90 63 21 24, https://chez-serge.fr, Trüffelmenü (€€€), Ab April finden finden Wein- und Trüffelabende statt.
Truffes Ventoux: Bei Familie Jaumard kann man sowohl essen, auf Trüffelsuche gehen und auch übernachten. Bei einem Trüffelwochenende erfährt man alles über Trüffel und bekommt Aperitif, Übernachtung und Frühstück. 84170 Monteux, La Quinsonne, T04 90 66 82 21, www.truffes-jaumard.com, €€€.

Gebt euch die Kugel!

Boule und Pétanque — Eine Handvoll alter Männer auf einem Dorfplatz und jeder schaut konzentriert auf den Boden. Das kann nur eines bedeuten: Hier wird gekämpft!

Klack. Ein Geräusch, das zur Provence gehört wie der allgegenwärtige Gesang der Zikaden. Metallkugel stößt auf Metallkugel. Klack, Stille. Und dann beginnt sie, die Diskussion. Hätte die Kugel nur hier …, wäre sie dort nicht … Manchmal ist die Sache eindeutig. Dann sieht man auf der einen Seite Frohlocken und auf der anderen ein Grimmen und es wird geschwiegen. Oft aber ist die Sache nicht ganz klar. Dann wird ausgemessen, wild gestikuliert und gefachsimpelt. Dann knirscht der Sand unter den Füßen der Spieler, ein kurzer Moment der Stille ertönt, gefolgt vom nächsten Klack.

Viel mehr als ein Spiel

Pétanque ist eine ernste Sache. Eine Angelegenheit für Männer. Frauen sieht man selten und wenn, dann ältere Frauen. Aber die jungen, die haben da nichts zu suchen. Schließlich geht es bei Pétanque um die Ehre des Provenzalen. Ein Narr, der glaubt, es wäre ein Spiel. Hier wird gekämpft. Strategisch, nicht mit Kraft. Und mit Geschick. Denn nur wer weiß, wie man eine Kugel wirft, sodass sie dort landet, wo man möchte, hat Chancen auf den Gewinn. »Aux armes«-»an die Waffen« wird gerufen, wenn man allzulange zögert, los geht's! Das Spiel mit

R

DIE REGELN

1. Man kann es zu zweit spielen, also *tête à tête,* oder in zwei Mannschaften zu zwei *(doublette)* oder drei *(triplette)* Personen. Gespielt wird auf hartem Untergrund, aber niemals auf Teer. Ideal ist festgetretener Sand.
2. Jeder Spieler hat drei *(tête à tête* oder *doublette)* bzw. zwei Kugel*n (triplette)*, die zwischen 650 und 800 g wiegen. Ziel ist es, mit den eigenen Kugeln so nahe wie möglich an das *Cochonet* (das Schweinchen) zu kommen, eine kleinere Holzkugel, die als Zielkugel gilt und mind. 6 m, max. 10 m weit geworfen wird. Dabei hat jeder Spieler das Recht, eine andere Kugel inkl. dem Schweinchen wegzustoßen.
3. Gezählt wird wie folgt: Je näher die eigenen Kugeln an das Schweinchen kommen, desto höher ist die Punktzahl. Hat z. B. Mannschaft A die drei nächsten Kugeln am Schweinchen, erhält sie drei Punkte. An der Reihe ist die Mannschaft, die keine Kugel in der Nähe des *Cochonet* hat und zwar so lange, bis sie eine Kugel am nächsten an der Zielkugel hat. Das dauert im dümmsten Fall 6 Züge (= 6 Kugeln) und die gegnerische Mannschaft hat gewonnen.
4. Das Spiel ist dann zu Ende, wenn 13 Punkte erreicht sind.

Die Kugeln sind keine Leichtgewichte: 650 bis 800 g bringen die Exemplare auf die Waage, die auch bei offiziellen Turnieren eingesetzt werden dürfen.

der Metallkugel gleicht einer Schlacht, und die will gewonnen werden. Am besten mit vielen Zuschauern. Denn was bringt ein Sieg, wenn man ihn nicht mit gebannten Zuschauern teilen kann?!

Es geht auch ohne viel Bewegung

Pétanque, das Kugelspiel, ist eine alte provenzalische Tradition. Eine Erfindung der Provenzalen ist es aber nicht. Schon die alten Griechen haben mit Kugeln auf Kugeln geworfen und die Römer machten es ihnen nach. Heute wird Boule überall gespielt. Doch Pétanque ist etwas anders. Denn hier wird kein Anlauf genommen, kein Ausfallschritt gemacht und niemand wirft die Kugel auf nur einem Bein stehend, wie das zum Beispiel beim Boule Provençal der Fall ist. Nein, beim Pétanque steht man auf einem winzigen Platz und bewegt sich nicht weg. So hat es Jules Le Noir 1910 festgelegt, ein begnadeter Boulespieler, der an einen Rollstuhl gefesselt und nicht gewillt war, von nun an zum Zuschauen verdammt zu sein. Er machte aus der Not eine Tugend und erfand Pétanque – *A ped tanco:* das Kugelspiel »mit verbundenen Füßen«.

Es braucht nicht viel, um es zu spielen: einen festen Untergrund und Metallkugeln, am besten die des Marseiller Kugelherstellers La Boule Bleue (www.labouleblueue.fr). Und natürlich muss man die Regeln kennen, aber die sind absolut einfach. Man braucht einen sonnigen Abend, vielleicht ein kühles Glas Pastis oder einen *petit Rouge*, einen lauschigen Dorfplatz unter Schatten spendenden Bäumen, die staunende, fachsimpelnde Zuschauerschaft und das Café direkt nebenan, um Sieg oder Schmach anschließend zu feiern. Der ideale Sport also für die Provence, wo es all das in Hülle und Fülle gibt. Alors, aux Armes! ■

Kampf um Leben und Tod

Nicht jeder Stierkampf endet blutig. Bei der Course Camarguaise geht es darum, dem Stier die Cocarde d'Or zu entreißen – eher eine Mutprobe als ein Kampf auf Leben und Tod.

Stierkampf — Wer die Seele der Camargue verstehen möchte, muss ihn erleben.

Einsam steht er da. Mitten auf dem Platz vor den Arenen in Nîmes. Ernst sieht er aus, aber nicht gebrochen. Er schaut auf den Boden, sein Tuch vor den Füßen und steht still. Das ist El Nimeño, der Mann aus Nîmes, der in Deutschland geboren wurde und sich 1991 mit 37 Jahren das Leben nahm. »Man muss immer bis ans Ende seiner Leidenschaft gehen« sagte er und meinte damit die Gefahr, der man sich aussetzt, wenn man das tut, was man glaubt tun zu müssen. El Nimeño war Matador, ein Stierkämpfer. Der Stierkämpfer schlechthin. Und er wusste, dass seine Passion, seine einzige Passion gefährlich war. Er hatte nie Angst zu sterben, erzählt man sich. Nur Angst, eines Tages nicht mehr kämpfen zu können. Und als es dann so war und ein Stier ihn bei seinem letzten Kampf derart verletzte, dass er nicht mehr kämpfen konnte, nahm er sich das Leben. So geht sie, die wahre Leidenschaft der Matadore. Sie lieben ihren Kampf gegen den Stier. Den Kampf auf Leben und Tod, der fast immer mit dem Tod des Stieres endet.

Tierschutz versus Tradition

In Nord- und Mitteleuropa ist man entsetzt und schaut empört von oben nach da unten, echauffiert sich über die »Tierquälerei« und die »Grausamkeit« gegenüber den Stieren, um sich am Wochenende dann mit Freunden zum Grillen zu treffen. Sie sind aber halt auch keine *Camarguais*. Ihnen fehlt das richtige Blut und die wahre Leidenschaft, die es braucht, um das zu verstehen. Das sagen zumindest die Leute aus der Camargue.

Tatsächlich wird der Stierkampf nicht nur hier, sondern auch innerhalb Frankreichs sehr kontrovers diskutiert. Auf der einen Seite stehen diejenigen, für die der Stierkampf nichts anderes ist als sinnlose Tierquälerei. Das nutzlose Töten eines Stieres zur Belustigung der Menschen. In der Camargue (und auch in anderen Teilen der Welt) sieht man das anders. Hier gehört der Stierkampf zum Leben dazu. Es ist eine Tradition der Camargue, der uralte Wunsch des Menschen, sich gegen das eigentlich Unmögliche zu stellen und den Kampf gegen die Giganten unter den Tieren aufzunehmen. Sie empfinden es nicht als Tierquälerei, denn die Stiere leben bis zum Zeitpunkt des Kampfes ein gutes Leben. Sie haben riesige Flächen und Weiden, auf denen sie in fast vollkommener Freiheit leben können. Halbwild, wie man in der Camargue sagt. Vergleicht man deren Leben mit dem eines Rindes aus der Massentierhaltung, ist diese Argumentation absolut nachzuvollziehen. Denn am Ende steht beiden das gleiche Schicksal bevor: Sie werden getötet, um vom Menschen verspeist zu werden. Die einen mit dem Stromschlag im Schlachthof, die anderen in der Arena, nachdem sie einen Kampf um ihr Leben geführt haben.

Tradition hin, Tradition her: Nicht nur Tierschützer gehen auf die Straße, um vor dem französischen Verfassungsgericht ein Verbot des blutigen Stierkampfs in der Camargue und anderen Stierkampf-Regionen des Landes zu erwirken.

Blutig oder nicht blutig – das ist hier die Frage

Die Ursprünge des Stierkampfes liegen natürlich nicht in der Camargue, sondern in Spanien. Doch als vor rund 100 Jahren die Traditionen der Camargue vom Marquis de Baroncelli erfunden wurden (s. Kasten S. 123), war klar: Ein Stierkampf muss her. Allerdings kein spanischer, den man hier den ›blutigen Stierkampf‹ nennt, da am Ende viel Blut fließt. Baroncelli wünschte sich eine camarguaisische Spielart desselben. Und so erfand er auch die Course Camarguaise, den sogenannten ›unblutigen‹ Stierkampf.

Die Course Camarguaise unterliegt vollkommen anderen Spielregeln als der blutige Kampf, die Corrida (die es natürlich auch in der Camargue gibt): Hier wird nicht getötet, hier wird gekämpft. Und die Leidtragenden sind, wenn überhaupt, die Menschen. Den Stieren wird ein Wimpel, die sogenannte Cocarde zwischen die Hörner gehängt und der Job des *Raseteurs* (also des Stierkämpfers im unblutigen Kampf) ist es, diese *cocarde* dem Stier abzureißen. Das Spielfeld ist das Rund der Arena, die von Holzwänden umgeben ist und weit mehr als alles andere geht es in diesem Kampf um die Geschicklichkeit des Menschen. Denn der muss sich dem Stier natürlich nähern, um an den Wimpel zu kommen, andererseits darf er ihm aber auch nicht zu nahekommen, will er dessen Hörner nicht im Allerwertesten haben. Eine Waffe trägt er dabei nicht, allerdings hat er Messerklingen zwischen seinen Fingern verklebt, um den Wimpel abscheiden zu können.

Initiationsritus für junge Männer

Die Course Camarguaise ist eine Mutprobe für die jungen Männer des Ortes, und so gut wie jede kleine Stadt in der Camargue hat ihre eigene Arena. Selten ist diese so schön wie in Nîmes oder in Arles, doch eine Betonbühne tut es auch, damit die schmachtenden Mädchen am Rand stehen können, um ihren Helden zuzujubeln. Zu den Klängen des Torero-Marsches aus »Carmen« laufen sie ein, ganz in Weiß gekleidet, die *Manadiers*, die Stierzüchter, nehmen auf den besten Rängen Platz und werden dann über ein schepperndes Mikrophon namentlich begrüßt.

Und dann beginnt auch schon der Kampf: Der Stier wird ins Rund der Arena gelassen und die *raseteurs* versuchen ihr Glück, dem Stier die Kokarde zwischen den Hörnern zu entreißen, indem sie den Stier provozieren, versuchen, die Aufmerksamkeit auf sich zu lenken, um dann doch über die Holzwände abzuhauen. Die Stimmung ähnelt der eines Volksfestes, es wird gegessen und gequatscht, geklatscht und immer wieder verkündet die scheppernde Stimme des Mikrofons, wieviel welcher Wimpel wert ist und wer ihn gestiftet hat. Denn die *raseteurs* können nach dem Kampf ihre Trophäen in bare Münze umtauschen. Gestiftet von den Geschäften und Restaurants des Ortes.

Bitterer Ernst: die Corrida

Ganz anders geht es bei einer Corrida, einem blutigen Stierkampf, zu. Der Einmarsch ist über alle Maßen feierlich und beginnt dann der Kampf, wird mitgefiebert. Minutenlang ist es dann mucksmäuschenstill, der Atem wird kollektiv angehalten, wenn der Stier dem Menschen zu nahekommt, kollektiv erleichtert ausgeatmet, wenn die Gefahr gebannt ist. Entsetzensschreie hallen dann durch die Luft, wenn ein Stier den Matador berührt und gejubelt, wenn der Kämpfer den Stier erlegt. Im Vergleich zu den Raseteurs, die nur lokal bewundert werden, sind die Matadore echte Helden, die landesweit gefeiert werden wie bei uns Fußballstars. Sie reisen durch die ganze Welt, erlegen Stiere und sind vor allem eines: Leidenschaftlich und stolz. Und im Vergleich zu den Raseteurs auch deutlich gefährdeter. Denn bei ihrem Kampf geht es wirklich um Leben und Tod und zwar in beiden Richtungen.

Anschauen oder nicht?

Sie müssen sich einen Stierkampf natürlich nicht anschauen. Weder den einen, noch den anderen. Nur wenn Sie es nicht tun, werden Sie niemals den wirklichen Charakter der Camarguais verstehen und immer am Rande stehenbleiben. Für einen Urlaub ist das auch okay. Wer aber die Seele der Camargue verstehen möchte, muss sich den Kampf einmal anschauen. Einmal mitfiebern, einmal mitleiden, einmal selbst zum Camarguais werden. Ich verspreche Ihnen, auch wenn Sie sich ›nur‹ eine Course Camarguaise anschauen, werden Sie vollkommen mitgerissen werden und das Land danach ganz anders betrachten. Denn ein Stierkampf, ganz gleich ob blutig oder nicht, lässt niemanden kalt. Versprochen! ■

Das zählt

Zahlen sind schnell überlesen — aber sie können die Augen öffnen. Nehmen Sie sich Zeit für ein paar überraschende Einblicke. Und lesen Sie, was in der Provence zählt.

3

Jahre dauerte der Bau des Pont du Gard, des längsten römischen Aquädukts, das bis heute steht. Rund 1000 Arbeiter schufteten dafür an sieben Tagen in der Woche. Römische Ingenieure errechneten eine Wasserstraße in einer Länge von über 50 Kilometern mit einem Gefälle von gerade mal 12 Metern.

13

Rebsorten dürfen in einem Châteauneuf-du-Pape verschnitten sein. Nur wenige mischen wirklich so viele. Im Durchschnitt sind es nur sechs bis acht.

399

Meter sind die höchsten Meeresklippen Frankreichs hoch. Sie liegen zwischen Cassis und La Ciotat und stürzen senkrecht ins Meer. Neben dem Grande Tête liegt das Cap Canaille mit immerhin 362 Metern.

2.500

Sitzplätze hat die Arena von Arles heute. Das Kolosseum in Rom hatte genau doppelt so viele zu seinen aktivsten Zeiten.

13

Desserts müssen an Heiligabend verspeist werden, nachdem man sieben vegetarische Gänge genossen hat. Alles andere bringt Unglück.

2.710

Einwohner entfallen auf ein Theater in Avignon. In Hamburg sind es 45 250 Einwohner pro Theater!

760

Quadratkilometer beträgt die Stadtfläche von Arles. Denn weite Teile der Camargue gehören offiziell zu Arles. Damit ist die Stadt die flächenmäßig größte Gemeinde Frankreichs.

3,6 oder 9

Das ist die Anzahl der Tage, die ein Mistral laut einer Bauernweisheit in der Provence weht. In der Realität kommt das erstaunlich häufig vor. Aber natürlich gibt es auch andere Zahlen.

6

Wochen mindestens blüht der Lavendel, und zwar von Juni bis Anfang August. Danach beginnt die Ernte und es ist vorbei mit dem herrlichen Duft.

143.000

Einwohner hat Aix-en-Provence, die zweitgrößte Stadt der Provence nach Marseille. Das sind ungefähr genauso viele Einwohner wie in Paderborn leben. Rund 40 000 davon sind in Aix jedoch Studenten. Paderborn hat gerade mal die Hälfte.

1.600

Hektar wurden in nur zwei Tagen während der Waldbrände des Jahres 2017 in der Provence zerstört. Sonst sind es nicht einmal halb so viel – und zwar während eines ganzen Sommers.

46.856

Käselaibe wurden bei der Inthronisierung von Papst Clemens VI. im Jahr 1342 verspeist. Dazu noch 118 Ochsen und 1023 Schafe. Die Franzosen sind zwar weltberühmt für ihren Käse. Doch diese Zahl erstaunt selbst im Käseland Nummer eins.

90

Prozent der Menschen aus Marseille haben Vorfahren, die nicht aus Frankreich stammen. Nach neuesten Zählungen haben noch immer 40 Prozent der Marseillais einen Migrationshintergrund. Als Vergleich dazu: In Berlin gilt nur jeder dritte Einwohner als Berliner mit Migrationshintergrund.

400

Millionen Liter Wein werden jedes Jahr auf den 49 000 Hektar in 7000 Betrieben der AOC Côtes du Rhône produziert. Nur 3 Prozent davon sind Weißweine.

22.000

Pflanzen wurden auf der *mur végétal,* der größten grünen Fassade Frankreichs in Aix-en-Provence, gepflanzt. Sie befindet sich auf der anderen Seite der größten Wasserwand Europas.

44,3

Grad Celsius wurden am 26. Juni 2019 in Carpentras gemessen und damit der bis dahin bestehende Hitzerekord aus dem Jahr 2003 gebrochen – nur für kurze Zeit, denn wenig später meldete Callagues-le-Montueux bei Montpellier 45,9 °C!

283

Meter fährt die César jeden Tag. Das ist einmal vom Nordufer des Vieux-Port in Marseille zu dessen Südufer. Die Überfahrt kostet 50 Cent und gehört zu den kürzesten Schiffslinien der Welt.

Frankreich als Inspiration

Eine Künstlerin in der Provence — Als ich in einem Atelier der Tuilerie Bossy bei Aix-en-Provence auf eine Deutsche treffe, bin ich überrascht. Und dann neugierig. Der Traum vom Leben in Südfrankreich steckt in vielen von uns. Doris Happel lebt ihn.

Ich lerne Doris in der Tuilerie Bossy bei Aix-en-Provence (s. S. 177) kennen. Sie hat dort ihr Atelier und ich wollte mir das Projekt anschauen. Als wir uns begegnen, lacht mich Doris Happel sofort an. Wir verstehen uns auf Anhieb. Als ich sie dann frage, ob sie sich vorstellen könnte, mir Rede und Antwort zu stehen, ist sie dabei.

Wie bist du nach Frankreich gekommen?

Das war 1991. Ich ging nach Korsika, um da den Sommer über zu arbeiten und traf meinen Mann. Ein Teil seiner Familie kommt von dort und uns war klar: Wir bleiben zusammen. Im November zog ich bereits zu ihm nach Paris, und ich versuchte, mich dort mit verschiedenen Jobs über Wasser zu halten. Mit 26 kam unser erstes Kind zur Welt. Ein Sohn. Wir zogen raus aus der Stadt nach Brie Comte Robert 30 km vor den Toren der Stadt und wohnten in einem kleinen Steinhäuschen. Von hier aus fuhr ich regelmäßig in die Ateliers de Paris, wo man frei arbeiten konnte: Zeichnen, Malen, Bildhauern. Auch einen Glasbläserkurs habe ich in dieser Zeit gemacht. 1999 wurde mein zweiter Sohn geboren und kurz danach zogen wir nach Südfrankreich. Erst ans Meer nach Sausset les Pins, wo wir zwei Jahre blieben, und danach nach Fuveau aufs Land südöstlich von Aix-en-Provence in ein altes, einsam gelegenes Haus, wo ich bis heute lebe – zumindest einen großen Teil meiner Zeit.

Warum wolltest du nach Frankreich? Was hast du dort gesucht?

Ich liebe die Natur, die einsame wilde Natur, wo der Mensch einen kleinen untergeordneten Platz einnimmt und sich mit der Natur vereinen kann. Hier finde ich vor allem die nötige Ruhe um meinen Stress zu regulieren, den Kopf abzuschalten und zum Wesentlichen zurückzufinden. Korsika fand ich da passend. Ich muss dazu jedoch auch sagen: Ich kannte Frankreich schon. Ich war als Schülerin bei einer französischen Familie in der Bretagne, und das hat mich natürlich geprägt.

Doris Happel in ihrem Atelier in der Tuilerie Bossy bei Aix-en-Provence

Und wie bist du dann von der Naturliebe zur Kunst gekommen?

Interessiert habe ich mich schon länger dafür. Es war aber eher ein Zugang über das Kunsthandwerk: Schuhe und Taschen herstellen, Seifen produzieren etc. Erst in Paris fing ich an, mich dafür zu begeistern. Aber auch da wusste ich noch nicht so richtig, wo mich mein Weg langführen wird. Bis ich 1995 ein Stück Lehm in die Hand nahm und versuchte, den Kopf meines zweijährigen Sohnes daraus zu formen. Das war der Moment, in dem ich wusste: Das ist mein Ding! Diese knetbare Masse, mit welcher der Mensch verbunden ist, die es in Massen gibt und die wir fast abwertig behandeln, hatte mich zutiefst ergriffen. Wir sind wie Ton. Es war wie ein Wunder! Menschenköpfe durch meine Hände und den Ton entstehen zu lassen, lehrte mich meine Welt besser zu begreifen und meine Verbindung zur Natur, zur Erde (im wahrsten Sinne des Wortes) verstärkte sich.

Und was passierte dann?

Ich suchte mir ein Atelier in Marseille, wo ich bis 2007 mit Ton arbeiten konnte, danach zog ich in die alte Ziegelei, die Tuilerie. Die Keramiken aus Japan faszinierten mich. Ich absolvierte Praktika in Deutschland und Frankreich, konnte mir 2013 den Traum vom Arbeiten in einer Künstlerresidenz in Japan erfüllen und lernte immer mehr Techniken kennen.

Und fühlst Du Dich seitdem als ›Künstlerin‹?

Ich weiß nicht so recht. Ja, ich brauche meine Arbeit, sie hilft mir, Verbindung zu schaffen – zu mir. Kontakt zu mir zu haben, mich komplett zu fühlen, auszuprobieren, immer und immer wieder, um mich zu verstehen und mich selbst zu erfahren. Ich gehe Risiken ein, ich provoziere ›Unfälle‹ und schaue, was passiert. Ich akzeptiere das Nicht-mehr-Kontrollierbare, wie sehe ich das Anderssein, was passiert, wenn sich Dinge anders entwickeln als ich anfänglich dachte? Das interessiert mich. Es ist ein Dialog zwischen der Materie und mir und eine ständig neue Erfahrung. Es geht dabei letzten Endes um meinen eigenen Prozess. Wann bin ich in einem Muster? Wie komme ich auf neue Wege, zu Spannung und zu meiner Harmonie?

Und das geht in Deutschland nicht?

Naja, in Deutschland habe ich früher nie als Künstlerin gearbeitet. Das Land war mir – zumindest damals, als ich anfing – zu eng. Ich lebe gerne zurückgezogen, einfach und romantisch. Und ich mag alte Sachen, die eine Geschichte erzählen – Frankreich bietet da unendlich viel. So sind Frankreich und meine Tätigkeit eng miteinander verbunden.

Du schreibst »damals« …

Ja, das stimmt. Heute versuche ich mich neu. Das isolierte Landleben mit den Kindern und den ständigen Bauar-

»Ich mag alte Sachen, die eine Geschichte erzählen – Frankreich bietet da unendlich viel.«

beiten am Haus haben mich viel Energie gekostet. Ich will wieder unterwegs sein. Der Große ist aus dem Haus und der Kleine wird bald folgen. Das gibt mir Freiheit zurück, die ich momentan auch brauche. Ich wohne mal auf dem Land in Fuveau, mal in einer kleinen Wohnung in Aix. Stadtleben, Landleben … beides tut mir gut. Dazwischen versuche ich, viel zu reisen. Am Wochenende, wenn es geht, fahre ich raus in die Natur. An den Verdon zum Beispiel oder an den Lac d'Esparron. Und seit Neustem versuche ich mir sogar eine weitere Adresse zuzulegen. Ich pendele zwischen Berlin und Aix. Es passt zu meinem schöpferischen Prozess, denn auch mit Ton lasse ich ja immer Neues entstehen.

Also back to the roots?

Ich habe das Atelier in Berlin erst mal für eine Weile gemietet. Ich muss schauen, wie sich das entwickelt …

Vielen Dank für das Interview und hoffentlich bis bald! ■

Eine Ausstellung in den Räumen der ehemaligen Keramikfabrik Tuilerie Bossy zeigt Arbeiten von Doris Happel.

Le Prouvènço

Provenzalische Sprache — Wer in die Provence fährt, wird feststellen, dass hier ein wenig anders gesprochen wird als im restlichen Frankreich. *Pain* heißt hier ›peng‹, *vin* hört sich an wie ›weng‹ und *matin* wie ›mateng‹. Aber ist das Provenzalisch?

Nein, Provenzalisch ist das nicht. Auch wenn es anders klingt, als das Französisch, das wir in der Schule gelernt haben. Es sind französische Wörter, die im Dialekt des Südens ausgesprochen werden. Mit dem *Prouvènço* hat das nichts zu tun. Denn das ist eine eigene Sprache, die alte Lingua Franca, die gesprochen wurde, bevor die Provence zu Frankreich gehörte. Sie klingt viel härter als das melodische Französisch, ist eine Variante des Okzitanischen. Diese Sprache ist wie Französisch romanischen Ursprungs.

Nord-Süd-Konflikt

Trotz des gemeinsamen Ursprungs ist das Provenzalische eine Fremdsprache im eigenen Land. Und genau das ist das Problem vieler Provenzalen. Sie fühlen sich mit den Herren und Damen an der Seine in keinster Weise verbunden, mehr noch: Sie fühlen sich nicht wirklich als Franzosen, sondern vielmehr als Provenzalen und möchten deshalb auch viel lieber Provenzalisch als Französisch sprechen. Und dürfen es nicht. Oder dürfen es privat schon. Aber viel lieber sähen sie das *Prouvènço* an Schulen, in Behörden, in der Zeitung oder im alltäglichen Leben auf den Straßen und bei der Arbeit. Geht aber nicht. Denn im zentralistisch organisierten Frankreich ist allein Französisch als Amts- und Umgangssprache anerkannt und andere Sprachen sind zumindest auf offizieller Ebene nicht erwünscht. Und das geht vielen Provenzalen – ebenso wie Bretonen, Basken usw. – gewaltig gegen den Strich. Der Kampf um die eigene Sprache ist auch ein Kampf um Selbstbestimmung und um den Erhalt der eigenen Identität. Denn auch wenn die Provence schon seit rund 550 Jahren zu Frankreich gehört, fühlen sich nach wie vor viele Provenzalen Frankreich nicht so wirklich zugehörig.

Widerstand von Anfang an

Es war im Jahr 1481, als die Provence Frankreich einverleibt wurde. Und damit begann die Französisierung der Region. Die neue Provinz sollte sich den Gepflogenheiten der Hauptstadt anpassen – schließlich funktioniert(e) eine Verwaltung (Kontrolle) viel besser, wenn man die gleiche Sprache spricht. Aus Sicht der Südfranzosen ein No-Go. Dagegen musste man ankämpfen. Und das tat man. 350 Jahre lang. Und als es schien, als sei der Widerstand endlich erloschen und die Herren an der Seine erleichtert aufatmen wollten, kam Frédéric Mistral.

Romantische Wiederbelebungsversuche

Der Dichter Frédéric Mistral gründete 1854 mit sechs anderen provenzalischen Schriftstellern die Félibrige, eine Vereinigung, um die Wiedergeburt der provenzalischen Sprache, aber auch der eigenen Kultur und Identität einzuleiten. Mistral war ein begnadeter Schreiber. Er schrieb auf Provenzalisch, nicht auf Französisch, verfasste die provenzalische Hymne »Coupo Santo« sowie das Epos »Mirèio«, für das er 1904 in Schweden mit dem Literaturnobelpreis geehrt wurde. Mistral war den Regierenden in Paris nicht geheuer. Doch sie hatten Glück. Französisch als Sprache hatte sich in jener Zeit schon so weit durchgesetzt, dass die Bemühungen Mistrals nicht wirklich weitreichend fruchteten. Französisch blieb Umgangssprache – Amtssprache sowieso.

Bis es in den 1970er-Jahren zu einer erneuten Bewegung kam, die sich Parlaren (›reine Sprache‹) nennt und sich für den Erhalt des Provenzalischen und der kulturellen Eigenheiten der Region kämpften – und sich bis heute dafür einsetzen: Parlaren veranstaltet sprachwissenschaftliche und volkskundliche Kongresse, folkloristische ›Heimatabende‹ und Volksmusikkonzerte. Der Kampf hatte durchaus Erfolg: Immerhin konnten sie durchsetzen, dass Straßenschilder zweisprachig wurden und *Prouvènço* zumindest in manchen Schulen ein Unterrichtsfach wurde, sodass die Kinder die alte Sprache wie eine Fremdsprache neu erlernen konnten. Warum die Regierung im fernen Paris 2006 den Unterricht wieder einstellte, ist zwar unbekannt, doch Parlaren ließ sich davon nicht entmutigen.

PROVENZALISCH

Wer gut war in Latein, hat wahrscheinlich weniger Probleme beim Lesen provenzalischer Texte als andere – nur die Aussprache ist gewöhnungsbedürftig. Die Sprache basiert auf Vulgärlatein, enthält aber auch Reste keltischer Sprachen aus vorrömischer Zeit.
So klingt Provenzalisch: ein paar Vokabeln, mehr im online-Wörterbuch http://lexiqueprovencal.com.
Infos, u.a. zu Kultur und Traditionen: www.felibrige.org, www.parlaren-bedarrido.org.

›Hilfe‹ von ganz unerwarteter Seite

Erstaunlicherweise gibt es nicht nur konservative Kräfte, die für die Provenzalisierung der Provence kämpfen. Zwei Gruppen, die unterschiedlicher nicht sein könnten, haben sich den Kämpfern für das Prouvènço angeschlossen. Die eine ist rechts. Ihre Anhänger singen den ›Coupo Santo« Frédéric Mistrals als ›Nationalhymne‹ und kämpfen nicht nur gegen Ausländer und alles andere ›Unprovenzalische‹, sondern protestieren unter der Fahne Marine Le Pens gegen das System.
Die zweite Gruppe hingegen zeigt ihre kulturelle Zugehörigkeit in der Musik. Waren es in den 1980er-Jahren vor allem aufrührerische Rock- und Pop-Bands, wie Massilia Sound System, die zu Reggae-Rhythmen anarcho-sozialistische Texte auf Provenzalisch in die überfüllten Stadien schrien, sind es heute vor allem Chansonniers, die mit eher leisen Tönen an vergangene Kämpfe erinnern.

Musikalischer Protest

Moussu Te lei Jovents, was so viel heißt wie Moussu und seine Kameraden, ist eine der ruhigeren provenzalischen

Viele Straßen, Plätze und Brunnen in der Provence tragen den Namen des Nobelpreisträgers, dem der Süden den Erhalt einer eigenen Sprache, Kultur und Identität verdankt.

Bands. Sie ging aus der Gruppe Massilia Sound System hervor. Moussu, Bandleader und Sänger der Gruppe, singt mal auf Französisch, mal auf *Prouvènço* oder *Tchatche* – dem Marseiller Slang. Statt sich aber gegen das Establishment im Norden zu richten (das haben inzwischen schwarze Rapper aus Marseille übernommen), besingen die provenzalischen Barden das Leben in und um Marseille. Natürlich geht es dabei um die Provence, um den Stolz, ein Provenzale zu sein, aber auch um Liebe und die Fluchten aus dem Alltag.

Den Stinkefinger erheben andere, z. B. die Gruppe Dupain. Anfang der 2000er-Jahre füllten sie riesige Stadien, dann lösten sie sich auf; einige der Ex-Bandmitglieder fanden sich 2011 wieder, aber auch ihre Musik ist nicht mehr so wild wie einst, doch die Klänge sind provenzalischer geworden. Ihre Sprache: Das *Prouvènço,* ihre Themen unter anderem die eigene Identität. Frédéric Mistral hätte seine Freude!

Der Kampf endet nie, bleibt aber zahm

Der Widerstand gegen das Diktat von oben ist mal mehr, mal weniger präsent, doch er endet nie. Zurzeit ist es eher ruhig, doch das bedeutet ganz sicher nicht, dass es keine Bestrebungen gibt, die eigenen Traditionen und Werte wieder aktueller zu machen. Auch wenn der Wille zur Autonomie in der Provence keineswegs so stark ausgeprägt ist, wie beispielsweise in Katalonien, ist das Thema auch in ruhigeren Zeiten ein Dauerbrenner. Und das wird es ganz sicher auch bleiben. Denn Frédéric Mistral lebt. Und wird verehrt. Und das bleibt weder Paris noch den Touristen vor Ort verborgen. Und das ist auch gut so. Finden die Provenzalen. ■

Vom Himmel hoch …

Krippen — Adventszeit und Weihnachten: Nicht die allertypischsten Zeiten, um in die Provence zu reisen. Dabei erlebt derjenige, der genau jetzt hier ist, ein unglaubliches Glitzern und Prickeln.

Man mag über Weihnachten und die Adventszeit ja denken, was man will. Aber wer zu dieser Zeit in der Provence ist, erlebt ein Winterwunderweihnachtsland, das romantischer und üppiger kaum sein könnte. Es beginnt am 4. Dezember, am Tag der Heiligen Barbara mit der Aussaat einer Handvoll Weizenkörner (die an Heiligabend dann die Qualität der Ernte fürs kommende Jahr prognostizieren) und endet ganz traditionell am 6. Januar, dem Tag der Heiligen Drei Könige mit einem königlichen Kuchen: Galette des Rois.

Während dieser Zeit finden sich Tausende, wenn nicht gar Millionen

Wer einmal provenzalische Weihnachtskrippen gesehen hat, wird feststellen, dass die Figuren so aussehen wie diese Frauen in Trachten. Denn Jesus wurde –so will man fast meinen – in der Provence geboren.

von Lichterketten. Städte versuchen sich gegenseitig mit ihrer Weihnachtsdekoration zu übertrumpfen und eine Stadt leuchtet schöner als die andere. Weihnachten ist eben Lichterzeit. Und das nicht nur elektrisch! Zu keiner anderen Zeit des Jahres ist das Licht der tief stehenden Sonne im Süden Frankreichs so schön wie im Dezember. Die Luft ist klar und kühl, aber nicht kalt. Die Sonne scheint fast orange, der Himmel ist tief blau und wenn die Sonne sich gegen 17 Uhr dem Horizont zuneigt, dann leuchten die Straßen und Häuser in Rot und Violett.

Der Weihnachtsschmaus

Schon lange vor den Feiertagen sind die Épicerien, Fromagerien und Boucherien überladen mit Köstlichkeiten wie Foie Gras, herrlichen Schinken und Pasteten, schmelzendem Käse, Austern und Hummern. Die Chocolaterien und Patisserien überbieten sich geradezu mit den traditionellen Weihnachtssüßigkeiten, Pralinés und herrlichen Torten.

Eingeläutet wird Weihnachten am 24. Dezember. Traditionell werden an diesem Abend im Rahmen der Familie sieben vegetarische Gänge serviert, gefolgt von den 13 Desserts der Provence (eines für jeden der 12 Apostel und eines für Jesus). Sie bestehen aus weißem und schwarzem Nugat, Feigen, Rosinen, Datteln, kandierten Früchten, Nüssen, Mandeln, *Calissons* u. a. Je nach Region ändert sich auch die Zusammensetzung. Dem Heiligabend-Schmaus folgt die Christmette, die an manchen Orten auf Provenzalisch abgehalten wird. Das war das Vorgeplänkel. Noch keine Geschenke, noch kein richtiges Essen. War bisher ja auch noch ohne Fleisch.

Das richtige Fest ist nämlich erst am 25. Dezember. Und das feiert man im ganz großen Rahmen: Mit Familie und Freunden wird ein üppiges und aufwendig gekochtes *déjeuner* serviert. Wer eingeladen ist, bringt einen Gang zum Essen mit. So ist es für niemanden zu viel. Die Geschenke gibt es morgens.

Geliebte Krippenfiguren

So schön und wichtig das Essen für die Franzosen ist: Das schönste an der Weihnachtszeit, da ist man sich in der Provence ganz einig, sind Krippen, die man statt eines Weihnachtsbaums aufstellt. Bis zur Französischen Revolution waren sie nur in Kirchen zu finden. Doch nachdem die meisten Kirchen geschlossen und Krippen in Kirchen sogar gänzlich verboten wurden, begannen die Menschen damit, sich eigene Krippen für daheim zu bauen. Weihnachten ohne die Crèche? Unmöglich! Revolution hin oder her!

Einmal selbst Krippenfigur sein?

Die Krippen geben jedoch nur den Rahmen für die eigentlichen Stars der Weihnacht: die Santons, die provenzalischen Krippenfiguren. Maria gehört dazu, logisch, auch Josef, Jesus, die Hirten und Könige. So weit, so normal. Aber bald schon wollten die Leute selbst zum Krippenspiel dazugehören und schufen Santons, die sie selbst oder ihren Beruf darstellten. Aus den anfänglichen Haus-Basteleien ist inzwischen ein ganzer Kunsthandwerkszweig entstanden und wenn Sie durch die Provence reisen, werden Sie feststellen: Fast jede Stadt hat ihr eigenes Santon-Geschäft. Natürlich gibt es auch *Marchés aux Santons, Foires des Santons* und unglaublich viele Ateliers, die die Figürchen herstellen. Wenn Sie wollen: Man kann sich einen Santon auch personalisieren lassen. Das kostet natürlich ein wenig. Doch ein noch provenzalischeres Souvenir können Sie kaum kaufen! Und Weihnachten ist so immer dabei! ■

Wein, Wein, Wein

Wein — Wie genau stellen Sie sich eigentlich einen perfekten Abend in der Provence vor? Wahrscheinlich sehen Sie sich bei Sonnenuntergang auf einer Terrasse sitzen, den Blick in die Ferne, Zikadengesang in den Ohren und in Ihrer Hand ist ein Glas Wein. Stimmt's?

Wer in die Provence reist, ist selten ein reiner Biertrinker. Das Land zwischen Mittelmeer und Alpen ist schließlich eines der größten und bekanntesten Weinbaugebiete Frankreichs und vor allem für seinen Rosé bekannt, der hier besser schmeckt also irgendwo sonst auf der Welt. Darin sind sich eigentlich alle Urlauber einig.

Natürlich weiß man das in der Provence und entsprechend wird der Rebensaft vermarktet. Es gibt zig Routes du Vin, die auf markierten Straßen und Wegen durch die einzelnen Weinbaugebiete führen. Jedes Dorf hat seine eigene Kellerei, Cave, an fast jeder Ecke gibt es Weinläden und Weingüter, die zur Weinprobe, zur Degustation laden, Weinschulen machen sich in den größeren Städten immer mehr breit und der allerneuste Schrei – importiert aus dem verhassten Paris – sind die Bars à Vin, also reine Weinlokale, wo man sich nicht in erster Linie zum Essen, sondern vor allem zum (hochpreisigen) Weintrinken trifft.

Das war noch vor wenigen Jahren unvorstellbar. Er ist aber auch gut, der Wein aus der Provence: Gedeiht unter der Sonne des Südens, auf kalkhaltigen Böden und, was genauso wichtig ist: Der Anbau hat Tradition. Wer hier das Lebenselixier des Südens keltert, ist selten ein Anfänger.

Den Griechen sei Dank

Wer weiß, ob wir heute überhaupt provenzalischen Wein trinken würden, gäbe es die alten Griechen nicht. Denn sie waren es, die den Wein über das Mittelmeer mitbrachten, als sie 600 v. Chr. Massilia gründeten, das heutige Marseille. Die Römer freute es, als sie Weinstöcke fanden. Sie übernahmen nicht nur das Herrschaftsgebiet der Griechen, sondern auch gleich deren Reben.

Mit der Papstherrschaft in Avignon erlebte der Wein im 14. Jh. ein Revival. Der Klerus brachte die Liebe zum Rebensaft aus Rom mit und fand in der Provence die optimalen Bedingungen, um ihn anzubauen und zu kultivieren. Und obwohl der Weinbau so eine lange Geschichte in der Provence hat, begann der eigentliche Hype um den Wein der Päpste, der – nomen est omen – in und um Châteauneuf-du-Pape produziert

Im Luberon bei Ménerbes wächst der Wein in einer wunderschönen Umgebung. Wer eine Dégustation auf einem Weingut macht, profitiert also nicht nur vom Geschmack, das Auge trinkt mit.

wurde, erst in den späten 1940er-Jahren, nachdem Baron Le Roy 1930 die Herkunftsbezeichnung AOC – also Appellation d'Origine Contrôlée bzw. AOP (Protégée) durchsetzte. Damit wurde der bis dahin häufig gepanschte und gestreckte billige Landwein in ein Qualitätskorsett gezwängt, und der gute Wein, der heute Weinkenner und -liebhaber in der ganzen Welt begeistert, war ›geboren‹.

Der typische Provenzale – ein Rosé

Nun besteht das Weinbaugebiet Provence ja nicht nur aus der berühmten Lage Châteauneuf-du-Pape, sondern aus insgesamt sieben Appellationen, neben Châteauneuf-du-Pape sind dies Côte du Rhône (die teilweise auch in anderen Départements liegt), Côtes du Ventoux, Coteaux des Baux-de-Provence, Côtes du Luberon, die Appellation de Cassis und die Appellation Coteaux d'Aix-en-Provence. Die Qualität der Weine ist unterschiedlich. Aber wenn wir ehrlich sind: Sie schmecken fast alle, zumindest in den Ferien vor Ort, vor allem an einem Abend bei Sonnenuntergang, beim Zirpen der Zikaden, mit Oliven auf dem Tisch …

88 % des in der Provence gekelterten Weins ist Rosé, der meiste davon Massenware. Rot war die Farbe der Qualität – wer Rosé wollte, wurde von Kennern belächelt. Bis pfiffige Winzer auf die Idee kamen, auch dem Rosé die Klasse zu geben, die er verdient.

Eine ›Vinolution‹ – von der Masse zur Klasse

In den letzten zwei Jahrzehnten fand eine wahre ›Vinolution‹ statt – eine Revolte auf Weinebene. Moderne Techniken,

Bioanbau, Weinuniversitäten und nicht zuletzt sinkende Ertragszahlen führten vielerorts zu einer Entwicklung, die diejenigen, die einst die Nase rümpften, heute zu Roséliebhabern machte. Aber natürlich gibt es sie nach wie vor, die Massenware. Und der Kenner weiß, wo was zu finden ist.

Vor allem Masse statt Klasse – aber natürlich nicht nur – wird in den Appellations Côtes du Luberon und Coteaux d'Aix produziert, teilweise auch in der Appellation Côtes du Rhône. Doch bereits da muss man unterscheiden zwischen den Côtes du Rhône und den Côtes du Rhône-Villages. Letztere sind deutlich besser und gehaltvoller. Vor allem die Rotweine aus den Lagen von Gigondas und Vacqueyras genießen international inzwischen einen unglaublich guten Ruf.

In Beaumes-de-Venise wird der süße Muscat produziert, der hervorragend zu Käse passt! Wundervoll sind die Weine der jüngsten Appellation der Provence, der Appellation Coteaux des Baux-de-Provence, die erst im Jahr 1995 ins Leben gerufen wurde. Auf kalkhaltigen Böden werden in erster Linien Bio-Rotweine angebaut (75 %), der Rest ist Rosé.

W

WEINROUTEN

Auf einigen Webseiten finden Sie spezielle Weinrouten durch die Provence, die Sie zu Winzern und Kellereien führen; sie können sie mit dem Rad, mit dem Auto oder auch zu Fuß zurücklegen:
www.routedesvinsdeprovence.com
https://provence-alpes-cotedazur.com/decouvrir/les-destinations/la-provence/les-routes-du-vin-en-vaucluse
www.vins-rhone.com/fr/route

Wer auf der Suche nach einem leckeren Weißwein ist, greift am besten zu einem Wein der Appellation de Cassis. 80 % der hier produzierten Weine sind weiß, mineralisch, köstlich und gefährlich süffig.

Auch im Châteauneuf-du-Pape werden Weißweine produziert, ebenso wie rund um die Dentelles. Doch mit insgesamt 9 % ist der Weißwein in der Provence immer noch absolut in der Unterzahl.

Probieren geht über studieren

Keine Sorge, wenn Sie keine Ahnung vom Wein haben. Damit sind Sie nicht alleine. Und was hilft all das Wissen um Wein, wenn man am liebsten den einfachen Rosé in der Dorfbeiz trinkt? Um herauszufinden, welcher Wein Ihnen am besten schmeckt, hilft nur eines: Probieren! Am besten immer wieder. Und überall. Eine Degustation gehört nämlich zu einem Provence-Urlaub unbedingt dazu. Am besten besuchen Sie eines der vielen Weingüter der Region oder eine Cave Cooperative auf. Doch ein guter Weinladen tut es natürlich auch.

Wer jedoch probiert, sollte auch kaufen. Es ist ein absolutes No-Go, eine Weinprobe zu machen, sich durch diverse Weine durchzuprobieren und dann wieder abzuzischen. Wenn Ihnen der erste Wein nicht schmeckt, probieren Sie einen zweiten. Ist der aber auch nicht nach Ihrem Geschmack, ist es besser, Sie gehen wieder und suchen sich ein anderes Weingut. Erklären Sie aber beim Abschied, warum Sie gehen. Das ist absolut kein Problem. Doch vier oder fünf Gläser trinken, um sich dann ohne Einkauf zu verabschieden: Das tut man in der Provence einfach nicht. Bei uns übrigens auch nicht. Insofern: Knigge lässt grüßen! ■

Das alles fressende Feuer

Waldbrände — Wie ein Drache fegt die Feuersbrunst über die Berge und lässt sie orange leuchten, es ist eine der stärksten Naturgewalten und fast immer vom Menschen verursacht.

Einmal nicht aufgepasst, Kippe weggeworfen und aus einer großen Wald- oder Garriguefläche wird ein Flammenmeer. Es vertreibt Menschen aus ihren Häusern, tötet Tiere und zerstört alles, was sich auf seinem Weg befindet. Bändigen lässt es sich nur schwer. Ist ein Megafeuer, ist es erst einmal entfacht, hat es seine eigenen Gesetze. Löschen ist schwierig, manchmal unmöglich. Der einzig wirklich effektive Weg ist, ihm die Nahrung zu nehmen. Doch das ist gar nicht so leicht.

Waldbrände sind in Südfrankreich Sommer für Sommer an der Tagesordnung. Doch in kaum einem Jahr war es so schlimm wie 2017, das Jahr, das in Südfrankreich als das Katastrophenjahr in die Geschichte einging. Erbarmungslose Hitzewellen, starker Wind und mangelnder Niederschlag führten zu einer Dürre, die diese Brände erst möglich machten. Zehntausende Menschen mussten fliehen, Tausende von Hektar Wald wurden zerstört. Alleine in Südfrankreich.

Dabei trifft Frankreich schon jede Menge Sicherheitsvorkehrungen: Viele Wald- und Wanderwege sowie kleine Straßen sind während des kompletten Sommers gesperrt. Überall warnen Schilder, Strafen stehen auf das Wegwerfen von Zigarettenkippen und Glasscherben, Brandschneisen wurden geschaffen, Wasserdepots allerorten angelegt und offene Feuer sind im Sommer per se verboten. Und dennoch passiert es. Jahr für Jahr. Auch, weil einige Spekulanten bewusst Feuer legen, um an Bauland zu kommen.

Neues Leben nach den Flammen

Die großen Feuer zerstören ganze Wälder. Ihnen folgt der Wildwuchs der Garrigue mit Pflanzen, die den klimatischen Bedingungen des Südens weit besser angepasst sind als der klassische Wald. Dazu gehören Kiefern und Olivenbäume, vor allem aber die typischen Kräutersträucher der Provence, wie Thymian und Rosmarin. Ihre Wurzeln sind in der Lage wieder zu treiben, auch wenn die komplette sonstige Pflanze zerstört wurde. So entstehen nach jedem Waldbrand neue Garrigue-Flächen. Die Aufforstung ganzer Wälder wird nur in sehr geringem Maße betrieben, denn Wälder brauchen Wasser. Und das gibt es im Süden Frankreichs nicht ausreichend. Zumindest nicht im Sommer. Und so breitet sich immer mehr die Garrigue aus, die natürlich besser ist als nichts. Aber das Verhältnis zwischen Wald und Garrigue neigt sich immer mehr zugunsten der Garrigue und lässt das Gleichgewicht, das die Natur eigentlich bräuchte, verschwinden. ■

Mord und Totschlag im Midi

Provence-Krimis — Die Kommissare Pierre Durand, Isabelle Bonnet und Roger Blanc sind alle drei der Fantasie deutscher Provenceliebhaber entsprungen und begeistern Krimi- und Provencefans gleichermaßen.

Über Krimis mag man denken, wie man will. Provence-Krimis jedoch sind anders. Sie spielen nämlich nicht irgendwo, sondern in einer der lieblichsten Regionen der Welt. Und so wird der Leser nicht nur in eine spannende Geschichte hineingezogen, er kann im Kopf auch durch die Provence reisen, denn die Expats, die Nicht-Franzosen, die all diese mehr oder weniger spannenden Bücher schreiben, wissen, was ihre Leser suchen. Das, was sie selbst in die Provence gezogen hat: Die Schönheit der Landschaft, das beschauliche Dorfleben und das südfranzösische Savoir-vivre. Fast allen Romanen gemeinsam ist auch der Bezug zur Küche. Sind die Kommissare nicht selbst wunderbare Köche, so sind sie doch meistens mit einem oder einer liiert, sodass es sich wie nebenbei auch noch prima über das Essen reden lässt. Der Deutschen liebstes Thema. Drei Fliegen also mit einer Klappe geschlagen. Wenn das kein Verkaufsschlager wird!

Isabelle Bonnet – eine Heldin

Isabelle entspringt der Fantasie von Pierre Martin, einem deutschen Autor, dessen wahre Identität sich hinter diesem Pseudonym versteckt. Und Isabelle, den Lesern als Madame le Commissaire bekannt, ist eine ganz besondere Frau. Lange Zeit war sie in Paris die Leiterin einer geheimen Spezialeinheit, bis sie bei einem Sprengstoffattentat fast ums Leben gekommen wäre. Schwer verletzt an Körper und Psyche reist sie nach Fragolin in der Provence, um – geschützt von allerhöchster Stelle im Innenministerium in Paris – außergewöhnliche Fälle zu lösen. Ihr zur Seite steht der über alle Maßen liebenswerte und schlaue Apollinaire, der selten zwei gleichfarbige Socken trägt, eine wahre Nervensäge sein kann, sein Herz aber am rechten Fleck hat. Taff und verrückt lösen die beiden gemeinsam allerlei Fälle, sehr zum Missfallen der örtlichen Gendarmerie.

Was bei den Krimis von Pierre Martin als so unglaublich positiv auffällt: der moralische Zeigefinger wird niemals erhoben. Isabelle bleibt ein Mensch und ist nicht perfekt. Sie ist stark und schwach, hat Macken und mehrere Liebhaber. Inzwischen sind sechs Bände erschienen und jeder ist bis zur letzten Minute spannend.

Pierre Durand – der Genießer

Auch Sophie Bonnet (nein, sie ist nicht mit Isabelle verwandt) ist ein Pseudonym. Dahinter verbirgt sich die Hamburger Schriftstellerin Heike Koschyk. Dass sie gerne kocht und isst, merkt man jedem ihrer Bücher an. Ihr Ermittler, Pierre Durand, hat sich dann auch prompt in die Köchin Charlotte verliebt, die ihn, wann immer es möglich ist, mit besten provenzalischen Gerichten bekocht, die appetitanregend in den Büchern beschrieben werden.

Pierre Durand hat Paris verlassen, um in der Provence ein ruhigeres Leben zu führen. Doch damit ist es nicht weit her, denn hier herrschen Sodom und Gomorra, und Pierre kommt fast nicht dazu, das Savoir-vivre der Provence zu genießen.

Die Thematiken bei Sophie Bonnet sind so vielseitig wie die Bücher. Sie beschäftigen sich mit der Geschichte des Landes, mit dem Selbstverständnis der Provenzalen, die Marseiller Seife spielt darin genauso eine Rolle wie Frédéric Mistral. Jeder der inzwischen sechs Bände führt den Leser in eine andere Region der Provence, sodass man nicht nur mit den verschiedenen Spezialitäten vertraut gemacht wird, sondern auch mit den vielfältigen Landschaften der jeweiligen Gegend.

Roger Blanc – der mit der A-Karte

Was an Roger Blanc so unendlich sympathisch ist: Er ist kompromisslos anti-korrupt und eigentlich ganz korrekt. Eigentlich. Autor Cay Rademacher bringt den Kommissar jedoch immer wieder in Konfrontation mit seinem größten Kontrahenten, dem korrupten Politiker Allègre. Nicht nur, dass Blanc ein Verhältnis mit dessen Frau hat (wovon Allègre aber nichts weiß), viel schlimmer ist, dass dieser so unglaublich mächtig ist, dass er Roger immer wieder auf seinen Platz ganz unten in der Hierarchie der Polizei verweist, ihn bedroht und seine Arbeit bisweilen unmöglich macht – ja, ihn letzten Endes sogar immer wieder dazu verleitet, Illegales zu tun, um dem Recht zu seinem Recht zu verhelfen. So schlimm das für Roger ist, den Leser freut's.

So lebt Capitaine Blanc in der Provence in einer alten Ölmühle, die ihm sein Onkel vermachte, statt wie zuvor als Korruptionsermittler in Paris, wo es ihm viel besser gefallen hatte und löst, zusammen mit seinem alkoholkranken Partner Marius und seiner lesbischen Kollegin, der des Hackens mächtigen Computerspezialistin Fabienne, jede Menge spannende Fälle. Was Cay Rademachers Bücher ausmacht, ist die Tatsache, dass alles oft ganz anders ist, als es scheint, die Provence mit all ihren Schwächen und Stärken sehr lebendig beschrieben wird und Roger einfach ein vollendeter Gentlemen ist, der sich seinem Schicksal stellt, darüber flucht, aber dann macht.

Ein Extratipp an dieser Stelle: Wer nach Arles reist, sollte unbedingt danach oder währenddessen »Dunkles Arles« lesen, Band 5 der Reihe. Es ist eine Freude, den Capitaine und seine Geliebte Aveline ein Wochenende lang auf Verbrecherjagd zu begleiten und dabei jeden Stein zu erkennen, den Rademacher beschreibt. ■

LESETIPPS

Allein ums Essen geht es in Sophie Bonnets Kochbuch »Provenzalischer Genuss«, in dem die Lieblingsrezepte von Pierre Durand zu finden sind sowie ein paar Hintergrundinformationen zu den jeweiligen Regionen. Doch ihre Krimis bieten natürlich ein wenig mehr Spannung, zu diesen und weiteren Provence-Krimis s. auch Lesetipps S. 256.

In der Schlacht von Aqua Sextiae, heute Aix-en-Provence, triumphieren die Römer 102 v. Chr. über die germanischen Kimbern.

Reise durch Zeit & Raum

Die Geschichte der Provence — Bevor sie Frankreich einverleibt wurde, war die Provence ein eigenständiges Königreich mit Burgen und Schlössern auf zerklüfteten Felsen, einer großartigen mittelalterlichen Kultur und eigenen Traditionen.

Ligurer, Kelten, Griechen

600–123 v. Chr.

Als griechische Mittelmeerhändler 600 v. Chr. den Hafen Massalia (später Marseille) gründen, bringen sie Eisen, Wein, die Schrift und ausreichend Geld mit. Sie dringen ins Landesinnere vor und etablieren sich. Die Kelten bzw. die mit den schon länger dort ansässigen Ligurern vermischten Keltoligurer unterstützen anfangs die Griechen in Massilia, beanspruchen die Region jedoch für sich und versuchen, die Griechen zu vertreiben. Die bitten die Römer um Hilfe, die stante pede in die Provence einfallen. Das Musée Granet in Aix-en-Provence zeigt spekakuläre Funde von Ausgrabungen in der keltoligurischen Stadt Entremont, darunter einen ›Kopfbaum‹.

Zum Anschauen: Musée Granet in Aix-en-Provence, S. 168

Die expandieren, die Römer

122 v. Chr.–5. Jh. n. Chr.

Sextius Calvinus gründet 122 v. Chr. Aix-en-Provence und nach und nach besiegen die römischen Truppen die Keltoligurer. Die Provence wird Teil der Provincia Gallia Narbonensis, die sich 22 v. Chr. im Norden bis nach Vienne, im Westen bis nach Toulouse und im Osten bis zu den Alpen zieht. Das Christentum wird im Jahr 325 Staatsreligion. Es ist die architektonische Blütezeit der Provence. Die riesigen Theater von Orange und Arles entstehen, der Pont du Gard und viele andere Bauten. Die Menschen leben gut – sofern sie keine Sklaven sind. Die werden immer teurer und immer häufiger durch Maschinen ersetzt, z. B. in Barbegal.

Zum Anschauen: u. a. Theater in Orange, S. 46, Arenen in Nîmes, S. 78, und Arles, S. 99, Pont du Gard, S. 89, Mühlen von Barbegal, S. 108

Vom Königreich zum Papstsitz

5. Jh.–1348

Im 5. Jh. übernehmen Vandalen, Westgoten, Ostgoten und Franken die Herrschaft über das Gebiet. Auch Sarazenen fallen ein und die Provence wird zum Zankapfel, schließlich gibt es hier viel zu holen: Die römischen Städte waren reich und die Lage an der Handelsroute zwischen Rom und Spanien ist strategisch wertvoll. Wilhelm von Arles gelingt 974 die endgültige Zerschlagung der Sarazenen; er gründet die erste unabhängige Grafschaft Provence – neben dem Königreich. Das fällt 1032 an den deutschen Kaiser. Im gleichen Jahrhundert gehen – aufgrund fehlender Söhne – Teile der

Grafschaft Provence als Brautbeigaben verloren. Den Südosten erheiratet sich der Graf von Barcelona, der seine Residenz nach Aix-en-Provence verlegt. Den Rest erheiratet sich der Graf von Toulouse, der 1229 sein Territorium als Kriegsbeute an Frankreich und das Venaissin an den Papst abtreten muss – der Startschuss für die Herrschaft der Päpste und Gegenpäpste in Avignon.

Zum Anschauen: Kirche in Stes-Maries-de-la-Mer, S. 123, Abtei Montmajour, S. 108

Päpste und Gegenpäpste

1309–1440

Schon seit Mitte des 12. Jh. gibt es Spannungen zwischen dem katholischen Klerus und der Stadt Rom, was dazu führt, dass die Päpste nicht länger dort leben wollen und mitsamt ihres Hofstaats von Kirchenstaat zu Kirchenstaat reisen. Philipp der Schöne, damals König von Frankreich, sieht seine Chance gekommen, Einfluss auf den Klerus zu nehmen. Er lässt den einen Papst ermorden, um einen französischen Kandidaten auf den Papstthron zu bringen. Und so zieht 1309 der Erzbischof von Bordeaux als Papst Clemens V. nach Avignon. Es ist der Beginn der Regentschaft von insgesamt sieben französischen Päpsten. Ein Jahrhundert später wird die Residenz zwar zurück nach Rom verlegt, doch Avignon bleibt bis ins 18. Jh. in päpstlichem Besitz. Hier herrschen bis 1440 vier Gegenpäpste, die die römischen Päpste nicht anerkennen.

Zum Anschauen: Papstpalast in Avignon, S. 55

›Endlich‹ französisch

1481–1660

Karl von Anjou, der jüngere Bruder des französischen Königs, erhält durch die Ehe mit der Tochter des letzten Grafen von Toulouse auch die Provence, und im späteren Dynastienstreit im Haus Anjou siegt die französische Linie, das jüngere Haus Anjou. Aus dieser Linie stammt der letzte Herrscher der eigenständigen Grafschaft Provence, der »gute König René« (s. S. 167). Doch schon ein Jahr nach seinem Tod, 1481 fällt die Provence mangels eines Erben von Anjou an die französische Krone. Französisch wird Amtssprache und Aix-en-Provence die Hauptstadt der Provinz, doch der Triumph Frankreichs währt nicht lange. Denn die von Versailles so fernen Grafen der Provinz mucken auf. Das wird stillschweigend geduldet, bis Ludwig XIV. auf den Plan tritt. 1660 besetzt er Marseille und kappt alle Privilegien, die die Provence bis dato noch hatte. Er lässt dort ein Rathaus bauen, dessen Fassade bis heute sein Konterfei schmückt.

Zum Anschauen: Hôtel de Ville in Marseille., S. 184

Die Geburt der Marseillaise

1660–19. Jh.

Ein Vertreter des Dritten Standes aus Aix-en-Provence ging in die Geschichte der Demokratie und des Parlamentarismus ein: Honoré Gabriel de Riqueti, der Graf von Mirabeau, trotzt, in der Pariser Nationalversammlung als deren Präsident am 23. Juni 1789 mutig dem vom König erlassenen Befehl zur Auflösung des Parlaments (»nur der Macht der Bajonette folgen wir«). Mirabeau bringt aber auch radikale Revolutionäre gegen sich auf, als er statt ein Vetorecht des Königs und eine konstitutionelle Monarchie vorschlägt. Ein anderes Erbe der Revolution ist die »Marseillaise; das Lied ertönt im Juli 1792 beim Einmarsch eines Marseiller Freiwilligenbataillons nach Paris – daher der Name. Komponiert wird die spätere Nationalhymne aber eigentlich in Straßburg für die Rheinarmee. Napoleon durchquert 1814 auf dem Weg nach Paris auf der später nach ihm benannten Route Napoléon die Haute-Provence möglichst rasch – er ist dort äußerst unpopulär.

Zum Anschauen: Route Napoléon, S. 231

Panzer auf der Canebière in Marseille. In der Stadt richteten deutsche Truppen große Zerstörungen an.

Vielfalt statt Einfalt

ca. 1850–1939

Frankreich hat zahlreiche Kolonien und Marseille als Hafenstadt profitiert natürlich davon. Nachdem in der zweiten Hälfte des 19. Jh. in der Provence die Industrialisierung Einzug gehalten hat, finden auch Einwanderer den Weg nach Marseille, jedoch nicht nur vom gegenüberliegenden Kontinent. Auch Franzosen aus den ländlichen Gebieten der Haute-Provence, aus den Cevennen oder aus Korsika suchen ihr Glück in der Hafenstadt. Der Luberon, die Haute-Provence und so manches Höhendorf, *village perché*, wird verlassen, die Dörfer beginnen zu verfallen. Währenddessen etabliert sich an der Küste etwas, das die kommende Zeit bis heute nachhaltig beeinflussen wird: der Tourismus! Vor allem die Côte Bleue und Cassis sind Touristenmagneten des letzten Jahrhunderts.

Zum Anschauen: Cassis, S. 210

Dunkle Zeiten

1940–1945

Ab 1940 gehört der Süden Frankeichs dank des Waffenstillstands mit der Vichy-Regierung von 1940 zur ›freien Zone‹, in die sich auch deutsche Verfolgte des Naziregimes flüchten. Doch ab 1942 arbeitet Vichy mit den Besatzern zusammen und lässt u. a. das Abschiebelager Les Milles bei Aix-en-Provence zu. 1944 landen die Alliierten, bei den Kämpfen um die Hafenstadt bombardieren sie Marseille, ebenso Avignon.

Zum Anschauen: Gefangenenlager in Les Milles bei Aix-en-Provence., S. 176

Und heute?

1945–heute

Im Jahr 1962 endet nach sechs Jahren der Algerienkrieg und Hunderttausende Algerienfranzosen, genannt *pieds-noirs*, verlassen die unabhängig gewordene französische Kolonie, vor allem Richtung Südfrankreich. Auch die Zahl der Einwanderer aus anderen ehemaligen Kolonien steigt. Im Bauboom der 1950er-Jahre entstehen auch Mustersiedlungen wie die von Le Corbusier gestaltete Cité Radieuse in Marseille, und in den 1960er-Jahren wächst das Industriegebiet rings um den Étang Berre und Fos. 1983 wird die Provence Teil der Region Provence-Alpes-Côte d'Azur (PACA) mit eigenem Parlament (Conseil Régional). Arbeitslosigkeit, zu starke Einwanderung, vor allem aber die ungeliebte Abhängigkeit von Paris ist in den Folgejahren Hauptthema der Politik in der Region. Ein Rechtsruck, aber auch verstärkte Proteste folgen. Die rechtsextreme Partei Rassemblement National unter Marine le Pen ist in der Provence überdurchschnittlich erfolgreich, auch bei den französischen Präsidentschaftswahlen 2022. Der Gedanke an die eigene, provenzalische Identität spielt bis heute im Leben der Menschen hier eine große Rolle. Sie möchten sich vom Gros der Franzosen unterschieden wissen.

Zum Anschauen: Cité Radieuse in Marseille, S. 191

Zwiegespräch mit (m)einem Langohr

Wandern mit dem Esel — Ob man mit einem Grautier an der Leine durch das Hinterland von Cucuron spaziert oder anderswo in der Provence unterwegs ist, diese Art des Wanderns hat etwas Therapeutisches.

Ausgestattet mit GPS und Karte schickt Netta Müller-Wolf Eselwanderer mit einem ihrer wundervollen Tiere los, um den Luberon zu erkunden. Sie hat mehrere Routen ausgearbeitet, die zwischen drei Stunden und einen ganzen Tag dauern.

Aller Anfang ist schwer

Ich wählte die kürzeste Runde. Das GPS-System habe ich nicht kapiert. Der Esel wollte eigentlich immer nur fressen. Die mich begleitenden Teenager hatte ich

Sind die Wanderer – ob auf zwei Beinen oder vier – erst einmal aufeinander eingestellt, dann klappt es prima mit dem Vorankommen.

zwar selbst mitgebracht, aber die wollten nicht laufen. Netta hatte einem der zwei einen Ast mit Blättern in die Hand gedrückt und gesagt, sie müssten damit dem Esel immer wieder sanft auf den Hintern stupsen, damit er läuft, doch es dauerte keine fünf Minuten, da war der Ast schon verloren und da die Vegetation baumlos war, gab es auch keinen Ersatz. Nach 10 Minuten brauchten die Jungs die erste Pause und dann liefen sie davon. Immer der Nase nach. Begleitet wurden sie von Nettas Hund, der den Weg besser kannte als der Esel. Der blieb erst einmal stehen und ließ sich nicht vom Fleck bewegen.

Auf die Vibrations kommt es an

Ich bin über den Hohen Atlas gewandert, habe Kamele angetrieben und bin auf Elefanten geritten. Da wird mich so eine Wanderung von drei Stunden mit einem Esel doch nicht zum Aufgeben bringen, dachte ich mir und überlegte mir eine Taktik. Und dann war sie da, die Lösung: Ich fing an mit dem Esel zu sprechen. Komm, mein Schätzchen, das schaffen wir. Ich nehme die Leine und dann laufen wir los. Gefressen wird nur dann, wenn ich eine Trinkpause mache und die Jungs holen wir wieder ein. Okay? Als hätte der Esel mich verstanden, trottete er los. Ich hielt zwar die Leine, doch die war immer locker. Wir brauchten keinen Ast für einen Popoklopfer, auch nicht bergauf, sondern ich redete einfach weiter auf den Grauen ein und als mir nichts mehr einfiel, fing ich an zu singen. Und er trottete mit. Schnell war klar: Geht es mir gut, funktioniert auch das Tier. Das Laufen mit einem Esel hat etwas Therapeutisches.

Die Route

Zu Beginn ging es durch die Garrigue auf kleinen Pfaden, dann durch Weinberge weiter bis wir zu einem Wald kamen. Dort fand ich auch die Jungs wieder. Im Schatten der Bäume packten wir unser Picknick aus, der Esel durfte endlich so viel futtern wie er wollte, der Hund bekam für seine guten Führerdienste ein Stückchen Wurst und eine Schale Wasser, die Jungs und ich freuten uns über Baguette und Käse, vor allem aber über die Pause im Schatten. Gesättigt, ausgeruht und zufrieden ging es auf einer anderen Route zurück. Wieder Garrigue, dieses Mal aber bergab, kleine Feldwege, vorbei an Höfen mit freundlichen Menschen, die uns zuwinkten, und nach rund 3,5 Stunden waren wir zurück bei Netta.

Der Abschied

Der Esel wurde gebürstet, die Hufe gesäubert und dann zurück in den Stall gebracht. Schade. Ich wäre gerne noch länger gelaufen. Trotz der Hitze und bergauf. Doch die Jungs freuten sich auf das Café mit dem kostenlosen Wifi und das Koffein konnte ich auch gut gebrauchen. So verabschiedeten wir uns von Netta und den Eseln, hoffend, einmal wiederzukommen. ■

MIT ESELN WANDERN

Netta Müller-Wolf hat ihre kleine Eselzucht in der Nähe von Cucuron. Sie organisiert und vermittelt Eselwanderungen in die Umgebung, auch ganztägig mit Mittagessen. Ihre Tiere sind sehr geliebt, wunderbar gepflegt und zumindest meiner war überhaupt nicht stur. Die Touren kosten je nach Dauer ab 30 € pro Esel für eine Halbtagestour. Infos: www.facebook.com/anesbalades.luberon oder http://campingroumavagi.blogspot.com.
Weitere Adressen s. auch S. 251

Die Cowboys der Camargue

Gardians — Sie reiten weiße Pferde, um schwarze Stiere zu hüten. Die Gardians, die Stierhüter der Camargue, sind die heimlichen Helden der Region.

Früher war der Job des Gardians ein typischer Männerberuf. Doch immer mehr Frauen sind beim Stierehüten dabei und genießen die Arbeit in der wilden Natur.

Früh übt sich, wer einmal ein guter Reiter werden will. Bei Festumzügen wie dem zu Ehren des Marquis de Baroncelli in Stes-Maries-de-la-Mer reiten groß und klein in traditionellen Trachten mit.

Man braucht nicht über den Ozean zu reisen – der Wilde Westen ist viel näher, als man denkt.

Die Weite der Camargue ist das Revier der frei herumziehenden Herden weißer Pferde und schwarzer Stiere. Und sie ist der Arbeitsplatz für die berittenen Hirten, die sich in der nahezu unzugänglichen Gegend bestens auskennen.

Mode made in Provence

Mode — Alte Muster, klassische Schnitte und traditionell bedruckte Stoffe: Das war das Erfolgsrezept der Firma Souleiado, und ist ihr unverwechselbares Markenzeichen geblieben – bis in die Gegenwart.

Souleiado – so nennt man in der Provence diese ganz einzigartige Stimmung, wenn die Sonne nach dem Regen wieder hervorkommt. Es ist ein höchst provenzalisches Wort und der Name einer Modefirma, die weltweit Furore gemacht hat.

BESUCH BEI SOULEIADO

Wer wirklich in die Welt von Souleiado eintauchen möchte, muss nach Tarascon fahren, wo seit 200 Jahren der Firmensitz in dem prachtvollen Palais des Hôtel d'Ayminy ist. Natürlich wird längst in Fabriken weit außerhalb produziert, doch das alte Haus beherbergt ein Museum, das die Geschichte der Stoffdruckerei und der Firma erzählt. Angeschlossen sind ein Café und eine Boutique, wo man die herrlichen Stoffe und Kleider auch kaufen kann. Oder man genießt einfach die schöne Ausstellung – und den Espresso auf den Tischdecken des Gastraumes im typischen Souleiado-Design (39 Rue Charles Deméry, T 04 90 91 76 05, www.souleiado.com).

Eine Luxusmarke

Souleiado! Wie das schon klingt! Doch was steckt dahinter? Eine echt provenzalische Erfolgsgeschichte. In den 1950er- und -60er-Jahren war Souleiado all denen ein Begriff, die sich für außergewöhnliche Mode interessierten. Brigitte Bardot, Marie Lafôret und auch Pablo Picasso trugen Kleider und Hemden der Luxusmarke, die ihre Stoffe bis heute mit traditionellen Methoden bedruckt. Sicher kennen Sie diese einzigartigen provenzalischen Muster, die man heute in jedem Stoffladen findet. Erfunden hatte sie Souleiado, die ihre Stoffe jedoch nicht maschinell, sondern anfangs noch von Hand druckten.

Eine Mischung aus Cowboy und Zigeunerschick

Die Schnitte der Kleidung sind klassisch bis zeitlos. Herrenhemden in Cowboy-Manier, für Männlein und Weiblein, rauschende Röcke mit Rüschenblüschen natürlich nur für die Damen, aber auch ganz klassische T-Shirts, Blusen und Hosen. Allen gemein sind die einzigartigen Stoffe und der Hang zum Western-Look.

Die klassischen Schnitte und Muster der Kleidung von Souleiado werden heute häufig mit modernen Stilelementen aufgepeppt. Doch der Look bleibt authentisch. Jeder, der die Mode der Marke einmal gesehen hat, wird andere Stücke von Weitem erkennen.

Vielleicht erinnern Sie sich ja an Béatrice Dalle: Im Film Betty Blue, 37 Grad am Morgen trägt sie ein Kleid der damals so bedeutenden Modemarke. Schwarz ist es und mit Rauten bedruckt. Nach dem Film rannte man den 2000 Läden weltweit die Bude ein. Klingt wie ein Hollywoodstreifen. War es aber nicht. Denn im gleichen Jahr, als der Film in die Kinos kam – 1986 – starb auch der Inhaber Charles Deméry. Und mit ihm die Firma.

Wiederbelebung einer Modefirma

Wäre die Geschichte der Modefirma ein Hollywoodstreifen, kämen nun Prinzen auf ihren weißen Pferden und würden die schöne Souleiado retten. Nun, es waren keine Prinzen, aber zwei Brüder, Daniel und Stéphane Richard.

Die beiden sind waschechte Provenzalen und auch ohne weißes Pferd ziemlich mobil, vor allem aber geschäftstüchtig. Sie kauften den Laden, durchforsteten Archive und Keller und fanden einen Schatz von fast 50 000 Druckstempeln mit Mustern aus insgesamt 360 Jahren. Und mit dem Fund und ihrer Geschäftstüchtigkeit erhob sich Souleiado wie der Phönix aus der Asche. In allen wichtigen Modestädten eröffneten die ersten Geschäfte. Klar, allen voran Aix-en-Provence und Cassis. Doch bald schon kamen die anderen Städte dran. In jeder Stadt der Provence, aber natürlich auch in Paris und anderswo in Frankreich, ist heute eine Filiale der Modemarke zu finden. Sogar bis in die USA und Japan hat es sich herumgesprochen, dass Provence-Chic den besonderen Kick hat und die Erfolgsstory geht weiter. ■

atmosfair

FSC
www.fsc.org
MIX
Papier | Fördert gute Waldnutzung
FSC® C018236

Muriel Brunswig, geb. 1970, kennt die Provence von Kindesbeinen an: Im Alter von zwei Monaten nahmen ihre frankreichverliebten Eltern sie zum ersten Mal mit in die Camargue – und seitdem reist sie immer wieder in die Region. Mal ans Meer, mal in die Berge, mal an Seen, immer aber in den Süden und inzwischen mit der eigenen Familie. Außer über Südfrankreich schreibt Muriel Brunswig auch über Marokko und den Schwarzwald. Zudem arbeitet sie als Reiseveranstalterin. Infos: www.murielbrunswig.de

---

Abbildungsnachweis
DuMont Bildarchiv, Ostfildern: S. 45; 15 o. re., 96 li., 97 o. re. (Elan Fleisher); 74 li. (Michael Riehle) **Fondation Carzou,** Manosque (FR): S. 218 li. **Getty Images,** München: S. 198 (AFP/Anne-Christine Poujoulat); 299 (Albert Harlingue/Roger Viollet); 2/3 (Atlantide Phototravel); 159 M. (Corbis/Chris Hellier); 50 (David Silverman); 178/179 (Gamma-Rapho/Herve Champollion); 133 o. re., 157 (Gamma-Rapho/Peter Hamilton); 304 u. li. (John Hallam); 234 (LightRocket/Wolfgang Kaehler); 217 (Portland Press Heral/Gabe Souza); 296 (Prisma/Universal Images Group); 238 (robertharding/Sergio Pitamitz); 97 M. (Universal Images Group/Kike Calvo); 95 (WIN-Initiative/Neleman) **Huber-Images,** Garmisch-Partenkirchen: S. 77 (Luigi Vaccarella) **iStock.com,** Calgary (CA): S. 14 re. (annalovisa); 132 li. (Flavio Vallenari); 158 li. (Hornet83); 180 li. (jeangill); 175 (lucentius); 180 re. (Olivier DJIANN) **laif,** Köln: S. 272 (Berthold Steinhilber); 109 (Frank Heuer); 43 M., 61, 63 (Gunnar Knechtel); 6 li., 92, 305 u. (hemis.fr/Arnaud Spani); 12/13, 183, 203, 209, 213 (hemis.fr/Bertrand Gardel); 276/277, 305 o. (hemis.fr/Bertrand Rieger); 55 (hemis.fr/Boigontier); 7 o. li., 15 M., 69, 158 re., 191, 221, 304 o. li. (hemis.fr/Camille Moirenc); 87 (hemis.fr/Franck Guiziou); 291 (hemis.fr/G. Soularue); 17 (hemis.fr/Jean-Pierre Degas); 307 (hemis.fr/José Nicolas); 31, 227 (hemis.fr/Lionel Montico); 14 li. (hemis.fr/Patrice Hauser); 260 (Hollandse Hoogte); 197 (Jens Schwarz); 218 re. (Le Figaro Magazine/Franck Prignet); 165 (Polaris/Vincent Laforet); 247 (REA/Ian Hanning); 278 (REA/Sylvain Thomas); 288 (Redux/VII/Ed Kashi); 7 re. (robertharding/Matthew Williams-Ellis); 195 (SZ Photo/Jose Giribas) **Lookphotos,** München: Titelbild, 275 (age fotostock); 244 (Daniel Schoenen Fotografie); 161 (hemis.fr) **MATO,** Hamburg: 266/267 (Jordan Banks) **Mauritius Images,** Mittenwald: S. 135 (age fotostock/Norbert Scanella); 219 o. re. (Alamy/Anna Inns); 75 u. re. (Alamy/ASK Images/Raphael Bloch); 287 (Alamy/Chris Hellier); 23 (Alamy/CW Images); 41 (Alamy/Gilles Paire); 117 (Alamy/Helene Roche Photography); 75 o. re., 138 (Alamy/Ivoha); 302/303, 304 re. (Alamy/Lucas Vallecillos); 73 (Alamy/Megapress); 131 (Alamy/PAINTING); 42 re. (Alamy/Per Karlsson – BKWine.com); 151 (Alamy/SAGAPHOTO.COM/Patrick Forget); 26 (Alamy/Stephane Gautier); 99 (Daniel Kempf-Seifried); 269 (dieKleinert/Elke Ehninger); 173 (hemis.fr/Pierre Jacques); 133 M., 133 u. re. (Photononstop/Nicolas Thibaut); 89 (Rene Mattes); 132 re. (Udo Siebig): 65 (Wittelsbach) **Muriel Brunswig,** Freiburg: S. 21, 74 re., 75 M., 80, 115, 126, 171, 181 M., 181 o. re., 228, 159 o. re., 283, 284, 300, 311 **Shutterstock.com,** Amsterdam (NL): S. 219 u. re. (Anan Kaewkhammul); 43 o. re. (Branka Tasevski); 181 u. re. (ConstantinosZ); 219 M. (Dario Racane); 7 u. li. (Eric Isselee); 96 re. (Georgios Tsichlis); 97 u. re. (Iakov Filimonov); 42 li. (Jerome PARIS); 248 (LiliGraphie); Umschlagklappe vorn (PhiloPhotos); 159 re. u. (picturepartners); 43 u. re. (Stepan Bormotov); 15 u. re. (Valentyn Volkov) **Susanne Troll,** Köln: S. 8, 148, 152, 154

Umschlagfotos
Titelbild: Bocciaspieler, Umschlagklappe vorn: Gordes im Luberon

Kartografie
© DuMont Reiseverlag, Ostfildern

Autorin: Muriel Brunswig **Redaktion/Lektorat:** Petra Juling **Bildredaktion:** Sima Ebrahimi, Titelbild: Carmen Brunner **Grafisches Konzept und Umschlaggestaltung:** zmyk, Oliver Griep und Jan Spading, Hamburg

Hinweis: Autorin und Verlag haben alle Informationen mit größtmöglicher Sorgfalt geprüft. Gleichwohl erfolgen alle Angaben ohne Gewähr. Bitte schreiben Sie uns! Über Ihre Rückmeldung und Ihre Verbesserungsvorschläge freuen wir uns: DuMont Reiseverlag, Postfach 3151, 73751 Ostfildern, info@dumontreise.de, www.dumontreise.de

2., aktualisierte Auflage 2023

Printed in Poland

Offene Fragen*

Bouillabaisse oder Bourride, was schmeckt besser?

Ist das Licht in der Provence wirklich so anders?

Seite 99

Trägt die Côte bleue ihren Namen zu Recht?

Seite 204

Muss man im Restaurant immer ein Menü bestellen?

Seite 254

Warum sind Flamingos rosa?

Seite 127

Wo kann man einen Salzberg besteigen?

Seite 127

Macht der Mistral verrückt?

Seite 255

Wie viel Deutschland steckt in Provence-Krimis?

Seite 294

Was haben provenzalische Esel mit Therapiehunden gemeinsam?

Seite 300

Hat sich Vincent van Gogh in Arles wirklich ein Ohr abgeschnitten?

Seite 131

Was machen Cowboys in der Provence?

Seite 302

** Fragen über Fragen – aber Ihre ist nicht dabei? Dann schreiben Sie an info@dumontreise.de. Über Anregungen für die nächste Ausgabe freuen wir uns.*